献给我的孩子

马娅和亚历山大

社会科学的逻辑

James Mahoney
[美] 詹姆斯·马奥尼 著
吴肃然 译

The Logic of Social Science

中国出版集团有限公司
研究出版社

图书在版编目（CIP）数据

社会科学的逻辑 /（美）詹姆斯·马奥尼著；吴肃然译．
-- 北京：研究出版社，2025. 6. -- ISBN 978-7-
5199-1917-7

Ⅰ．C03

中国国家版本馆 CIP 数据核字第 2025P463L7 号

出 品 人：陈建军
出版统筹：丁　波
责任编辑：张　璐

社会科学的逻辑

SHEHUI KEXUE DE LUOJI

［美］詹姆斯·马奥尼　著　吴肃然　译

研究出版社 出版发行

（100006　北京市东城区灯市口大街 100 号华腾商务楼）

天津画中画印刷有限公司　新华书店经销

2025 年 9 月第 1 版　2025 年 9 月第 1 次印刷

开本：880 毫米 ×1230 毫米　1/32　印张：15.25

字数：396 千字

ISBN 978-7-5199-1917-7　定价：98.00 元

电话（010）64217619　64217652（发行部）

CONTENTS 目 录

前　言

《社会科学的逻辑》为社会科学研究的设计和实施提供了新的原理，本书既论证了为什么要在研究中使用一些特定工具，也为这些工具的用户准备了一份使用说明。书名中的“逻辑”一词有双重含义：一方面，它意味着要关注社会科学研究的基本架构，即其“逻辑”，本书揭示了社会研究过程中经常携带的隐含假定；另一方面，对逻辑的引用又与我们所讨论的工具暗合，因为它们鲜明地植根于逻辑学和集合论。借助逻辑学及其延伸的集合论知识，本书为社会科学研究打造了一套恰当的研究方法。

本书分为三个部分：本体论与认识论、方法论工具、解释性工具。书的第一部分是本体论与认识论的内容，它开门见山地指出了社会科学研究中的本质主义（essentialism）问题，剖析了这一问题的认知本性以及解决该问题的挑战性所在。在此我提出了一种总体方案，用以替代社会科学中的本质主义取向，这一方案叫作“**科学建构主义**”（scientific constructivism）。我将向读者表明，在科学建构主义和集合论分析之间存在着一种天然的结合，这种结合可以为非本质主义的社会科学构筑基础。

本书第二部分提出了一些集合论的工具，我们可以用它们来检验社会科学中的命题和理论。具体来讲，我为以下操作发展了一套集合论的方法：建立并定义范畴（categories）、处理因果的规则模型（regularity model）、运用证据和外推来评估命题的真假、进行反事实分析以评估观点、通过序列逻辑的效力分析来理解不同原因的相对重要程度。在第二部分的最后，我讨论了一种集合论版本的贝叶斯分析，它有助于我们实现社会科学的知识积累。

本书的第三部分聚焦于在构建社会科学的理论、解释与命题时所使用的工具。我考察了形塑社会科学研究的那些理论框架和规范传统，讨论了一些最重要的理论要素——事件、过程、行动者、对象、规则、制度、资源和权力，它们都被用以构建对社会现象的解释。序列和因果链在社会科学解释中的作用也是我的关注点，在这方面，我为构建对关键事件和路径依赖的解释提供了新工具。

鉴于本书所做讨论的范围和复杂性，它可以有多种用处和读法。对本书的观点概要感兴趣的读者，不妨从书的导论和每一章的导论入手，这种方法可以让读者自行决定在哪个问题上继续深入。那些主要对科学建构主义论点感兴趣的读者，可以聚焦在导论和第一、二章。就第二部分来说，读者应该从第三章读起，但余下的第四章至第七章可以按照任何顺序阅读。第三部分也没有一定的阅读顺序，每一章都可以看作一篇独立的论文。书后的术语表则为所有读者提供了对全书重要概念的一句话定义。

我要对很多人表示感谢，他们的评论、洞见和支持对于这本书的完成是不可或缺的。不过我也想强调一点，对于本书的观点，他们未必都同意。澄清这一点后，请允许我对以下人士表达我的由衷感激。

首先我要感谢 5 位才华横溢的学人，我的方法论论文的合作者，当时也是西北大学的研究生，他们是罗德里戈·巴雷内切亚（Rodrigo Barrenechea）、劳拉·加西亚－蒙托亚（Laura García-Montoya）、艾琳·金博尔·达曼（Erin Kimball Damman）、肯德拉·科伊乌（Kendra Koivu）、瑞秋·斯威特（Rachel Sweet）。他们与我合作的主题分别是：反事实和贝叶斯分析（罗德里戈·巴雷内切亚），关键事件（劳拉·加西亚–蒙托亚），集合论检验和序列分析（艾琳·金博尔·达曼和肯德拉·科伊乌），集合图（瑞秋·斯威特）。我非常感谢这些同事同意在本书中放入我们的合作成果。在本书快要完成时，突然传来了肯德拉·科伊乌去世的噩耗，这实在令人难过。在我对书稿进行最后一遍修改时，脑海中总浮现出她对于方法论的热情，这令我备受激励。

许多研究生给本书相关的章节以及其他相关讨论提供了宝贵的反馈，我要对以下原来的和现在的学生表示感谢：劳拉·阿科斯塔（Laura Acosta）、玛丽亚娜·博尔赫斯·马丁斯·达席尔瓦（Mariana Borges Martins da Silva）、玛丽莎·布鲁克斯（Marissa Brookes）、伊莎贝尔·卡斯蒂略（Isabel Castillo）、克里斯托弗·戴（Christopher Day）、丹尼尔·恩西纳斯·泽瓦洛斯（Daniel Encinas Zevallos）、埃米利奥·勒胡克（Emilio Lehoucq）、克劳迪娅·洛佩斯·埃尔南德斯（Claudia López Hernández）、皮拉尔·曼齐（Pilar Manzi）、艾琳·梅茨·麦克唐纳（Erin Metz McDonnell）、萨利赫·努尔（Salih Noor）、西尔维娅·奥特罗·巴哈蒙（Silvia Otero Bahamon）、安德鲁·欧文（Andrew Owen）、戴安娜·罗德里格斯–弗朗科（Diana Rodríguez-Franco）、马蒂亚斯·弗尔姆·豪（Matthias vom Hau）。拉哈迪卡·乌塔玛（Rahardhika Utama）帮我编辑了注释，罗德里戈·巴雷内切亚帮我绘制了图表。詹妮弗·西尔（Jennifer Cyr）和马修·兰格（Matthew Lange）给全书提出了详细的意见，我要对他们表示特别感谢。

对社会科学家来说，本书的第一部分（本体论与认识论）所探讨的哲学问题也许较为陌生。在此我要感谢选修我的《个案研究与小数量方法》课程的研究生，他们阅读了第一章和第二章的初稿，帮我一起澄清和展现了这些哲学观点。在这些观点的形成过程中，我也一直得益于以下学者的帮助，他们是安德鲁·阿伯特（Andrew Abbott）、加布里埃尔·阿本德（Gabriel Abend）、罗伯特·阿德科克（Robert Adcock）、肯尼思·博伦（Kenneth Bollen）、帕特里克·杰克逊（Patrick Jackson）、尼尔·格罗斯（Neil Gross）、伊恩·赫德（Ian Hurd）、蒂安娜·帕斯切尔（Tianna Paschel）、道格拉斯·波尔波拉（Douglas Porpora）、艾萨克·里德（Isaac Reed）、希勒尔·索菲尔（Hillel Soifer）、大卫·瓦尔德纳（David Waldner）、亚历山大·温特（Alexander Wendt）。

我对第二部分中方法论观点的思考已经超过20年了。我要感谢这些年中帮助我形塑方法论思维的老师和同事，他们是安德鲁·班尼特（Andrew Bennett）、大卫·科利尔（David Collier）、科林·埃尔曼（Colin Elman）、彼得·埃文斯（Peter Evans）、图利亚·法列蒂（Tulia Falleti）、约翰·格林（John Gerring）、戴安娜·卡皮舍夫斯基（Diana Kapiszewski）、杰克·利维（Jack Levy）、奥古斯特·尼姆茨（August Nimtz）、查尔斯·拉金（Charles Ragin）、伯努瓦·里豪克斯（Benoît Rihoux）、卡斯滕·施奈德（Carsten Schneider）、贾森·西赖特（Jason Seawright）、埃里克·塞尔宾（Eric Selbin）、凯瑟琳·西金克（Kathryn Sikkink）、丽莎·维丁（Lisa Wedeen）、克里斯托弗·温希普（Christopher Winship）。我也要感谢来自布朗大学和西北大学的，与我同样热爱比较历史社会科学的前同事和现同事，他们是布鲁斯·卡拉瑟斯（Bruce Carruthers）、安东尼·陈（Anthony Chen）、帕特里克·海勒（Patrick Heller）、何塞·伊齐格松（José Itzigsohn）、安·奥洛夫（Ann Orloff）和莫妮卡·普萨德（Monica Prasad）。还有一些人为第二部分中的具体章节提供了有益的建议，他们是塔莎·费尔菲尔德（Tasha Fairfield）、杰克·戈德斯通（Jack Goldstone）、艾伦·雅各布斯（Alan Jacobs）、英戈·罗尔芬（Ingo Rohlfing）、肯尼斯·沙德伦（Kenneth Shadlen）、丹·史莱特（Dan Slater）、理查德·斯奈德（Richard Snyder）、尼娜·坦嫩瓦尔德（Nina Tannenwald）、伊娃·托曼（Eva Thomann）、克劳迪乌斯·瓦格曼（Claudius Wagemann）、黛博拉·亚沙尔（Deborah Yashar）。我也要向我长期的合作者加里·格尔茨（Gary Goertz）表示特别的感谢，他为整本书提出了宝贵意见。

在与布朗大学的迪特里希·鲁施迈耶（Dietrich Rueschemeyer）的多年共事中，在与已经去世的、西北大学的亚瑟·斯廷奇库姆（Arthur Stinchcombe）的交流中，我得到了不断的启发，这些都体现在第三部分有关解释工具的写作和重写过程里。能够聆听两位大师关于如何构筑理论的教导，我感到很幸运。对于社会科学的时间维度的探索贯穿了我的职业生涯。在形成第三部分的观点的过程中，以下学者也对我帮助甚多，他们是彼得·霍尔（Peter Hall）、保罗·皮尔逊（Paul Pierson）、西达·斯考切波（Theda Skocpol）、已故的查尔斯·蒂利（Charles Tilly）、沃尔夫冈·施特雷克（Wolfgang Streeck）。对于凯瑟琳·西伦（Kathleen Thelen）为我个人以及社会科学共同体的付出和贡献，我要表示特别的致意。

南希·特罗蒂奇（Nancy Trotic）在新冠疫情中完成了本书的校订。她用英语表达思想的能力让本书的语言变得更加清晰，她在集合论逻辑方面的天赋也使本书的论证获得了很多重要改进。我也很高兴能与普林斯顿大学出版社的编辑布丽姬特·弗兰纳里–麦考伊（Bridget Flannery-McCoy）一起工作。我还要感谢出版社的埃里克·克拉汉（Erik Crahan），多年来他一直鼓励我完成本书。

最后，我要向自己的家人表达最深切的感激。排在第一位的，是我们的狗柯丽奥，她终其一生给了我们无条件的爱。尽管我的研究主题越来越抽象，我的爱人莎伦·卡姆拉（Sharon Kamra）却一直给我支持，功劳簿上应该有她的名字。在撰写这本书的多年时间中，有时我的思维仿佛进入了另一个世界，而我们可爱的孩子马娅和亚历山大，却总能给我脚踏实地的感觉。

导　论

《社会科学的逻辑》介绍了集合论社会研究的原理和方法。本书的大部分内容聚焦于详细描述这些原理与方法的实际应用，而这些讨论的出发点是：集合论可以矫治社会科学中的本质主义偏见。让我们先从这个问题谈起。

世界是由实体构成的，这些实体具有内在本质，从而使其获得了一种本位身份（identity）和特定本性（certain nature）。这句话描述了人类对于世界的一种理解，而本质主义（essentialism）正是这种理解方式内含的固有偏见。带有这种取向的社会科学家，会将自己的研究范畴（categories）视为外在世界中某个自在对象的对应物，而那个自在对象具有自己的属性（properties）和趋向（dispositions）。就日常生活来说，这种对范畴的理解是有用的，我们正是按照这种方式来理解周遭世界，也常常能成功地对其施以操控。事实上，一切人类文化和文明都离不开本质主义。然而我想说的是，在对社会现实（social reality）进行科学研究时，这种本质主义的范畴观是不恰当的。

我对本质主义的批判是基于近几十年来一些令人瞩目的跨学科探讨。在这些研究的基础上，我得出了自己的结论：本质主义深深地扭曲了认知（perception）和理性（reasoning）。将社会科学范畴理解为外在世界中那些具有本位和趋势（tendencies）的实体，这种看法来自我们内在的本质主义偏见。我们所使用的社会范畴并非当真具有性质和力量的存在。在我看来，如果认识到本质主义的偏见，我们就会明白有必要去修正当代社会科学的目标。要对外在世界做出独立于人类和我们研究人员的有效发现，这是不可能的，我们需要打消这种念头。

本书的写作几乎全部围绕一个建设性的想法：为摆脱本质主义的社会科学设计一套实用工具。本书的绝大部分是具体步骤性的内容，学者们可以直接按照这些步骤来建立理论和命题，并进一步检验它们的有效性。这套工具中大部分的灵感来自质性社会科学家曾经的研究实践（Goertz and Mahoney 2012）。社会范畴必然深深地融入了研究者自身的实质性知识（substantive knowledge），这本来就是质性研究者的常规预设。对这些研究者来说，本书为非本质主义的研究提供了一种新的集合论基础以及一套新的集合论工具箱。

本书认为，科学是关于发现世界真理的一种模式。基于这种认定，对于所有将证据和逻辑视为推断和结论之基础的学者，这本书的讨论都是敞开的。对于那些持本质主义假定的社会科学家，本书旨在围绕本质主义以及它给社会科学的知识生产带来的后果进行讨论，以此激发出一些新的论辩。研究者需要暂时搁置自己的怀疑（换句话说，调整他们的“前设”），在此基础上，本书的论证才能得到公正的评判。

科学建构主义是我提出的用以夯实非本质主义社会科学的一种路径。科学建构主义认为，范畴与自然界的实体之间并不存在着近似的一一对应，社会科学的范畴并不“在关节处切割自然”（连近似的都算不上）。[①] 相反，社会科学范畴的意义和效力是由特定时空中的个人所组

① “在关节处切割自然”（carve nature at its joints）引自柏拉图的斐德罗篇（Phaedrus，265d–266a）。这一隐喻指的是分析者根据自然的分隔来划分世界，就好似按照动物的解剖结构来庖丁解牛。“一一对应”（接下页）

成的共同体的集体理解（collective understandings）所决定的。一个给定的社会科学范畴所指涉的自然实体充满了异质性，它是很难把握的（或许就是不可把握的）。这些实体之所以被当成某个给定范畴的实例，那是因为人类思维就是这么建构它的。社会科学的范畴带有一种深度的心智依赖（mind-dependent）的特质，科学建构主义的提出就体现了对这一点的觉察和考量。

对于科学，科学建构主义坚定地持有一种常规理解。所谓**科学**，就是要用可推广的、公开的程序来处理证据，从而理性地推导出对于相关命题的信念，以此揭示实际世界（actual world）的真相。本书所讨论的方法提供了一套明晰的规则，在它的指引下，研究者可以使用证据来对命题的真假做出有逻辑的考量。不管是描述性、因果性还是规范性的陈述，只要它的概念范畴是通过集体理解建构而获得的，本书的方法都能用于对其做出评估。

在近几个世纪乃至今天的哲学传统中，建构主义和科学都受到推崇，但在社会科学中，这两种取向常常是针锋相对的（Wendt 1999）。如果对“科学”予以常规定义并将其应用于社会科学，建构主义的支持者势必会有所疑虑。在他们看来，由于范畴具有人类建构的本质特征，因此不可能用证据来检验因果规律和法则性命题的效力，这种科学是行不通的。建构主义者所信奉的认识论通常迥异于自然科学的科学认识论。

在科学的倡导者看来，建构主义根本就不能用来刻画现实，也无法成为社会科学研究的路径。在他们眼中，建构主义者的谈论只不过反映了关于实在本性的一套哲学论辩，这在总体上与社会科学的实践没什么

（接上页）（one-to-one correspondence）这个术语指的是数学上的“双射”（bijection），即一个集合中的元素与另一个集合中的元素有着一一精准的匹配。我在使用这个术语时也把“满射”（surjection）包括进来了，即一个集合中的每个元素都与另一个集合中的某个元素相匹配。

联系。他们认为，在一定的分析层次上，社会科学范畴与外在世界中实际存在的实体之间存在着大致的对应。他们相信自然科学方法在原则上适用于社会科学，其原因在于，自然科学与社会科学的主题并没有本质上的差异。

本书所主张的科学建构主义将建构主义和科学联结到了一种融洽（harmonious）、求真（truth-seeking）的关系中。科学建构主义相信，社会科学范畴与独立于人类心智的物质、性质和过程之间并不存在着一种有条理的对应（“有条理”就是说能让人类理解和表达）。它所支持的观点是，尽管与自然物之间常常存在着高度的指称分离（referential disconnect），但这不影响人类范畴（human category）发挥其功能。在它看来，理解特定的范畴是如何被建构的以及为什么被建构，正是社会科学的任务之一。它倡导对社会建构的范畴（socially constructed categories）所带来的影响进行规范性的考察（normative inquiries），身处范畴中的人在行为上会受到何种影响，也在考察之列。

此外，科学建构主义还有一个坚定的看法：上述考察所遵循的科学方法根植于逻辑学。本书认为，如果研究者要对命题做出有效推断和理性评价，那么对于一种超验法则（特别是逻辑学）的接纳就是必需的。科学建构主义所关注的是一些或然命题（contingent propositions），逻辑推理和基于现实世界所建构的证据构成了这些命题的真理基础。科学建构主义为我们认识以下问题提供了总体思路：如何理解范畴的社会建构？范畴与范畴之间的关系如何？范畴会对人类的经验现实带来什么样的后果？超越人类经验的逻辑学方法、来自自然世界的感觉信息、大脑中所建构的范畴，这三者的彼此邂逅，形成了科学建构主义这一研究路径的核心。

必须懂得让建构主义和科学结盟，只有这样，通过理性来发现真相的社会科学才能迎来自己的繁荣发展。不过，实现这种结盟绝非易事。要完成这项任务，仅仅对科学建构主义给予认同或辩护是不够的。一种有生命力的科学建构主义必须能够对非本质主义的社会科学研究提供清晰指导。它必须能够提供完善的步骤，以便学者们可以按图索骥地开展分析，而且这种分析彰显了社会范畴所具有的心智依赖的特质。对于建立范畴和命题、用证据来评估命题、解释和报告结论这些工作来说，它也需要提供准则。科学建构主义一定不能只停留在哲学层次，而是要为学者们设计和开展社会科学研究提供实际工具。达成上述目标，为建构主义的、科学的社会研究提供具体且实用的步骤，正是本书的要义所在。

科学建构主义回应了社会科学所遭遇的两种挑战。第一种挑战就是认识且充分吸收科学研究的成果。科学研究已经告诉我们，本质主义的路径并不适用于社会科学。早在 30 多年前，莱考夫（Lakoff 1987）在考察了之前 20 年的多学科研究后指出，范畴的意义并不来自它们在自然界中所对应的实体。对于一个范畴中的成员来说，其成员资格并非源自它的某些内在本质或基本属性。相反，范畴的意义位于一个认知模型（cognitive model）中，这个模型塑造了思维结构，体现了人类文化和人的感觉运动机能。过去 25 年的心理学实验研究也指出，本质主义是人类的一种原生偏见，它反映了一种在生命早期出现，对现实进行分类和理解时所采用的非选择性模式（non-optional mode, 参见 Gelman 2003; Newman and Knobe 2019)。本质主义的预设扭曲了人类理性，使我们对种族、性别、等级、货币、教育、民主等概念范畴的认识都产生了偏误。近年来，神经科学又提供了进一步的证据，它告诉我们，心灵并不是自然的一面镜子。从自然界输入的感觉信号通过神经元集群来传输，而神经元在连接密度上有着巨大差异。即便我们的感觉神经元能够直接跟随（track) 世界的自然划分，我们在意识中所察觉的范畴也是在对感觉信号进行大量加工后得到的一项总成（summary），这一总成深受我们预先存在的大脑编码、当下的神经激活状态以及大脑神经机制所包含的内在局限性的影响。

上述研究告诉我们，我们的社会范畴并没有在结构上映射到一个独立于心智的外部现实上。社会科学家们看上去别无选择，他们必须接受某种建构主义，至少要在最低限度上承认人类思维在创造和维持社会范畴时所起到的不可或缺的作用。然而即便是接受这种最低限度的建构主义也是很难做到的，因为主流的社会科学方法依赖于本质主义的真理预设。如果一项对于范畴的研究有赖于人们都相信该范畴是存在的，那么主流的社会科学方法对此并不适用。放弃本质主义也就意味着放弃人类的直觉和一直以来的社会研究方法，但我们需要承认自己关于范畴的直觉是错误的，以此把社会科学从本质主义的幻觉中拯救出来。

第二种挑战是要在接纳建构主义的同时保持对于科学性的坚定追求。那些最激进的建构主义对科学的拒绝与其对实在论的拒绝是一体的，比如他们不承认存在着由一组结构化的实体组成的、独立于人类而存在的实在世界。其他相对主义者对外在现实持有一种不可知论，他们认为该问题是不搭边的，其原因在于命题的真理性完全取决于人类的思想和语言。还有一些相对主义者承认外部世界的存在，但他们认为这个世界的结构与逻辑无关，逻辑只是人类碰巧拥有的那种身体和心灵的产物。在以上种种路径中，真理、理性和客观性都是灵活的概念，它们的意义由人类赋予。从一个概念角度看为真的东西，从另一个概念角度看来可能就是假的，没有任何角度能够拥有客观性的特权。按照这种激进的建构主义，那些关于自然界的科学命题到底是真的还是假的，取决于你看待它们的方式。

相比之下，本书既反对实在论上的怀疑主义，也反对真理观上的相对主义，对于实在论和客观真理，本书毫无保留地拥护。极端相对主义者的问题在于，他们无法解释一个事实，即为什么社会范畴能够预测和形塑我们从外在世界接收的感觉信号。通过对范畴的运用，人类能够成功地操控自然世界，也能在社会世界中与他人进行富有预测性的、有意义的互动，而极端的相对主义无力解释这一现象。科学理论的有效性恰恰就在于它们捕捉到了关于实在的近似真理。其他形式的相对主义则没有看到，它们口中的“西方思想”对于理解世界其实是不可或缺的。尽管可能有学者声称逻辑是一种可有可无的工具，但他们会被自己的语言和论证出卖。因为他们和我们所有人一样，为了推进论述、收集证据、得出结论，就必须接受逻辑、真理和客观性这些超验概念。如果逻辑与世界无关，那么为何它能如此有效地帮助我们理解和控制世界呢？如果你问他们这个问题，他们会说这是个不解之谜。

我想表明的是，集合论分析为摆脱本质主义社会科学提供了一条出路，而且它也不会陷入相对主义或反实在论。社会科学的集合论分析与建构主义研究非常契合，因为它要求分析者将头脑中的想法和外部的证据展开持续的交换（Ragin 1987, 2000, 2008; Schneider and Wagemann 2012; 另见 Lamont and Molnár 2002）。集合论分析的范畴被注入了实质性的知识，它们明确地体现了研究者的信念。对于那些在分析中出现的范畴来说，其边界正是由研究者标定的。在测量范畴时，集合论的研究者面对的不是一个业已存在的、具有可识别结构的、本体论上的客观实在，研究者要做的并不是中立地描述这种客观实在的特征。相反，他们对范畴的建构（construct）和**标定**（calibrate）是基于对范畴意义的共同理解。如果这些共同理解发生了变化，那么范畴的标定也会变化。在集合论分析中，一个人如何陈说（report）社会世界的结构，是以他对范畴意义的理解为基石的。范畴**真的**有助于构建社会世界。

尽管集合论分析非常适用于建构主义研究，但使用集合论分析却并不以承认建构主义为前提。拥护本质主义的集合论分析者可以带着以下假设开展工作：一个集合就是一组实体，这些实体有若干共同属性；本书所提出的一些工具对于他们同样适用。然而我要表明的是，在一种明确承认范畴的心智依赖性的建构主义路径中，集合论才是浑然天成的工具。我在建构主义的预设下开发了集合论分析的工具，一位社会科学家若是致力于科学建构主义研究，这些工具就是为他准备的。

从建构主义的立场出发，我重新配置（reconfigure）了集合论分析：我把集合论分析中的那些“集合”概念化为一些心理现象（mental phenomena），这些心理现象对实体进行分类，但在本体论上优先于实体。简言之，我认为集合论分析者可以通过以下方式来防范本质主义，即将集合设想为心灵表征系统中实际存在的有界空间，在人类对自然界的感觉输入进行理解和分类时，它可以发挥相应作用。集合是由心灵与自然界之间的互动所创造的，也是这样被实例化（instantiated）的。集合是在大脑的认知机制中作为概念空间而**存在**的实体。在以这种方式理解集合时，集合论分析的工具箱就可以为科学建构主义研究提供一套堪称周密的方法论。

在这一集合论的方法论中，社会范畴指的是人类理解与客观现实的特定纠缠。它们是人脑中的概念空间与自然界的实体之间的互动。社会科学家所关注的社会范畴并不能还原为单个指示物所具有的自然物内容。像资本主义国家这种范畴指向的是自然界中复杂且异质的实体。我们毋须关心它的每个实例所带有的多样的自然物成分，这种知识无助于我们去把握资本主义国家的共同点。对所有的实例来说，它们终极的共性来自一种成员资格，即它们都位于人脑中有关资本主义国家的概念空间里。这个概念空间反映了使用和理解该范畴的人对于范畴意义的把握。资本主义国家这个范畴是否存在，是否有效，都取决于社群对其意义的共享知识和共享理解。建构主义研究打破了一种想象，这种想象认为，资本主义国家这种社会范畴的终极成分是一些实际的例子，这些例子具备一些独立于人类心智的**共同**属性。而代替这种想象的是，社会范畴被视为概念空间，这些概念空间被嵌入个人的认知机制中，于是那些异质的自然实体就被理解成了富有意义的、同质的社会实体。

遵循着对范畴的这种建构主义理解，本书提出了一些实用的、方便上手的集合论工具，同时也为社会科学中的科学建构主义研究提供了一套完备的集合论方法。

探索一种集合论的社会科学，就意味着某些对常规的重大背离。将所有范畴都当作集合来分析，这对社会研究来说是一次意义深远的转变。我们很难逃离下述看法：社会现实是各种变量的组合，单个案例在这些变量上有着特定取值；把社会范畴说成是外在世界中具有本位和趋势的自然物，这几乎是语言的内在强迫；在思考和讨论范畴时，要把它当成头脑中的集合，要认识到它如何把异质的自然实体建构为特定范畴的实例，这需要专门的努力；在努力之外我们还得做一些练习，这样才能建立起一贯性，也才能将其做好。令人欣喜的是，在把范畴视为集合这件事情上，很多质性研究者已经以一种非正式的方式做到了（Goertz and Mahoney 2012）。对于那些可用于和适用于集合论分析的问题、理论和方法，这些分析者一点都不陌生。本书号召质性研究者接纳科学建构主义的基本前提：社会范畴与自然界的实体之间没有一致关系，它与自然物之间不存在着任何近似的一一对应。明确地、严格地、富有想象力地开展建构主义的集合论分析，这是本书对他们发出的邀请。

毋庸置疑，对变量导向（variable-oriented）的社会科学来说，集合论的社会科学是一种反叛。不过，方法论的研究者也确实讨论过，在与回归分析等其他方法做比较时，集合论分析到底能增添多少新价值呢？（参见 Thomann and Maggetti 2020 年的文献综述）批评集合论分析的人绕不出本质主义的假定，他们认为，方法论的目的就是要告诉人们，独立于人类心智的世界有哪些客观特征。然而，从本书的角度来看，集合论分析这一路径对于本质主义的社会科学来说有多大价值，这根本就不是问题所在。本质主义预设下的集合论分析能带来多少新东西，这并不重要，更重要和更优先的问题是：（1）我们是否需要一种能够包容社会范畴的心智依赖性的、非本质主义的方法论，以及如果需要，那么（2）集合论分析是否就是这种方法论。对于这两个问题，我的答案都是肯定的。

本书的讨论重点是，在研究依赖于人类共同信念和理解而存在的范畴时，应当如何使用集合论分析。社会学（不包括人口学）、政治学、文化人类学和经济学等学科中的大部分重要范畴都是心智依赖的，这些学科的研究者几乎只与这种范畴打交道。在这些学科中，有几个重要的范畴在相当程度上是独立于人类心智的，比如年龄、性别、发病率和死亡等（有些学者会把种族和智力排除在外）。在心理学中，神经心理学和行为遗传学等分支的研究人员所处理的范畴在总体上是独立于心智的，而社会心理学和教育心理学等分支的心理学家们主要处理心智依赖的范畴。至于其他子领域，比如异常心理学和发展心理学，范畴的心智独立状态是变动的，或者这个问题是正在辩论的对象。只要研究人员确实在研究与心智无关的范畴，我就认为他们在从事自然科学研究，本质主义是其恰当的出发点。相比之下，那些研究心智依赖性范畴的学者就是在从事社会科学研究，对其而言，建构主义就是恰当的出发点。本书就是为后一种学者所写的。

本书的讨论范围在两个重要方面有所限定。首先，它的关注点主要集中在社会科学的宏观研究上。书中所举的例子大都是对大规模过程与事件的研究，比如革命、民主化、发展和战争等。社会运动、组织、社会经济阶层、国家、政治系统等聚合群体是主要的分析范畴和分析单位。这种宏观政治和宏观社会的取向体现了我自己的具体研究领域和专长。给出这种重点是比较重要的，因为它意味着我们所分析的范畴都是人类建构和心智依赖的明确例子。假如本书更聚焦于微观层面，比如个体和他们的生物、生理特性，那就需要对自然物的分析多着一些笔墨。但就目前而言，本书所提供的原则和方法就是为社会科学研究量身打造的，那些心智依赖的范畴正是其研究对象。

其次，本书主要关注个案研究和小数量（Small-N）研究的工具，此类研究就是要根据单个或少数案例来提出命题、检验命题。那些适合大样本或大数量案例的趋势研究或倾向研究并不是我的关注点，如何检验此类命题并不属于本书的内容。把个案研究和小数量研究当成重点，这同样体现了我自己的研究兴趣与专长。幸运的是，从科学建构主义方法的角度来看，小数量研究为其提供了稳固的基石。从根本上来说，社会科学的集合论分析遵循着案例逻辑，因此以单个案例为起点是很自然的做法。总体之所以具有趋势或均值，那是因为个体带有某些特征。对个案的关注也直接涉及重要的哲学讨论，其议题包括心灵、逻辑、认知模型、范畴、因果性、规范信念、可能世界、反事实分析、确定性和科学真理等。本书没有涉及中数量（medium-N）和大数量（large-N）的集合论方法，但这方面的工具也已经有了长足的发展（例如 Ragin 2008; Rihoux and Ragin 2009; Schneider and Wagemann 2012; Oana、Schneider and Thomann，即将出版），它们都位于建构主义研究而非本质主义研究的物料库中。

本书分为三个部分。第一部分（第一章至第二章）关注本体论和认识论，介绍了科学建构主义和集合论分析。这一部分为其后的内容奠定了概念基础。第二部分（第三章至第七章）介绍并讨论了具体的方法论工具，我们用这些工具来检验社会科学研究中的命题。其中每一章所讨论的工具都分别对应着各自的主题：对范畴和因果关系做出分析、设计和使用集合论检验、进行反事实分析、使用序列分析进行因果评估以及运用案例证据开展贝叶斯推理。第三部分（第八章至第十一章）讨论了如何将集合论分析与一系列的理论工具相结合，也就是斯廷奇库姆（Stinchcombe 1968）所说的用工具来“发明解释”（inventing explanations）。这部分的每个章节分别讨论了理论框架和规范取向、构建理论的范畴、关键事件分析以及路径依赖。对于生活在社会中的个体来说，科学建构主义究竟蕴含着什么样的意义？我们在书的结语部分探讨了这一问题。

第一部分

本体论与认识论

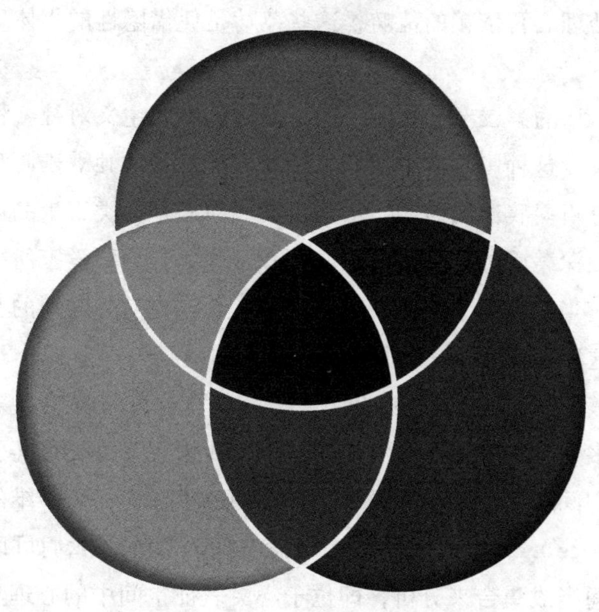

第一章　科学建构主义

从本章开始，我们将为社会科学开拓一种科学建构主义方法。第一节明确了自然科学和社会科学各自对应的研究主题：我提出，自然科学主要关注对自然类丛（natural kinds）的分析，而社会科学主要关注对属人类丛（human kinds）的分析。关于自然类丛、属人类丛和偏自然类丛（partial natural kinds）之间的差异，我们进行了识别和讨论。我们的讨论重点是，与自然科学家不同，社会科学家必须处理心智依赖的范畴，这些范畴是凭借隐性的集体理解而存在的。

在本章的第二节，我们探讨了默认的本质主义对社会科学研究者的影响，这种影响使得他们总把属人类丛当成独立于心智的实存实体来分析。我试图表明，本质主义如何既是人类天生的偏见，又是一种根深蒂固的社会科学取向。我认为，社会科学家所采用的研究程序应当遵循如下假定：范畴是由心智和自然界之间的互动所产生的，这种互动既是它的源头，也是它的内涵。

第三节着手为建构主义取向这一本质主义的替代方案打下基础。在多个学科的思想资源的基础上，我为理解人类范畴引入了一个概念空间模型。该模型提出，人类的思维包含一个多维的超空间（hyperspace），范畴在其中作为概念空间而存在。我们可以把这些概念空间当成**集合**来分析，即位于心灵表征空间中的心理集合。以这种眼光来看待范畴，有助于社会科学家纠正本质主义的偏见，将属人类丛真正当成心智依赖的实体来处理。

在第四节也是最后一节中，我为建构主义取向的科学研究引入了作为一种方法论的集合论分析。本节的讨论说明，集合论分析既可作为一种逻辑表达方式，也可以将人类范畴的概念空间模型运用到研究设计和研究实践中。

类丛的类型

自然类丛和属人类丛这对概念是对世界中的实体所做的区分（比如“这些实体是**钠盐**”“这些实体是**农民起义**”），但这些分类的根据是不太一样的。就自然类丛来说，将某些实体归入同一类是因为它们有共同的本质属性，这种属性是独立于人类心智而存在的。相比之下，在我们把某些属人类丛归为一类时，其相似性的依据就不是那些独立于人类心智的特质。因此，尽管人们在分析自然类丛时可以落脚于那些使其成为其所是的本质属性上，但在研究属人类丛时，人们就必须考虑那些帮助它们成为其所是的心理分类过程。

本节对自然类丛和属人类丛所做的基本区分在哲学和认知科学中已被广泛讨论过，在心理学中也日益为人所关注。我所做的区分在总体上借鉴了这些文献，特别是其中科学实在论的一脉。如果说我已经就自然类丛和属人类丛的区别给出了具有共识性的总结，那就有点过头了，因为这样的共识根本就不存在。然而，我所做的总结的确反映了这些文献的主流看法。对于任何一个研究自然类丛和属人类丛之区别的学者来说，此处定义的每一部分都不会让人陌生。在我的讨论中，最有新意的方面当属将非属人类丛的范畴分为两类：**自然类丛**与**偏自然类丛**。之所以这么做，是因为在我看来，科学家是否已经发现完全的自然类丛，这个问题还不太清楚。**偏自然类丛**这种范畴指的是与自然事物具有相近特征的实体。科学家们肯定已经发现了许多偏自然类丛，使得人类能够对外部世界施加实质性的控制，这种控制有时甚至令人倍感惊异。

表 1.1 概述了自然类丛、属人类丛和偏自然类丛的区别。读者若是感兴趣，还可以参考本章最后的附录，该附录从共相（universal）问题的角度讨论了自然类丛与属人类丛的区别。

表 1.1　自然类丛、属人类丛和偏自然类丛

	自然类丛	属人类丛	偏自然类丛
心智独立性	完全	最低	很高
时空稳定性	完全	最低	很高
因果力	存在	不存在	部分存在
科学实例：实质类丛	电子、氦原子、波包	社会运动、国家、世界体系	基因、火成岩、突触
科学实例：属性类丛	球形、纯量子态、磁性	进步的、民主的、资本主义的	变异的、连接的、精神分裂的
科学实例：动态类丛	光子发射、异构化、核衰变	革命、经济增长、国家转型	堆积、喷发、神经通信
日常实例：实质、属性与动态类丛	无	教师、慷慨、毕业	狗、绿色、死亡

自然类丛

自然类丛是独立于人类而存在的自然实体。人类或许能够发现这些实体，但人类的发现并不是它们存在的必要条件。自然类丛在本体论上先于人类以及人类的活动和认知（Browning 1978；Ellis

2001: 63–67；参见 Hacking 1991）。自然类丛**大抵**包括基本粒子（如夸克、轻子、玻色子），化学元素（如铝、氢、金），各种自然属性（如电导率、波长、时空间隔）以及各种动态过程（如化学反应、电离、衍射）。我们的感官所探测到的独立于心智的环境是由这些物质和过程构成的，上述事物就是这些物质和过程的最符合的例子。

自然类丛是由**本质属性**构成的，所谓本质属性，就是它们所拥有的真实本质，有了这种本质，它们才成为它们（Putnam 1975; Kripke 1980; Ayers 1981; Wilkerson 1988; Oderberg 2007; Robertson 2009; Slater and Borghini 2011）。这些本质是不可改变的属性，其形式具有时空稳定性。自然类丛是"永恒的类丛"（Millikan 1999: 50）。举例来讲，在所有的时空域中，铀原子的原子序数都是 92。[①]不论一个实体在空间和时间上的位置如何，只要它的原子量不是 92，它就不会成为铀原子（Hendry 2006）。

谱性质（spectral property）是自然类丛的本质之一，即类丛中的具体实例之间可以有一定范围的变化（Ellis 1996: 23; 2001: 79–81）。比方说，场（fields）的本质就包括"强度"这种谱性质。强度是一种量化特性，它可以假设一系列可能取值，其中一些取值能够在特定的场中得到经验表达。一个自然类丛中的所有具体实例都必须在该类丛中的谱性质上拥有对应值。每个实例在偶然拥有的对应值上有所差异，于是我们就可以对它们进行比较，例如我们可以根据强度的不同对比各个场，根据"味"（flavors）的不同对比夸

① 这种时空稳定性并不禁止自然类丛在**附带属性**（accidental properties）上发生变化，在时间和空间上保持稳定的只是它们的**本质属性**。附带属性是实体所具有的某些特征，这些特征的构成从任何概括层次来讲都不属于实体的本质构成（Copi 1954; Robertson 2009）。对于一个自然类丛中的个别实例来说，偶然属性（incidental property）是它的本质特征，但这却不是该自然类丛的本质（Ellis 2001: 76–78）。

克，根据发射频率的不同对比电磁辐射。

自然类丛从自己的本质属性中获得了**因果力**（Harré and Madden 1975; Salmon 1998; Ellis 2009; Mumford 2009; Mumford and Anjum 2011）。这些因果力造就了一个动态的、主动的，而非静态的、被动的世界。硫酸具有溶解铜的因果力，静电场具有改变光谱线的因果力，质量具有改变时空曲线的因果力。因果力是内在的趋向，类丛有什么样的因果力，都源自其本质属性的要求。带有一种特定的谱性质（比如强度或电荷）会使一个自然类丛具有不同于其他自然类丛的因果力。在一种谱性质上具有某一偶然特定值的单个自然物，也会因为特定值的差异而在因果力上表现出与其他单个因果力的差异。

自然类丛的存在，说明了实在的结构是数量化和数学化的。按照**数学实在主义**（或者叫**柏拉图主义**）的观点，基础数学实体如集合、数字和函数是客观的、永恒的、不可毁灭的，也是真实的，它们作为抽象对象存在于所有的可能世界中，这些世界中有没有人是无所谓的（Putnam 1979; Hale 1987; Maddy 1990; Nagel 1997; Resnik 1997; Colyvan 2001; Shapiro 1997, 2007）。[①] 数学之所以是真实的，其原因在于，实在是由实体和法则（即具有因果力的自然类丛）构成的，而这些实体和法则能够用精确和一般化的方式来表达（Sher 2013）。数学的实在性对科学中的“真”施加了限制，否定了对现

---

① 柏拉图主义的主要对手是数学虚构主义（mathematical fictionalism），许多学者依据不同的角度为其做出过不同力度的辩护，包括Balaguer（1998），Field（2016），Lakoff and Núñez（2000），Livio（2009）和Leng（2010），以及维特根斯坦的全部哲学（Wittgenstein 1922/1972, 1953/2001, 1956/1978）。本书所主张的集合论实在主义受益于哥德尔（Gödel 1947），他证明了没有一个逻辑系统可以囊括**所有**的数学真理（第一不完全性定理），也没有一个数学逻辑系统可以被**证明**是完全一致的（第二不完全性定理）。尽管有哥德尔定理的存在，但逻辑学在应用于科学时是几乎不存在限制的（Warner 1989; Nagel 1997: chaps. 4–5; Hanna 2006）。

实的错误描述，像 2+2=5 这样的描述肯定就是错的。基于同样的原因，有了数学实在主义的保证，我们也能将逻辑推理当作探索世界真相的客观基础。拥护数学就约等于拥护逻辑学，因为就逻辑形式来讲，所有的或近乎所有的数学命题都是真的（Frege 1884/1960; Whitehead and Russell 1910/1956）。逻辑学和数学之间存在着一种富有成效的关系，逻辑学为有效的论证和推断提供了形式化的运算符，而数学则为描述实在的形式结构提供了工具（Sher 2013）。逻辑学和数学的结合不仅为我们对自然界进行科学分析提供了必要资源，而且当我们面对社会科学的主题即需要理解和分析人类建构的现实之时，它们也发挥着同样的作用。

属人类丛

属人类丛并不具有能够用以界定自身的内在属性和趋向，它们在本体论上依赖于人类的存在。具体来说，属人类丛依赖于人的心智活动，它们是具有心智依赖性的类丛。[①] 这方面的例子有社会角色、制度和事件等，它们刻画着人类文化与社会（比如萨满、护士、笑话、婚姻、晚餐、否决权）。属人类丛包括用名词表示的聚合实体（比如社会运动、城市、世界体系）、用形容词表示的实体的属性（比如进步的、郊区的、资本主义的），以及用事件来表示的动态过程（比如战争、游行、手术、生日聚会、阻挠议事、国家崩溃）。几乎所有的社会科学概念都是属人类丛。事实上，社会科

① 一些哲学家，比如Clark and Chalmers（1998），Wilson（2004）and Clark（2008）认为，心灵可以部分地位于大脑之外甚至整个身体之外。不过，我在此处遵循着常规理解，即将心灵和大脑视为共存的实体，前者实质上存在于后者之中。参见Rupert（2009）对“延展心灵论”（extended-mind theory）所做的出色评论。

学就可以被定义为针对属人类丛的科学研究。

虽然属人类丛在本体论上依赖于人的大脑，但这些类丛的**具体实例**却并非大脑状态。[①] 相反，属人类丛的具体实例由各种独立于心智的实体（即各种自然类丛）构成，这些实体在人类的心灵中被分类，属人类丛的实例才得以形成。一个具体的锤子或一个具体的社会运动都是由自然类丛组成的，但作为一般化范畴的锤子和社会运动就不一样了，我们不能根据具体的锤子和社会运动来还原或定义它们，不同的范畴并不对应于各式各样的、大多不为人知的自然物质和属性，两个锤子或两个社会运动根本不需要共享任何自然类丛的构成要素。

属人类丛的心智分类在时空上是不稳定的。某一事件是否是革命、某一做法是否是歧视、某一关系是否是强政治纽带，对于这些问题，处于同一时间点上的人们可能会产生分歧。同样地，那些习惯上被归类为革命、歧视行为和强政治纽带的事物也因时而异。[②] 虽然通过列举不同的属性来定义属人类丛是可能的，甚至是可取的，但相对于被定义的属人类丛来说，这些属性并不需要与自然类丛有更多的指称联系。一个属人类丛的意义，是通过其他属人类丛来得到定义和澄清的。

属人类丛不具备可以附着因果力的内在趋向，它不属于任何自

---

① 心理学类丛是一个例外（比如幸福这种心理状态），作为属人类丛，它的具体实例可以被视为大脑状态。

② 长期以来，在把生物物种作为自然类丛来对待时，时空的不稳定性都让这一问题变得复杂（LaPorte 2004）。许多研究人员提出，生物物种是由一些有聚集倾向的性状群所定义的（Mellor 1977; Browning 1978; Dupré 1981; Boyd 1991; Hacking 1991; Millikan 1999; Wilson, Barker, and Brigandt 2007）。另一种看法则认为生物物种在自然类丛的集合中只具有部分成员资格（参见Keil 1989; Grandy 2007）。我赞成后一种看法，并支持这样一种观点，即不同的实体类别在自然类丛集合中可以有不同的成员隶属度（参见Lewis 1984: 227–228）。

然法则的内容（Bhaskar 1979/1998 ；Sayer 2000）。当然，就属人类丛的**具体实例**来说，由于其构成元素是自然类丛，它就会服从相应的自然法则。比方说，当受到我们的肌肉所施加的力时，一个锤子有能力将一定的能量传递给目标，那么锤子具有的特定质量就是该现象的部分原因。然而，作为一般化范畴的“锤子”是不能根据它内在的因果力或者它在自然法则中的位置来定义的。人们无法通过自然类丛来对锤子这一范畴进行系统的建模或呈现，锤子与自然类丛之间并不存在着这样的对应关系。

属人类丛拥有主体间的意义一致是很正常的，最起码在有着空间和时间界限的共同体中是这样。锤子是什么？我们在这个问题上的分歧不会太大。所有文化中的人们都使用宣言式的言语行为（declarative speech acts）将某种地位功能（status function）强加给对象，使之进入集体认识，并常为共同体所接受（Searle 1995, 2015）。这种主体间的理解使我们能够清楚地交流，并对世界做出有规律的反应（Churchland 1998; Laakso and Cottrell 2000）。语言表征为我们的生活注入了意义，并帮助指导我们的行为（Searle 2008）。

对人类来说，属人类丛具有一种**创造现实的效应**（reality-creating effects）（Merton 1948; Berger and Luckmann 1966; Bourdieu 1984; Foucault 1975/1995; Searle 1995; Hacking 1995a; Goodman 1978; Miller 2000; Thomasson 2003; Smith 2010 ；I. Reed 2011; Elder-Vass 2012）。当人们将一个功能和一个标签强加给实体，并默契地同意这种做法时，他们就创造了一个新的人类现实。随着时间的推移，这个范畴当初是被建构出来的这一事实就可能会被遗忘（即便一开始人们是承认这一点的）。人类可以借助范畴化来灵活地创造属于自己的经验现实，这一能力使他们得以区别于地球上的其他生命形式。这种非凡的能力还伴随着一种同样了不起的能力，即人们毫不费力地将所建构的范畴视为自己对于外在客观世界的直接反应。人类不由自主地思考和谈论，就好像他们所说的范畴是真正“在那儿”的。

属人类丛的稳定预期依赖于先前存在的范畴所组成的一个更大的网络，这些范畴仿佛忠实地勾勒出了一幅客观现实的地图（Geertz 1973; Taylor 1985）。任何特定的属人类丛的意义都取决于一个由范畴和意义所构成更大的矩阵。这个语义学网络背后有什么样的自然类丛作为终极支撑，我们根本不需要了解。**我们所体验到的**现实是由集体理解来维护的，这些集体理解在总体上是无意识的，它把一种刚性的事实抛向我们：现实是客观、独立存在的。

偏自然类丛

范畴在**自然类丛**的集合中有多高的成员隶属度，这是可以变化的。纯粹的自然物（玻色子可能是目前最好的例子）在“**自然类丛**”这一集合中具备完全的成员资格。其他范畴（比如老虎）的成员隶属度很高，但并不完全（Lewis 1984: 227–229; 参见 Churchland 1985; Boyd 1991; Wendt 1999: 67–77; Miller 2000）。属人类丛的范畴（比如六年级教师）在这个集合中不具备成员资格，只不过距离这个集合的远近不同。“古铜色的东西”这一范畴要比“闪亮的东西”这一范畴更接近于自然类丛，“人类”要比“教授”更接近于自然类丛，“黑洞”要比“经济”更接近于自然类丛。像行星、雷暴、岩石以及神经元和板块运动等范畴（甚至还包括生命），它们虽然没能在关节处切割自然，但它们的切割方式与此雷同，有时候真的非常接近了。[①]

① “自然类丛”这个范畴是一个属人类丛的范畴。如果没有人，（接下页）

偏自然类丛[①]的范畴在实质上隶属自然类丛的集合，但其成员资格又是不完全的，从结构上来说，它们与独立于心智的世界之间存在着差不多的对应。偏自然类丛以一种大概的、不太完美的方式映射出了自然世界的物质、属性和过程。它们可能会挑选出自然类丛的部分本质属性而非全部，或是它们可能有用但不完整地描述了这些本质属性。偏自然类丛具有相对的预测能力，有时几乎带有决定论的色彩，可以完全忽视人类的想法和认知。掌握了关于偏自然类丛的知识，人类就能在相当程度上控制自然界，有时这种控制力深不可测。

天文学、生物学、认知科学、地球科学和心理学中使用的许多概念都是偏自然类丛。这方面的例子有行星、恒星碰撞、基因、细胞、狮子、自然选择、大脑、突触连接、神经传递、火山、雷暴、人类、衰老和记忆。这些概念并没有在关节处精确地切割自然，但它们至少算是接近于这么做了，这就使得科学家能够对它们内在的属性和力量做出概括。即使人类不再认得出大象、癌细胞和星系，与这些范畴相对应的实体仍然会按照接近这些范畴的最优科学模型的方式发挥作用。事实上，自然科学家还没有发现任何完全的自然类丛（参见 Dupré 2002；Hacking 2007），几乎所有的物理学和化学的核心概念都是偏自然类丛。从本书的角度讲，电子、铀和电离等概念到底是纯自然类丛还是紧跟自然车辙的偏自然类丛，我们毋须

（接上页）那么这个范畴便不会存在，尽管作为自然类丛的实体会存在并按照自身的属性要求来运转。关于“生命”这一范畴是否属于自然类丛，有的学者持不太一样的观点，参见Cleland（2013）和Dupré（1993）。另见Wendt（2015: chap.7）。

① Churchland（1985）将偏自然类丛称为“**实用类丛**”（practical kinds）。相比之下，其他一些哲学家和科学家则认为，将偏自然类丛看成完全的自然类丛并没有什么问题（参见LaPorte 2004: chap.1中的相关文献）。我把自然类丛视为一种理想类型，由此我把老虎、山和行星这种范畴都理解为偏自然类丛。

做出判断。我们只需要认识到，有一些既存的范畴是接近于自然类丛的。①

偏自然类丛和属人类丛之间的界限并不总是清晰的。科学的一个重要组成部分恰恰就是对范畴做出考察，看看它到底是偏自然类丛或只是属人类丛。例如，抑郁和幸福等心理状态到底是偏自然类丛还是属人类丛，就有研究者对此进行过积极探索（Panksepp 2000; Barrett 2006, 2017; Izard 2007）。在我看来，心理学、生物学和生理学等学科的核心就是要对偏自然类丛和属人类丛做出区分，以免我们将后者错误地理解为独立于我们而存在的事物。

一个实体是偏自然类丛还是属人类丛，这一问题常与人的属性有关，即他们的生物和心理特征（比如种族、情绪状态、人格类型）。为了判断这些特征是否属于偏自然类丛，科学家们会探求是否可以在较低的分析层次上把它们还原为偏自然类丛。如果一个人的某种属性可以被有机地还原为较低层次的偏自然类丛，那么该属性本身就是一个偏自然类丛。举例来说，科学家们把眼睛的颜色当作一种偏自然类丛，这是因为眼睛的颜色可以被还原为基因和单核苷酸多态性，这种还原即便不是完美的，也是融贯的。相比之下，“幸福”是不是偏自然类丛，科学家们对此就有争议了，因为人们不清楚它是否能融贯地还原为自主神经系统模式或大脑的神经递质、回路和化学物质（Barrett 2006, 2017）。

在社会科学中，类似的关于实体是否属于偏自然类丛的问题通常不会出现。社会科学家不研究那些可能在较低的分析层次上融贯地还原为自然类丛的实体。比如说，试图把美国这个实体还原为自

① 人们是否能够识别完全的自然类丛，这一问题与另一个更宽泛的问题相联系，即我们是否能够脱离自己的感官构成来构想事物（Locke 1690/1975; Bradley 1897; McGinn 1983, 1999; Nagel 1986）。人类可能不具备完全识别、描述和理解自然类丛的能力。

然属性的一个集合就是徒劳的。对于国家、通货膨胀、民主转型和犯罪等一般性的范畴来说，情况也是一样的。在了解这些范畴时，我们并不是去考察它们的具体实例，不是通过实例背后的自然类丛来获取对范畴的认识。这种不可还原的状态也适用于个人的大多数社会特征，比如社会科学家所感兴趣的收入、职业和教育等。当社会科学家研究性别、种族和智力这些特征时，他们将其作为建构的范畴来分析，这些范畴的存在取决于人类的信念和实践。当然，有人可能会研究这些特征是否能够部分地还原为自然类丛。然而，只要研究者关心的是那些可能被还原为偏自然类丛的个体特征，比如生物年龄、生物性别、生物种族、先天智力、发病率和死亡率等，他们所做的其实都是自然科学研究（或者是自然科学和社会科学的交叉研究）。

原以为属于自然的现象在何种程度上是文化性生成的实体？当社会科学家考察这一问题时，社会科学就富有成效地融合到自然科学之中了。社会科学家对于疾病（Aronowitz 1991; Brown 1995; Hacking 1995b; Briggs and Mantini-Briggs 2003; Epstein 1996, 2007）、性别（Ortner and Whitehead 1981; Scott 1986; Fraser 1989; Morning 2009）、种族和民族（Brubaker, Loveman, and Hirschfeld 1996; Nobles 2000; Duster 2001; Stamatov 2004; Bonilla-Silva 2006）以及性取向（Gagnon and Simon 1973; Vance 1989; Plummer 1999）的社会建构开展了许多了不起的研究。这些研究表明，官方和民间眼中的那些自然或生物类丛（比如HIV感染者、女性、非裔美国人、女同性恋）实际上都部分依赖于人类思想和实践的范畴，这类现象有时还颇具讽刺性。此外，人们关于科学的研究也向我们展示出同样的道理，科学类丛是进化的实体，随着时间的推移，其意义会发生重大改变（Kuhn 1970; Barnes 1974; Latour and Woolgar 1986; Nelson 1994; Giere 2006; Nersessian 2010）。这些研究成功表明，就电子、基因、夸克这些自然类丛的最佳实例来讲，人们对于它们的科学理解都是不断进化的。也正是基于这个原因，我才坚信自然科学家迄今为止可能只是发现了偏自然类丛（Arabatzis 2006；Mukherjee 2016；Pickering 1984）。建构主义的研究一再表明，那些作为纯粹的自然类丛而呈现的科学实体并不完全独立于人类及其心智。

意义-指称的连续统（the meaning-referent continuum）

自然科学家可能还没发现（也可能无法发现）任何完全的自然类丛，这一事实表明，如果将自然类丛和属人类丛之间的区别看成是连续变化的，会是一个可取的做法。这种观点有助于我们理解偏自然类丛，它介于属人类丛和自然类丛之间，虽然更接近后者。连续统的角度也有助于认识另一种实体，这种实体是属人类丛的成员，但它有时会带有自然类丛的偶然属性，只不过这些属性不是属人类丛的主要定义成分。

按照我的观点，我们可以把自然类丛和属人类丛视为连续统两端的区域。为了将这个连续统概念化，我借用了奥格登和理查兹（Ogden and Richards，1923）的语义三角，具体可见图 1.1。就我们的分析而言，这个三角形的关键在于右侧的关系，即一个范畴的意义指称之间的关系。一个**范畴的意义**在本质上是认知性的，它对应于建立在大脑机制之上的个人有意识和无意识的理解、知识和信念。**范畴的指称**指的是世界上的对象和实体，它们是范畴的具体实例。比方说，如果范畴是狗，其意义就对应于我们对狗的信念与理解，而指称则对应于实际的狗。

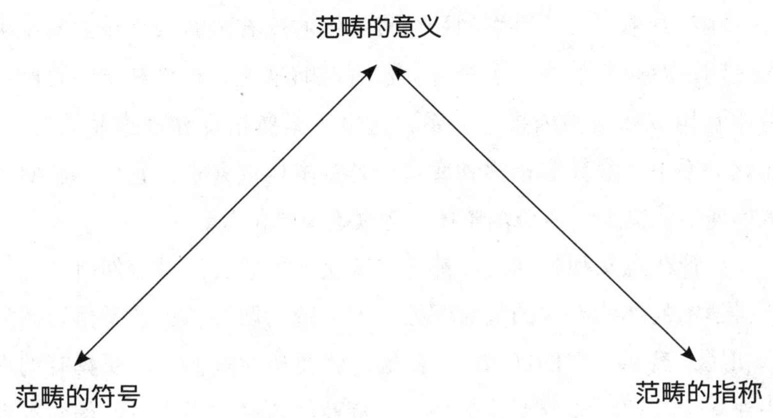

图 1.1　奥格登和理查兹的语义三角

（改编自 Ogden and Richards，1923）

就完全的自然类丛来讲，一个范畴的意义仅靠指称就可以被确定。因此语义三角右侧的箭头只会由**指称**指向**意义**，而不存在互相的反馈（即意义→指称）。指称由独立于心智的实体构成，对这些实体的反射就形成了一个范畴的意义，心智对于范畴的构成没有起到任何直接作用。这种对范畴的理解在逻辑上紧扣了自然科学的理想化叙事，即自然科学范畴就是将客观现实的结构展现给我们。

相比之下，在属人类丛理想类型的定义中，意义和指称之间的作用关系是反向的。语义三角右侧的箭头现在变成了由**意义**到**指称**的单向无反馈关系（即意义→指称）。指称的身份和属性完全由人类的理解和信念构成，指称所具有的那些独立于人类心智的成分与范畴的意义没有任何联系。如果按照哲学中的激进建构主义，这种形式的关系适用于所有的范畴。对**激进建构主义**来说，所有的范畴在本体论上只依赖于人类的认知和语言，即便真的有预先存在的客观现实，范畴也不映射着这种现实（Goodman 1978; Rorty 1979; Derrida 1982; Shotter 1993）。

在我看来，自然科学和社会科学中的现有范畴都介于这两个极端之间。对全部的或几乎全部的现有范畴来说，意义和指称之间都是相互构成和互为因果的关系，这也正是奥格登和理查兹的看法。在此关系中，意义和指称到底哪个是基本构成元素，它们的相对比重如何，就决定了一个范畴在该连续统中的位置。

尽管在意义和指称之间都存在着交互关系，但是自然科学和社会科学中的那些有效的范畴都处于连续统的两端，也就是偏自然类丛和属人类丛各自的区域。[1]就偏自然类丛而言，指称所具有的那些独立于心智的成分总体上决定了范畴的含义，研究者的信念和理解只有些许的构成作用。此时，在意义与指称的互构关系中，指称占据主导地位。

相对而言，属人类丛这种范畴的指称主要是甚至完全是由其意义所建构的。对属人类丛来说，一个范畴的所有指称可能共享某些独立于心智的属性（比如所有的教授都是由氧、碳和氢等元素构成），但这些属性对于这个范畴的意义来说是无关紧要的。相反，在意义-指称的互构关系中，要成为同一范畴的成员，其相似性近乎完全是由共同的理解和信念建立起来的。社会科学范畴在本体论上扎根于集体理解，这些集体理解不能被还原为任何由范畴的指称所共享的、独立于心智的属性。

属人类丛的物化

如果属人类丛被当成拥有内在属性的实体，且这些属性决定了

---

① 位于连续统中部的范畴到底属于自然科学还是社会科学，这个问题相对来说比较模糊。此类模糊范畴的例子包括精神障碍（比如广泛性焦虑障碍、抑郁症、精神分裂症）、情绪（比如快乐、悲伤、惊恐）和先祖背景（比如根据DNA测试来确定）。

实体的身份和趋向，则说明属人类丛被物化（reification）了。当物化发生时，属人类丛就被理解为有条理的、自组织的“外在”事物。从人类思维的工作方式和语言的使用方式来说，这种物化几乎是一种不可避免的结果。在日常生活中，我们对社会世界进行不断的物化，这是无法按捺的。我们都局限于**心理的本质主义**，认为周围的对象和实体都具有内在本质（Medin 1989; Medin and Ortony 1989; Ahn et al. 2001; Gelman 2003; Newman and Knobe 2019）。在社会科学的分析中，这种本质主义取向表现为我所说的“**属性–存有假定**”（property-possession assumption），即假定社会科学范畴与自然类丛一样，都拥有潜藏的、具备因果效力的属性。[①]

本质主义

本质主义指的是这样一种信念，即一个范畴的成员拥有一些被称作“本质”的潜藏属性，其成员资格就来自“本质”，同时也被赋予了相应的特性（Medin 1989; Medin and Ortony 1989; Keil 1989; Rothbart and Taylor 1992; Sayer 1997; Haslam 1998; Haslam, Rothschild，and Ernst 2000; Ahn et al. 2001; Gelman 2003; Newman and Knobe 2019; Rose and Nichols 2019）。[②] 这些潜藏的本质是一个

① 虽然我根本不是一个语言学家，但英语中固有的本质主义偏见似乎与动词*to be*以及从属动词如*to have*等有关。由于我在写作和有意识地思考时使用的都是英语，因此这本书中的许多段落都带有属性–存有假定。西班牙语中有两种*to be*，它们都具备存有的意思（暂时的和永久的）。我们真正需要的似乎是两种本体论状态的to be以及从属动词：（1）存在状态依赖于文化和历史；（2）存在状态超越所有时空限制。我不清楚有哪种语言（如果有的话）具备这样的动词规则。

② 正如洛克（1690/1980: 293）所说，“本质可被视为任何事物的存在本身，本质是什么，事物就是什么。因此，真正内在的但通常又……不为人知的事物成分就是本质，而那些可见的性质是本质决定的”。（接下页）

特定范畴的所有实例所拥有的终极共性。比方说，位于科学家这一范畴中的人拥有一些无法观察到的本质特征，这种特征使他们被归类为科学家（Knobe, Prasada, and Newman 2013）。这些本质究竟是什么，我们的默会理解可能有很大的区别（比如职业立场、对真理的公正追求，或对科学方法的应用）。然而，对一个特定共同体的人来说，在以同样的语言谈及科学家这个范畴时就好像承认了某个东西，有它的存在，我们就可以把那些人统称为科学家。

当人们进行交流时，属人类丛好像是由特定本质构成的，然而“本质主义并不意味着人们（自觉或不自觉地）知道本质是什么”（Gelman and Diesendruck 1999: 88; 同时参见 Medin and Ortony 1989; Gelman 2003; Newman and Knobe 2019; Rose and Nichols 2019）。对许多范畴来说，本质充其量只是一个占位符（placeholder），它的内容不详，我们只是假定它存在。这种占位符结构吸引人们去探寻潜藏的本质，并通过创造性的尝试来总结所有范畴成员的根本共同点（Gelman and Roberts 2017），或者可能是范畴背后的自我平衡属性簇（homeostatic property clusters，Boyd 1991，2010；Kornblith 1993；Wilson 1999）。与此同时，我们又总是难以确定属人类丛的确切本质，如果有人提出这方面的明确要求，我们没法回应，因为这种本质实际就不存在。缺乏共同的本质这一事实有助于解释为什么社会科学的所有重要概念都抗拒简单和一致的定义。

对世界的本质主义取向在人们很小的时候就已形成，而且它似乎不需要经过任何正式的训练就能获得（Gelman 2003）。当我们成年时，它已经成为我们体验世界时的一个持久的、基本的要素。“本质主义是一种普遍的、持久的思维偏见，它深刻影响了人类的范畴

(接上页)在本书的语境下，我尤为关注本质主义的“实体性”(entitativity)或“物化”(reification)，即这样一个现象：将一个范畴理解为世界中的一个融贯整体和独特实体(Haslam, Rothschild, and Ernst 2004)。

化。它在我们的概念系统中根深蒂固，在人们很小的时候就形成了，即使是在迥异的文化背景中”（Gelman 2003: 6）。从现有的证据出发，我们可以做出如下论断：虽然不同时空中被本质化的具体范畴有很大差异，但本质主义是“一种物种层次上的、普遍的、不可避免的思维模式”（Gelman 2003: 283；亦见 Rhodes and Gelman 2009; Bloom 2010; Rhodes, Leslie, and Tworek 2012）。许多学者认为，人类的先祖之所以进化出了一种将属人类丛予以自然化的趋向，原因是这有益于他们的生存与繁衍（例如 Kornblith 1993; Pinker 1994, 2002; Sperber 1994; Atran 1998）。这种说法的其中一个版本指出，本质主义来自具有进化适应性的认知技能（Gelman 2003），这种技能就包括在人生的最初几年用于进行归纳推理的探试思维（heuristics）（Cimpian and Salomon 2014；Quillien 2018）。实体是带有本质属性的，有了这样的认知，人们可以顺畅地与他人交流，可以有预测性地和有意义地在这个世界上行动。人们可以为客观物分配功能，并创造出各种因人类的共识而存在的社会事实和制度事实（参见 Durkheim 1895/1982；Merton 1948; Berger and Luckmann 1966; Searle 1995）。对人们来说，要有能力去发现自然类丛的内在属性，这种心理学的本质主义所要求的能力构成了重要基础（Bloom 2000）。

本质主义取向暗含着一种信念，即对于范畴中的成员来说，他们的潜在本质带来了他们在其他方面的共同特征（范畴身份除外）。这些共同特征通常包括范畴成员在表层特征（或者叫“感知属性”）方面的相似性。以“科学家”为例，人们可能会觉得该范畴成员倾向于共享某种生活方式和着装，甚至可能是特定的性别和体貌。当被问及为什么范畴成员会共享这些可观察特征时，人们会说这是因为科学家共享着一些基本性质（Newman and Knobe 2019）。通过“身份破坏”（identity disruption）实验，学者们发现，即便表面上出现一些“不自然的”变化，儿童和成年人也会相信范畴成员能够保留他们的身份。比方说，即便穿得像警察，一位科学家也仍然是一位科学家。只有那些改变了本质属性的变化才会让范畴成员丧失自己的身份（Xu and Carey 1996; Rips, Blok, and Newman 2006；De Freitas et al. 2017）。如果一位科学家的大脑被替换了，那人们可能就觉得他不再是科学家了。近来的一些实验研究表明，一个范畴的本质与人们对其所想象的意图密切相关，后者也可以被称为“目的”（telos），这正是亚里士多德的观点（Rose 2015；Rose and Schaffer 2017；Rose and Nichols 2019）。

范畴成员所拥有的这种想象性的共享本质，有助于我们对范畴及其成员做出概括。本质主义的假定为归纳推理提供了一个逻辑基础，这或许是本质主义在进化意义和文化意义上的主要功能。人们认为，本质由一些属性构成，这些属性令范畴成员获得了可预测的趋向。在他们看来，一个范畴的成员具有可预测的本性，或至少是半可预测（semi-predictable）的倾向。当我们得知某事物是某个范畴的成员时，我们通常能得出一点：这个事物在功能和行为上会与该范畴的其他成员有着同样的表现。当我们听到一个人是科学家、警察或艺术家等范畴的成员时，我们会根据对于范畴的倾向性的理解来自动做出归纳推断。心理学家们已经进行了许多巧妙的实验，这些实验支持这样一个命题：范畴促进了儿童和成人的归纳推理（Gelman 2003: chap. 2）。从一个范畴中能够得出多大**范围**的推断，这个是不一定的，它取决于范畴是一个偏自然类丛（如黄金）、一个活的东西（猫）、一个简单的人工制品（锤子）、复杂的人工制品（计算机），还是社会角色（科学家）。不过，以上这些范畴都允许它们的使用者在各自的范围内做出重要的归纳推断（Gelman 2003: 48–52, 137–139）。人们之所以在面对自然环境和社会环境时有能力识别和驾驭那些可预测的东西，本质主义起到了重要的支撑作用。

心理学和认知科学在过去 30 年中的研究积累表明，人类用本质主义所处理的范畴有非常广泛的覆盖面，自然范畴与社会范畴都在其中（相关的文献回顾见 Gelman 2003 ；Newman and Knobe 2019）。这一结论令人印象深刻，而且它与之前的一个重要发现是一致的，即人类会对范畴予以客观化（相关文献回顾见 Lakoff 1987）。在相应的科学共同体中，人们即便不是全部接受，也会广泛认可一个观点，即占位符式的本质主义是人类思维的基础（对于不同的观点，参见 Strevens 2000 ；相反还有 8 位科学家对 Strevens 的联合反驳，见 Ahn et al. 2001）。一流的科学研究一致地发现了人类的一种默认观点：范畴的成员拥有一些也许是不可知的属性，这些属性为它们赋予了成员资格以及可观测的趋向。

本质主义的类型

人类以不同的方式参与本质主义，具体用哪种方式则取决于在人们眼中，构成某范畴成员身份的本质到底是哪种（Rothbart and Taylor 1992 ；Haslam, Rothschild, and Ernst 2000 ；Gelman 2003 ；Prentice and Miller 2007 ；Newman and Knobe 2019）。我们可以根据对于本质的对比理解区分出三种类型的本质主义：**器物本质主义**（artifact essentialism）、**先天本质主义**（innate essentialism）和**社会本质主义**（social essentialism）（参见 Bloom 1996; Gelman and Hirschfeld 1999; Haslam, Rothschild, and Ernst 2000）。[①] 这种类型划

① 这里我不讨论随意类丛（arbitrary kinds），对这些范畴来说，人们不会假定其成员共享任何隐藏属性，它们没有属性所赋予的有意义的身份，也没有属性所支持的普遍化（Lakoff 1987; Haward et al. 2018）。这种范畴的例子包括长度在6.23米和7.11米之间的物体、出生在奇数日的老虎、偶尔睡在床右边的教师等等。随意类丛不能把成员聚合为一个普遍有用的范畴，它们无法容纳重要的归纳推理，也无法对社会世界的运作（接下页）

分意味着它们在本质的变化程度和变化方式上有所不同（Dweck and Leggett 1988; Dweck 1998）。它们作为不同的直觉组合发挥作用，而且它们可能根植于大脑中不同的信息处理机制（Quillien 2018）。不过，尽管有所差异，但每一种类型都是“本质主义”范畴之中的完全成员（关于本质主义的定义，参见 Newman and Knobe 2019 ; Rose and Nichols 2019）。这种类型学意味着，即便承认了属人类丛是历史和社会所建构的实体，持建构论的学者也还是会对属人类丛予以物化。对建构主义的承诺（commitment）并不足以避免这一问题。①

在**器物本质主义**中，一个事物的本质被理解为对意图的反映，这里的意图可能属于假想的设计者，他们赋予事物某些功能（Keil 1989; Dennett 1990; Bloom 1996, 1998, 2010; Keleman and Carey 2007; Rose 2015）。我们能识别出锤子、毯子、电脑和飞机，其依据是这些实体的设计目的，而不仅仅是它们外表的相似性。一个杯子和一个碗之所以不同，是因为它们的设计用途不同。一条大毛巾可能比一条装饰性的毯子更具有保暖的功能，但由于假想中的设计

（接上页）提供深刻洞察。正如Gelman（2003: 53）所指出的，普遍性水平过高（例如事物）和过低（例如红色订书机、黑色订书机）的范畴往往是随意类丛，而它们的“随意”特征并不是本质化的（另见Coley, Medin, and Atran 1997）。在特定的文化中，“基本层次”（Lakoff 1987）上的范畴是本质化的。

① 许多建构主义学者是通过对唯物主义的批判而踏入建构主义的，这种批判针对的其实就是物质实体构成社会现实这一论断。这些建构主义学者强调思想对于社会结构和社会生活的构成作用。在这种表述下，建构主义的解决方案主要与观念论（idealism）相联系（Wendt 1999: chap.1）。相比之下，我是通过对本质主义的批判而得到建构主义的，我把本质主义看成人类共有的普遍认知偏见。相应地，我把建构主义视为解决本质主义偏见的首要方案。在本书中，我并没有深入研究自然类丛是否由物理材料构成的问题（见Wendt 2015）。然而，我的本体论中确实包含着空间和时间的存在，它们构成了实际案例和世界。

历史，前者不能成为毯子范畴中的一员（参见 Rips 1989）。器物的本质可以通过重新设计而改变（比如一个杯子可以被改造成一个盘子），即便器物的表面特征发生了根本性的改变，它也可以在一定程度上保留自己的身份（破碎的玻璃仍然属于玻璃）。器物的实用性往往与它们想象中的本质相联系（Bloom 1996, 1998; Gelman 2013）。一个杯子的本质可以被理解为一段历史，在这段历史中，设计师创造了一个用于饮用液体的物品。于是，杯子就是一个这样的东西，是用来饮用液体的。除了预期功能之外，大多数器物并不接受其他别有趣味的概括或归纳。器物不是自然规律的一部分，我们不认为日常概念中的杯子拥有有趣的属性，杯子范畴中的成员不具备属性所赋予的因果力，而因果力才是自然科学或社会科学的研究对象。

在**先天本质主义**中，人们相信同一范畴的成员共享着一种固有的和相对恒久的内部结构，由此产生了共同的表面特征和可预测的性质。常人的朴素生物学（folk biology）关于物种的认识就表现为先天的本质主义：我们认为一个物种的成员天生就具有某种隐藏的内在本质，这种本质才使它们成为某种植物或动物（Mayr 1982, 1988; Atran and Medin 2008）。即使是 4 岁的小孩子也会觉得，就算动物的外观发生了重大变化，它们的身份也不会改变。猫就是猫，即便它被打扮成一只臭鼬，也不会有影响（Taylor 1996; Gelman 2003）。至于人类的某些特性是不是先天的，不同文化的看法会有所差异。与精神障碍、族群、性别、种族和性取向有关的一些范畴，比如躁郁症、犹太人、男性、拉丁裔和同性恋等等，尽管并不总被视为根深蒂固的、个人无法控制的属性，但大多数时候人们都这么看（Taylor, Rhodes, and Gelman 2009; Haslam, Rothschild, and Ernst 2000; Haslam, Holland, and Karasawa 2013）。在一些持建构主义的社会科学家看来，上述的先天本质主义有很大的问题，因为它助长了对于个人的偏见性刻板印象。对先天本质主义进行曝光、批判和清扫，正是这些建构主义者的目标。[①]

最后，在社会本质主义中，人们认为实体所共同拥有的潜在本质是通过历史性和社会性的方式获得的，甚至可能是人们自愿选择的。但是，这些本质一旦被确立，它们就成为一种自主的存在，发挥其潜在的核心功能，让一个范畴成为有意义的、统一的、自组织的和独一无二的世界实体（Haslam, Rothschild, and Ernst 2000, 2004; Rhodes and Gelman 2009; Waxman 2012; Rhodes and Mandalaywala 2017）。就大量的日常描述性范畴来讲，人们都是通过社会本质主义的视角来理解的。这些范畴包括个人的社会特征，如他们的职业（律师、厨师、电话推销员）、他们的政治身份（共和党人、自由主义者、中间派）以及他们的性格（友好、健谈、粗鲁）。同样适用于社会本质主义视角的范畴还包括一些社会实体（邻里、抗议运动、县、国家、世界经济）和它们的社会特征（多样的、强大的、同质的、发达的、资本主义的）。人们通常认为，个案是通过一个历史过程来获得范畴的成员资格的，在这个过程中，案例由一个范畴的非成员身份转化为成员身份。像我一样的有历史倾向的研究者来说，对了解上述社会过程是非常感兴趣的。同时，一旦某个案例获得了某范畴的成员资格，我们通常就可以放心地将该案例作为一个实体来看待，它有新的范畴身份，是这个世界上的经验存在。

---

① 在美国，人们通常把种族范畴（比如非裔美国人）理解为生物性的、必然的、清晰的、永久固定的身份。对种族持有的内在本质主义观念，会激发出对于个人的种族主义概括（Bonilla-Silva 1997; Hirschfeld 1996; Mandalaywala, Amodio, and Rhodes 2018）。同样的说法也适用于以下范畴，比如性别（Diesendruck et al. 2013；Taylor, Rhodes, and Gelman, 2009; Waxman, 2010）、族群和种姓（Gil-White, 2001）以及精神障碍（Haslam and Ernst, 2002; Hacking, 1995a, 1995b）。对于性取向的范畴来说，本质主义和歧视之间的联系更为复杂（Haslam and Levy 2006）。

实验研究发现，如果一些范畴的本质是通过社会获得的，那么人们会觉得这些范畴拥有**实体性**的特征，包括一致性（coherence）、统一性（unification）和意义性（meaningfulness）（Haslam, Rothschild, and Ernst 2000, 2004; Diesendruck et al. 2013；Haslam, Holland, and Karasawa 2013）。具有了实体性，范畴就能被当作世界中的一种自组织的事物或性质，人们会把它视为一个有意义的、带有信息量的和有着深层基础的实体（Tsukamoto et al. 2017; 参见 Campbell 1958）。对于社会范畴来说，实体性构成了本质主义理解的主要基础。即便我们能不费力气地承认一个范畴是社会建构的，我们也还是摆脱不了实体性思维。将范畴默认为一个有内涵的、内聚的事物，这是我们不由自主的做法。即便我们清楚它是易变的，是社会建构的，也依然如此。

社会范畴在多大程度上被视为一致的、有意义的和统一的实体，这取决于范畴和情境（Haslam, Rothschild, and Ernst 2000, 2004; Prentice and Miller 2007; Haslam, Holland, and Karasawa 2013; Karasawa, Asai, and Hioki 2019）。从一种极端情形来说，某些范畴在所有情境下都是不一致的（比如“闻起来像方块的鸟”）或是在所有情境下都是随意的（比如美国中部时间周二上午 10 点到 11 点之间孵化的鸟类）。有些范畴在几乎所有情境下都是随意的（比如左撇子教授、刚好有 5 个泵的加油站、国旗中有红白蓝颜色的国家）。在另一个极端，我们日常语言中的许多范畴都是一致的、有意义的、统一的实体，能够跨越广泛的情境。例如，根据一些重要的实验结果，就个体的属性来说，那些具有高实体性的属性包含（但不限于）特定的政治取向（比如自由主义者）、人格类型（害羞）、社会阶层（上层阶级）、精神状态（抑郁）和职业（医生，参见 Haslam, Rothschild, and Ernst 2000）。另一类具有高实体性的范畴是那些被仔细地和明确地定义的范畴，对于特定的受众来讲，这些范畴表现为一致的、有意义的和统一的实体。那些重要的社会科学范畴就属于这一类。社会科学家所定义和测量的社会范畴对其受众来说具有极高的实体性。虽然社会科学家使用的范畴可能依赖于大量的背景知识，但人们只要拥有一些必要的知识，这些范畴就是相当稳固、清晰和明确的。

在我们对于非器物的属人类丛进行归纳推断和概括时，社会本质主义提供了基石。举例来说，如果我们知道一个国家人口众多、工业化程度高、种族单一，那么我们就能以此为基础，对该国人民的财富和健康做出有根据的猜测。事实上，当我们听说某个案例具备这些特征时，我们就会不由自主地开始进行推断。如果我们了解到一个人是女性、受过教育并且没有工作，我们就会在脑海中自动归纳出她可能的经历与特征。上述信息还可能会让我们产生一些情绪和褒贬判断（Bloom 2010）。

社会研究者认为，范畴的本质至少在某种程度上是可塑的，往往是任意的，并且是由人类建构的。这些信念的一个强版本就是通常意义上的**建构主义**（参见 Bourdieu 1989; Hacking 1999; Smith 2010）。建构主义者正是那些强调社会范畴的社会建构性质的学者。然而当我们指出某些范畴的本质是历史的成就和人类的发明时，我们内在的本质主义取向并没有消失。在思考和讨论范畴时，我们仍然依赖一种占位符式的本质观来将范畴界定为实体。我们使用语言时还是会将性取向、地理位置和收入水平当成个人所**拥有**的特质。在沟通的时候，我们不由自主地说某人“**是**”拉丁裔、某社区“**有**”良好的人权纪录、一个城市“曾经”或“即将”欣欣向荣。我们人类这个物种有观察和理解世界的天生取向，通过这种取向所开展的工作和交流，我们就参与到了物化过程中。

对于我们的思考和交流来说，本质主义是如此的基本，以至于人们不容易搞明白如何才能真正超越它。语言范畴虽然与自然类从是指称脱节的，但这不影响它的功能表现，我们需要接受这一点，但仅仅有这种认识是不够的。承认范畴的人类建构性质和心智依赖性质，依然是不够的。如果想真正摆脱本质主义，我们需要一种方法，它能使我们在理解、分析和讨论社会世界时并不将其视为是由拥有属性的实体组成的，组成世界的是其他的东西。我们需要一种方法，它能让我们以一种与日常经验不一样的方式来看待人类现实。

属性存有假定

在社会科学中有一种隐含的信念，它认为属人类丛具有本质属性，这些属性赋予它们以本位身份和倾向性，这种信念可被称为"**属性存有假定**"（the property-possession assumption）。这一假定是心理学本质主义拓展到社会科学研究中时所出现的自然延伸。每当我们按照匹配式的理解，以经验世界所对应的属性和特征为基础去定义和测量我们的分析单位时（比如社会运动、邻里、国家），都会调用属性存有假定。当我们用变量（比如成员的规模、资源水平、经济一体化程度）来把握属性变异，以此来比较分析单位时，也会调用这一假定。当我们对假设进行检验，看看某个属性（比如收入水平）的变化能否引发一个因果过程从而导致另一属性（比如党派归属）的变化时，同样会调用这个假定。

关于概念和概念化的方法论工作有时会明确接受对待社会科学概念的本质主义路径（例如 Goertz 2006b, 2020）。然而，无论是否属于明确的本质主义者，几乎所有的社会科学家都会假定他们的概念指向外部世界的对象和属性。[①] 在标准的看法中，概念的指称

① 经验主义者甚至会拒绝观察和证据是心智依赖的这一观点（接下页）

就是人们所关注的现象，而“所关注的现象自然就是外在世界中与该概念所对应的实体”（Gerring 2012: 116）。学者们认为，像国家、民主、资本主义这些宏观的概念乃是由较低分析层次的特征聚合而来的。他们认为，最底层的特征——它们是概念树上的“叶子”——具有足够的分化，能够追踪外部世界的属性。从研究的角度讲，他们假定概念可以最终还原为与世界结构相对应的测量，这种世界结构是独立于心智的。即便那些终极测量常常是一些明显依赖于人类建构的变量（比如家庭收入、教育年限、人均 GDP），他们还是会这么做。

当属人类从被赋予测量定义时，属性存有假定就构成测量的基础。标准的测量技术意味着对分析单位具有的与心智无关的属性进行观察和记录。测量被理解为对物理属性的量化（Campbell 1920），正如史蒂文斯（1946: 677）的名言，“从最广义的角度来讲，测量可以被定义为根据规则将数字分配给物体或事件”。对史蒂文斯和其他人来说，这些“物体或事件”的经验性地位是不受质疑的，重点在于用适当的规则来进行客观测量。社会科学家通常不假思索地去假定所研究的分析单位（例如个人、俱乐部、贸易联盟）都具有我们可以直接或间接观察与测量的特征。正如博伦（Bollen 2002: 611）所写的，“出发点是研究对象……这些对象都有属性。属性是一些特征……例如自尊、智力、凝聚力、焦虑，等等”（参见 Blalock 1982: 24）。当属性是潜在的（即不能直接观察），我们就必须找到相关的指标来测量它们。但我们仍然假定自己正在测量一个变量（例如自尊、凝聚力、焦虑），它与所研究的案例拥有的不同

（接上页）（Popper 1934/1968）。与此相反，萨托利在他关于概念的著名论述中就表露出另一种看法，即概念的特性可能一直是心智依赖的。然而，萨托利在这个问题上有意识地保持了不可知论，并继续遵从概念连贯地刻画客观现实这一假设（1975: 20, 33; 1984: 24–25）。

特征相对应。

属性存有假定是建立在关于社会范畴的因果命题中的。例如下面这个命题：在一个国家内，州的数量越多，国家的暴力就越少（Pinker 2011）。该命题假定州是世界中存在的一个实体，它具有特定的属性和趋向，这使它获得了因果力。学者们可能会争论这些属性和力量的确切性质（例如州的强制力与说服力）。在解释这种关系时，他们可能会强调州的不同特征（例如执法机构与教育机构）。但为了使这个命题有意义，学者们必须假定州是可以被科学研究的实体，研究州的方式与研究个人、地震和 DNA 链基本相同。对于那些有关社会范畴及其因果关系的因果命题来说，要使其具备意义与可理解性，属性存有假定至关重要。

要理解“州的增加会导致社会暴力的减少”这一命题，不需要费太多脑力。要是有人说州不是存在于世界上的具有潜在因果力的实体，我们固有的本质主义取向就会感到很奇怪。本质论告诉我们，它们当然是实体。我们的本质主义思维会进一步激发出一些论证，即我们知道州的存在是因为我们知道它有真实的效果（Wendt 1999，2004）。我们中的本质主义者会说：“州当然存在，如果它不存在，我们就不会交税了！”然而，我们的逻辑思维还允许一个不同的结论：像州一样的属人类丛（如国家）并不与世界上的任何自然实体保持一致性的对应。相反，州这个范畴贯穿于且缠绕着我们的思维。为了理解州和暴力之间的任何关系，我们必须承认并以某种方式模拟州这一范畴的心智依赖性质。①

① 在社会科学的实在论传统中，批判实在论这一哲学流派在承认人类现实的建构性方面走得最远（Bhaskar 1975, 1979/1998; Collier 1994; Gorski 2013; Archer 1995; Somers 1998; Steinmetz 1998; Sayer 2000; Smith 2010; Elder-Vass 2012）。然而，他们的整个规划取决于这样一种说法，即机制存在于实在域中，它们在世界中的运作效力独立于任何特定的个人，也包括研究者自身。相比之下，科学建构主义则主张，在所有（接下页）

心理取向上的普遍性并不决定其真理性（Churchland 1989; Dennett 1987）。[①] 对现实的理解往往依赖于对常识取向的偏离，尽管后者在其他方面可能很有帮助。**直觉物理学**就是我们的认知机制中内含的一个非常有用的取向——我们有能力预测身边的中等大小的物体如何运动（Dennett 1987; Pinker 2007; Elga 2007）。然而，对于物体和运动的真实性质，我们的直觉物理学有很大的误导性。直觉物理学的假设在牛顿力学、相对论和量子物理学中都被否定了（McCloskey 1983）。**科学物理学**对我们来说是反直觉的，而且它蕴含的一些东西（例如非定域性）让人难以接受，甚至难以理解，因为它们完全违背了我们的经验。类似的说法也适用于直觉生物学（Shtulman 2006; Coley and Tanner 2012）、直觉化学（Maeyer and Talanquer 2010）和直觉心理学（Medin and Ortony 1989; Pinker 1997）。

本书主张，在社会、文化、经济和政治范畴的性质和关系方面，**直觉的社会分析**都具有误导性。直觉的社会分析假定社会单元（比如医生、社会运动、经济和国家）都具有使其成为意义实体的基本属性。它假定，基本属性的差异解释了为什么不同类型的社会单元有表现出独特行为方式的潜能。举例来说，社会运动就其本质而言是一种涉及参与抗议活动的实体，而经济在本质上是可以经历衰退的那种实体。直觉的社会分析假定，一个给定属人类丛的特定实例能够以不同程度或以不同方式拥有这种基本属性。这些差异解释了一个类丛的具体实例在展现一般化倾向时的差异。例如，社会

（接上页）解释和分析的层面上，属人类丛都依赖于人类的心智（Bourdieu 1989; I. Reed 2008, 2011; von Wright 1971）。批判实在论者所说的社会结构和机制的范畴，也不例外。

① 事实上，我们的心理取向可能是由隐藏真相的自然选择形成的，其目的是促进适应性行为（Cosmides 1989; Hoffman, Singh, and Prakash 2015; Hoffman 2019）。

运动所拥有的资源的变化可以解释它们实现联合抗议的相对倾向，而经济体内部财富分配的变化可以解释其走向衰退的相对倾向。当研究人员在形成和评估有关属人类丛之间的因果假设时，他们都遵循着自己的直觉。

要按照非本质主义的方式来分析社会范畴，**科学的社会分析**就需要放下直觉。对社会分析来说，科学的方法要认识到，一个社会范畴的成员包含着异质性的、大部分未明确的、当然也是未被理解的自然类丛。之所以这些具有自然差异的实体能够成为一个范畴的实例，是因为它们在人们的头脑中被建构为一个实体（一种特定种类的实体）。科学的社会分析假定，一个社会范畴要作为有意义的和融贯的实体而存在，必须依赖人类思维的持续运作。在处理诸如国家、民主和资本主义这样的范畴时，科学的社会分析有如下认识：心智在范畴的最初建构和持续形成中起着核心作用。这些范畴的任何因果效应都与人类思维缠绕在一起，没有思维，范畴就不存在。科学的社会分析是建构主义的，其原因在于，它在社会科学范畴的本体论中确立了人类思想的基本作用。

科学的社会分析要求研究者接纳矛盾：对于社会现实，科学所坚持的理解与我们的基本直觉是相悖的。科学和直觉之间的鸿沟永远不可能完全消除，因为本质主义植根于由数百万年的进化所形成的神经机制中（参见 Graziano 2019: 93–94）。但是，我们有可能发展并遵循一套拒绝本质主义的研究程序。本书所提出的集合论方法，不仅在原则上接受了对属人类丛的建构主义理解，而且还为其在实际研究中的应用提供了工具。这种集合论方法遵守着科学的律令，也就是说，使用我们大脑机器的理性部分来克服我们大脑中由进化所带来的局限性和根深蒂固的偏见。

概念空间与属人类丛的构成

本书提出的建构主义集合论方法认为，当人们将非特定的自然类丛归类为具有集合成员资格的实体时，一个属人类丛的实例就出现了。集合是一个抽象的对象，是人类心智的产品，它位于人脑中，是一种精神现象（见第二章对于“集合”这一范畴的分析）。确立思维中的集合在属人类丛的构成中所起的主导作用，我们就可以建立一种避免物化属人类丛的方法，并为实质性的科学建构主义研究制定一种可用的方法。

概念空间模型

在探索属人类丛的本体论问题时，我们需要一些关于人类范畴所涉及的认识过程的工作模型。对于思维如何创造和使用范畴，科学研究有很多的洞见和发现，我们的模型需要与最好的洞见和发现保持一致。当然，科学家在对上述表征过程进行建模和解释时面临着艰巨的问题。我们的精神机制（大脑）具有高度复杂性（大脑是一个动态的、非线性的系统，有数十亿的神经元和数万亿的突触），而且我们无法触碰它（我们无法有意识地接触到解释和处理感知的大脑机制）。因此，依目前的知识，我们不可能针对表征的所有组成部分建立一个完全充分的模型。然而，在参与范畴化的问题上，就那些构成实体、属性和过程的偏自然类丛来说，科学家们已经得到了较为稳固的结论。这些结论可以帮助我们建立一个框架，从而将社会范畴的心智依赖性质予以概念化。

谨慎起见，我们可以这么说：将一个实体归为属人类丛的一个实例（例如“这是一项新自由主义政策”）取决于我们的感觉神经元、我们大脑中更大的神经群体的当前激活状态以及我们庞大的突触权重网络的配置，这些都是根据以往的经验来校准的（Jackendoff 1987; Barsalou 1999, 2004, 2016; Edelman and Tononi 2000；Glymour 2001；Crick and Koch 2003; Gopnik et al. 2004; Churchland 2012; Clark 2013, 2016）。在接收来自世界的信号时，大脑会主动做出一连串的预测，从错误中学习并传达预期，好像一个类似贝叶斯的预测机器在工作。知觉信号激活了大脑中特定模式区域的相关探测器，根据实体所被感知的不同特征，不同的神经元群作出相应发射。最关键的是，激活模式被联合神经元储存起来供以后使用，从而让范畴分类知识成为可能。即便是思考某个范畴，也能刺激特定区域的神经激活模式，其方式就类似于大脑在最初学习该范畴时所发生的过程。这种神经模式特定状态的重复，就是人类范畴化能力的基础。同一范畴的不同成员激活类似脑区中的神经模式，为了表征这一范畴，一个分布式的大脑系统将自身内容的多个方面重演，将感知转化为范畴。这个系统可以被视为一个模拟器，用于表征属性、关系、过程和整体实体，在我们看来，这些都是用来构成现实的。

为了推进讨论，社会科学家需要一个基础的范畴分类模型，这个模型既要与基础表征的大脑过程相一致，又要能够关联到有着繁多主题的社会科学研究实践。出于这些目的，我主张采用一种**概念空间模型**，该模型对应着对属人类丛分类的精神过程（Gärdenfors 2000, 2014; Warglien and Gärdenfors 2013；另见 Fauconnier 1994）。这个模型与过去 50 年来关于范畴化的各类研究结果是一致的。正如我们在这里所谈到的，这个概念空间模型是一种基于原型的理解，即大脑如何将异质的、未识别的自然类丛表征为特定属人类从的实例。它是精神内容的几何空间模型家族的一部分，丘奇兰德（Churchland 1989, 1998, 2012）的状态空间语义学就是一个例子。它在很大程度上借鉴了认知科学中关于属人类丛的工作，特别是罗夏的原型理论（Rosch 1973, 1978, 1999; 参见 Smith and Medin 1981; Lakoff 1987; Prinz 2002, 2015）。此外，概念空间模型在很大程度上参考了其他学科对于范畴分类和表征的研究，比如哲学（例如 Putnam 1970; Fodor 1975, 1998; Margolis and Laurence 1999, 2007b）、心理学（例如 Pinker 1994, 2007; Jackendoff 2002; Carey 2009），以及政治学和社会学（例如 Sartori 1970; Goertz 2006b, 2020; Collier and Gerring 2009）。该模型并不依托于对人类心灵的物理主义和 / 或还原主义的理解，[①] 其观点与还原论和非还原论的理解都是相容的。[②]

按照概念空间模型的主张，人类心灵包含了一个表征性的超空间，属人类丛对应于此空间中的有界位置（参见 Churchland 2012; Gärdenfors 2000; Rosch 1999）。在大脑的多维超空间中，属人类丛作为概念空间存在，这种概念空间在本书中也被称为**集合**，实体在其中拥有成员资格。**原型**则是位于概念空间中心的一个单点，虽然大脑的超空间实际拥有多个维度，但概念空间本身可以被最简单地视觉化为围绕着原点的封闭形状（Gärdenfors 2000 ； Churchland 2012）。在加德弗斯（Gärdenfors 2000，2014）的重要论述中，范畴是更大的概念空间中凸形区域的交汇点，这些空间由代表各种属性的若干领域组成。[③] 原型则是这些凸形区域的中心点。为了方便起

---

① 巴尔凯尼乌斯与加德弗斯指出（Balkenius and Gärdenfors 2016），概念空间植根于大脑中的潜在神经空间，并从中自然产生。他们认为，“空间编码隐含在大多数神经机制中”（p.4），神经空间和概念空间对应于两个不同层次的表征（符号则作为第三层次的表征而存在）。他们的模型并不假定头脑完全是一台符号处理机器，在他们看来，尽管符号操作对人类理性很重要（参见 Marcus 2001; O’Brien and Opie 2006; Berent and Marcus 2019），但人类理性还包含很多超出了符号操作的东西（例如空间推理和类比推理）。

② 对于这场还原论辩论中的对立观点，可以对比Crane and Mellor（1990）和 Churchland（1986）。

③ 其他学者建议将范畴表示为星形集合，而不是凸形集合（Hernández-Conde 2017; Bechberger and Kühnberger 2019）。

见，我把思维拓扑结构中的各个区域视为概念空间本身，保留中心点与范畴的原型相对应的想法。

在这个基础的概念空间模型中，来自自然世界的感觉输入被定位到与原型及其四周概念空间有关的实体上。当感觉输入被处理为一个具有概念空间成员资格的实体时，就触发了以神经重演为基础的概念空间的活动，属人类丛的存在就被认可了（不管是有意识的还是无意识的）[①]。如果感觉输入部分地落在概念空间内，部分地落在概念空间外，那么范畴就只被部分激活，这样属人类丛就是部分存在的。当输入完全没有落在该空间内时，它就不会被视为目标范畴的一个成员。

一个人通过与自然类丛的接触和参与形成了概念空间，人也不断地通过这类事件来校准和重新校准脑细胞中的**突触权重**（即连结数）。由此产生的神经网络就可以把人们对自然类丛的感觉记录为融贯的属人类丛，这些属人类丛似乎被赋予了固有的属性、一致性和意义。从生命之初开始，经验就使大脑感知到世界万物具有各种相似性和差异性，这种范畴归类让规律性的东西作为信息被储存起来，并在我们预测世界内容和活动时被无意识地使用。尽管经验和学习对概念空间的发展至关重要，但当我们接触到自然界时，我们的大脑构建方式就会使我们为属人类丛发展出空间（Pinker 2002；Jackendoff 2002）。一个新生儿体验到的“绽放的、嗡嗡响的混乱”（James 1890: 488; 另见 Barsalou 2016）很快就能呈现成可理解的属人类丛，这并不是偶然。在面对自然界时，建立神经连结并存储上述呈现所需的激活模式，这是进化对大脑模块的选择。

我们可以用颜色研究来说明从外界的偏自然类丛到感觉器官

① 为了理解支撑意识的认知机制，我借鉴了格拉齐亚诺（Graziano 2019）的注意力模式理论。

再到概念空间的投射（Kay and McDaniel 1978; Hurvich 1981; S. Palmer 1999; Giere 2006）。在这里，偏自然类丛是电磁波长，而颜色是类别范畴，它作为信息储存在神经模式中，并与概念空间相连，这种概念空间可以因人而异。有一些偶然因素，比如特定的照明条件，会影响反射的波长；还有大脑当前的激活状态，它影响着感官信息。在大多数文化背景中，科学家可以对触发特定概念空间的典型电磁波长范围做出强有力的概括。例如，波长在 650 纳米至 780 纳米之间的色调在“红色”这一范畴中具有很高的归属度，而波长在 500 纳米至 550 纳米之间的色调在“绿色”范畴中的隶属度较高（Kay and McDaniel 1978: 625）。如果我们知道一个色调的波长，就可以成功地预测它在颜色范畴中的归属。因此，在文化共同体内，分析者们可以利用关于偏自然类丛的知识来预测概念空间的激活并取得良好的效果。然而不幸的是，一旦我们超越了这些与我们的感官（例如我们视网膜上的色锥）紧密相连的范畴，要想概括出激活特定概念空间的偏自然类丛就困难得多了，即使是在限定的空间和时间范围中也是如此。

对于属人类丛来说，范畴并不能完全还原为构成其指称的自然类丛。相反，属人类丛指向了来自两方面的互动，一是世界上的实体，二是人的思维。属人类丛的自然成分既包含着执行分类活动的个人的认知机理，也包含着范畴实体所带有的自然成分。举例来说，小学教师这个范畴对于本书读者来讲都是很好理解的、有意义的。我们不能通过识别出所有小学教师所共享的自然类丛来确定这个范畴的所指。小学教师并不拥有使他们成为小学教师的特定自然成分，相反，他们之所以是小学教师，是因为我们对小学教师这个范畴有共同的理解。我们之所以理解这个范畴，是源于构成我们大脑的自然类丛，而这些自然类丛反过来又是通过概念空间模型来把握的。小学教师这种范畴是心智依赖的，它们可以部分还原为对此范畴有共同理解的人们的思维。

最关键的是，概念空间的激活可以刺激控制着我们肌肉的运动神经元，引发语言和其他复杂行为。正如丘奇兰德（Churchland 1998: 31）所指出的，“激活投射的主要功能可能是产生相应的运动行为序列。从进化的意义上讲，我们几乎可以肯定地说，对运动行为的管理是激活投射的最初功能”。大脑将感觉信息表征为范畴，正是因为这种表征对人类行动有用。为了能让身体成功导航，大脑表征了世界（Prinz 2015；Barsalou 2016）。

当概念空间的激活发生时，不仅大脑将感觉输入作为具有范畴成员资格的实体来表示，而且这种激活还伴随着物化，此时感觉输入与实体之间的对应关系被转化为客观存在的物质、属性或过程。这个外在实体就被理解为一种独立于心智的存在。举例来讲，如果一个特定实体的光谱反射激活了某种颜色（如红色）的概念空间，该实体通常就被视为真的拥有此颜色（即它拥有红色属性）。该实体还存在其他的被物化方式，比如它可能被视为拥有某种尺寸、形状、质地、重量或功能，[①] 对该实体做出的后续行为都以它所拥有的这种本质为基础。我们对一个实体的本质的理解也会形塑我们对它的感觉，包括我们的情感判断（Bloom 2010）。我们对事物好、坏、对、错的看法与我们对属人类丛的本质主义锻造都是紧密相连的。

概念空间模型会对社会科学家如何分析个人的行为产生影响。该模型提出了以下由输入到行动的次序：自然类丛输入→概念空间激活→心理本质化→行为。由于触发概念激活的自然类丛的构成鲜

① 其中一些性质可能近似于自然类丛，在这种情况下，实体事实上至少部分地拥有该性质。究竟哪些物体的性质确切地接近自然类丛而不是属人类丛，这个问题几个世纪以来一直困扰着哲学家们。洛克（Locke, 1690/1980）认为，颜色是由心灵创造的次级性质（即一种属人类丛），而形状是一种初级性质（即一种自然类丛），它不依赖于心灵。对于此问题，麦金（McGinn 1983）提供了深入的、更符合当代语境的讨论。

为人知，那么分析的起点和基础就应该是作为研究对象的行动者的概念空间激活。当输入被理解为一个实体并被定位成某个概念空间的成员（或非成员）时，这种激活就发生了。这本身是一个复杂的过程，它涉及几个不同的脑区，目前对它的理解不够充分（参见 Leslie et al. 1998；Barsalou 1983，1999）。在模型的这个环节，个人将范畴本质化，基于这种本质主义的理解，他们会形成判断和感觉，有意识地权衡不同的行为方式，并开展行动，这些行动在他们自己和其他人看来都是有意识的。

然而，就我们的目的而言，概念空间模型的主要作用是帮助社会科学家思考本质主义**在他们自己的思维和工作中**的位置。研究者当然可以将该模型应用于他们所研究的行动者，但从科学建构主义的角度来看，让他们自己在社会科学的知识生产中避免本质主义的假定才是第一要义。在这个问题上，值得重申的是，所有社会科学家都需要通过明确一种导向来避免天生的本质主义偏见。即便是那些研究"有争议的意义创造"的建构主义学者，他们目前所采纳的也还是一种对于人类语言和思维的默认的本质主义立场。我认为，为了克服本质主义，学者们必须以一种不假定本质主义的方式来描述他们所研究的建构主义过程。

集合论分析提供了一种分析范畴的方式，它无须借助思维上默认的本质主义。在这种分析路径下，我们所分析的范畴对应于人脑中的概念空间，而不再是对外部世界的自然边界的刻画。一个特定范畴与概念空间有着一一对应的关系，而不是与某个特定的自然类丛对应。同时，范畴是在与外部世界的互动中产生的，而且它们参照着客观存在于外部世界的异质实体。这些客观实体由各种自然类丛构成，人们不理解它们的属性，这些属性无法一致地映射到特定的属人类丛上。如果独特的、异质的自然类丛集群被视为彼此相似的，那是因为它们属于心灵表征系统中的同一个概念空间。对于一个特定的属人类丛来说，它的所有实例都有一个共同点，那就是对大脑的同一个特定概念空间的激活。

建构主义集合论分析的重点是发生在大脑中的更大的意义创造过程的最终输出阶段。集合论的方法并不关注将感觉输入转化为特定范畴的神经和化学过程。有各种复杂的模型来理解这些过程，比如连结主义模型，它讨论了由隐藏层组成的子符号系统和并行系统如何将感觉输入单元转化为范畴输出单元（可见 Smolensky 1988; Flusberg and McClelland 2017）。这些连结主义模型认为大脑遵循一种联想或类比推理的形式，它可能与基于规则和算法的范畴化不一致（相关文献参见 Pater 2019；另见 Berent and Marcus 2019）。对于这些模型和争论，建构主义集合论分析保持中立，它只关注一个较长的认知工作链的输出单元，这个工作链可能是也可能不完全是基于规则的。当大脑实际将实体归入一个范畴的实例时，概念空间的激活就描述了这个输出阶段所发生的事情。复杂的心智计算过程涉及许多成分，而集合是这一过程的最后阶段的表征工具。

其他认知过程

更多的认知建构也加强了本书的观点（特别是在第三部分）。这些建构包括一些涉及格式塔和基础层次范畴化的观点，它们有助于理解社会科学中的整体范畴在特定抽象层面的使用。它们还包括意象图式（image schemas）和隐喻的思想，对于社会科学来说，这些思想在人类的范畴分类和理论构建中都占据核心位置。

人类通过对物体、属性和过程形成丰富的心理图像来感知世界。这些图像就是我们思维的一部分。我们并不是在尽可能低的聚合水平上感知世界的。相反，我们感知到的是**格式塔**，即整体结构，从心理学的意义上讲，它比自己的组成部分更简单（Lakoff

1987)。举例来说，人们通常会先注意到一个锤子，而不是它的手柄。我们通常也不会把世界看成是由有助于组织所有人类语言的一阶成分组成的，比如说事物、事件、地点、属性或数量（Jackendoff 1992: 34–35；也见 Chisholm 1996; Lowe 2006）。如果我们看到一把锤子，我们的第一反应通常不是把它称为一个东西、一个手持设备甚至是一个工具（尽管这些范畴都是正确的）；相反，在我们的文化中，我们就称它为锤子。

人类倾向于在一个**基础的层次**上感知他们周围的实体，这反映了他们的文化、学习以及人类的感觉运动结构（Brown 1958, 1965; Lakoff 1987）。本质主义主要发生在一个特定共同体之中的基础层次的范畴（Gelman 2003）。社会科学家使用与他们的目标受众的基础层次相对应的范畴来建构理论，这些受众可能是由高度专业化的学者组成的。要想成为一名成熟的研究者和思想的有效表达者，在某种程度上就意味着清楚如何在受众的基础层次上使用范畴。科学建构主义提供了工具，它可以让研究者创造和使用非本质主义的范畴，这些范畴位于研究者所致力沟通的特定受众的基础层次上。

在处理自然类丛的输入以形成范畴时，人类所使用的简单结构叫作**意象图式**。意象图式很容易理解，它们是由几个部分及部分之间的关系所构成的重复出现的模式。它们是持久的、无意识的意义表征，来源于婴儿时期与自然界的互动（Johnson 1987; Lakoff 1987; Mandler 2004; Grady 2005; Mandler and Pagán Cánovas 2014）。对简单结构的图式化空间表征就是意象图式的一种，比如包含（container）、路径、力量；以及实体之间可能存在的简单关系，比如上–下，中心–外围、部分–整体。这些例子表明，意象图式与身体和知觉经验密切相关。意象图式是空间结构，而不是时间结构。我们最基本的时间概念是以空间为基础的，而不是相反。一些认知科学家认为，意象图式是范畴化的基本单元。根据这种观点，基础的空间关系模式在思维中具有特殊地位：它们被用于建立人类范畴的组织装置。①

对于人类的思维和语言来说，**隐喻**也是基本的（Lakoff and Johnson 1980；Jackendoff 1990，2002；Pinker 2007）。在概念上，它们帮助我们从意象图式、原始空间、力量观念转移至更多的抽象概念，基础层次上的范畴就属于这种概念。从广义的定义来讲，隐喻包含着大多数术语从一个领域（源领域）到另一个领域（目标领域）的拓展。② 有些隐喻直接与特定的意象图式相联系。比方说，"悲伤令人低落"是一个容易处理的隐喻，它与高-低的图像模式相联系（"坏消息让她更低落了"）。其他的隐喻如"生活是一场戏剧"（"他在聚光灯下惊慌失措"），则不太直接地与特定的意象图式相联系。一些学者将隐喻与概念集成（或概念混合）联系在一起，在这种情况下，认知模型被结合起来，为创造性思维提供信息，并帮助人们理解世界（Fauconnier and Turner 2002；Mandlerand Pagán Cánovas 2014）。隐喻使人注意到一些认知领域，在这些领域中，语义的跳跃被捕捉，风格化的元素被混合以创造出新的观点（Fauconnier 1994），这些观点在特定的文化中是有意义的（Quinn 1991）。一些长期存在的隐喻以与普通范畴的运作方式相似的运作

① 意象图式不能完全还原为命题式的主谓语结构或心理的图像和图表（Johnson 1987; Lakoff 1987; Mandler 2004;另参见Vervaeke and Green 1997）；它们是语前的（preverbal）和独立于语言的。然而，在实践中，研究人员必须使用命题和图表来描述意象图式。在空间关系概念的使用上存在着跨文化的多样性（见Dodge and Lakoff 2005），这表明唯一普遍的意象图式可能是最一般化的空间和位置概念。有学者对构建意象图式的"基元"（primitive）做出过有用的总结（参见Mandler and Pagán Cánovas 2014: 518）。

② 一个隐喻取决于一些跨领域的初始对齐（Jackendoff 1983, 1992, 2002; Pinker 2007）。然而，隐喻还带有超出这种相似性的额外意义（Gentner et al. 2001）。

方式发挥作用，而一些新奇的隐喻在创造新的意义方面发挥着重要作用。比方说，隐喻“他就像一根肉中刺”涉及感觉的追索，而“隐喻是类比”这个隐喻则涉及意义的创造（Gentner et al. 2001）。我们可以创造性地、富有想象力地使用隐喻，将新的想法带入社会世界中。

总的来说，心灵的概念空间（即集合）不仅仅是范畴化的场所，它也构成了属人类丛的基本成分，于是集合论分析就避免了本质主义。这些空间本身是由心灵和自然界之间的相互作用所创造的偏自然类丛，在这些空间中拥有成员资格的单个实体会指向自然界中的物质、属性和过程（即自然类丛）。然而，对于一个给定概念空间中的所有实体来说，它们所指向的自然类丛并不是同质的。因此，建构主义的集合论分析并不关注那些被假定为与外部世界的实体存在对应关系的范畴，它的分析重点是大脑中用来表征自然界输入的概念空间。在这种社会科学研究的建构主义方法论路径中，这些概念空间正是集合论分析中的集合。

迈向一种集合论的方法

集合论分析可以作为一种概念化和表达逻辑系统的工具，这里的逻辑包括本书所使用的主要逻辑：命题逻辑、布尔逻辑、模态逻辑和模糊逻辑（Cantor 1915; Stoll 1961; Zadeh 1965; Hacking 1979; Lewis 1986b; Ragin 1987, 2000）。逻辑是人类进行推理和科学分析的基本工具，它包括量化分析和数理分析（Frege 1884/1960）。逻辑本身是一个抽象对象，它交织于现实的结构中（参见 Sher 2013）；人类与生俱来的逻辑思考能力使他们能够学习和控制自然世界（Hanna 2006）。逻辑不仅是现实的一部分，而且与真理有着内在联系。它也是用语言描述世界的必要工具（例如用命题、推论和理论模型）。即便是否认逻辑必要性的学者最终也需要借助逻辑来做出他们的反逻辑论证，由此可见逻辑的确是不可或缺的（参见 Hanna 2006: chap. 3; Holt 2018; Nagel 1997: chap. 4; Pinker 2007：247–248；Warner 1989）。[①]

集合论分析的核心思想是以意象图式为基础的，后者对应于人类理解现实的最原始结构。集合论分析是建立在人类思想的基础概念之上的。集合这一概念是集合论分析乃至更一般数学的基础，这一概念植根于“包含”意象图式（Lakoff 1987; Lakoff and Núñez 2000）。这种意象图式可以说是所有人类思想中最原始的概念。集合论分析将其与其他基本的意象图式结合起来，建立起一种方法论。对集合论分析来说颇为重要的一些意象图式如下：中心–外围图式被用于原型分析；路径、力量和阻碍图式被用于因果分析；部分–整体模式被用于从案例中做出观察切片；在分析集合的交叉和部分成员隶属度时，则会用到包含和叠加图式。

隐喻也是集合论分析中的重要手段。它们是必不可少的，因为就像任何人一样，所有的集合论分析者都必须部分地使用隐喻来进行推理（Lakoff and Johnson 1980; Pinker 2007）。集合论分析者使用隐喻来建立理论，这些理论涉及范畴如何运作以及如何与其他范畴相连。他们使用空间和力量隐喻来推理因果关系，用路径和分岔隐喻来概念化历史序列，用包含和边界隐喻来理解范畴成员。最一般性的隐喻则是“范畴是集合”“数字是集合”以及“概念空间是集合”，它们为我们使用逻辑和数学工具来分析属人类丛及其关系开辟了门径。在日常和科学交流中，将集合这个范畴作为隐喻的目标域是很常见的做法。这种隐喻的包容性使得集合这个范畴能够整合

① 拒绝逻辑会使所有的科学失效，包括任何真假的区分（Holt 2018）。拒绝逻辑的学者需要回答一个问题，交流与科学如何是可能的和有效的。

人类经验和科学领域的多个方面（参见 Grosholz 1985）。

由于集合这个范畴既可以锚定概念空间（范畴的位置），也可以锚定逻辑（理性思维和科学不可或缺的成分），因此集合论分析与科学建构主义是一致的。在把范畴看作集合时，研究者可以同时将范畴视为：（1）大脑中的概念空间，这是建构主义的本体论基础；（2）用逻辑来分析的基本实体，这是科学研究的基石。集合能够连接范畴、概念空间和逻辑，它的这一重要功效反映出“包含”意象图式在人类的经验、认知和推理中所具有的至关重要性。① 也许可以这么说，无论是哪种生命形式，只要是对现实进行理解与推理，那就需要某种类似于“包含”意象图式的东西。②

在日常生活中人们如何将范畴作为集合？对于这个问题，我们不妨看看日常语言中的一个词语范畴：谎言。我们如何判定一个实体是否是这个范畴的成员呢？参考斯威策（Sweetser 1987）的分析，我们可以通过把范畴置于相关的语义场中来阐释“谎言”的意义。我们可以用一连串的子集关系来呈现这个语义场，谎言是这串子集关系的终点：**实体→事件→行动→言语行为→陈述→虚假陈述→谎言**。问题的关键不在于大脑的机理在处理感觉输入时是否实际使用了类似这个序列的东西，相反，这个序列让人们注意到哪种实体可

① “包含”意象图式比所有或几乎所有其他意象图式都更为基础，从神经学上讲，它可能来自人在出生前的触觉。另一个基本图式是物体（OBJECT），大致上被理解为有界限的物质（见Santibáñez 2002; Szwedek 2017）。有趣的是，物体的明显视觉表征是一个集合（即一个代表着物质有界性的封闭形状）。物体和包含既彼此暗示，又互为条件。有证据表明，运动和空间位置的原始概念也是婴儿用来理解世界的第一批概念工具之一（Mandler 2004; Mandler and Pagán Cánovas 2014）。

② 如果一个人希望“从无处看世界”（view from nowhere）（参见Nagel 1974, 1986），即持有一种中立的、完全客观的、并非以人为中心的现实观，那么他可能会首先需要想一想，我们如何能够不依赖“包含”意象图式和“物体”意象图式来理解世界。

以成为谎言，通过这一点帮助阐明了谎言的意义。如果我们想要把握住谎言的意思，那么了解以下信息是很有帮助的：根据我们的范畴和意义体系，谎言是虚假陈述的一个子集，而虚假陈述是陈述的一个子集，陈述是言语行为的一个子集，等等。事实上，正如我们所知，许多人就直接将谎言定义为虚假陈述。

然而，子集序列表明，并非所有在虚假陈述这个范畴里具有成员资格的事物都是谎言。要使一个陈述具有谎言范畴的成员资格，我们必须对它有一种默会的理解，即它是在一种特殊的言语环境中发生的，在这种环境中，说话者是知情的，而且陈述的“真”很重要（Sweetser 1987）。

这种环境是一种理想化的沟通文化模式，它有两个关键假设。首先，说话者有信念，而且这些信念符合社会公认的、关于“真”的判定标准；说话者有开放的信息获取，有能力说真话。其次，言语行为发生在一个有规则可循的环境中，在这个环境中，一个人可能会对其他人有所帮助，比如通过与他人分享信息来实现；有一种规范约束着言语环境，它要求说话者应该说真话，听话者应该相信说话者。

我们由此能得到有关谎言的一个不错的定义：谎言是一个知情者在注重真相的社会环境中所做出的虚假陈述。这个定义强调，当我们要将某种陈述归为谎言时，我们需要了解这句话的真相、说话者有什么知识以及陈述发生的环境。仅仅知道陈述是假的并不够，在这种情况下，必须借助一个理想化的文化模式。如图 1.2 所示，我们可以用集合论分析来表示谎言这个范畴，它位于虚假陈述、说话者知情和真值相干（truth-value relevant）的交汇处。当一个实体在这三个集合中都具有完全的成员资格时，我们就会把未知成分的感官输入当成一个完全的谎言。我们并不知道自己的大脑在实时处理感官资料时是如何将输入资料判定为一个谎言的，[①] 但我们知道，谎言这个范畴可以用图 1.2 的集合论结构来有效地表示。作为表征工具，这些集合帮助我们把握住谎言在我们的语言和文化共同体中的含义。

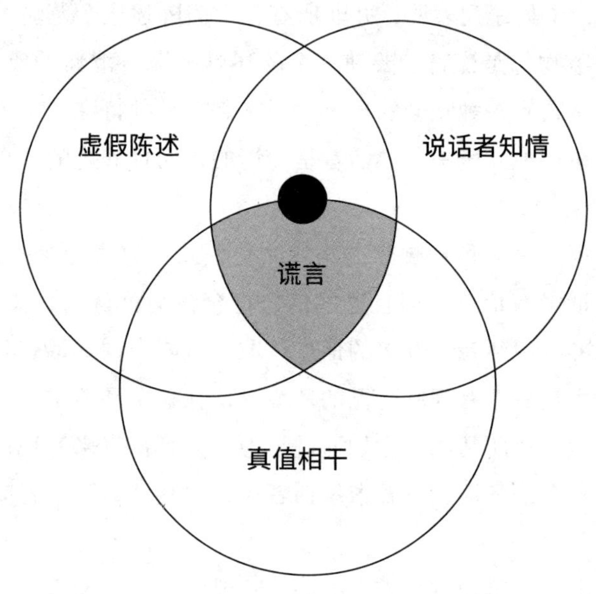

图 1.2　概念空间与“谎言”范畴

模糊集分析（我更愿意称之为连续集分析）[②] 提供了衡量和分析

① 如前所述，引发范畴表征的大脑处理到底是怎样的，人们并不十分清楚。这个过程可能是，也可能不是由算法、代数或集合论表达的方式进行规则控制的。

② 我对连续集分析和二分集分析进行了区分，二者的区别主要在于集合论分析所采用的测量类型。区分这两种方法的另一种方式在于关注集合边界的性质：渗透集分析与清晰集分析。从起名的角度来说，连续和可渗透都比模糊一词要好，因为在描述集合论的测量和集合成员的（接下页）

部分成员资格的规则，部分成员资格说的是一个范畴部分地包含在另一个范畴中（Zadeh 1965; Ragin 2000, 2008）。在我们研究表现出原型效应的分级范畴时，连续集分析格外有用（Rosch 2011: 112）。当案例具有范畴的部分成员资格时，连续集分析为实现概念聚合和分析范畴关系提供了逻辑步骤。举个例子，假设我们将某句话视为“半谎言”——既不是完全的谎言，也不是明显的非谎言，而是介于两者之间，那我们大概可以确定，正是因为这句话在虚假陈述、说话者知情和真值相干中的一个或多个范畴里具有部分成员资格，我们才说它是“半个谎言”。比方说，一个言语行为在真值相干的范畴里具有一半的成员资格，但在其他两个范畴则具备完全成员资格。在这里，这个知情的说话者所做出的虚假陈述会被归为“半谎言”，原因就在于在它所发生的情境中，真值相干这一要求只有一半存在。这种情境可能是一个非正式的对话，它允许一些夸张和幽默（比如具有玩笑氛围的放松场合）。在不实之词面前，说话者可能会坚持说自己在开玩笑，但中立的观察者可能只是部分认可，觉得他的陈述是一个边缘性的谎言。在图 1.2 中，这种半谎言由一个小的实心圆表示，这个圆在虚假陈述和说话者知情两个范畴中具有完全的成员资格，但在真值相干这里只有一半的成员资格。该图说明，成员归属值的组合是如何产生出目标范畴（即谎言）中的半成员资格的。

对于两个或多个在范畴中具有完整资格的成员来说，连续集分析还允许学者根据它们与范畴原型的符合程度来区分其不同。举例来说，两个陈述可能都是 100% 的谎言，但其中一个谎言可能更接近原型点，因此是一个更好的谎言范例。[①] 同样，连续集分析也可

（接上页）关系时，模糊是一个具有误导性的形容词。

① 对于一个范畴中的两个或多个完全成员（或完全非成员），我们可以应用第二类模糊集的方法来分析它们在原型接近度方面的差异（接下页）

以根据其与原型点的趋近度来区分一个范畴的完全非成员，例如，在 100% 的非谎言的言语行为中，有一些就比其他的更接近于谎言。连续集分析通过比较它们与“谎言”范畴边界的接近程度来区分这些非谎言。要说明不同实体与概念空间中的原型点的趋近度到底有什么差异，画图往往比较有用，无论这些实体是概念空间的成员、部分成员还是非成员，都可以用图示来表达。①

总之，连续集分析适于研究人类范畴之间的必要条件和充分条件这种逻辑关系。如果 X 范畴中的成员资格对于 Y 范畴中的成员资格来说是必要的，那么一个案例在 Y 范畴中的成员隶属度就不能高于其在 X 范畴中的隶属度。反之，如果 X 范畴中的成员资格对于 Y 范畴中的成员资格来说是充分的，那么案例在 X 范畴中的成员隶属度就不可能高于在 Y 范畴中的隶属度（Zadeh 1965; Ragin 2000, 2008）。举例来讲，如果在虚假陈述这一范畴中的成员资格是在谎言这一范畴中的成员资格的必要条件，那么对任何一句陈述来说，它在谎言范畴中的成员隶属度都不可能大于在虚假陈述这一范畴中的成员隶属度。如果虚假陈述的确是谎言的必要条件，那么一句陈述在谎言中具有 100% 的成员资格，它在虚假陈述中也必然有 100% 的成员资格。然而，在同样的规则下，如果一句陈述在虚假陈述中拥有 100% 的成员资格，那么它在谎言范畴中的成员资格有可能是 100% 的，也有可能不是，具体则取决于该虚假陈述所发生的语境。

在非本质主义的社会科学中，集合论如何在概念化、描述、因

（接上页）（参见Zadeh 1972; Arfi 2010）。

① 当然，简单图示并不能完全模拟集合论的操作，在处理复杂的范畴和关联时，二维的图示很快就会遇到问题。逻辑推理、人类思维和图示之间的关系已经被研究了几十年，有关这方面的文献的各种条目，参见Allwein和Barwise（1996）、Baron（1969），Edwards（2004），以及Shin, Lemon, and Mumma（2018）。一些融合了多组欧拉图和维恩图分析的软件工具现在正以令人眼花缭乱的速度更新。

果分析和规范性评估等环节发挥其功能，我们将在后文中的适当地方对此进行更全面、更准确的探讨。对于科学建构主义这一内涵丰富的方法论，目前为止的讨论旨在提供一种概貌。

本章着手为社会科学制定一种拒绝本质主义，代之以科学建构主义的路径。正如表 1.2 所总结的，科学建构主义的取向在以下方面与本质主义社会科学有所不同：对所分析的实体的假定、范畴的性质、比较的维度、研究中的关联以及因果分析的焦点等。这里我们简要地讨论一下这些差异，以此作为前文的结论，也作为后文的起点。

表 1.2　社会科学的对立取向

	科学本质主义取向	科学建构主义取向
基本分析单位	外在世界中的实体	人类建构的范畴
范畴的本体论	外在世界某部分的表征	心灵与外在世界之间的互动的表征
比较的维度	分析单位所具有的属性	分析单位在范畴中的成员资格
对于关联性的旨趣	分析单位的不同属性之间的关系	范畴的子集/母集关系
因果分析的焦点	属性存有的变异	范畴成员资格的变化

第一，标准的本质主义路径试图研究一些实体，这些实体映射出了独立存在的现实的结构和边界。有效的社会科学发现就意味着描述实际世界的特征，它们是独立于研究者而存在的。社会科学的效力就在于它的范畴和模型大致描述了社会现实的客观结构。

相比之下，科学建构主义方法试图研究的实体不同，这些实体的存在取决于集体理解。有效的社会科学发现就意味着描述所在共同体在空间和时间上所经历的现实的特征，这种共同体也包括社会科学共同体。社会科学的效力就在于学者们可以使用逻辑程序区分真理与非真理，对这种人类经验中的现实予以客观的研究。

第二，流行的本质主义路径假定，范畴是外部世界某些方面的表征。一个范畴的意义大致映射着现实的某一方面的内容。现实的结构为范畴的适当意义提供客观保证，因此学者们可以对范畴进行科学的分析。

相比之下，科学建构主义路径假定，范畴是心智表征，它是心灵和外部世界的诸方面之间的相互作用所产生的。心灵对现实中相似的异质面进行分组，一个范畴的意义就是对这种分组方式的归纳。学者们可以科学地分析范畴，是因为他们可以与听众交流和分享他们对范畴意义的理解。

第三，本质主义的路径是以分析单位所拥有的属性为基础来对这些单位进行比较的。所谓比较，就是对这些属性的相似性和差异性进行记录的行为。正是因为社会研究者可以直接或间接地观察这些相似性和差异性，科学的比较才是可能的。

相比而言，科学建构主义路径是根据分析单位在范畴中的成员资格来进行比较的。所谓比较，是根据分析单位在特定范畴中的隶属度来记录相似性和差异性的行为。而科学的比较之所以是可能的，乃是因为所有人都有重要的认知结构，而且可以使用这些认知结构来对范畴的成员归属进行精准的交流。

第四，本质主义路径要分析研究单位所拥有的属性之间的关系。使用类似统计学中采用的那些程序，学者们可以对那些不易从资料中看出的关系做出推断。这些程序可以使学者们得出属性之间的关系，并且能够以数学的精确方式来衡量结论的确定性。

相比而言，科学建构主义路径要分析所研究范畴之间的集合成员关系。学者们要探讨的是，一个范畴的成员资格在多大程度上对于另一个范畴的成员资格来说是必要和 / 或充分的。他们使用集合论逻辑的工具来对这种关系的性质予以数学上的精确总结。

第五，在分析因果关系时，本质主义路径是要通过探索分析单位的一个属性的变化如何影响另一个属性，以此分析因果关系。因果性是世界的特性之一，即一个属性的变化会客观地带来另一个属性的变化。学者们操纵或观察一个属性的变化，扣除其他因素的影响，研究这些变化如何产生对另一个属性的净影响，以此来考察因果关系。

相比之下，科学建构主义路径通过考察所建构范畴之间的集合隶属关系来分析因果性，这些范畴位于不同的时间点上。因果关系本身就是一种范畴，社会科学家用它来帮助描述特定的时间上的集合隶属关系。集合隶属关系将范畴纳入一个时间序列中，科学建构主义学者以此得以通过研究集合隶属关系来考察因果性。

我在本章中指出，有坚实的科学证据表明，本质主义并不适用于社会科学。社会科学家需要一种科学建构主义路径，这并不是因为科学建构主义所追求的目标和所产出的成果有什么天生优越性，而是因为这些目标和成果形态正契合于社会科学的主题。也许本质主义路径为社会科学描绘了一个有吸引力的画面，但如果它的假设不合理，那实际上它就无法兑现自己的承诺。

附录　关于自然类丛、属人类丛和共相（universals）问题的说明

对于自然类丛和属人类丛之间的差异，我们可以从共相问题的角度来获得启发，这涉及**类丛**相对于**殊相**（particulars）的本体论地位（Armstrong 1989, 1997; Galluzzo and Loux 2015）。科学建构主义

认为，类丛或共相是真实的实体，而且它们是科学不可或缺的组成部分。唯名论认为，真正存在的只有殊相（Goodman 1951）或具体的物体（Quine 1943，另见 Goodman and Quine 1947），科学建构主义反对这种观点。对于属人类丛，科学建构主义赋予其完全不同于自然类丛的本体论地位。

在科学建构主义看来，自然类丛是内在共相，在这个意义上，如果不存在拥有基本属性的殊相（或个例 token），那么这种自然类丛在自然界就不存在。举例来讲，如果自然界中不存在一个原子序数为 130 的个别元素，那么这种元素的一般化的范畴也就不存在。同样地，因为自然界存在着原子序数 79（也就是元素金）的实体，那么这个范畴也就存在。在自然类丛的问题上，科学建构主义坚持亚里士多德式的观点，主张只要自然界存在着这些类丛的特定实例，那么该类丛就是真实存在的。

与此形成鲜明对比的是，科学建构主义认为属人类丛是作为超验的共相而存在于大脑中的。它们是抽象的对象，不需要在真实世界拥有特定实例。比方说，1 美元和 3 美元的钞票是具有相同本体论地位的真实范畴。即便财政部真印出了 3 美元的钞票，也不会改变这个属人类丛的本体论地位。这种共相是人类现实的源泉，科学建构主义对待它们的态度是柏拉图式的。不管真实世界中有没有殊相的实例，属人类丛的范畴都可以存在，这一事实并不以相应时空中的真实实体的存在为前提。

对于有关共相的其他问题，科学建构主义接纳多元的立场。值得注意的是，科学建构主义对下述问题不做判断，即研究自然类丛的科学家是否总要在研究中将研究对象转化为最低层次的类丛。在这个问题上，还原论者认为高阶的自然种类是可有可无的（例如 Galluzzo 2015: 101–108；参见 Armstrong 1997）。另一种观点则主张，高阶自然类丛在科学解释中发挥着重要作用（例如 Ellis 2001）。

第二章　集合论分析的基础

本章将讨论科学建构主义这种社会科学的概念基础。为此，本章将聚焦几个范畴概念，它们构成了建构主义路径下集合论分析的核心。我将首先分析“集合”（set）这个范畴，在我看来，建构主义研究需要对此范畴给予一种新的理解。研究者常常认为集合是一些实体的聚集（collection），这些实体有着一个或多个共同的属性。而我主张社会科学家应该把集合理解为人类思维表征机制中的有界空间（概念空间）。按照这种理解，一个社会范畴所代表的那组实体是一个概念空间中的共同成员，但除此之外它们不需要有共同的属性。这种对于集合的认识与社会科学通常理解和分析变量的方式是不一样的，后文会对此展开相应论述。

以上述对“集合”的定义为基础，我还将介绍若干其他范畴，对于建构主义集合论社会科学来说，这些范畴也相当重要。**可能世界**（possible worlds）就是其中之一，它包括**实际世界**（actual world）和多种**非实际世界**（non-actual worlds）。可能世界也许是真的，而**不可能世界**（impossible worlds）就是纯想象的，它不会是真的。我将为读者展示如何运用这些范畴来检验命题和理论。在我看来，社会科学是一项评估理论的事业，如果某个命题在某个集合中是成立的，那么社会科学最基本的指导思想就是用证据和逻辑推理来判断实际世界是否属于这个集合。

为了能够定义和运用不同的分析单位——比如**世界**（worlds）、

案例（cases）和**观察**（observations），我提出了一个集合论框架。对于这些范畴，我将它们放置于集合论和“部分–整体”等级关系的双重体系中来考察。在我看来，社会科学中的**案例**就是对应于我们所研究的主要时空单位的属人类丛。我也提出了“**集合成员观察**”（set-membership observation）这一范畴，它描绘了一些社会性事实（societal facts），社会科学家正是依据这些社会性事实来评估命题的真假。

在认识论方面，我在科学建构主义的路径中考察了“确定性”和“真理”这两个理念的含义。不同于激进的建构主义者，我认为这些范畴对于理解社会科学中的知识生成是非常重要的。我首先讨论了“**确定性命题**”（certain proposition）的含义，将其定义为对某个命题的真实性信念，这个命题或者有着内在的可信性，或者有着最高的可信度。我讨论了社会科学家所使用的资料收集和资料分析方法是如何帮助建立可信度的，但也指出了这些方法必然会给调查结果带来不确定性。接下来，我探讨了社会科学中“**真命题**”（true proposition）的含义：如果一个命题能够正确地描述经验现实的一个方面或多个方面，它就是真命题。由于经验现实在一定程度上取决于人类共同体的共同理解，社会科学的真理也就部分取决于这些理解。然而，当语境得到限定时，关于社会世界的命题就必须是真的或假的。真理是相对于特定的语义情境的，然而一旦到了特定的情境之中，真理就是固定的、明确的。

集　合

集合论分析的核心概念是“**集合**”这个范畴。在科学建构主义中，集合是心理空间中的一个有界位置，而不是某些共享基本属性的元素的集合。这个定义将**集合**与社会科学中常使用的“**变量**”区分开来。相应地，这对社会科学研究的方法和理论工具也带来了重要的后续影响。

属性集与空间集

在数学中，集合是抽象的对象，它们本身没有被定义，而所有其他的概念都需要用集合来定义。集合以公理化的方式被引入，其特征由形式公理本身指定（Jech 2011:3; 另见 Shapiro 1991; Bagaria 2019）。不过自康托尔以来，数学家们已大致将集合理解为不同元素的聚集。从形而上学的角度上看，“集合是实体吗”这个哲学问题一直存在（Merrill 1980; Lewis 1983; Armstrong 1989; Galluzzo 2015）。“我们现在对集合相当了解，”集合论数学家波特打趣道，“但有一件事我们还不能证明，那就是是否真有集合这个东西。”（Potter 2004: 55）

在社会科学中，**集合**的概念与**门类**（class）、**类型**（type）和**类丛**（kind）互换使用。通常来说，这些概念都是基于“属性–存有假定”的：一个集合、门类、类型或类丛是共享一个或多个属性的不同实体的集合（Tversky 1977）。所谓集合，也就是对实体已经拥有的属性进行标注的一种方式，共享属性使实体成为集合的成员。因而我们可以把这种集合称为**属性集**（property set）。自然类丛就是属性集的例子。

集合的另一种定义则来自该范畴所基于的“包含”或“边界”的意象图式：集合是空间中的一个有界位置，实体可以在其中拥有成员资格（参见 Lakoff and Núñez 2000: 30–31, 43–45）。如图 2.1 所示，这些**空间集合**有三个部分：内部、边界和外部。在集合的内部是特定类丛的全部实体，这个类丛具有集合的成员资格；外部则是属于其他类丛的实体，这些类丛不具有集合成员资格。边界就是介于成员资格和非成员资格中间的部分。集合论分析的核心目标是为空间集 X 和它的补集～ X 找到边界，以此标定两者的相对大小；此外还需要确立 X 与别的空间集及其补集的隶属关系。

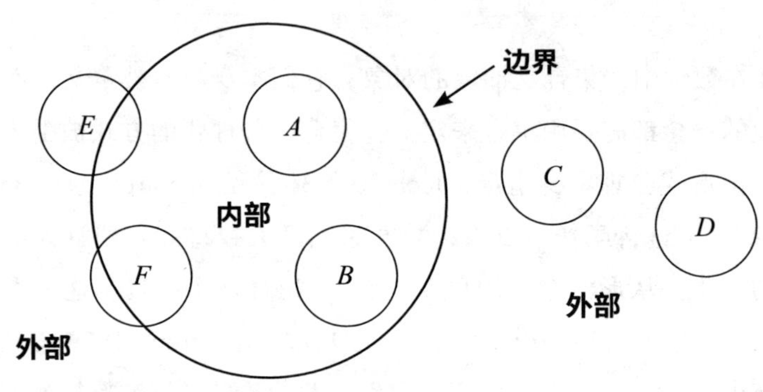

图 2.1　空间集图示

对空间集来说，集合在本体论上优先于它的成员（参见 Bourdieu 1989; Lamont and Molnár 2002）。集合的边界决定实体是否是成员；实体的属性不决定集合的边界。即便实体属性不做任何改变，集合的边界也是可以改变的。实体的相似性和差异性取决于它们的集合成员资格。对于空间集来说，正是集合本身构建出了潜在成员之间的相似性和差异性。

这种基于包含关系或有界空间的集合思维允许实体（其实它们本身也是空间集）在一个特定集合中拥有成员资格、部分成员资格或者是无成员资格。对具有成员资格的实体来说，它们在该集合中的安全程度是可以变化的（比较图 2.1 中的实体 A 和实体 B），对于无集合成员资格的实体来说，也存在着不同程度的区分（比较 C 和 D）。而对于具有部分成员资格的实体来说，显然更是这样了（比较 E 和 F）。简言之，作为一个有界空间的集合概念，它允许实体完全在集合内（会有不同的安全级别）、完全在集合外（距离边界的远近会有不同），或者部分在集合内，部分在集合外（内外比例会有差异）。

对空间集来说，关键问题是如何为成员和非成员划分适当的边界。对于任何给定的集合来讲，这个边界是由其他集合构成的；分析者在这些**构成性集合**（constitutive sets）的基础上绘制出一个集合的边界线。举例来说，在图 2.2 中，集合 D 的边界可以由更一般的集合 B 和 C 的**交集**来定义。在这种情况下,B 和 C 就是 D 的构成集。而 B 和 C 的边界本身也可以求诸它们所属的更一般的集合来定义。反过来，这些边界还可以继续用其他更多的集合来予以定义。在集合论分析中，边界建立过程不会最终触及属性集、物质 / 物理元素或非集合实体（比如基本元素）。① 集合论分析从头到尾处理的都是空间集。②

我们可以将构成集想象为一系列的顺序过滤器，如图 2.2 所示。在这种想象中，我们关注的目标集合是 D。只有当一个实体能够

① 集合论方法假定所有实体都是集合，基本元素(urelements)这种非集合实体并不存在。由此可见集合论方法容易导致罗素悖论。也就是说，这一方法假定了一个包含所有集合的整全集合，这就导致了一个矛盾。这个整全集合本身不能是一个集合，这一点我认同。但是对于数学家们将整全集合重新分类的做法(比如称其为“真类”或“集合的范畴”)，我并不认可。鉴于我的研究目的，我遵循策梅洛-弗兰克尔(Zermelo-Fraenkel)的集合论方案，即只关注纯集合(也就是遗传集)，这样就免除了对一个整全集合的信念或假定。不过，从近乎心灵的直觉上讲，存在一个唯一的超验集合，我觉得这个想法相当吸引人。

② 这是一个来自拉丁美洲的典故，或者可理解为我编的拉美故事：一个社会科学家听闻所有的经验现实都由空间集构成并且空间集仍由空间集构成，于是她问道(也是她真的就是哲学家，哲学家正是这个样子)：“那空间集由什么构成呢？……更多的空间集？那么那些空间集是什么呢？”一个声音回答道：“阿米嘎呀，从头到尾都是空间集啊！”[这里我需要向克利福德·格尔茨表示歉意(Clifford Geertz 1973: 28–29)](译者注：此处马奥尼是模仿格尔茨在《文化的解释》一书中的写法)

“通过”逻辑上前置的构成过滤器（我们假设该实体从左向右进行水平空间移动），它才能获得集合 D 的成员资格。一个实体是否具有 D 的成员资格，可以通过检查它是否在更一般的集合 A、B 和 C 中具有成员资格来确定。如果它在任何一个构成集中都缺乏完全的成员资格，它在集合 D 中就必然缺乏完全成员资格。举例来说，案例 1 在构成集 A 和 C 中具有完全成员资格，但它在集合 B 中没有成员资格，因此它在集合 D 中也缺乏成员资格。

图 2.2 中的图表可以用来讨论与范畴原型相关的问题（Rosch 1973, 1978, 1999）。[①] 在图中，原型是位于集合中心的点，这是字母 A、B、C 和 D 所在的位置。我们可以看到，集合 D 的原型成员（案例 2）是集合 A、B 和 C 的完全成员，但它不对应于这些构成集的原型。集合 B 的原型成员——对应于案例 3——不完全是 D 的成员，尽管它非常接近部分成员。因此，即使 B 的成员资格对 D 的成员资格来说是必需的，可 B 中最佳的或原型的例子都不是 D 的成员。[②]

在建构主义的集合论分析中，属人类丛就被依照这种集合思维来表示和分析，即集合是空间中的有界位置。在这个**空间集**的假定下，我们获得了一种新的方法，它可以避免属性-存有假定。我们从具有属性的物理对象的物质舞台进入了层层空间集中的抽象舞台。集合的成员不再需要有任何共同的内在属性（参见 Lewis 1983）。相反，它们彼此的相似性是基于它们相对有界空间的位

① 一个范畴潜在的最佳范例是范畴原型，而非典型案例。举例来说，一把典型的椅子在范畴椅子中具有完全的成员资格，却未必符合这个范畴的原型。实际上，一把典型的椅子不需要和“典型椅子”这一范畴中的原型相匹配。当然，尽管它与“这把特别的典型椅子”这一范畴中的原型可能是匹配的，但这也不影响前面的观点。

② 区分集合成员资格和近似集合原型之间的区别有助于理解复合范畴，比如宠物鱼（参见Smith and Osherson 1984）。尽管宠物鱼既属于宠物也属于鱼，但宠物鱼的范畴原型与宠物和鱼的范畴原型都不一样。

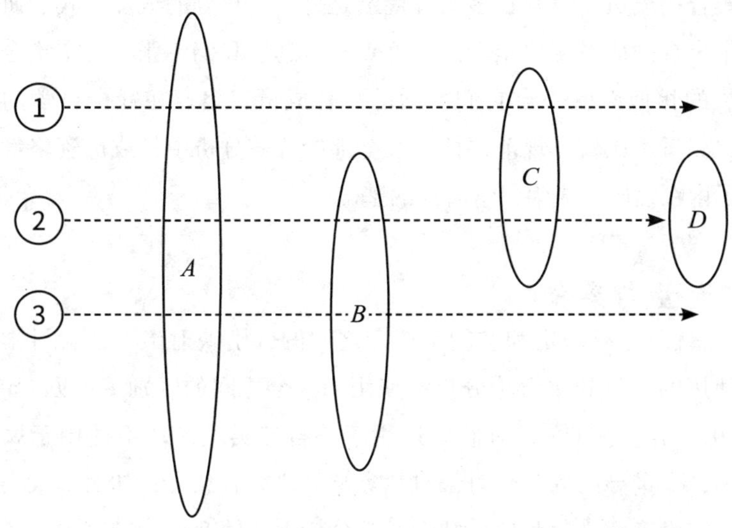

图 2.2　构成集的序列，集合 1、2、3 表示案例

置。这些有界空间或概念空间是抽象的对象，在头脑的表征系统中，它们是虚拟的但也是本体论上的客观存在。空间集所对应的概念空间是这个表征系统中的半自然类丛。反过来，概念空间还原到了其他自然类丛，包括大脑中那些独立于心智的物质和过程。然而，就社会科学来讲，空间集需要被还原为其他空间集，而不是底层的大脑化学物质和神经物质。我们用其他空间集来定义特定的空间集，以此类推到更多的空间集。在任何时候，这种定义性的阐释都不会触及或还原到自然类丛的属性。相反，这一过程没有终点，也许最终以定义的循环而达到顶点。

当在空间集的假定下审视社会现实时，我们就不再需要参考所研究实体的内在属性了。取而代之的是，我们讨论集合以及它们的成员资格和非成员资格。我们探究一个实体是否是一个给定集合的成员，此时无须理解它的内在属性。我们关心一个集合是否是另一个集合的成员，以及**在多大程度上**是另一个集合的成员。我们研究一个集合的成员距离集合的原型点有多远。我们主张，一个集合中成员的相似性就来自它们共同的集合成员资格。在社会科学的定义、测量、比较、规范评估以及全部的范畴分析中，成员资格都取代了内在性质，成为科学研究的基础。

变量与集合

属性-存有假定和空间集假定之间的区别映射出了社会科学通常使用的变量和集合论分析中使用的集合之间的区别（参见 Ragin 2000）。正如属性-存有假定适用于偏自然类丛，却不适用于属人类丛，变量导向的分析对偏自然类丛的研究有意义，却对属人类丛的研究没有意义。我们在社会科学分析中使用变量所带来的一些问题，刚好指示出了集合论方法的价值。

变量是一套工具，它可以对分析单位的属性所具有的相似性和差异性进行系统的概念化（Hoover 1984: 22–26; Seawright and Collier 2010: 358; Gerring 2012: 75–78）。根据所研究的现象和可用的资料，一个变量可以有不同的测量水平（比如名义、定序、定距、定比）。每一个特定的分析单位在该变量上都具有特定值，它反映了该分析单位拥有多少该变量所测量的属性。变量本身是分析单位可以拥有的全部值（可以从两个值到无限多个值），但只有其中一些可以找到经验表达物。

社会科学家经常研究变量，因为他们想探究的是，对于分析单位来说，拥有不同程度的属性是否意味着重要的因果性。举例来说，单个家庭（分析单位）拥有不同程度的“收入”（这是一个变量），此外他们还拥有特定的种族、居住地和家庭规模（其他变量）。研究人员可能会假设，这些变量中的一个或多个会赋予家庭一定的因果能力，比如生育具有特定生活机会的子女的能力（因变量）。这个假设设想的是自变量的变化导致因变量的改变。正如阿伯特（Abbott 2001：39）指出的，变量导向的分析“假定社会世界由具有属性（变量）的固定实体（分析单位）组成。在因果时间（模型）和实际时间中，这些属性相互作用以创造结果，这些结果本身也是固定实体的可测量属性”。

相比之下，空间集是有界空间，作为真实但抽象的对象，它们存在于心灵表征系统的超空间中，与我们的意识思维和心理意象具有相同的“位置”。[①]空间集并不指涉或一板一眼地关联着外部实体那些所谓特定属性。更确切地说，它们是心理工具，参与了对感官输入所施加的范畴化和数量化。人类使用在物理空间中没有具体表达的概念集来切割、组织和计算他们的经验现实（参见 Balkenius and Gärdenfors 2016）。经验世界是由人类心灵的表征装置在与自身和自然世界相互作用时，以集合论的形式构建而成的。人类用于对实体进行分类的空间集就是心灵与自然类从进行纠缠（或者说互动）的特定方式。

如果范畴在本体论上被作为集合来分析，那么从语法和逻辑上讲，它们的标签（即人们用哪个词称呼它们）就必须能够让分析单位在其中拥有成员资格（Ragin 2008）。标签必须能够透露出将成员资格与非成员资格予以分开的边界。虽然这一边界是一条明确和毫不含糊的分界线，但某些分析单位（它们也可以是集合）可能在两个区域都具备部分成员资格。当它在一个区域内的隶属度增加时，在另一个区域内的隶属度就降低（即其在 X 中的隶属度百分比 + 其

---

① 空间集这种实体有助于攻克意识研究的难题(Chalmers 2010:25–27)。集合既是现象的，又是物理的。我们的意识经验是集合的一方面，它的另一方面则嵌入人脑组织中。因此，我们有望通过集合来联结大脑的物质组成和人类意识的主观经验。显然，如果把集合当成解释意识时所需的“外部成分”，至少我们可以说这种说法是可疑的。

在～X中的隶属度百分比=100%)。在用于指示特定概念时，集合标签经常将正在研究的实际事物（如国家）的名词与标记具体类型（如民主）的形容词连接起来，以此创造关键范畴（民主国家）。这种标记方法与区分分析单位（如国家）和变量（如民主程度）的做法是不一样的。在集合论分析中，像民主程度这种在社会科学中用于变量的典型标签基本是没有用的，因为它们不是集合，无法让实体获得成员资格。一个国家不可能是民主程度的成员，一个人也不能是性别、年龄、收入或教育水平的成员（尽管一个人可以隶属于女性、50岁的人、高收入的人和受过高等教育的人）。社会科学中的常见变量是建立在属性-存有假定的基础上的：在类别化和数量化的维度上，看看分析单位是否拥有或者在多大程度上拥有特定属性。在舍弃这种假定的社会科学中，变量及其标签就被集合及其标签所取代。①

在集合论分析中，研究者研究集合之间而非变量之间的关系。他们考察一个范畴的成员构成另一个范畴的子集或超集的程度，以此研究子集-超集关系。他们会关注两个范畴在什么时候近似于子集-超集关系，即一个范畴中成员大多数或全部包含在另一个范畴中。他们注意到，当分析单位是一个系列中某个条件的成员时，它也有可能是该系列中所有条件的成员。这些关系可以用必要性和充分性的概念来概括。与变量导向的研究者不同，建构主义集合论研究者并不把关系视为属性之间的关联，他们不使用相关性的统计学思路来分析关系；集合论中的重合、子集-超集等关系思维取代了

① 如果把变量看成集合，那么集合的成员就是变量的可能取值。举例来讲，假如变量“眼睛颜色”是一个集合，那么这个集合的成员就是各种不同的眼睛颜色（如蓝色、棕色、绿色）。同样地，假如民主程度被当作一个集合，那么集合成员就是各种可能的民主水平（如高、中、低）。之所以指出这一点，是因为由此我们能够看到，变量本身也依托于集合成员的逻辑。

变量导向中的关系思维（Ragin and Fiss 2017）。

从变量到集合的切换几乎对整个研究设计都产生了后续影响。特别值得关注的是，它重塑了社会科学的问题形态。集合论研究者不根据案例的量化属性来总结它们的特征。[①] 他们并不关心案例属性之间的关系，不会去研究一个属性对另一个属性的平均因果效应。与之相反，集合论研究者会关注下列问题：一个案例或一组案例在多大程度上具有某范畴的成员资格（或部分成员资格、无成员资格）？一个范畴或多个范畴的成员资格在多大程度上是获得另一个范畴的成员资格时的必要条件？或者在多大程度上是后者的充分条件？一个案例在某范畴中的成员资格在多大程度上是其在另一范畴中成员资格的重要原因？一个或多个案例在某范畴中的成员资格在道德上有多大程度上是好的 / 坏的？

这类问题所需使用的方法论工具与变量导向的社会科学所使用的工具截然不同（Ragin 1987, 2000, 2008; Rihoux and Ragin 2009; Rohlfing 2012; Schneider and Wagemann 2012; Thiem, Baumgartner, and Bol 2016; Thomann and Maggetti 2020）。集合论方法的用途就在这里。

可能世界

这里我们讨论一下“可能世界”（possible world）的语义学在社会科学中的应用。“可能世界”在哲学领域有着广泛的明确应用，比

---

① 集合论研究人员会在定量的层面上研究案例在多大程度上隶属于集合。但这些量化数值并不对应于案例所拥有的属性，相反，它们只反映了与所建构范畴的成员关系。构建范畴的关系分析与对案例所拥有的属性之间关系的研究是有本质不同的（参见Bourdieu 1989, 1990; Emirbayer 1997; Fuchs 2001）。

如用于模态逻辑的阐明。然而在社会科学中，研究者们只是隐微地触及可能世界这一理念。其实可能世界的语义学完全可以且常常能够促进社会科学调查，下文将为社会科学家提供一些介绍。

世界的种类

社会科学家对研究实际世界感兴趣，所谓实际世界，从原则上讲，就是我们能够知道或能够施加影响的时空舞台。[①] 社会科学家对研究非实际世界并不怎么感兴趣，这些非实际世界是一些与我们的世界没有任何空间、时间或因果联系的领域。虽然这些非实际世界有可能像我们的实际世界一样真实，但它们永远在我们生活的时空域之外（Bradley and Swartz 1979; Lewis 1986a）。

在集合论的路径下，社会科学家通过考察代表实际世界的那个集合在一个命题为真的集合中是否具有成员资格来评估命题的真实性。比如说，在“奥萨马 · 本 · 拉登在 2011 年死亡”或“在 19 世纪末，委内瑞拉比哥伦比亚更富裕”这种集合中，实际世界是否具有成员资格？[②] 了解实际世界是否位于某个关键集合中，是社会科学的基本目标之一。

为了实现这一目标，社会科学家必须在研究中考虑非实际世界。由于研究者不清楚实际世界的集合位置，所以就必须去考虑非实际世界。为了能够用新的证据来理性地修正自己的信念，人们必须考虑证据的后果是什么，对于命题为真的世界和命题为假的相关

① 根据当代主流宇宙物理学，实际世界是一个在宇宙大爆炸时距离我们大约140亿光年的球面空间区域。或者从量子力学的角度来看，实际世界是我们在希尔伯特空间中的位置（Tegmark 2014:chaps.6–8）。

② 严格来讲，这里的集合名称应该是“奥萨马·本·拉登死于2011年的那些世界”和“19世纪末的委内瑞拉比哥伦比亚更富裕的那些世界”。为了便于表达，我省略了“那些世界”这几个字的范畴标签。

世界来说，都得考虑这种后果。比如说，要了解实际世界是否是“在 19 世纪末，委内瑞拉比哥伦比亚更富裕”这一集合的成员，研究人员需要考虑在这个集合中有成员资格的可能世界与在其否定集合中有成员资格的可能世界（即它的逻辑补集）。尽管两个集合中只有一个能包含实际世界，但我们需要考虑两个集合及其成员，以找出实际世界到底在哪个集合中。

社会科学家并不需要关注所有的非实际世界。特别值得注意的是，他们无须研究任何的不可能世界。在**不可能世界**中，有一个或多个必然为真的陈述是假的，或者有一个或多个必然为假的陈述是真的。那些违反先验真理的想象域就是不可能世界，比如违反一阶逻辑的原则、数学定理和结构以及物理学的基本定律。[①] 2+2=5、X= ～ X、线是四维物体，这些虚构的宇宙就是不可能世界。在我看来，这些不可能世界并不是现实的一部分。尽管我可以就虚构世界讲一些东西出来，比如三角形有 4 个边、氦比空气重，但这些世界并不属于真实域。

社会科学家研究的是**可能世界**。可能世界是一个不违反先验真理的时空域（Lewis 1986a; 参见 Bradley and Swartz 1979; Divers 2002; Girle 2003; Stalnaker 2003, 2012; Hale 2013; Menzel 2015）。可能世界是最大的领域，因为它囊括了所有彼此有时空关系的事物；它也是一个**封闭**的领域，因为它和其他世界没有任何时空联系。[②] 存在着以下几种可能世界：希拉里 · 克林顿在 2016 年当选美国总

① 由于宏观物理定律不同于粒子的物理定律，因此很难说物理学的基本定律是什么。目前比较好的备选有弦理论（Greene 2004,2011）和量子回路理论（Smolin 2001, 2006）。

② 在空间聚合的最高层次上，一个可能世界对应于无限空间中的个别宇宙。独一无二的可能宇宙是有限的（但其总数比googolplex还大）（译者注：googolplex=10^10^100）。所有宇宙的总数则是无限的。一个特定宇宙出现的频率可以有很大的变化（Tegmark 2014）。

统；大脚怪行走在美国西北部；有龙和独角兽存在。此外还有一种可能世界，在这个世界中，我们都只是缸中之脑（Putnam 1975, 1981）。

作为一位模态实在论者，我认为所有可能世界都是真实的，就如同人类是真实的：可能世界是由自然类丛组成的现实所形成的心智依赖的表征（参见 Lewis 1986a）。[①] 因此，我赋予可能世界与经验现实以同样的本体论地位；可能世界与我们经验中的实际世界同样真实。然而，本书讨论的集合论工具并不需要接受模态实在论。不采纳可能世界的实在论观点，并不影响使用本书中的所有技术。在运用可能世界的概念时，可以把它们当成存在于人们假设中的想象，不一定要对应到真实域中的任何自然类丛（参见 Stalnaker 2003, 2012）。[②]

并非所有的可能世界都是实际世界的候选者。我们并没有生活在一个由希拉里·克林顿在 2016 年当选美国总统的世界里。我们

---

① 模态实在论的观点是，可能的世界就是真实的世界。刘易斯（Lewis 1986a）对模态实在论进行了生动的阐述和辩护。模态实在论与量子力学的“多世界”解释是一致的，我认为这是目前对亚原子过程最合理的解释（参见DeWitt and Graham 1973; Becker 2018; Carroll 2019）。与哥本哈根解释相比，物理学家也越来越倾向于多世界解释（Tegmark 2014: 226–230）。模态实在论也与量子力学的宇宙论、外部暴涨理论、弦理论和量子回路理论相一致。我提到这些主流理论是为了向读者保证或提醒他们，从理论物理的角度来看，模态实在论并不是信口开河。

② 对于实际事物和仅仅可能的事物，古典或然论（classical possibilism）赋予了不同的本体论地位。这种本体论的区分是基于“实在”（being）和“存在”（existence）之间的区别而建立的（参见Linsky and Zalta 1991）。相比之下，模态实在论赋予实际事物和可能事物以同等的本体论地位，它拒绝“实在”和“存在”的区分。在模态实在论看来，实际和可能之间的区别仅仅是关系性的，它取决于说话者恰巧所在的那个时空世界。对于身处某个封闭时空域的说话者来说，他的实际世界是另一个身处不同封闭时空域的说话者的非实际的可能世界（反之亦然）。说话者把自己碰巧居住的世界视为与众不同的实际世界（Lewis 1990）。

也不生活在一个有龙和独角兽的世界。这些是可能世界，但它们不是实际世界，也就是说，它们是非实际的可能世界。大多数研究者认为，我们有足够的证据将存在大脚怪的世界视为一个非实际的世界。与此同时，学者们也在继续探索以下问题：实际世界是否可能是一个我们都是缸中之脑的世界（Putnam 1975）、我们都是意识模拟的世界（Bostrom 2003），或我们都是玻尔兹曼大脑的世界（Carroll 2017）。

通过对可能世界的研究，社会科学家努力找出实际世界在相应范畴中的位置。实际世界是一种可能世界，其他所有的可能世界都是非实际世界（参见图 2.3）。集合论分析的目的是通过使用关于实际世界的构造的知识来评估命题，以确定某些可能世界是否是非实际世界。以“奥萨马·本·拉登死于 2011 年”这个命题为例，集合论分析集中在命题为真（集合 X）和命题为假（集合～X）之间的可能世界分布。让我们假设，作为 X 成员的大多数可能世界都要求“2011 年时本·拉登在巴基斯坦生活”（集合 k）。假设我们还发现了证据（～k）：事实上，本·拉登在 2011 年时没有住在巴基斯坦。这样我们就得舍弃集合 X 中的许多非实际成员，它们要

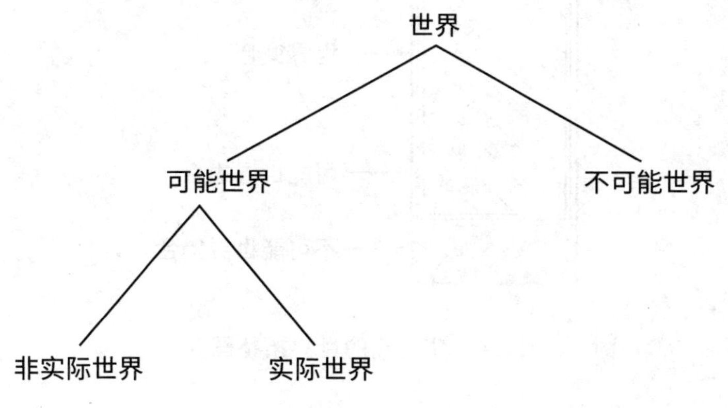

图 2.3　集合论的世界拓扑图 I

求实际世界属于集合 k，可事实并非如此。结果就是，在集合 X 和～ X 之间的可能世界分布发生了变化，我们就会比以前更有可能认为，实际世界位于集合～ X 中了。

图 2.4 的集合图展示了不可能世界、可能世界、非实际世界和实际世界的区别（参见 Bradley and Swartz 1979: 6)。在整个的拓扑空间中，“**世界**”是拥有成员资格的实体，即封闭的、最大的时空域，退一万步来说，世界都是不能相互影响的。社会科学研究的一个基本目标就是考察实际世界究竟是命题为真的集合的成员，还是命题为假的集合的成员。就图 2.4 来讲，我们可以在可能世界的集合中再放入一个子集，这个新子集包含部分而非全部的可能世界。我们现在做出要求，在所研究的命题为真的时候，这个子集包含相应的所有可能世界。而集合论分析的目的是确定实际世界是不是这个子集的成员。如果是，那么所研究的命题就是正确的。

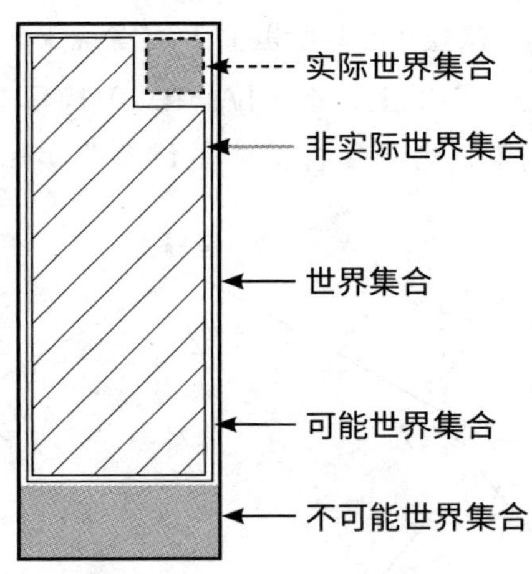

图 2.4　集合论的世界拓扑图 II

从这个角度来看，我们首先把万物的总体[①]设想为所有世界的集合（即所有封闭的、最大的时空域）。然后我们把这些世界划分为可能世界（现实）和不可能世界（非现实）。然后我们把可能世界划分为非实际世界和实际世界。接下来我们就会看到，研究人员使用实际世界来将现实分割成集合。它们将实际世界当作范畴的成员来分派案例；随后将案例当作范畴的成员来分派观察。观察则提供了证据，研究者用它来考察实际世界与所研究命题之间的集合位置关系。

可能世界语义学的用途

在本节中，我们可以点明可能世界语义学为科学建构主义和集合论分析提供助益的三种方式。之所以展示这几种用途，是因为我们想说明：无论是隐含假设还是直接运用，社会科学家已经相当广泛地接受可能世界的思维了。

首先，可能世界语义学有助于定义模态逻辑的规则（Bradley and Swartz 1979; Divers 2002; Girle 2003）。模态逻辑关注带有限定符的命题，比如必然为真、可能为真、可能为假和必然为假。尽管可能世界并不是人们理解模态命题的唯一方式，但它们确实为理解上述概念提供了最简单的方式（Girle 2003: 3）。[②]例如以下定义：

真命题：在实际世界中为真的命题（例如：唐纳德·特朗普在

① 万物的总体既包括一个结构化的现实，它对应于所有自然类丛的所有可能的排列组合（参见Wittgenstein 1922/1972的“实体”概念）；也包括一个非现实，它对应于所有的废话和无意义事物。可能世界是一种将所有现实划分为不同时空域的方式；不可能世界是一种说话方式，就好像一个人可以把非现实划分成不同的时空域。

② 事实上，当可能世界被视为真实的实体时，我们似乎可以从经典的一阶逻辑合理地推导出模态逻辑的规则（Lewis 1986a，1986b）。

2016 年当选美国总统)。

假命题:在实际世界中是假的命题(例如:希拉里 · 克林顿在 2016 年当选美国总统)。

恒真命题:一个在所有可能世界都为真的命题(例如:正方形有四条边)。

恒假命题:在所有可能世界中都为假的命题(例如:X= ~ X)。

或然命题:在至少一个可能世界中为真而在至少一个可能世界中为假的命题(例如:如果没有俄罗斯的帮助,唐纳德 · 特朗普可能会输掉 2016 年的总统选举)。

在社会科学中,关于实际世界的或然命题乃是研究的重点。在本书中,我就简称其为“命题”。本书的第二部分主要讨论命题的评估;第三部分主要讨论命题的陈述。

模态逻辑有助于从更普遍的意义上来定义科学:**科学**是(使用证据和逻辑)研究或然命题的,这些命题至少在一个可能世界中为真,在至少一个可能世界中为假。科学不研究恒真命题或恒假命题。命题的真假对应于不同的可能世界,而科学的目标就是确定实际世界到底位于哪种可能世界中。不幸的是,无论证据有多好,推理多么严谨,科学发现都永远无法克服所有的不确定性(Popper 1934/1968)。科学家不可能知道实际世界的确切集合位置,他们无法通过研究来将或然命题转化为恒真命题或恒假命题。

其次,可能世界语义学提供了一种在科学建构主义框架内推导和使用贝叶斯分析的方法(见第七章的贝叶斯分析)。本书坚持这样一种看法,即贝叶斯定理(或其等效物)的使用意味着一点,即一个人要理性地根据证据修正自己对于命题真实性的信念。在对命题真理性的评估中,要对证据采取一种认识论上的科学方法,就需要遵循贝叶斯定理。无论是研究偏自然类丛还是属人类丛,贝叶斯推理都是科学认识论的基本组成部分。

可能世界的语义学为理解集合论框架中的贝叶斯定理提供了必要的工具。为什么这么说呢？我们不妨回顾这个观点：关于命题是否为真的信念，反映了我们对可能世界的相对比例认识，即它们在命题为真（X）和命题为假（～X）的集合之间呈现出何种比例。来自实际世界的新证据会从集合X和～X中不对称地剔除可能世界，从而提高或降低我们对命题真实性的信心。发现了证据k，我们就需要移除所有以～k为前提的可能世界。假如证据k要求我们从集合X中移除的可能世界比从～X中移除的更多，那么它的出现就会改变可能世界在集合X和～X之间的分布。具体来说，在集合～X中就会有更大比例的可能世界，从而减少了实际世界在集合X中出现的可能性。有了证据k，我们对于命题为真的信心就降低了。

最后，可能世界语义学允许我们在个案研究中进行反事实分析（见第五章的反事实分析）。通过反事实分析，研究人员直接分析非实际世界，以此了解实际世界（Fearon 1991；Tetlock and Belkin 1996b；Levy 2008）。举例来说，假想我们要研究以下命题：如果希拉里·克林顿在2016年当选总统，那么2020年美国死于新冠疫情的人会更少。为了评估实际世界是否位于该命题为真的集合中，研究者可以探讨在希拉里担任总统期间会发生什么。尽管希拉里担任总统的世界是非实际的，但对于这个问题所做的分析，有助于评估唐纳德·特朗普的当选对疫情期间卫生政策的影响。在希拉里担任总统的非实际世界中发生的事件（但在这个世界中，所有其他方面几乎都和实际世界一样）可以让我们深入了解特朗普的当选在疫情死亡率等方面带来了何种不一样的后果。

反事实分析是解释特定案例时所需的基本方法论。在解释为什么具体结果发生在个别案例中时，研究者**必须**考虑反事实案例。事实上，他们必须考虑两种不同类型的反事实案例：第一，与实际世界中的案例相似的反事实案例，这里仅仅有一个或几个潜在的原因要素发生了变化；第二，同样是与实际世界中的情况相似的反事实案例，但此时潜在的原因要素在发生了特定变化的情境中运转。这两种反事实的案例都发生在可能世界中，这些世界与实际世界非常相似，但在某些方面存在差异，这就为研究人员考察有关实际世界的命题提供了推理手段。

分析单位

在定义和使用不同分析单位时，建构主义和集合论也有自己的方法。在这里，我把“部分–整体”层次结构和集合论层次结构进行对比分析，同时对建构主义集合论分析中所使用的**世界**、**案例**和**观察**等范畴进行定义。

分析单位的等级

“**分析单位**”这一范畴指的是一类具有一定概括性的、由建构而来的时空实体。在科学建构主义研究中，主要使用的分析单位有（1）世界，（2）案例，（3）观察。如图 2.5 所示，这些分析单位可以按照“部分–整体”的层级排布：观察是案例的一部分，案例是世界的一部分。[①] 更具体地说，观察是案例中被建构的时空部分，

① 如图2.5中的层次结构所示，部分–整体关系是分体学（mereology）这个领域的主题，这一学科与集合论有着复杂而又未解决的关系（Varzi 2016; 另见Goodman 1951; Lewis 1973; Markman and Seibert 1976）。存在着各种各样的部分–整体关系，但只有一部分可以在本体论上进行严格定义（Keet and Artale 2008）。在本书中，我关注的是在本体论上严格的、可以通过集合论予以表达的部分–整体关系。考虑一下，以手–音乐家–管弦乐队这种经典的混杂为例，通常来讲，在这个例子中，部分–整体的关系是不可传递的。也就是说，音乐家是管弦乐队的一部分，手是音乐家的一部分，但手不是管弦乐队的一部分（Odell 1998）。但从集合论（接下页）

案例是世界中被建构的时空部分；而世界则是最大的、封闭的时空域。分析者通常会研究实际世界的一个或多个案例（例如墨西哥和阿根廷）。从这些案例中，分析者寻找并使用各种观察来考察研究命题，这些观察就是有关案例的事实和证据。

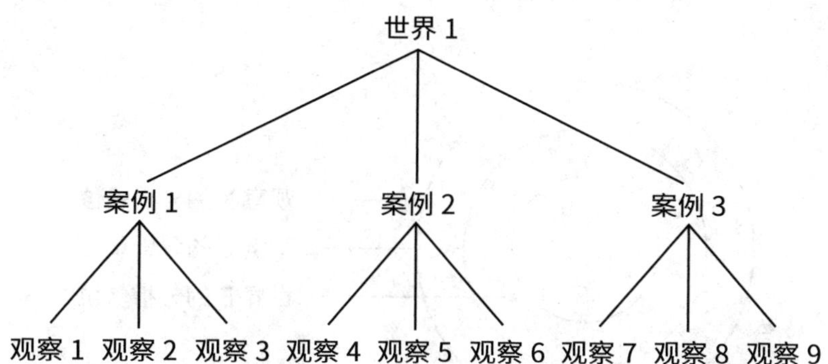

图 2.5　“部分–整体”的层级：世界、案例、观察

同时，世界、案例和观察这三种分析单位也可以按照集合论的层级来排布（见图 2.6）。在集合论的层级中，特定世界（例如实际世界或某个非实际的可能世界）是某个范畴的子集，这个范畴指向了特定案例（比如“存在着 18 世纪的法国的世界”），后者进而又是另一个范畴的子集，这个范畴则指向带有特定观察的案例（比如“农民革命的案例”）。这里看上去也许与直觉相反，最高级别的超集对应着观察范畴，而最小的子集则对应着世界范畴。因此，图 2.5 中分解最细的部分是图 2.6 中最大的集合，而图 2.5 中完全聚合的整体是图 2.6 中最小的集合。如果要让这种集合论层次结构更符合

（接上页）的角度来看，集合“管弦乐队”是“与音乐家有关的实体”这一集合的子集，后者又是“与手有关的实体”这一集合的子集。因此，从逻辑上讲，“管弦乐队”是“与手有关的实体”的子集。

直觉，我们可以尝试这种理解：给定观察的集合包含实际和可能的案例（即给定观察具有多个案例成员），而给定案例的集合包含各种可能世界（即给定案例具有多个世界作为其成员）。因此，集合大小的顺序是：观察 > 案例 > 世界。反过来，如果让世界多于案例、案例多于观察，则是无意义的想象。

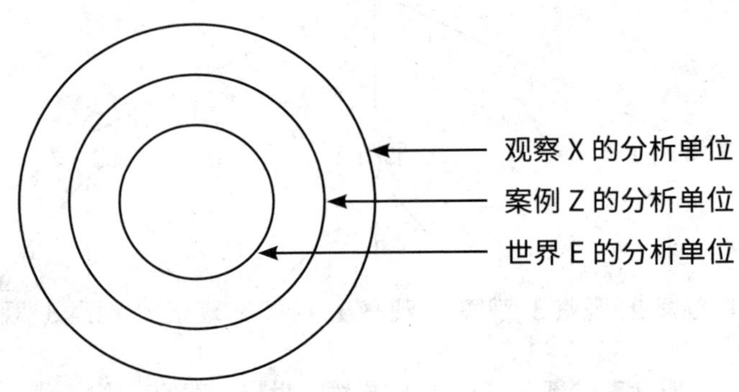

图 2.6　集合论的层级：世界、案例、观察

再以下面这句话为例："18 世纪的法国发生了一场农民革命。"在这个陈述中，三个分析单位分别是：（1）隐含的"**世界**"是实际世界，（2）"**案例**"是 18 世纪的法国，（3）"**观察**"是一场农民革命。"农民革命"这个观察范畴包含着几个实际案例和其他许多的可能案例。"18 世纪的法国"这个案例的范畴包含着实际世界和其他的可能世界。因此，实际世界和其他可能世界在"18 世纪的法国"和"农民革命"中都有成员资格。前面的范畴（18 世纪的法国）是后面的范畴（农民革命）的成员。

集合论的层级也适用于世界和命题之间的关系：世界是命题集合的成员。具体而言，可能世界是某个给定命题为真 / 假的集合的成员。或然命题则被定义为，在命题为真的集合和命题为假的集合中，都至少存在着一个可能世界。而所谓研究问题就是要看一看，在命题为真的集合所包含的可能世界之中是否存在实际世界。集合论方法就是用来帮助研究者回答这个问题的。

案　例

在集合论社会科学中，个别案例是范畴的成员，而这个范畴对应于一个建构而来的实质性分析单位，它本身框定了某个**类型**的案例。[①] 像选民（voter）、家庭（household）、运动（movement）、组织（organization）、都市（municipality）、国家（country）和国际体系（international system）都是这种从类型上框定案例的范畴。例如，墨西哥这样的个案就是实质性范畴“国家”的一个成员。具体案例同时隶属于很多实质性范畴。对于案例所属的上述类型来说，某些范畴是案例获得成员资格时所必需的。举例来讲，墨西哥隶属于“主权政体”（sovereign polity）这个范畴，这对于墨西哥成为“国家”的一员来说是一个必要条件。相较来讲，案例在其他一些范畴中的成员资格就是可有可无的了。比方说，墨西哥是多民族社会，但墨西哥在这个集合中的成员资格与其在国家中的成员资格是无关的。集合论分析者会通过这种附加集合（incidental sets）来描述一个特定案例的显著特征。我们也可以根据同一类型的案例在附加范畴方面的异同来开展分析比较。墨西哥和危地马拉就同属一些附加集合（比如多民族社会），却在其他一些附加集合上拥有不同的成员资格（比如联邦政府制度）。

① 在部分-整体（或分体学）的方法中，案例是世界的一个时空部分，带有独特的实质内容（参见Seawright and Collier 2010: 315; Gerring 2017: 27）。另见拉金（Ragin 1992: 9）。

宏观社会科学所研究的案例是属人类丛。[①] 举例来说，“墨西哥”这个实体是由复杂难解的自然类丛所构成的一个集群，大脑将这些自然类丛归类为一个有机的融贯实体。当一个人问墨西哥和波多黎各是否是“国家”时，他是在询问复杂实体在这个范畴中是否有成员资格。人们可能会回答：墨西哥实体是这个集合的正式成员，而波多黎各实体只具有部分的成员资格。显然，此处的正确答案既取决于我们所说的“国家”范畴是什么意思，也取决于在其他某些集合中（比如主权政体），我们如何看待墨西哥和波多黎各的成员身份。然而，正确的答案绝不取决于我们对墨西哥和波多黎各所带有的自然类丛的理解。在任何情形下，这些自然类丛与我们心中的正确答案是无关的。更加概括地来讲，当确定实体在宏观社会科学范畴中的成员资格时，无须关心它们的自然类丛构成，这方面的知识是无关紧要的。

在集合论分析中，必须区分两种案例：实际案例和非实际案例。一个实际案例就是一个包含着实际世界的分析单位，[②] 比如实际世界就是“墨西哥”这个实际案例中的一个成员。作为研究规模的 N 的大小就对应于我们所研究的实际案例的数量。个案研究考察一个实际案例，小数量研究考察少数实际案例，比如 2~20 个案例。大数量研究考察许多实际案例，案例数一般超过（经常远超）100 个（参见 Lijphart 1971）。

非实际案例所包含的成员中没有实际世界，只有非实际世界。[③]

---

① 微观社会科学往往侧重于个人，这是一个偏自然类丛。基于这个原因，微观层次的社会科学研究可能既关注偏自然类丛，也关注属人类丛。心理学就是一个很好的例子，以它所考察的范畴来说，它跨越了自然科学和社会科学的边界。人口学的一些工作也类似。

② 在部分–整体的方法中，实际案例被定义为实际世界中一个被建构的时空部分。

③ 在部分–整体的视野下，非实际案例被定义为非实际世界中一个被建构的时空部分。

反事实案例是非实际案例。人们可以对非实际案例进行比较，比如去比较希拉里·克林顿和阿尔·戈尔这两位总统。然而在社会科学中，研究者通常是将非实际案例与实际案例进行比较，比如去比较戈尔与乔治·W. 布什。这里能够看出一点，一项研究所系统比较和分析的案例数量不一定与实际案例数量相对应。一项对于单个总统的个案研究可以对几个非实际的总统进行系统分析。不过，我还是遵循惯例，把一项研究的 N 定义为实际案例数。

集合成员观察

集合成员观察是要确定一个实际案例在特定范畴中是否有成员资格，此时需要有极高的确定性（例如法国在 1975 年是工业化国家的一员；唐纳德·特朗普在 2019 年是美国总统）。[①] 在一个特定的社群中，集合成员观察属于案例事实。[②] 举例来说，我们会把以下陈述当成事实：在"墨西哥城是首都、比森特·福克斯（Vicente Fox）曾是总统的国家"这一范畴中，墨西哥具有成员资格。实际上，我们将上述事实自然化了，认为它们反映了墨西哥所拥有的无可争议的基本属性："墨西哥城是墨西哥的首都""比森特·福克

① 集合成员观察的概念与以下概念类似：波普尔（Popper 1934/1968）的基础信息（basic information），亨佩尔（Hempel 1980）的术语学（terminology），曼德尔鲍姆（Mandelbaum 1955）的社会事实（societal fact），贝叶斯分析中的证据（evidence，参见本书第七章以及Williamson 2000）；质性方法论中的案例内观察（within-case observation）和因果过程观察（causal-process observation，参见Campbell 1975; Collier, Brady, and Seawright 2010），以及塞尔（Searle 1995）建构主义哲学中的社会事实（social fact）。

② 我更倾向于用社会事实（Mandelbaum 1955）来表述集合成员观察中的事实。社会事实意味着其依赖于社会成员所持有的信念。与客观事实（比如2+2=4）不同，社会事实是特定社会中的真实陈述。

斯曾是墨西哥的总统”。虽然集合成员观察的最终性和确定性永远不可能是绝对的，但社会科学家将它们视为决定性的信息片段和对经验现实的有效描述，以此来对命题进行检验（参见 Hempel 1980; Sayer 1992: 65–72; Hudson 1994; Hunt 1994）。

集合成员观察关注实际案例的成员资格，非实际案例是不是位于范畴中，它不关心。我们的感官只能接触到实际世界，对其他的可能世界进行间接的探测都是不可能的。对于特定的集合成员观察来讲，相对应的集合有可能包含一个或多个实际案例。例如，在“瓦哈卡（Oaxaca）为咖啡产区的国家”这一集合中，墨西哥是唯一的实际案例；而在“主要的咖啡生产国”这一集合中则存在着多个实际案例（如巴西、越南、哥伦比亚、印度尼西亚和埃塞俄比亚）。对任何给定的集合成员观察来说，所研究的集合本身都是更高概括度集合的成员，而它内部又包含着其他更低概括度的集合。因此，我们可以非常肯定地说，哥伦比亚是“主要的咖啡生产国”，是“咖啡生产国”（超集），是“拥有许多中小型农场的主要咖啡生产国”（子集）。到底是在更一般还是更具体的分析水平上来开展集合成员观察，需要依据研究目标而定。

研究者运用集合成员观察来检验命题，即考察在某个命题为真的集合中，真实世界是否有成员资格。以如下命题为例：“俄罗斯的干涉是 2016 年唐纳德·特朗普赢得美国大选的重要原因”，而我们要看看真实世界是否是该集合的成员。由于证据不足，直到 2020 年时，研究人员还是没有定论。有些人认为，在命题为真和命题为假的集合之间，可能世界是相当均匀地分布的。为了进一步研究，研究者可以使用集合成员观察来对两个集合中的可能世界进行不对称的筛减。举例来讲，在干涉命题为假的集合中，有一些可能世界要求弗拉基米尔·普京没有对大规模干涉美国大选进行亲自授权。如果研究人员此时发现了确凿证据，实际世界的确隶属于“普京确实授权进行大规模干涉”这一集合，那我们可以将上述带有反向假定的可能世界当作非实际世界清除出去。由此可能世界的分布就发生了变化，在“俄罗斯干涉是特朗普胜选的重要原因”这一集合现在所包含的可能世界里，我们就更有可能找到实际世界。

需要强调的是，社会科学证据并不包括关于现实的“刚性事实”（brute facts）。即使是最可信的集合成员观察，也依赖于一个社群中人们对真理的集体理解（参见 Churchland 1988; Fodor 1988; Searle 1995; Smith 2010; Elder-Vass 2012）。那些关于个案研究和小数量研究中命题有效性的学术辩论其实就是关于特定集合成员观察的真实性问题。举例来说，智利殖民晚期到底在多大程度上属于“西班牙美洲殖民地强大的出口经济”的一员，历史学家的看法是不一致的（Barbier 1980: 158–159; Cavieres 1996: 53）。这个问题对于后殖民发展理论非常重要，因为该理论提出，智利在“孤立和边缘殖民领土”中的成员资格对于其随后在“西属美洲中的富裕后殖民国家”中的成员资格来说乃是必要条件（Mahoney 2010）。如果殖民后期的智利并不是“强大出口经济”的成员，那么它从边缘殖民地位获得发展的说法就没法被证伪。

总而言之，集合成员观察是社会科学家用来评估命题和理论的证据和事实。它们是一种信念，其特征是对案例在范畴中具有成员资格持有高度确定性，对研究来说，它们就是对经验现实的正确描述。从本质主义社会科学的角度来看，这些观察仅仅是关于案例的事实。在科学建构主义分析中，它们被视为恰当的社会事实。无论哪种方式，集合成员观察都与学者用来检验命题和理论的证据相一致。

确定性与真理

这里我们补充讨论一下**确定性命题**与**真命题**在科学建构主义中的概念区别。这两个范畴都被视为集合，而特定命题在二者之中都具有成员资格。此外，特定命题可以更接近或更远离这两个范畴的原型。然而在社会科学中，命题无法与**确定性命题**或**真命题**的原型成员相对应。

确定性命题

关于**确定性命题**的含义，不妨先参考伯特兰·罗素的观点："当一个命题具有最高的可信度时，它就是确定性命题，不管这种可信度是内在的还是作为论证的结果。"（Russell 1948: 396; 另见 Popper 1934/1968; Firth 1967; B. Reed 2011）当命题是逻辑的或数学的真理时，它具有内在的可信度。当命题能够为我们唤起一种不受认知和理论影响的、无意识的、不言自明的、固定的现实之时，它也具有内在的可信度（Fodor 1983, 1984; Hudson 1994）。一个社群的成员能够快速、简单地就这些命题是否正确达成一致（参见 Feyerabend 1958: 145）。对内在的确定性命题来说，它所带有的陈述是和其他无数的真命题相连的，其他命题如果是真的，那它也肯定是真的。以"乔治·华盛顿是美国首任总统"这个命题为例，如果它是错误的，那就会有太多我们已知的真命题也被推翻。这一命题之所以是高度可信的，某种程度上就在于许多现有的真理都假设和要求这一信念存在。当验证命题所依据的真理产生过程被视为万无一失的，或是与建立无数其他真命题时所依据的过程相同（比如很多人重复的、直接的视觉观察）时，同样可以建立内在可信性。对个别命题的真理产生过程提出质疑，就相当于在怀疑许许多多我们确信的命题。[①]

如果一个命题不具有内在可信性，分析者就必须证明他们仍然有**充分的理由**来确信其真实性（Russell 1948; Melamed and Lin 2020）。这通常就涉及展示一个人的工作如何遵循着社会科学中现有的程序规范（参见 Hempel 1980; Bourdieu 1991）。研究者如何为自己高度确定的信念提供充足的理由？他们用什么样的系统程序来说明？社会科学方法论就是专门关注于此的。这些程序远远超出了统计显著性检验的应用，后者现在备受诟病（参见 McShane et al. 2019）。这些程序是学者用以收集资料、从中做出推断的基本方法。这些方法最终植根于逻辑，其程序步骤为学者们提供了理由，以使他们相信自己做出了有效发现。当然，社会科学研究之所以存在着不确定性，就是因为方法无法以理想化的方式得到应用，而且方法本身并不足以消除所有的不确定性。

为了便于理解，我们可以将社会科学方法论区分为两大类。“**资料收集方法**”，它涉及查找、收集和报告信息的程序。在社会科学中，资料收集方法包括访谈、领导焦点小组、从事民族志、实验、对报纸进行编码、分析档案材料、使用二手资料等等。社会科学家经常根据资料收集方法来区分资料类型（比如档案资料、民族志资料、调查资料等）。相比之下，“**资料分析方法**”就是由明确的、可复制的程序组成，用于从资料中做出推断。资料分析方法可被视为社会科学家从现有知识中获得新知识时所使用的认识论工具。这些工具既包括定量方法，如实验和回归分析，也包括定性技术，如密

① 如果一个最高级别的内在可信命题被人们发现是错的，那么连锁的信念坍塌就可能发生。这种对信念的破坏有可能威胁到自我的本体论的安全，这种安全就是要在构成经验现实的范畴和规则中寻求稳定性（Giddens 1984, 1991）。对于那些一旦被证伪就会带来破坏后果的“真理”，人类总是倾向于相信它们的。这一点也刚好可以提醒我们，这本书需要社会科学家放弃本质主义信仰。

尔法和定性比较分析（QCA）。

在社会科学中应用资料收集方法和资料分析方法，会不可避免地出现不确定性。[①] 资料收集之所以会带来不确定性，是因为即便是原始资料也是通过社会过程产生的，这些过程塑造了资料的存在、性质和意义。在社会科学中，底层资料并不是那种未经人类思维建构和污染的“原初”事实。资料在本质上是依赖于人类的，这就以各种不同方式将不确定性带入了研究，具体什么方式则取决于具体的资料收集技术。二手材料是具有不确定性的，因为第二手的作者可能会选择有偏见的一手样本，并以不透明的方式将他或她的解释强加于材料（Goldthorpe 1991; Lustick 1996）。同样，我们也不能只看一手资料的表面价值，不能把它当作过去世界的真实再现。一手资料是人类创造的，反映了创作者的信念和创作背景（Presnell 2013）。这些观点也适用于通过访谈、焦点小组和民族志收集的资料（Geertz 1988; Cyr 2019; Kapiszewski, MacLean, and Read 2015）。不确定性之所以存在，是因为研究对象和研究者都是社会现实的报告人，而且这些社会现实都是他们自身参与建构的。研究者将他们自己的世界观和偏见带入资料收集过程，被他们观察或介入的行动者会带来自己的信念体系和理解。不确定性存在于“双重阐释”的两侧：研究对象准确表征社会现实的实际能力所带来的不确定性，以及研究者准确表征研究对象的实际能力所带来的不确定性（Giddens 1984）。不同的研究者未必能得出完全相同的结果，研究对象未必会做出同样的反应，不同的研究者可能会“看到”不同的现实。

---

① 在这本书中，我没有探讨研究者在说服听众时所采用的修辞策略（参见 Collins 1981; Pinch and Bijker 1989; Potter 1996; Knorr Cetina 1999）。这些“制造事实的手段”包括诉诸直接的感官经验、学术和权威的共识、证据来源的可靠性以及常识。

对于资料分析来说，“保真”是一种黄金标准：只要输入的资料是有效的，那么分析得出的结论就是有效的。一个“保真”的口号是：“输入有效的资料，输出正确的结论。”不幸的是，除纯粹的演绎（结论是前提的逻辑要求，Sundholm 2000）之外，社会科学的诸种资料分析模式并不能做到完全保真。相反，它们使用部分概括来得出不确定的结论。即使输入的资料是有效的，社会科学方法的归纳性质也肯定给研究结果引入不确定性。社会科学家不能用社会世界的规律来推断一个事件为什么会跟随另一个事件，也不能解释为什么在某个群体中存在着某种趋势。相反，正如建构主义者强调的那样，人们必须使用社会范畴进行概括，这些范畴相互关联，但这种联系并不具有跨越所有时空的稳定性。从建构主义的观点出发，引入不确定性是因为社会科学的概括所使用的范畴在时间和空间上都是偶然的，它们受范围条件的影响，其边界是无法确定的。

除了对所建构的范畴应用逻辑归纳法所带来的不确定性，社会科学发现的另一种不确定性是同所有的科学发现一样的。自然科学中的客观现实和社会科学中的经验现实为评估相互竞争的理论、模型和范畴提供了依据。然而，一个发现的真理性也依赖于理论、模型和范畴，它们被用以理解客观现实或经验现实的运作。新理论、新模型和新范畴的发现或形成常常可以推翻关于命题有效性的坚固结论（Hudson 1994; Hunt 1994; Sayer 2000）。在科学中，命题在至少一个可能世界里是错误的。科学家永远不能百分之百地肯定实际世界是命题为真的可能世界中的一员（Tich 1978；Oddie 1981,1986）。不确定性的存在是科学研究的宿命。

鉴于这种内在的不确定性，我们应该讨论**高度确定的命题**而非绝对确定的命题（Popper 1934/1968; Sayer 2000; Gadenne 2015）。在科学中寻求的那种真理——无论是自然科学还是社会科学——都只能是高度确定的真理，而不是绝对确定的真理。数学家也许能够证明定理并得出绝对真理（参见 Hacking 2014），但对自然科学和社会科学领域的学者来说，这一点并不成立。

真命题

科学研究是在很高的确定性标准上，使用证据和逻辑来确定一个给定命题是否是**真命题**范畴的成员。在我看来，**真命题**大致等同于**正确命题**（accurate proposition）：一个真命题是对客观或经验现实的正确描述（参见 Weston 1987, 1992）。[①] 在自然科学中，真命题识别出自然类丛，并正确地描述它们的性质、力和关系。在社会科学中，真命题识别并正确地描述属人类丛及其集合成员关系。由于属人类丛依赖于人类心智而存在，因此社会科学家不能把外部现实作为识别真命题的专有基础。相反，对真命题的识别要部分取决于有关范畴意义的共享信念，这种意义植根于人脑中的概念空间。

对于社会科学真理所依赖的共享意义和假设，我们可以用“**真理语境**”（truth-dependent semantic context）一词来概括。这一概念包含着在以下两个方面的共享理解：（1）所研究的主要范畴的意义；（2）这些范畴的意义所依赖的背景认知模型。自然科学有时探求跨越语境的真理，与之不同的是，社会科学探求的是由语境所定位的真理。在社会科学中，真命题的范围是在语境中设定的，命

① 从最一般的意义上讲，本书遵循了真理的符合论。根据符合论，命题是潜在的真理成员，事实是真理的创造者。在自然科学中，事实在总体上描述了客观现实的各个方面。然而在社会科学中，事实是由被建构的范畴所组成的，这些范畴刻画了心智与客观现实之间的互动。在社会科学中，真理在一定程度上要符合共享信念，从本体论上讲，事实依赖于这些共享信念。哲学文献对真理的符合论和其他的替代理论进行了广度和深度都相当大的讨论（参见 Glanzberg 2018a, 2018b）。这一部分的讨论与“逼真性”（verisimilitude）这一概念有很大关系，可以参考Popper（1963, 1976），以及Oddie（1981）和Niiniluoto（1998）所讨论的文献。

题在此语境中具有特定的意义。要成为**真命题**的一员，一个给定命题必须与更大的意义母体保持一致，这个意义母体也不可能被完全澄清。

社会科学真理的语境依赖并不一定带来认识论上的相对主义（Boyd 1990; Sayer 2000; David 2016; 参见 Goodman 1978; Lakoff and Johnson 1980; Putnam 1981; Lakoff 1987）。这种依赖并不意味着命题在一种语境下是真的，换一种语境就是假的。它的真正含义是，命题需要一个特定的语境来获得特定意义，并成为一个特定的命题。在这个语境之外，命题的含义就不一样了，也不再是之前的命题。这里我们需要记住，范畴是意义，它嵌入认知空间中，与自然世界中的实体纠缠在一起。如果一个范畴的意义发生变化，那么这个范畴的**同一性**也会发生变化。同样，如果一个命题的语境发生变化，这个命题就会变成别的命题。命题的语境属于命题的组成部分。因此，所谓一个命题与语境的相对性，是说这个命题位于构成语境的意义和认知模型之中，并以这些意义和认知模型为前提。

在特定的语义情境中，一个命题或者是**真命题**，或者是**假命题**的成员。在实际世界中，一个得到恰当表述的社会科学命题不可能同时是、也不可能同时不是这两类的成员。命题的**意义**取决于语境，但真理在该语境中并不是相对的。真理在认识论上是客观的，关于命题的真假，存在着唯一正确的答案。一个真的命题是对经验或客观现实的描述。一旦所有的相关证据和相关理论都得到充分考量，这种现实就会涌现出来（参见 Popper 1934/1968; Hempel 1965; Boyd 1990）。前面的讨论已经指出，社会科学家永远无法完全确定一个命题的真理性，但这种不确定性并不来源于真理的内在相对性。在来自社会世界的证据的基础上，关于属人类丛的陈述要么是对的，要么是错的。在相互竞争的理论和命题面前，经验现实为真理提供了充分的判据，只不过在确定性上有所差异。

除了**正确命题**之外，**综合命题**（comprehensive proposition）和**精确命题**（precise proposition）这两个范畴也有助于理解一个给定命题与原型真命题的接近程度。一个综合命题包含了所有必要信息，也省略了任何不必要的信息（“全部真理，只有真理”）。一个精确命题则不带有任何模糊性。对于真命题的理想类型（原型真命题）来说，它不仅在正确命题中具有100%的成员资格，在综合命题和精确命题中也具有100%的成员资格。

对于在真命题这个集合中具有完全成员资格（或完全非成员资格）的那些命题来说，它们与范畴理想类型之间的距离是不确定的，可以更近，也可以更远。一个命题在**综合命题**和**精确命题**中的隶属度反映了它与**真命题**原型点的接近程度。举例来讲，“美国有48个到52个州”这个真命题就比“美国有1个到100个州”这个真命题更接近理想类型。前者在**精确命题**这个范畴中具有更高的隶属度。上述道理对于假命题来说也是一样的。比如说，“美国总共有47个州”这一100%的假命题就比“美国总共有23个州”这一100%的假命题更接近于**真命题**这个集合。前一个命题也比后一个命题更接近**正确命题**这个集合。再看看以下两个真命题：（1）美国目前的人口至少是1个，（2）美国目前的人口至少是3.25亿。这两个命题都是正确的，因而都是100%的**真命题**，但后者在**综合命题**中的隶属度更高，因此后者更接近真命题的原型点。

科学家不可能找到与真理的理想类型100%匹配的确定性命题，但这并**不是**客观真理认识论的缺憾。相反，自然类丛构成的客观现实就能带来100%的真命题，我们也能对其进行理性评估（Aronson 1990）。如果世界上不存在客观真理，那么我们就很难理解**真理**和**确定性**的意思（参见 Tarski 1944; Hodges 2018; Gómez-Torrente 2019）。存在一个具有逻辑结构的客观现实，科学才有可能就命题的真实性得出理性结论，对于属人类丛的那些命题，道理也是一样的。

本章介绍了在科学建构主义的路径下进行集合论分析时所涉及的基本概念。这些基本概念是集合、世界、案例、观察、命题、确定性与真理。

集合（它的定义是空间中的有界位置）这一概念是建构主义集合论分析中最基本的范畴。一个集合的成员（或部分成员）可以是其他集合，一个集合也可以是其他集合的成员（或部分成员）。要理解社会世界中的社会范畴，要建立社会科学家在研究中所使用的那些范畴，集合都是基础工具。

在有关分析单位的集合论分析层级中，世界、案例和观察这些范畴被定义为不同位置的集合：世界是案例的子集，而案例又是观察的子集。世界分为可能世界与不可能（想象的）世界，而可能世界是社会科学的焦点。实际世界是一个特殊的可能世界，它是我们居住的世界，也是唯一一个我们可以感知到的世界。社会科学研究的主要分析单位是案例，它可以被简单地理解为世界的时空部分。社会科学家不仅研究实际案例，也研究非实际或反事实的案例。研究者不会把案例整个地放入研究，而是关注对应于观察的案例的特定方面，案例和世界都可以是“观察”的成员。研究者通过**集合成员观察**来确定实际世界的隶属情况，集合成员观察为社会科学分析提供了社会性的事实和证据。

命题是关于观察、案例和世界的真 / 假陈述。社会科学命题的构成既有赖于社会范畴和范畴间关系，也有赖于赋予范畴和关系以特定意义的语境。在社会科学中，**真命题**被定义为对经验现实某个方面的正确陈述。原型真命题则是**正确命题**、**综合命题**和**精确命题**这几个集合的成员。

虽然命题在实际世界中不是真就是假，但研究者永远无法 100% 确定一个命题是真还是假。这种不确定性来自所有科学方法固有的局限性，以及特定社会科学方法的特定局限性。不过，本书将表明，当社会科学家使用集合成员观察来践行集合论的方法论时，他们能够对命题的真假得出高度确定的结论。

第二部分

方法论工具

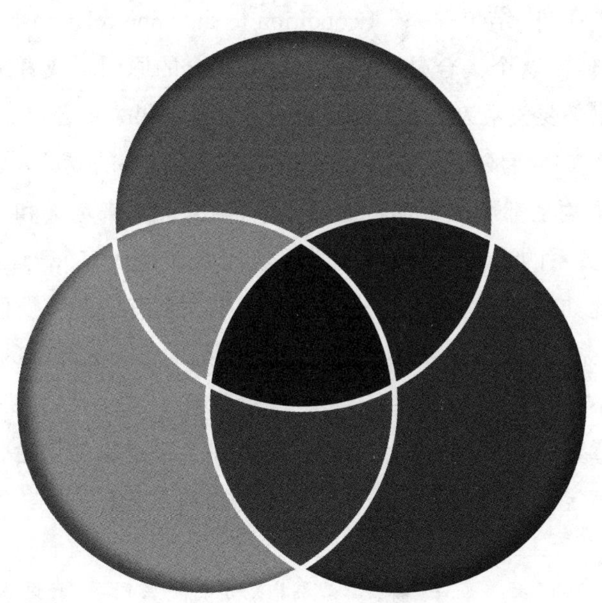

第三章 集合论方法论

在集合论分析中，研究者研究集合之间而非变量之间的关系。在**研究集合关系**时，研究者不会去琢磨某种属性在多大程度上与另一种属性相关。相反，他们关心的问题是，一个集合在多大程度上是另一个集合的成员。**集合成员关系**是集合论方法论的核心。

本章将讨论5种集合成员关系：必要关系、充分关系、充要关系、INUS关系和SUIN关系。① 为了描述这些不同类型的关系，我使用了“条件–结果关系”（condition to outcome relationship）的讲法。“**条件**”这个集合是“**结果**”这个集合的原因，或者是构成性因素。以必要关系为例，条件（集合X）是结果（集合Y）的超集。如果一个实体要成为Y的成员，那么它必须是X的成员。以上5种集合成员关系都可以根据特定的条件–结果关系来定义和说明。条件–结果关系的语言既包括构成关系（比如X构成Y），也包括因果关系（比如X导致Y）。构成关系和因果关系有一个重要区别，即时间顺序。在构成关系中，X和Y是同延的（coterminous），而在因果关系中，X先于Y发生。

本章介绍的工具旨在为下述问题提供合乎逻辑的结论，即在解释一个特定结果时，各个条件的相对重要性是怎样的。② 其指导原

---

① 我所说的“必要条件”都是“必要非充分条件”，同样，我说的“充分条件”也都是“充分非必要条件”。

② 我把“解释”定义为识别出范畴之间的依赖关系［参见Kim（接下页）

则很简单：条件 X 对于解释结果 Y 有多重要，取决于集合 X 的成员资格在多大程度上是集合 Y 的成员资格的充要条件。举例来说，如果我们发现给定结果存在着两个必要条件，[①] 我们就可以考察哪一个更接近充分条件，以此来评估二者的相对重要性。任何单个条件的重要性都可以通过这种方法来考察。

集合成员关系一方面可以处理范畴，一方面能用于研究因果关系。在处理范畴时，集合论框架提供了一套定义术语的工具。反过来，良好的定义是推进对范畴意义的集体理解的一种方式，对于那些已经有许多相似框架和背景假定的人来说，尤为如此。本章将讨论两种模式的范畴定义：经典模式（classic mode）和家族相似模式（family resemblance mode）。在**经典模式**下，每一个条件的成员资格对于结果的成员资格来说都是必要的，而所有条件的成员资格都满足时，对于结果的成员资格就是充分的。在**家族相似模式**下，个别条件（或个别组合条件）的成员资格对结果的成员资格来说是必要非充分的，在至少两个独立条件或独立的条件组合中的成员资格，对于结果的成员资格是充分的。

在因果分析方面，本章的重点是**个例因果关系**（token causality），它关注在具体案例中产生特定结果的原因。我们讨论了三种个例因果关系的模型：因果力模型（causal power model）、反事实模型（counterfactual model）和规则模型（regularity model）。尽管这几个模型的主要应用领域各不相同，但它们都为科学分析提供了一套有用工具。具体而言，因果力模型最适合于分析自然类丛，反事实模

（接上页）1974; Kitcher 1989］。在构成性和因果性分析中，我都会使用“解释”这个词（参见Wendt 1998; I. Reed 2011）。在构成性解释中，范畴在时间上是不分离的；在因果解释中，范畴在时间上是分离的。就我所知，有些社会科学家认为只有因果分析才称得上是“解释”。

① 在本书中我是这么表述的：“X对Y来说是必要的。”更准确的表述是“X的成员资格对Y的成员资格来说是必要的”。

型最适合于分析偏自然类丛，而规则模型则最适于分析属人类丛。由于本书关注的是属人类丛的研究，因此规则模型是我们关注的焦点。本章讨论了个例因果关系的规则模型所关联的那些原因类型，并提出了对因果关系的包容性理解，把因果分析的重点放在了将重要原因从次要原因中区分出来这一工作上。

集合成员关系的类型

集合论方法论关注（一个或多个）条件和结果之间的成员隶属关系。本节将讨论 5 种关系，借助这些关系，我们可以进行范畴定义和因果分析。

必要条件

当一个实体必须是条件的成员时才有可能成为结果的成员，这时条件就是结果的必要条件。必要关系可以是纯粹定义性的和重言式的（tautological）。比方说，如果一个实体要成为“方块”这个结果的成员，它就必须是“形状”这个条件的成员。或者，作为必要条件的成员资格可以在时间上靠前，成为结果的原因。比方说，就美国而言，在“唐纳德·特朗普当选总统”这个集合中的成员资格，就是后续集合“举行反对特朗普总统的抗议活动”的必要条件。

在社会科学中有许多定义必要条件的技术，比如我们可以用亚里士多德的二值逻辑、概率论和微积分来定义必要条件（Goertz 2003a）。我们也可以在统计学框架下定义，比如潜在结果框架（potential outcomes framework，参见 Seawright 2015）。在本书的分析路径下，我对必要非充分条件进行了集合论的定义：

> 如果 X 是 Y 的真超集（proper superset），则 X 是结果 Y 的一个必要条件（但不是充分条件）。

如图 3.1 所示，作为集合 Y 成员的任何案例也必须是集合 X 的成员。然而，是 X 中的成员并不能确保在 Y 中也是成员。因此，X 是 Y 的必要条件，但不是充分条件。

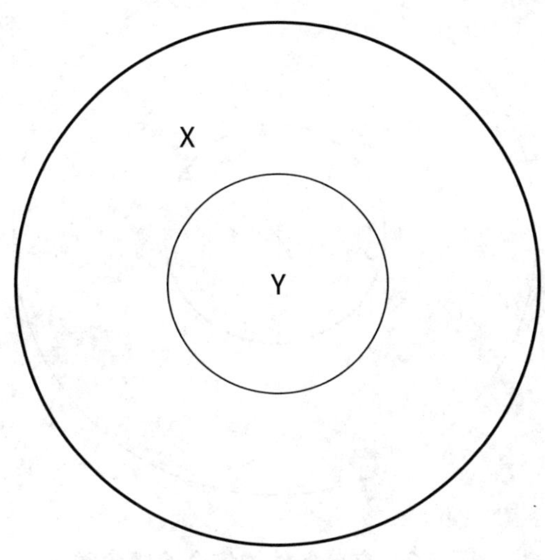

图 3.1　必要条件的集合论概念图

充分条件

对结果的成员资格来说，条件的成员资格也可能是充分非必要的。在这种情况下，在条件 X 中具有成员资格就意味着必须在结果 Y 中也具有成员资格，而 Y 的成员未必一定是 X 的成员。从集合论的角度来说，一个充分非必要条件可以定义如下：

> 如果X是Y的真子集，则X是结果Y的一个充分条件（但不是必要条件）。

图3.2是一个充分关系图。集合X的任何成员也必须是集合Y的成员。然而，Y的成员未必在X中。

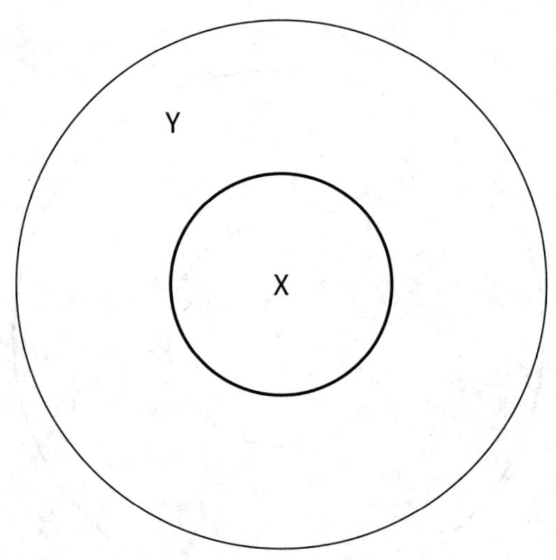

图3.2　充分条件的集合论概念图

充要条件

如果一个案例必须具有条件中的成员资格才能成为结果的成员，并且具有条件中的成员资格就能确保其具有结果的成员资格，那么这个条件就是结果的充要条件。以下是集合论术语的定义：

> 如果X是Y的一个相等集，则X是结果Y的一个充要条件。

如图 3.3 所示，这时集合关系是完全重叠的（X 和 Y 是彼此的超集和子集，但不是真超集和真子集）。一个集合的成员必须是，也自动成为另一个集合的成员。对于一个案例来讲，在一个集合中的成员资格或非成员资格可以完美预测另一个集合中的成员资格或非成员资格。

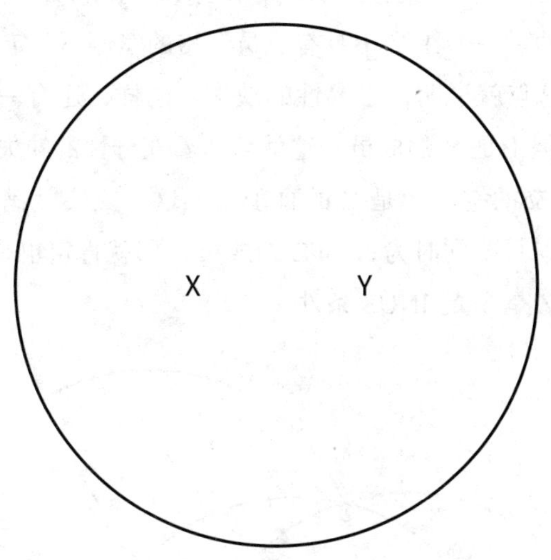

图 3.3　充要条件的集合论概念图

INUS 条件

同时具有多个条件的成员资格，这种组合也可以是结果的充分条件。单个条件既不是必要的，也不是充分的，但它们是条件组合的一部分，这个组合对结果来说是充分的。**充分性组合**中的单个条件就是 INUS 条件，这是哲学家约翰・莱斯利・麦基（J. L. Mackie）创造的一个缩略语，指的是“**充分非必要**条件中的**必要非充分**部分”（Mackie 1965: 246; 另见 Mackie 1980; Ragin 1987; Wright 1985,

2011）。在集合论的术语中，INUS 条件可以定义如下：

> 如果由 X 和一个或多个其他条件组合成的交集是 Y 的真子集，那么 X 就是结果 Y 的 INUS 条件。

图 3.4 给出了一个集合图示。对 Y 来说，X 和 Z 都不是必要的，也不是充分的。一个在 Y 中具有成员资格的案例不一定需要是 X 或 Z 的成员，这点就说明了必要性的缺失。同样，还有一些案例是 X 或 Z 的成员但不是 Y 的成员，这就意味着充分性的缺失。然而，集合 X 和 Z **相交**的空间却是 Y 的真子集。这一交集就满足集合论的充分性标准，只要同时为 X **和** Z 的成员，那就肯定也是 Y 的成员。因此，X 和 Z 是 Y 的 INUS 条件。

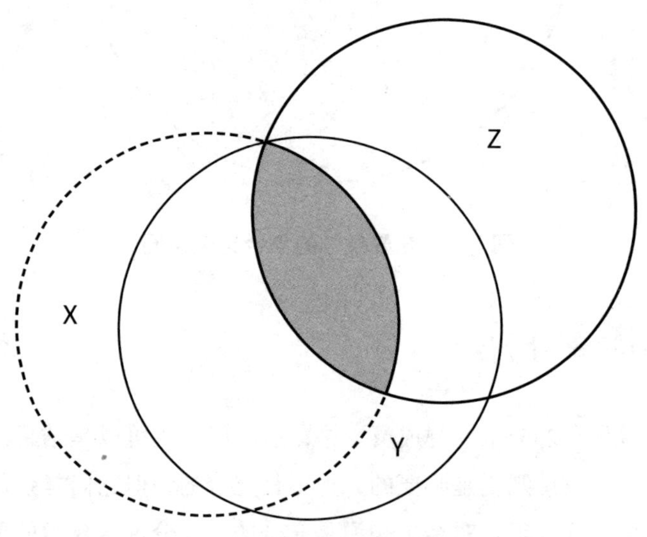

图 3.4　INUS 条件的集合论概念图

SUIN 条件

我们所要介绍的最后一种条件是 SUIN 条件，它意味着研究者把必要条件的构成要素视为单个条件来处理，即**必要非充分**条件的**充分非必要**部分（Mahoney, Kimball and Koivu 2009）。在 SUIN 条件中，对于必要条件来说，它的构成要素是充分的（但不是必要的）。在集合论术语中，SUIN 条件可以定义如下：

> 如果 Y 是 X 与一个或多个其他条件组合成的并集的真子集，则 X 是结果 Y 的 SUIN 条件。

图 3.5 给出了 SUIN 条件的集合图。在这个图中，对于 Y 来讲，X 和 Z 都不是必要的，也不是充分的。然而，这些条件组合而成的并集就是 Y 的超集。因为这个上层条件的成员资格是 Y 的成员资格所必需的，所以 X 和 Z 是 Y 的 SUIN 条件。

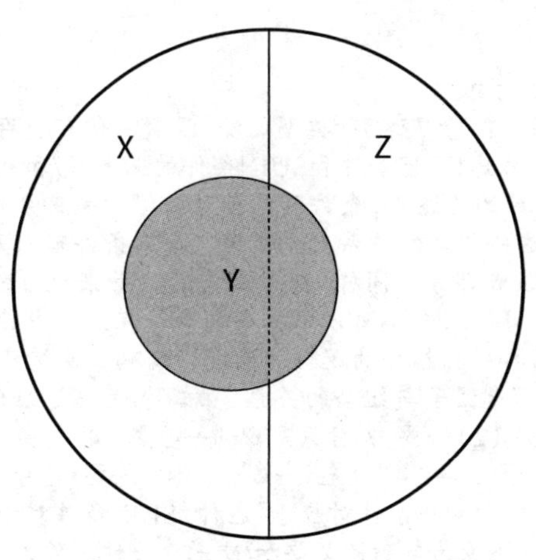

图 3.5　SUIN 条件的集合论概念图

总之，集合论分析使用了 5 种集合成员关系：必要、充分、充要、INUS 和 SUIN。[①] 这些关系为我们提供了信息，帮助我们确定以什么样的模式来定义范畴、以什么样的方法来识别原因。

范畴定义模式

社会科学的一个核心使命是要为社会范畴提供定义，从而帮助人们对范畴意义获得集体理解。这些范畴是依赖于心智的实体，研究者不能通过它们的自然本质、客观属性或内在的因果力来给出有效定义。他们无法从物理上识别出构成范畴的因果条件。相反，社会科学家必须采用一种语义学的方法，专注于范畴的给定意义。因此对范畴的分析就涉及对意义的澄清，其目标是增强社群内部的理解和交流。

对有关范畴给予正式定义，这是用集合论来进行意义澄清的一种办法，但它只能部分地实现澄清。其他的澄清办法还包括对范畴给出实例，用范畴来造句，讨论范畴所属相关术语的领域，以及找

---

① 在集合论框架内，除了这5种类型之外，没有其他可能存在的集合成员关系，除非再去考虑INUS条件和SUIN条件的必要或/和充分条件。在麦基（Mackie 1980）的论述中，条件的组合是根据结果来分析的，个别条件是根据它们与这些组合的关系来分析的。个别条件可以是组合的必要、充分或充要的组成部分。同样，组合本身对结果来说可能是必要的、充分的或充要的。因此，我们可以根据个别条件在组合中的逻辑位置对其进行编码，然后再根据组合的逻辑位置进行编码。这就产生了9种关系，其中第一个代码是因子与组合的关系，第二个代码是组合与结果的关系：（1）必要–必要，（2）必要–充分，（3）必要–充要，（4）充分–必要，（5）充分–充分，（6）充分–充要，（7）充要–必要，（8）充要–充分，（9）充要–充要。在这9种关系中，INUS条件对应于第2种，SUIN条件对应于第4种。其他7种关系则可以还原为单独的必要和/或充分条件。作为必要条件来说，第1种、第3种、第7种在逻辑上是一样的；作为充分条件来说，第5种、第6种、第8种在逻辑上是一样的。第9种在逻辑上则等同于充要条件。

出使范畴具有意义所需的认知模型和背景假定。就属人类丛而言，所有这些办法都有助于促进对范畴意义的主体间理解。

集合论研究者通过识别子集、超集的同延条件来定义范畴。在确定所研究范畴的成员资格边界时，以上条件是构成性集合（constitutive sets）。构成性集合本身也由其他的构成性集合来定义，以此类推。这种定义澄清过程永远也不会触及独立于心智的属性。相反，就像字典一样，这个过程在一个无穷无尽的过程中持续，或许最终实现一种循环。

在这里，我讨论了范畴定义的两种模式：（1）经典模式，它基于单个的必要条件和组合的充分条件；（2）家族相似模式，它基于INUS 条件（Goertz 2006b, 2020; 参见 Wittgenstein 1953/2001）。这两种模式都规定了获得范畴成员资格的精确标准，但这两种模式都并非要捕捉人类范畴所涉及的实际认知过程。同样地，虽然这两种模式可以帮助澄清范畴的意义，但它们并不能全方位地呈现一个范畴的所有意义。举例、类比和测试句等其他工具都可以对模式进行补充，帮助进一步澄清范畴的意义。

经典模式

经典模式通过单个必要条件和组合充分条件来构建范畴（Sartori 1970）。举例来说，可以通过三个条件来定义民主国家政体：自由选举、普选权和广泛的公民权利（国家是这些集合中的案例）。在经典模式下，这些条件是必要的，如果一个案例缺失其中任何一个的成员资格，那么这个案例就不能成为“民主国家政体”的成员。这几个定义条件又是组合充分的，即如果一个案例是所有这些条件的成员，那么该案例肯定就属于“民主国家政体”。如图3.6 所示，“民主国家政体”位于三个定义条件的交叉点。在将定义条件聚合起来时，经典模式仅使用逻辑“与”（而不是逻辑“或”）。

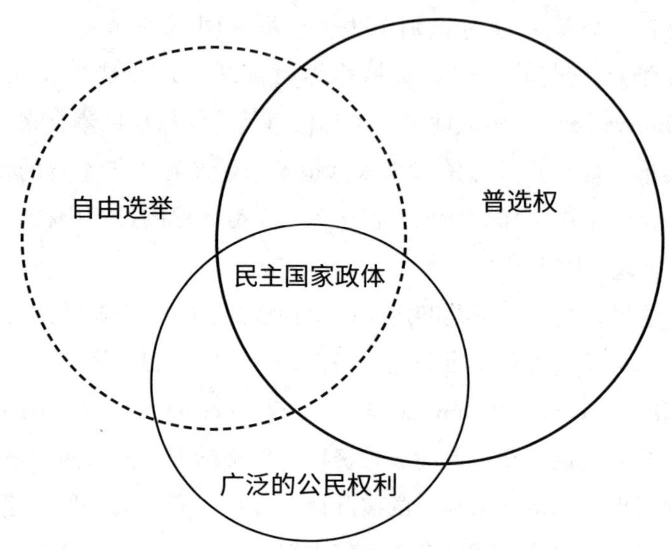

图 3.6　经典模式下的范畴定义

采用经典模式的研究者致力于寻找重要的必要条件，以此进行定义。重要的必要条件不同于普通的必要条件，案例在后者中基本都会有成员资格，而前者才有助于研究者对范畴的成员和非成员进行区分。在图 3.6 中，“广泛的公民权利”是最重要的必要条件。之所以这么讲，是因为这个条件是图中最小的超集，因此也就最接近于单独充分。在上述三个必要条件中，在识别缺乏民主国家政体成员资格的情况时，“广泛的公民权利”做得最好。相比之下，最不重要的界定条件是普选权，因为这一条件在区分民主国家政体的成员和非成员时起的作用最小。

用维恩图可以很好地展示在必要条件的组合中的成员资格是什么样子的。在维恩图中，圆的大小与集合中案例的数量无关。相反，维恩图包含有单个集合和所有可能的集合组合，它们是可以给出各自案例数量的。图 3.7 的维恩图就展示了 1981 年至 2000 年 5 个中美洲国家的民主状况（N=100，总共 100 个“国家–年”的案例）。在 100 个案例中，有 48 个符合所有三个定义条件。这 48 个中美洲的国家–年就在“民主国家政体”中拥有成员资格（Bowman，Lehoucq，and Mahoney 2005）。作为界定要素，三个定义条件的重要程度各不相同。具体来讲，对于获得成员资格来说，自由选举是最困难的条件，因此是最重要的必要因素。在 100 个国家–年中，只有 59 个国家–年是“自由选举”的成员，而普选权和广泛的公民权利则分别有 84 个国家–年和 81 个国家–年。当案例是自由选举的成员时，它在 81% 的情况下也是民主国家政体的成员。相比之下，民主国家政体的成员资格分别在 57% 和 59% 的情况下与普选权和广泛的公民权利的成员资格重合。

维恩图也有助于说明民主的弱子类型（diminished subtyps）问题（Collier and Levitsky 1997）。所谓民主的弱子类型，指的是在一个具体定义条件中不满足民主的要求，因此够不上民主范畴的正式成员。为了给这些案例归类，学者们通常在民主前面加一个形容词，以此强调案例所缺乏的条件。在图 3.7 中，11 个国家–年接近“民主国家政体”，但它们缺乏“广泛的公民权利”。这 11 个国家–年就可称为“有限民主”。

弱子类型的案例在一个或多个反面定义条件中具有成员资格。比如，上述有限民主的成员就满足三个必要且组合充分的条件：自由选举、普选权和不广泛的公民权利。根据案例在“广泛的公民权利”与其反面“不广泛的公民权利”中的成员分布，有限民主很有可能比民主更常见（尽管中美洲并非如此）。弱子类型具有与原始范畴相同数量的定义条件，但它的成员数有可能较少、较多或一样（Collier and Levitsky 1997）。

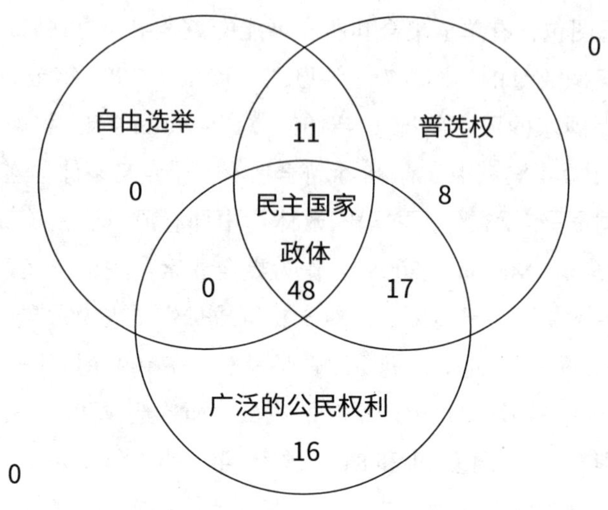

图 3.7　民主定义条件的维恩图：中美洲，1981—2000

家族相似模式

在纯粹的家族相似模式中，任何单个条件中的成员资格都不是结果的必要条件（Barrenechea and Castillo 2019; 参见 Collier and Mahon 1993; Goerta 2006b）。相反，在各种单个条件以及条件组合中的成员资格乃是范畴成员资格的充分条件。每个单独的定义条件要么是一个充分条件，要么是一个 INUS 条件，即属于某个充分的组合条件。INUS 条件既不是单独的必要条件，也不是单独的充分条件，它们结合成一个充分非必要的条件组合。也就是说，在家族相似模式下，逻辑"或"被用以识别不同的充分条件和 / 或充分条件组合。

举例来讲，假设某学者定义了一个范畴，要求成员符合 4 个定义条件中的任何 3 个。如果这些条件是 A、B、C 和 D，那么则有 5 种不同的方式可以获得该范畴的成员资格：ABC ～ D、AB ～ CD、A ～ BCD、～ ABCD 和 ABCD。图 3.8 以希克斯对于"早期福利国家”的定义集合图形象地说明了这种情形（Hicks 1999）。希克斯指出，要想成为“早期福利国家”的成员，一个国家必须具备主要社会福利计划（医疗保险、工伤保险、失业保险和养老保险）中 4 个 INUS 条件里的至少 3 个。没有哪个单独的项目是必要的，而是存在 5 种不同的组合，每种组合都是范畴的充分条件。

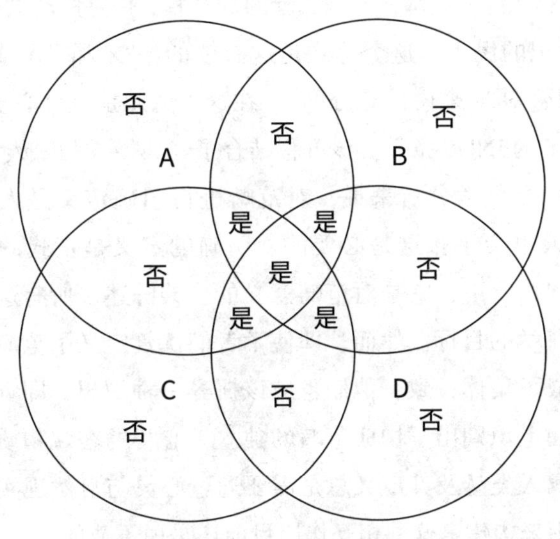

图 3.8 家族相似模式下的范畴定义

注：“是”即为早期福利国家，A 是医疗保险，B 是工伤保险，C 是失业保险，D 是养老保险。

资料来源：希克斯（Hicks 1999）。

在家族相似模型的混合版本中，研究者会将一个或多个必要条件与两个以上的 INUS 条件并置（Barrenechea and Castillo 2019）。在这种混合模式中，目标范畴会与若干但非全部定义条件共享成员资格。例如，人们可以将“19 世纪的民主”定义为有“自由选举”以及在“广泛的选举权”和“广泛的公民权利”中有其一。这个定义可见下面的等式：

$$X \& (A \vee B) \rightarrow Y$$

方程 3.1

其中 X 是自由选举，A 是广泛的选举权，B 是广泛的公民权利，Y 是 19 世纪的民主。这个等式是这么读的："X 和 'A 或 B（或两者）' 的组合对 Y 来说是充分的。" 在这里，X 是一个必要条件，A 和 B 都是 Y 的 INUS 条件。该方程结合了经典模式和家族相似模式。

对于社会科学分析来说，对范畴进行明确定义是人们所追求的，有些人也会主张这是必要的。明确的定义是正式的、可复制的，在理想情况下，它是对范畴意义的公共陈述，所有这些都很好地服务于科学的目标。然而，即使学者们认真定义了范畴并就它们的意义达成了集体一致，他们也应该摒弃一种幻想，即觉得他们的定义从字面上识别出了构成范畴的独立于心智的客观物质。在社会科学中，属人类丛及其定义总是需要通过心灵与自然现实之间的一种相互作用来构建，这种相互作用目前还是说不清的。

对因果性的一点说明

因果性（或**因果关系**）这个范畴并不具备唯一正确的自然定义。因果性并不是一个单一的、铁板一块的概念，基于不同的目的可以有不同的定义（Cartwright 2004; 另见 Anscombe 1971; Godfrey-Smith 2009）。出于同样的原因，任何单一定义似乎都不可能完全适用于所有人类目的（Glymour et al. 2010; 另见 Skyrms 1984）。现有关于因果性的定义和模型全都存在着反例和局限性。因此，在定义因果性和采纳因果关系模型时，需要从实用主义的角度来考量。

这种对于因果性的实用主义理解是与我们所知的发展心理学和认知科学的工作保持一致的（Lakoff and Johnson 1980; Leslie and Keeble 1987; Talmy 1988; Zettergren 2002; Sloman 2005; Pinker 2007; Wolff and Wolff 2007; Danks 2009）。这些研究发现，因果信念根植于人类认知中，深刻影响着决策、解释、预测以及概念、反事实和道德推理。因果观念是在生命的第一年作为知觉的一部分发展起来的，它不是从知觉出发做出的推论。从认知的角度来讲，因果概念是作为原始力动态（force dynamics）的一个子集发展起来的，它关注实体与力如何相互作用。在行动体施加力量改变受体的运动时，婴儿、儿童和成人都会觉察到因果。根据行动体和受体的静止或运动倾向，行动体有可能（1）触发或加强运动，（2）停止或放缓运动，（3）允许或阻止运动。在因果性的原型中，行动体是一个有意识的人，他利用自己的身体去改变或移动物体或人。这种对因果性的原型理解对于思想和语言来说非常基础，以至于人们只在遇到不符合原型的时候才倾向于保留"原因"这个词。比如当我们拿起一个盒子或剪一张纸时，我们通常就不会用明确的因果术语来描述这个事件（如"她使盒子上升"或"他导致纸分开"）。

在成年后，人们接受了"**原因**"这个词的几种不同含义，并以语言学上模棱两可的方式来使用这个概念（Kelley 1973; Wolff 2007）。我们将因果性与相关性联系起来，但在将因果性附加给某种关系时，我们还希望对其中的机制有所了解（Ahn et al.1995）。因果推断和因果知觉大致是不同的认知过程，它们调动的是大脑的不同部分。我们容易高估自己进行因果推断的能力，也容易高估自己对因果机制的理解（Rozenblit and Keil 2002; Tetlock 2005）。哲学、统计学和社会科学对因果关系的正式定义都抓住了我们日常因果理解的某些方面，但也忽视了其他方面。没有任何一个正式定义能完全涵盖人类心智对因果性的把握和据此做出的推断。同时，人们又很难舍弃因果关系这种想法（参见 Russell 1913: 1）。因果关系根植于我们的语言和思维中，除非彻底改造人类的感知和推理方式，否则它是无法被移除的。

本书提出的集合论方法关注的是个例（或实际）因果关系。就个例因果来讲，人们旨在探寻，在现实世界中，一个特定事件是否是一个特定结果的原因。例如，人们会问“法国大革命的主要原因是什么？”以及“启蒙运动是法国大革命的一个重要原因吗？”。与之相比，类型因果（type causality）探寻的是一般化结果的原因，比如“社会革命的主要原因是什么？”或“信念转变是社会革命的原因吗？”。[①] 目前学术界有几种发展个例因果理论的努力方向，集合论方法正是其中之一。[②] 集合论方法主张个例因果在本体论上先于类型因果；也就是说，类型因果依赖于个例因果，但反过来则不成立（参见 Anscombe 1971; Tooley 1987; Cartwright 1989; Lewis 1986b; Carroll 1991）。集合论对因果关系的定义接近于一种还原论，即一种不依赖因果语言的定义（见 Carroll 2009）。然而，由于这个定义要求原因在时间上先于后果，一些人可能会认为，它还是没有摆脱因果术语（Tooley 2003: 398）。但无论如何，集合论的定义非

---

① 尽管本书关注的是个例因果，但这里提出的因果关系定义既可用于对个例因果（也称为单案例或实际因果）的分析，也可用于对类型因果（也称为一般化案例或属性层次因果）的分析。

② 这些研究中的大多数以对因果关系的反事实理解为出发点（如Lewis 1973; Woodward 2003; Halpern and Pearl 2005; Halpern and Hitchcock 2010; Halpern 2016）。鲍姆加特纳（Baumgartner 2013）的研究是一本从规则角度研究个例因果关系的重要著作。在社会科学中，定性比较分析（QCA）通常与类型因果（参见例如Ragin 1987, 2000, 2008）联系在一起，但它也可以与个例因果构成联系（参见Beach and Rohlfing forthcoming; Rihoux and Ragin 2009; Rohlfing 2012; forthcoming; Schneider and Wagemann 2012, Schneider and Rohlfing 2013）。其他关于个例因果的当代研究还包括McDermott（2002）、Menzies（2004）、Glymour and Wimberly（2007）、Wright（2011）和Paul and Hall（2013）。

常简约，它解决了与因果性相关的大多数标准问题（比如伪关系和抢先问题），在其他分析属人类丛的方法面前，它也具备比较优势。

因果关系的三种模型

在哲学中，有三种互相竞争的一般因果关系模型：因果力模型、反事实模型和规则模型（Beebee, Hitchcock, and Menzies 2009: pts. 2, 3）。在我看来，尽管这三种模型的主要应用领域不同，但它们都是有用的。因果力模型为描述自然类丛的运作提供了工具，反事实模型为研究偏自然类丛提供了工具，而规则模型则为理解属人类丛之间的关系提供了工具。因此，不同的科学领域需要不同的因果关系模型。关于下文对这些因果关系模型的讨论，可参考表 3.1。

表 3.1　三种因果关系模型

	个例因果的概略定义	本体论假定	应用领域	10个重要文献
因果力模型	以下条件成立时，实体X是实体Y的原因：（1）X和Y按照它们的本性所要求的行为行事；（2）X与Y在时空中相交；（3）X将一个非零的守恒量传递给Y。	（1）实体具有自己的守恒量、内在力、趋势和倾向。（2）实体的操作和相互作用产生可观察的效应，包括规律。	（1）可以分离出自然类丛的领域。（2）自然类丛可以留下可观察痕迹的领域。	Locke（1690/1980） Hume（1777/1975） Russell（1913） Bhaskar（1975） Harré and Madden（1975） Tooley（1987） Cartwright（1989） Salmon（1998） Mumford（1998） Dowe（2000）

续 表

	个例因果的概略定义	本体论假定	应用领域	10个重要文献
反事实模型	以下条件成立时，变量X是变量Y的原因：（1）$X=x_1$和$Y=y_1$是这些变量的实际值；（2）x_2和y_2是这些变量的其他可能值；（3）通过一个理想的干预，X的值由x_1变为x_2；（4）Y的值从y_1变成了y_2。	（1）变量是指世界中的属性，变量值则是指案例是否或在多大程度上拥有这个属性。（2）理想的干预是只改变X的值而不改变其他有因果关系的变量。	（1）领域需符合的条件：所分析的变量在一定程度上映射自然属性，也标示着客观的相似性和差异性。（2）领域需符合的条件：允许实验和自然发生的干预，这种干预接近于理想干预。	Hume（1777/1975） Campbell and Stanley（1963） Suppes（1970） Lewis（1973） Rubin（1974） Holland（1986） Sprites, Glymour, and Scheines（1993） Pearl（2000） Woodward（2003） Morgan and Winship（2007）
规则模型	以下条件成立时，范畴X是范畴Y的原因：（1）X在时间上先于Y；（2）X与Y有直接或间接的时空联系；（3）X是与Y恒随的最小解集（solution set）的一部分。	（1）范畴是依赖于心智的属人类丛。（2）最小解集不包含冗余。	（1）领域条件：范畴是心智依赖的实体。（2）领域条件：对于范畴意义存在着集体共识。	Hume（1777/1975） Mill（1861/1998） Hempel（1942） Hart and Honoré（1959） Mackie（1965） Armstrong（1983） Wright（1985） Ragin（1987） Psillos（2002） Baumgartner（2013）

因果力模型

因果力模型把因果关系视为世界中存在着的一种力，这种力长久存在，一直发挥着作用，因果关系并不是时空中的离散事件之间的关系（参见 Russell 1913, 1948）。在**保守解释**中，因果关系涉及属性从一个自然实体到另一个自然实体的转移。在一种特别的解释版本看来，因果关系就是物理学家所讲的能量或动量的转移（Fair 1979）；其他版本则会更普遍地去关注一切量在世界线（world-lines）上对守恒律的遵守（Salmon 1998; Dowe 2000, 2009）。**因果倾向版本**则提醒要注意不可观测的生成实体的作用，这些实体必然会在可观测事件之间产生关系（Bhaskar 1975; Harré and Madden 1975; McMullin 1984; Ellis 2001; Mumford 2009; Mumford and Anjum 2011）。在倾向模型中，可观察到的模式和规律之所以存在，是因为自然类丛具有真正的因果力，并按照其本性运作。举一个例子，布朗运动可以依据分子这种微观实体来解释，当分子悬浮在液体中时，它们的倾向是彼此碰撞，从而在漂浮在水面上的花粉粒之间引发可观察到的运动。再举一个例子，两个有质量物体之间的引力可以用时空曲率来解释，时空是一个类似场的实体，其倾向就是按照符合爱因斯坦场方程的模式扭曲。

因果力模型描述了自然界中那些独立于心智的实体的基本属性（Ellis 2001; 不过也可见 Mumford 2009: 268–269）。这些属性使自然类丛拥有内在的因果力，从而让世界也获得了活力。对于研究客观现实的科学研究者来说，他们的任务就是通过识别自然类丛和它们的倾向来发现上述因果力。

相比之下，属人类丛并不具有任何内在的因果力。在社会科学中，任何试图发现属人类丛的内在趋势、倾向或心智独立表征的做法都是不可能成功的（参见 Bhaskar 1979/1998; Collier 1994; Sayer

2000; Smith 2010; Elder-Vass 2012）。因此，尽管人们对机制给出了越来越多的定义，追踪过程的复杂方法也在不断发展，但即使是最有才华的社会科学家也没有找到具备本质因果力的属人类丛。为了研究属人类丛范畴之间联系的意义，他们可能会去研究干预性事件和高阶过程（Elster 1998; Hedström and Swedberg 1998; McAdam, Tarrow, and Tilly 2001; Mayntz 2004; Falleti and Lynch 2009; Glennan 2009; Little 2009）。为了得出可以检验的经验命题，他们可能会调用一般性理论来预设不可观察的实体（Jasso 1988；Dessler 1991；Mahoney 2004）。他们会采用过程追踪方法来识别和检验属人类丛之间的关系命题（George and Bennett 2005; Hall 2006; Bennett 2008; Collier 2011; Waldner 2012; Beach and Pedersen 2013）。然而，那些物理量守恒、不变机制的运作，或具有因果力和倾向的心智无关实体之间的相互作用等之类的过程，都不是社会科学家所要关心的。

反事实模型

因果关系的反事实模型旨在研究变量之间的概率关系，这些变量代表着分析单位的特定属性。在这个路径的方法论中，一个完美设计的实验就是评估因果关系的黄金标准。如何让非实验环境趋近于实验的黄金标准，消除混杂变量等各种因素对结论有效性的威胁，就成为这一传统中的统计工作的关注重心。

在反事实框架的现代版本中，研究者通过估计自变量对因变量的平均处理效果（average treatment effect，ATE）来理解因果推断（如 Rubin 1974; Holland 1986; Morgan and Winship 2015; 参见 Pearl 2009）。从基本形式来讲，研究者将实验刺激（X=1）和实验控制（X=0）随机分配给大量的分析单位，然后比较因变量（Y）的差异，以此估算 ATE。其核心模型是：

$$ATE = \bar{Y}_{(X=1)} - \bar{Y}_{(X=0)}$$

方程 3.2

上述方程是这么表述的："平均处理效应等于 Y 在 X=1 时的平均值减去 Y 在 X=0 时的平均值。"在这个模型中不包含控制变量，因为大量的分析单位被随机分配给了自变量的取值，就如同在实验中一样。如果要使用观测资料，X 的值就不是随机分配的，也就需要在方程 3.2 的基础上引入许多复杂机制以进行处理。不过，对因果关系的基本理解还是一样的。

在个例因果关系中，方程 3.2 中的模型适用于单个变量。该模型认为，假如 X 的变化是理想干预，那么只要 X 的变化带来 Y 的变化，我们就可以认为 X 和 Y 之间存在因果关系。所谓**理想干预**，指的是当变量 X 变化时，没有影响到任何一个与 X 存在因果关系的其他变量。在理想的干预下，Y 改变的唯一途径是通过 X 的改变（Menzies 2009: 356–360）。该方法的核心思想是，具体的个例原因就是**差异制造者**：在其他条件不变的理想情况下，对变量 X 进行反事实的删除或更改都会改变变量 Y 的值。

在这个反事实的框架下，变量对应于分析单位的属性。该框架假设变量之间存在因果关系，至于调查者怎么看待这些变量是无所谓的；不管调查者有没有发现变量之间的因果关系，它都存在于社会世界中。因此，分析结果在原则上应该是可重复的，并可以由其他不同的研究人员在后续工作中进行经验验证。通过反事实模型得到的结果在**认识论上是客观的**，因为研究中的实体和因果关系在**本体论上是客观的**。

使用反事实框架的社会科学研究者可能会承认变量和分析单位是社会建构的实体。然而在他们看来，对于有效的因果推断来说，这种社会建构并不构成不可逾越的障碍。那些由建构性质所带来的问题完全可以被人们对变量和单位的意义、定义和测量的集体理解所克服。因此，尽管民主和发展等概念可以有不同的含义，也可以用不同的方式进行测量，但研究人员仍然可以客观地评估其因果效应。前提是他们同意，出于研究的目的，以透明和可重复的特定方式来界定和测量这些概念。根据这一观点，即便概念是社会建构的，只要通过精心设计的研究，使用反事实框架的研究者也可以就因果效应得出有效发现。

然而本书的立场有所不同。如果变量或分析单位是属人类丛，那么采纳反事实因果理论的研究者就不可能得出关于因果效应的可靠结论。这时问题不在于研究者对变量的定义和测量缺乏主体间的共识，也不是研究者自身的失误和问题。相反，问题的关键在于，反事实的因果模型假定并要求变量和分析单位与自然世界的实体之间存在着一一对应。然而，当变量和分析是属人类丛时，这个假定永远都不成立（参见第一章中对自然类丛与属人类丛的讨论）。

对于研究属人类丛的社会科学家来说，对属人类丛指向的那些异质的自然物质和属性进行有效的模拟和表征，本身就是不可能的。研究者并不清楚什么样的实际世界变化是通过理想干预引入的。他们眼中的两次重复实验从自然界的角度来看根本就不是相同的，这些重复实验在自然类丛性质上的变化都是独特的。比方说，实验刺激是随机在某些地区引入 / 不引入公共政策，那么研究人员就没有证据来表明公共政策对于所有案例的效果是一致的。他们并不知道，在引入这一政策时，有哪些自然属性正在被操控。同样，如果几个国家的人均国内生产总值年增长率相同（如 2%），社会科学家也不清楚这种变化对于一个国家内部的自然类丛的转变究竟意味着什么。但可以非常肯定的是，任何两个国家内部自然类丛的变化都是不一样的。

对于社会科学范畴和自然类丛实体之间的所指不匹配所带来

的因果异质性问题，统计学家们并未做出讨论。然而，他们确实提供了一套很好的词汇表来探索这些问题。比方说，我们可以从“稳定单位干预值假设”（stable unit treatment value assumption, SUTVA）的角度来讨论这个问题（Rubin 1974）。此假设要求一种干预（X=1）在所有个体那里都有相同形式。然而，如果这种干预是属人类丛，比如人均 GDP 增长 2%，那么该假设是绝对不成立的。从自然类丛的层次看，对于任何两个国家来说，人均国内生产总值增长 2% 都意味着几近于未知和不可知的变化，这种变化不可能是一样的。虽然当代学界关于因果推理的讨论往往集中在与分配机制（assignment mechanisms）和条件独立性（conditional independence）相关的有效性威胁上，但这里讨论的问题是一个概念异质性问题，这个问题摧毁了 SUTVA 假设。这一概念异质性问题不仅与干预有关，也适用于所有变量和给案例本身命名的概念（比如地区、运动、国家）。

从建构主义的角度来看，属人类丛和自然实体之间不存在对应关系，这恰好解释了使用反事实因果模型的社会科学一直以来所遇到的问题。从表现形式来看，这个问题带来的就是结果的不一致，尽管有很多才华横溢的学者不断努力让这个模型产生稳定结果，但也于事无补。使用反事实因果模型的社会研究并没有积累出坚实的成果，也没有形成关于因果效应的真正进步的知识体系（参见 Elman, Gerring, and Mahoney 2020）。以研究民主对经济增长的影响为例，在关于这一问题的海量研究中，民主会促进经济增长、会阻止经济增长、与经济增长无关，或者与经济增长有着非线性关系（见 Seawright 2010）。为了解释研究结果的巨大差异，学者们指出了一些研究缺陷，比如数据缺失、不正确的因果模型和互为因果。①

① 为了解释在社会科学中做出有效因果推论的困难，非建构主义（接下页）

本书指出，上述情况来自一个更普遍和更重要的原因：变量和案例并不指向那些存在于外部世界的、独立于我们看法的实体。在不同的国家中，民主无法以反事实模型所提出的方式带来经济增长，原因是这些范畴并不映射着客观现实的结构。

统计学家也得出过这方面的清醒结论：通过使用反事实的因果模型进行研究，人们几乎没能获得任何关于属人类丛因果关系的稳定发现。根据弗里德曼（Freedman 1999, 2008）的研究，使用因果关系统计模型进行的研究已经得出了一些（但非很多）关于因果效应的可靠发现。然而，这些成功的推论都来自对偏自然类丛的研究，比如流行病学领域的工作。在以属人类丛为研究重点的领域中，就很难或不可能找到类似的成功研究（弗里德曼在 2008 年的书中就没有给出任何例子）。这可能也正是一些自然科学家对社会科学抱有怀疑态度的原因。不过，找不到稳定的研究发现，并不意味着那些激进的建构主义者所说的就是对的，在他们看来，在社会科学中不可能存在有效的因果推理。与之相反，这其实意味着社会科学家需要对因果关系采取另一种理解，这种理解更适合于对属人类丛的分析。

非因果的统计模型可以对未来的趋势和事件进行预估和预测。此类成功故事在社会科学中似乎还是挺常见的。比方说，政治分析家在利用民调数字和其他定量资料来预测选举结果这件事情上就取得了巨大进展，甚至 2016 年特朗普震惊世人的当选在某种程度上都属于此类（Silver 2012, 2016）。社会学家也常常能够根据一个人

（接上页）的研究者也提出了其他各种理由。其中一个理由是，与自然世界相比，社会世界的复杂性更大，包括需要研究有自由意志的意向性主体。另一个理由是，社会科学变量表现出与量子物理类似的内在概率效应。在我看来，这些理由缺乏良好的证据基础（参见Wegner 2018 on free will; and Waldner 2017 on quantum randomness）。

的种族、阶级和性别特征来成功预测其生活的重要方面（如收入和职业，参见 Grusky 2001)。经济学家使用模型来预测通货膨胀这种经济趋势时，也是相当成功的（Eickmeier and Ziegler 2008）。当然，社会科学对社会世界的预测远非十全十美。相对于精确地预测个案，统计模型更善于解释跨越多个案例的总体趋势。尽管如此，相比用反事实模型进行因果推理的社会科学家，使用统计预测模型的学者要成功得多。

一旦我们将目光从社会科学投向自然科学，我们就能发现，反事实因果模型在这里的应用是更为成功的。偏自然类丛在本质上（虽然不完美）描绘出了自然界的物质、性质和过程。它们展现了那些由本质属性而获得因果属性的实体。因此，尽管是概率性的而非确定性的，偏自然类丛往往具有明显的因果效应。在引入大量案例后，通过干预来改变偏自然类丛的特性，就可以在精心设计的研究中观察到因果效应。

在自然科学和生命科学中都可以找到使用反事实因果模型对偏自然类丛进行成功研究的例子（参见 Freedman 2010; Pearl 2018）。比如关于弹簧长度与悬挂重量之间关系的虎克定律，就可以用不同范围条件下的回归方程来精确地加以概括。尽管学者们尚难找到能让公众完全接受的研究结论，但是关于温室气体排放对气候变化影响的统计研究，甚至包括对个别天气事件的研究，都已经取得了令人信服的成果。流行病学领域的研究则表明，使用反事实模型来研究偏自然类丛之间的因果关系既有希望，也存在困难。对吸烟和肺癌之间的因果研究很可靠，但关于盐摄入量和血压之间的因果研究就不那么令人信服。在心理学领域，研究经常会导向这样一个问题，即一个给定的概念构造（如双相情感障碍、智力或外向）是否是一种可以在自然界中发现的、独立于思维的属性。这一领域最近的一项实验研究就明确地聚焦在情绪是否是自然类丛的问题上（参见 Barrett 2017）。精神障碍以及某些特定健康问题到底是不是独立于心智而存在的，围绕着这些问题的长期争论仍在继续（Aronowitz 1991; Brown 1995; Hacking 1995b; Epstein 1996, 2007）。

上述讨论主要想说明的是，当社会科学家用反事实因果模型来研究属人类丛时，他们其实搞错了。此模型适合研究偏自然类丛，但不适用于属人类丛。反事实模型可以帮助我们搞清楚人类的情感、疾病和精神障碍等现象到底是偏自然类丛还是属人类丛。然而，如果一个人已经知道某现象是属人类丛（大多数重要的社会科学概念都属于此类），那么反事实模型就不是处理因果命题的正确工具。

规则模型

因果关系的规则模型聚焦于**离散事件**之间的因果关系。在这类模型中，因果关系是描述事件之间特定关系的一种方式。在规则理论（regularity theory）中，事件 X 和事件 Y 之间的因果关系是如此定义的：（1）时间的次序（X在时间上先于Y），（2）时空的毗连（X与 Y 在时空上有直接或间接的接触），（3）逻辑规则性（X 是一个最小解集的一部分，该解集始终与 Y 关联，参见 Hume 1777/1975; Mill 1861/1998; Mackie 1980; Psillos 2002, 2009）。[①]

第一个条件要求事件 X 在事件 Y 之前**开始**。尽管它假定原因 X 随着 Y 的发生而**终止**，但其实它不要求 X 在 Y 之前结束。在具体

① 提到规则模型，通常让人想到休谟。在自然类丛的因果关系问题上，虽然存在一些争议，但休谟大体认可过程性/倾向性的观点。我的看法与休谟非常接近，支持对属人类丛采用规则模型，对自然类丛采用因果力模型。至于休谟有没有真的提倡因果力模型，可以比较一下斯特劳森（Strawson 1989）和希洛斯（Psillos 2002）的看法。

的案例中就很容易建立起时间的次序。事实上，原因和结果之间可能相隔数年、数十年甚至数百年。

第二个条件要求 X 在空间和时间上直接或间接地与 Y 接触。如果 X 在时间和空间上与 Y 相交，则 X 与 Y 之间有**直接的**时空接触。比如在休谟（Hume 1777/1975）的两个台球碰撞的著名例子中，第一个球在空间和时间上都与第二个球直接接触。[①] 与之相比，假如 X 促发了一系列的因果联结事件并最终实现结果 Y，则 X 与 Y 之间具有**非直接**的时空接触（Psillos 2002:25）。在社会科学中，宏观取向的研究者通常不研究那些与后果存在直接时空联系的原因，而是研究间接接触，即原因和结果是通过中间事件联系起来的。

时空接触这一要求就需要将规则模型与定性方法结合起来，后者侧重于将最初的原因与最终的结果联系起来（Mahoney and Rueschemeyer 2003; George and Bennett 2005; Little 2009; Beach and Pedersen 2013）。这些方法包括历史分析，它强调整体因果链，而不是仅仅在意主要原因和主要结果之间的关系（Roberts 1996; Mahoney 1999; 参见 Abbott 2016）。通过确定和跟踪原因要素达到和影响其结果的联系过程，这些与规则模型相契合的方法打开了因果关系的“黑匣子”。在很多研究传统中，这些中介的或连结的事件被称为**机制**（Glennan 1996, 2009; Bunge 1997; Hedström and Swedberg 1998; Mayntz 2004）。机制的识别是序列解释和路径依赖解释的主要组成部分，其中某个历史原因开启了一种变化轨迹，并最终导致关键结果（Thelen 1999; Clemens and Cook 1999; Pierson 2004; Grzymala-Busse 2011; Soifer 2012; Capoccia 2015）。在研究因果关系的各种分析路径中，只有规则模型将联结机制视为因果关系

① 这两个实体可以直接进行时空接触的观念带出了一套哲学问题，即芝诺悖论。对于这个问题，兰格（Lange 2002）从物理学的角度做出了有趣的探讨。

的一部分。因果力模型将机制视为无法观察的生成力，而非中介和联结事件。反事实模型则只关注 Y 对 X 的依赖性，对机制的识别并不是因果分析的要求（Green, Ha, and Bullock 2010）。

逻辑规则是规则模型中因果关系定义的第三个组成部分，它将这些模型与集合论分析联结起来。若要使事件 X 与事件 Y 之间存在逻辑规则，则在能够解释 Y 的最小解集中，X 必须是 Y 的直接或间接的必要且 / 或充分条件。如果 X 是该解集中 Y 的一个必要条件、充分条件或充要条件，那么事件 X 与事件 Y 就有**直接的逻辑关系**，如果 X 是 Y 的某个充分条件的必要条件（即 INUS 条件），或者 X 是 Y 的某个必要条件的充分条件（即 SUIN 条件），则 X 与 Y 具有**间接的逻辑关系**。因此，本章讨论的 5 种类型的集合论关系正是理解规则模型中因果关系的核心。

最小解集的概念与规则性有关，即规则模型需要借助一种方法来区分虚假关系和因果关系（Lewis 1973; Cartwright 1989; Pearl 2000; Hitchcock 2018）。现代的因果规则模型（例如 Graßhoff and May 2001; Baumgartner 2008, 2013; Psillos 2002, 2009; Mahoney and Acosta forthcoming; 另见 Ragin 2008; Schneider 2018; Schneider and Wagemann 2012; Thiem 2017; Wright 2011）要求规则不仅是稳定的而且是**非冗余**的，它是通过布尔最小化过程来实现的，这一过程将冗余从必要条件和充分条件中移除，以到达最终解集。[①] 这些最小解集确定了结果的**充分**条件和 / 或**充分**的条件组合（即结果总是跟随条件或条件组合）。[②] 最小化解集中的单个条件可以是必要的、充

① 解集是否必须完全最小化或者要以这种方式进行最小化，以达到简洁性和解释力之间的最佳平衡，这个问题在哲学中尚存争论（参见Psillos 2002:147–154）。在QCA的文献中也存在着这场争论的另一个版本（例如 Thiem 2017; Schneider 2018）。

② 理想情况下，给定结果的解集能给出结果的所有充分条件和充分条件组合，假如这些条件和条件组合被聚合为单个因子，那么该因子（接下页）

分的、充要的、INUS 的或者 SUIN 的。规则性要求不包括冗余，这就排除了那些带有不相关条件的研究发现以及错误指定特定条件的因果作用。对于虚假性的问题，规则模型中坚持只使用最小解集，这类似于反事实模型中对于理想干预的规定：这两种规定都是为了确保非因果要素不会被误识为因果要素。

现代规则模型通过对实际案例和可能案例进行明确分析来评估个例因果关系。对可能案例的考察能解决那些最明显的虚假问题，这些都是规则模型的反例。举例来讲，批评者会指出，气压计的读数可能始终先于天气情况，由此在规则模型下，气压计就被认为是天气的充分原因。然而，我们可以很容易构建出气压计读数与天气结果毫无关联的情况。在所有的可能案例中，气压计读数与天气情况都没有直接或间接的逻辑关系。在解释天气模式的最小解集中，并不存在着气压计读数这个因素。

规则模型对个例因果关系的定义遵循着它对因果性的一般定义，但这时会考虑可能案例。在以下条件成立的情况下，事件 X 是事件 Y 的个例原因：（1）X 开始于 Y 之前；（2）X 直接或间接地与 Y 发生时空接触；（3）在相关案例的全域中，X 是 Y 的必要、充分、充要、INUS 或 SUIN 条件。所谓相关案例的全域，指的是包括与实际世界相近但在理论上有重要差异的非实际案例。对具体的可能案例进行反事实分析，这对于评估个例因果的社会科学案例研究来说是必不可少的。反事实案例的分析使研究人员能够估计给定事件对于结果的必要 / 充分程度，即便该结果是发生在单一案例中的一次性事件，也同样有效。

原因和结果必须在逻辑上相互关联，这一要求将规则模型与反事实模型以及因果力模型区分开来。与反事实模型不同，规则模

（接上页）对结果来说就是充要条件。

型中的原因可以不对个例结果造成改变。规则方法允许 INUS 条件和充分但非必要条件成为特定案例中特定结果的原因。能够容纳 INUS 条件，这正是许多学者在社会科学研究中青睐这种方法的原因之一（此外还包括它对因果链的关注）。此外，与因果力模型不同，规则模型将因果命题理解为关于离散事件的陈述，这些离散事件在时间上和逻辑上与其他离散事件相关。规则性的研究者认可对自然类丛应用因果力模型的合理性，但会拒绝对属人类丛赋予自然倾向、内在力量或趋势的想法。

科学建构主义认为，规则模型所分析的事件是被建构的范畴，而不是独立于思维的实体。这些模型中的原因、结果以及所有的中介事件都是社会范畴，它们的意义取决于特定的语境。原因和结果之间的逻辑规则性是以特定的意义建构为前提和要求的；如果范畴的意义改变，规则性可能也会改变或消失。在规则模型中，因果关系是人们描述事件之间的时序关系的一种方式，这些事件是依赖于心智的，人们通过事件来理解社会世界。

总的来说，规则模型指导社会科学家理解一个前因事件如何在逻辑上和时空上与后果事件发生联系。在具体研究中，对某单个事件的因果评估涉及两个基本步骤。首先研究人员必须在最小解集中建立单个事件与结果之间的逻辑关联类型。此步骤确定事件在逻辑上是否是必要的、充分的、充要的、INUS 的还是 SUIN 的。因果评估的第二个步骤是找出将单个事件与后果事件联系起来的中介事件。根据这一因果链标准，研究者需要进行序列分析（sequence analysis），以此对事件之间的个别链接进行建构和分析。两个步骤对于社会科学中的因果分析都是必不可少的。

对于以上两个步骤的因果分析所涉及的规则模型工具，本书提供了详尽的讨论。

集合论原因的类型

在集合论的路径下，当研究者分析两项个例事件之间的因果关系时，他们需要识别出逻辑关联的**类型**。这种类型对应于主要原因事件和主要后果事件之间的关联性质。主要的原因事件可以是所有相关可能世界中的主要后果事件的必要条件、充分条件、充要条件、INUS 条件或 SUIN 条件。因果分析是在证据和逻辑推理的基础上对前因事件和后果事件之间的关系（如果有的话）进行**推理**，以确定符合这种关系的关联类型。

因果分析的另一方面是对原因的重要性进行评估。虽然原因可以在规范性和理论性方面具有重要性，但集合论分析关注的是**逻辑上的重要性**。在集合论分析中，所谓因果重要性，指的是对于一个后果来说，某个原因究竟在多大程度上是必要的和充分的。在实际研究中，关键的问题往往并不在于某个特定事件是不是某个结果的原因，而在于它是不是**重要**原因。

充要原因：黄金标准

原因是结果的充要条件，这一观点并不新鲜。伽利略在 4 个世纪前的定义就提出了这样的概念："只有这种东西才能被称为原因：在它出现的时候，结果总是跟着出现，在它消失的时候，结果就消失了。"[引自 Bunge（1959: 33）] 在集合论分析中，充要原因是**极致重要原因**（maximally important cause），它是评估原因重要性的黄金标准。像伽利略那样，把这个极大化的定义作为原因的唯一解释，是有很多好处的。该定义避免了过度决定（多个充分原因同时存在）和琐碎性（不重要的条件被归为原因）的问题。[①] 将一个原因定义为充要条件，可以将其他逻辑关系（比如一个必要非充分的关系）视为范畴原因的部分成员。人们可以根据某逻辑关系有多接近充要原因来考察它的因果成色。

然而，我在本书中主张对原因做一种包容性的定义，允许 5 种逻辑关系成为集合“原因”或“因果关系”的完全成员（但原因需要满足时间的接续和时空的毗连）。之所以这么做，我的理由是，一个包容的定义更好地反映了“**原因**”一词在社会科学和日常生活中的用法。对于因果关系，我们在直觉上并不要求一个原因事件一定是完全充要的。在“**原因**”这个范畴中拥有 100% 成员资格的条件未必一定就是充要条件。不过，为了评估一个给定原因的**重要性**，我接受伽利略关于充要原因的说法，将**极致重要原因**定义为充要原因。

充分原因

休谟有一句名言说明了并非所有原因都是充要原因：“所谓原因就是一个物象紧跟着另一个物象出现，而且凡是和第一个物象相似的物象都必然会被与第二个物象相似的物象所伴随。换句话说，如果第一个物象不曾存在，那么第二个物象也就不会存在。”（Hume 1777/1975: sec.7）正如许多哲学家所指出的（例如 Lewis 1973:181），休谟的“换句话说”并不是对第一个定义的重述。休谟这段话提出了两个独立的定义：第一个对应于充分原因，第二个对

① 将原因定义为充要条件可能仍然不能解决哲学家所发现的所有因果关系问题。对于这些问题的概述，请参考亚布洛（Yablo 2004）。正如孟席斯（Menzies 2011:186–187）所指出的，这些问题中的大多数与因果抢先问题有关（另见Schaffer 2000；Woodward 2003；Hall 2004；Paul and Hall 2013）。

应于必要原因。

充分条件可以成为原因，这种想法符合我们的感觉：原因就是某种东西，当它存在时，就跟随着一个结果（参见 Davidson, 1967）。这种对因果关系的理解在社会科学方法论中占据着中心位置，比如密尔（1843/1911）的间接求异法，因果关系的覆盖律模型（Hempel 1965）以及定性比较分析（QCA; Ragin 1987, 2008）。社会科学研究中通常所见的密尔的间接求异法就涉及对充分原因的评估。同样，覆盖律模型提出，如果满足一组条件（C_1，C_2，…，C_N），那么事件 E 将会紧随其后出现（Hempel and Oppenheim 1948）。在 QCA 中，研究者使用布尔最小化程序来寻找充分条件以及充分条件的组合。

对于一个总体中的所有案例来讲，如果某个原因总是跟随某个结果，我们可以说此时存在着完全充分原因。在集合论的框架下，案例总体包含着**可能案例**和实际案例。就像前面的例子所说的，我们之所以知道气压计读数并不是天气情况的充分原因，是因为气压计读数并不与所有相关可能案例中的天气模式有联系。要评估一个充分命题，集合论研究者需要核查在一些案例中是否存在着**任何**事件 X 后面并不跟随事件 Y 的情况。如果这种案例存在，那么原因对结果来说就不是充分的，气压计的例子就清楚说明了这一点。

在社会科学中，学者们经常探讨一个原因在“某种情况下”是否足以导致结果，在这里，“情况”被理解为背景语境中那些标准的、为人所预期的部分（参见 Hart and Honoré 1985: xxxvii–xlii; Falleti and Lynch 2009）。[①] 按照这种思路，充分原因在所有案例中

① 这些情况有时被称为范围条件（scope conditions）。范围条件是一个或多个因素，在关系能按理论方式运作时，这些条件必须先摆出来（参见 Walker and Cohen 1985; Goertz and Mahoney 2012: chap.16）。在社会科学中，范围条件与认知模型密切相关，认知模型必须适用于理论上（接下页）

都有对应结果跟随，当然其前提是某些正常的背景和环境因素已经到位。对于 Y 的成员资格来说，X 的成员资格并非在所有能想象到的案例中都是永远充分的，它只限定在满足特定条件的可能案例中。这些条件不仅包括特定的语义情境，而且还包括情境中那些理所当然的基础成分。比方说，期末考试缺考对我的课程不及格来说是 100% 充分的。然而，这一陈述也假定了某些环境和背景特征，比如缺考者是那些没有特殊健康问题的在校生。

必要原因

必要原因体现了反事实主张，尽管原因的存在并不能保证结果，但如果原因不存在，结果就不会发生。巴林顿 · 摩尔（Barrington Moore）（1966）给出过一个著名的例子，即强大的资产阶级是实现民主的革命性突破的必要条件（“没有资产阶级，就没有民主”）。在案例层面，因果统计模型假定的是必要原因，因为这些模型将原因定义为完全反事实的差异制造者（Rubin 1974; Holland 1986; Morgan and Winship 2007）。刘易斯对个例因果提出的最早的反事实模型也是围绕必要原因建立的：“事件 e 在因果关系上取决于不同的事件 c，当且仅当：如果 c 没有发生，e 就不会发生。”（Lewis 1986 a: 161–162）刘易斯进一步解释说：“我的分析适用于特定案例中的因果关系。它不是对因果关系的一般化分析。”（Lewis 1986: 242）为了说明必要条件假设的普遍性，格尔茨（Goertz 2003b）从社会科学研究的各个领域举出了 150 个例子。

对于个别案例以及多个案例的总体中的必要原因分析，有越来越多的、精致的方法论文献参与了讨论，既有定性的，也有定量

（接上页）的关系运作。

的（Ragin 1987, 2000, 2008; Dion 1998; Braumoeller and Goertz 2000, 2002; Goertz and Starr 2003; Clark, Gilligan, and Golder 2006; Eliason and Stryker 2009; Dul 2016;)。本书所涉及的关键文献资源包括一些工具，它们可以评估特定因素对于必要条件的符合**程度**，也可以从重要的必要条件中筛除琐碎的必要条件，还可以对必要原因的因果链进行分析。

INUS 原因

在密尔（Mill 1843/1911）的基础上，哲学家麦基（Mackie 1965）指出 INUS 条件是一种新的原因类型。他举了一个例子：电气短路是火灾的原因。但他指出，短路对于火灾来说既不是必要条件，也不是充分条件。确切地说，“短路是……火灾的一个复杂的充分条件（但不是必要条件）中不可或缺的一部分。在这种情况下，所谓的原因是某个条件中的**不充分但必要**的部分，而这个条件本身是结果的**充分非必要**条件”（p.245）。如同麦基所说，把 INUS 条件视为原因，这种想法符合人们的直觉。在法律领域和日常事件解释中，INUS 条件常被当成原因（Hart and Honoré 1985）。在社会科学中，QCA 方法的核心关注点就是找到作为 INUS 条件的个别因素（Ragin 1987, 2000, 2008; Schneider and Wagemann 2012; Thomann and Maggetti 2020）。即便使用反事实模型的学者也可能会将概率原因视为 INUS 原因。比如沙迪什等人（Shadish，Cook, Campbell 2002:5）写道：“大多数原因可以更准确地叫作 INUS 条件。”

使用 INUS 条件进行分析，解决了与充分原因相关的一个核心问题。这个问题就是，没有任何单一因素足以充分地决定结果，很多常规的背景条件至少需要得到满足，才能具有条件的有效性。比如戈尔德哈根（Goldhagen 1996）认为，在德国进行大屠杀，恶毒的反犹主义可以产生动机基础，它是一个充分条件。然而，他的论点其实假定了无数琐碎的背景条件的存在，这些条件是产生结果所必需的，比如空气、重力和人的生命，再到现代国家、社会和国家信仰系统的存在。鉴于这些条件也是必要的，那么严格地讲，说反犹太主义本身就足以产生大屠杀的动机基础，这是不正确的。相反，戈尔德哈根的意思肯定是反犹主义是一个接近充分条件的 INUS 原因。只要存在能够产生结果的普通背景条件，它就接近于充分了。

事实上，大多数学者在研究充分条件和必要条件时都在考察 INUS 原因。首先，当学者提出充分条件的断言时，他们通常是或隐或显地假定了断言所适用的特定范围（“在 ×× 情况下”）。这就意味着该条件实际上是一个 INUS 原因，它需要与其他条件结合才能形成充分条件组合。其次，当学者提出必要条件的断言时，通常存在一些可能的例外，即在必要条件没发生的情况下，结果也发生了。例如，当摩尔声称强大的资产阶级是早期民主之路的必要条件时，他的断言并不具有物理定律的那种确定性，人们可以构建出有悖于该断言的一些可能情况。大多数必要条件实际上就是 INUS 条件，只不过这些条件在结果发生时几乎都会存在。

采用规则因果模型的学者有时会提到近似充分原因和近似必要原因。严格地说，这些条件实际上都是 INUS 原因，要么它们的后面几乎总跟着结果（近似充分的原因），要么在结果前面几乎必有它们的存在（近似必要的原因），要么两者皆是（近似充要原因）。

SUIN 原因

SUIN 原因是第五种也是最后一种集合论原因，它主要用于反事实分析。当以下条件满足时，条件 Z 是 Y 的 SUIN 原因：（1）Z

是 X 的一个非琐碎的充分条件，X 是结果 Y 的一个非琐碎的必然原因；（2）Z 和 X 是同延的，且均在 Y 之前出现。举例来讲，有这样一个命题："不民主"是国家间战争的必然原因（即至少有一个参与国家不是民主国家时，国家之间才会发生战争）。这个命题表明，在"军政府"这个集合中的成员资格是"战争"这个集合成员的一个 SUIN 原因。军政府是"不民主"的充分条件（但不是必要的），而"不民主"是加入战争的必要条件（但不是充分的）。

在第五章中我们将探讨对于必要原因命题的反事实评估，到时我们还会讨论 SUIN 原因。我们将看到，许多反事实的断言都是在说现实世界中发生的某事件是结果的 SUIN 原因。我们将探讨的一个例子就是反事实陈述：如果戈尔赢得了 2000 年的总统选举，美国就不会入侵伊拉克。这句话就暗示了乔治 · W. 布什的当选是伊拉克战争的一个 SUIN 原因。

这一部分对原因类型的讨论集中关注原因事件和结果事件之间可能存在的逻辑关联。虽然识别出特定的逻辑关联是因果分析的关键，但它不是唯一的内容。学者们还必须分析因果序列或中介事件链，最初的原因事件是通过事件链与结果建立时空联系的。要证明因果关系，就需要对这一序列进行分析。如果研究者不能将原因事件与其后果联系起来，那么按照规则模型的要求，这个事件并不能被确立为原因。

此外，并不是每个原因都值得我们去研究。对于后果来说，一个好的解释不一定要考虑所有的原因要素。相反，一个好的解释关注那些作为**重要原因**的事件，这些事件才值得讨论和持续探索。所谓重要原因，就是那些与因果关系的黄金标准非常接近的原因：一个充要原因。本书中的许多方法和工具都旨在帮助研究者评估因果关系的重要性，中介事件序列分析就是其中之一。

连续集分析

本章在讨论中将范畴视为集合，案例在这些集合中要么有，要么没有成员资格，即一个案例是 X 或～ X 的成员。其实集合论分析并不需要以二分变量为前提。相反，集合论分析建立在这种想法之上：案例在范畴中可以有**不同的成员隶属度**。二分测量只适用于一种情形，即对于所构造的分析范畴来说，案例必须完全进入或完全超出范畴边界。自然语言中的大多数范畴不是以二分集的形式构造的（Lakoff 1987）。

在连续集分析中，对案例的测量和比较是根据它们的集合成员隶属度（或百分比）来进行的（Zadeh 1965; 也参见 Ragin 2000, 2008; Schneider and Wagemann 2012）。有些案例可能是集合的完全成员，另一些可能是完全非成员，还有一些则可能是有不同隶属度的部分成员。集合的界限仍然存在，清晰可见，一点都不模糊。然而边界是可穿透的、可渗透的，它允许部分成员资格的存在。

在给案例的成员隶属度进行编码时，研究人员通常使用从 1.0（完全成员）到 0.0（完全非成员）的连续尺度，这两者间有无限多个的部分成员值。0.75 的成员值就意味着案例在一个集合中有 3/4（75%）的成员隶属度，在该集合的逻辑补集中有 1/4（25%）的成员隶属度。如果集合成员值在 0.0 到 1.0 之间连续变化，那么计算一个范畴的逻辑补集（否定集）成员隶属度的公式就是～ X=1.0－X。

连续集分析不使用传统的测量层次（比如定类、定序、定距、定比）。连续集的测量会假设一个有意义的最小值（无成员资格）和有意义的最大值（完全成员资格），另外还包括两者之间的无限取值。无成员资格和完全成员资格的锚点类似于定类测量的范畴标度，锚点之间的连续成员值与定距测量的度差标度相似。不过，没有哪个传统的测量尺度能跟连续集测量完全对应。

当人们用连续集分析来定义范畴时，评估案例的依据并不是它们拥有属性的程度，而是它们在相关范畴中的成员隶属度。在图 3.9 中，主要边界框定了民主国家体制这一范畴，设想的国家案例则用小圆圈表示。这些国家在范畴中的成员资格各不相同。

如果把范畴当成**理想类型**——马克斯·韦伯（Max Weber，1978）将理想类型定义为一种在实际世界中并不存在的观念建构——则有两种对案例成员资格进行编码的实际方法。一种方法是创建一种编码规则，它禁止任何实际案例在理想类型的范畴中获得完全成员资格。比方说，依照达尔（Dahl，1971) 的观点，人们可能会将民主国家体制这一范畴当成一种理想类型，没有任何实际国家现在是或可能成为其中的完全成员。现实中的国家有可能是多党制范畴的正式成员，但它们永远都不可能具有民主国家体制的正式成员资格，就像保龄球和其他球形物体不可能在“完美球体”这一范畴中具有完全成员资格一样。

另种方法是将理想类型作为范畴的原型点，并禁止案例具有其成员资格，或禁止范畴与其重叠。人们需要对具有完全成员资格的案例做进一步的区分，所依据的标准就是它们与原型点的接近程度。例如，在图 3.9 中，C 国是具有完全成员资格的国家之一，它比另一个案例（D 国）更接近原型点。实际上，一个理想类型范畴的原型点就像一个白洞（white hole），它是概念空间中的区域，但从实际世界这边无法进入。① 出于测量的考虑，研究人员可以选择运用“二级”测量（参见 Zadeh 1972; Arfi 2010），它旨在考察范畴的完全成员到底在多大程度上接近于遥不可及的理想类型。

① 如果把理想类型的功能比作白洞，那么琐碎的必要条件就如同黑洞，它能把所有案例都囊括为成员。

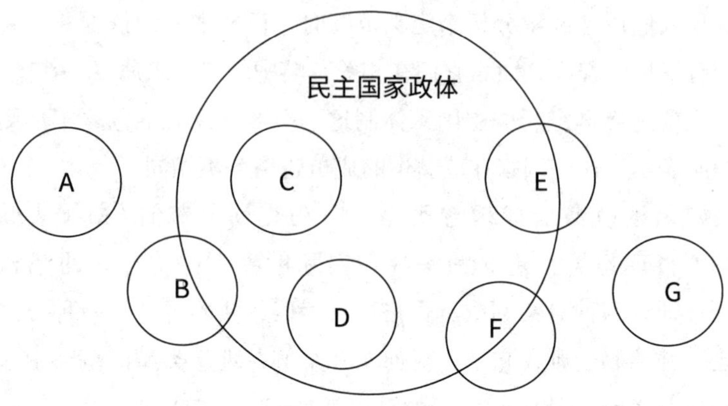

图 3.9　连续集的成员值

注：A 国，0.0；B 国，0.3；C 国，1.0；D 国，1.0；E 国，0.7；F 国，0.5；G 国，0.0。

案例在某个范畴中的成员值是其在该范畴的定义条件中的成员值的函数。这些定义条件本身也是集合，因此案例在这些集合中具有部分成员资格。连续集分析使用逻辑聚合规则来得出案例在相关范畴中的成员隶属值。聚合规则的变化则取决于范畴是使用经典模式（仅使用逻辑“与”）、家族相似模式（使用至少一个逻辑“或”；参见 Zadeh 1965; Ragin 2000; Goertz 2006b），或一些混合模式（参见 Barrenechea and Castillo 2019）。

如果定义条件对于范畴中的成员来说是单独必要和联合充分的，那么这些条件的交叉地带就是关键区域，而逻辑“与”就是相关的操作符。运用逻辑“与”的时候，研究者把案例在定义条件中的**最小成员值**作为案例在总体范畴中的成员值。回到民主国家体制的例子，这个范畴可以由三个条件来定义，这三个条件是单独必要和联合充分的：自由选举、普选权和广泛的公民权利。在连续集的测量模式下，我们可以确定一个案例在这三个定义范畴中的成员隶属度。其中**最低的**，或者说**最小的**成员值就对应于案例在民主国家体制中的总体成员隶属度。

以 3.10 的集合图为例，1986 年的萨尔瓦多被赋予如下成员值：自由选举 =0.5，普选权 =1.0，广泛的公民权利 =0.0（Bowman, Lehoucq, and Mahoney 2005）。因此，1986 年的萨尔瓦多在民主国家体制这一范畴中的取值为 0.0，相应地，1986 年的萨尔瓦多在民主国家体制里的取值也是 0.0，因为 0.0 是它在三个必要条件定义中的最小值。因此，尽管萨尔瓦多在 1986 年拥有自由选举的部分成员资格和普选权的完全成员资格，但它在民主国家体制的总体结果中是没有成员资格的，因为它完全不具备广泛公民权利的成员资格。该图用范畴定义的经典方法说明了聚合的一般原则：一个案例在上层范畴中的成员值不可能**大于**它在任何定义条件中的成员值。

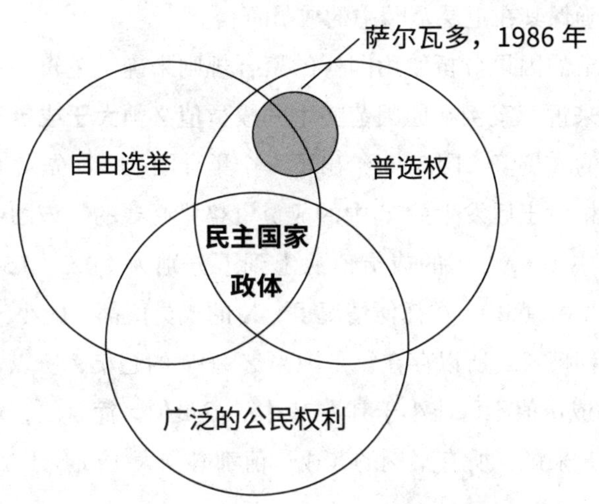

图 3.10　连续集的聚合：1986 年的萨尔瓦多

相比之下，在家族相似模式的定义中，任何特定定义条件中的成员资格对于结果的成员资格来说都不是必要的。相反，定义条件是结果的充分条件或 INUS 条件。比方说，人们可以将“18 世纪的民主国家体制”定义为以下三个条件中的任一成员：A∨B∨C → Y，其中 A= 自由选举，B= 广泛选举权，C= 广泛的公民权利，Y=18 世纪的民主国家体制。这里，A、B 和 C 分别是 Y 的充分条件；因此三者的组合就是关键区域，逻辑符号“或”（∨）就是运算符。当使用逻辑“或”进行聚合时，案例在定义条件中的**最高**或**最大**成员值就对应于其在总体范畴中的成员资格。举例来说，1790 年的英格兰在 A、B 和 C 三个条件的成员值分别为 0.75、0.25 和 0.50。因此，英格兰在“18 世纪民主国家体制”中的成员值就是 0.75。在单个条件是充分条件的情况下，案例在条件组合中的成员资格总会等于其在单个条件中的最高成员值。对 INUS 条件也一样，案例在相关范畴中的成员资格等于它在各充分性组合中的最高成员值，每个**充分性组合**都确保其在上层范畴中的成员资格。[①]

连续集的因果分析使用同样的聚合规则来确定逻辑关系。对于必要原因来说，案例在原因范畴中的成员值必须**大于或等于**其在后果范畴中的成员值。图 3.11 给出了一个集合图示，在先发生的 X 中的成员资格对于后发生的 Y 中的成员资格是必要的。该图中有三个案例，其中（X，Y）的成员值从上到下分别为（0.5，0.5）、（1.0，1.0）和（1.0，0.0）。在任何情况下，X 的成员值都不能小于 Y 的成员值。这种模式之所以存在，是因为 X 是 Y 的超集，所以一个案例在 X 中的成员值不可能小于其在 Y 中的成员值。简言之，对于任何必然原因X来说，所有案例的X成员值都必须大于或等于Y成员值。

---

① INUS条件通过逻辑“与”链接在一起形成充分性组合。比如以下方程中的单个条件就是INUS条件：(A&B)∨(C&D)→ Y。我们可以先使用构成组合的INUS条件中案例的最小值来计算每个充分组合的组合值，然后再将两种组合的最大值作为案例的总成员值。

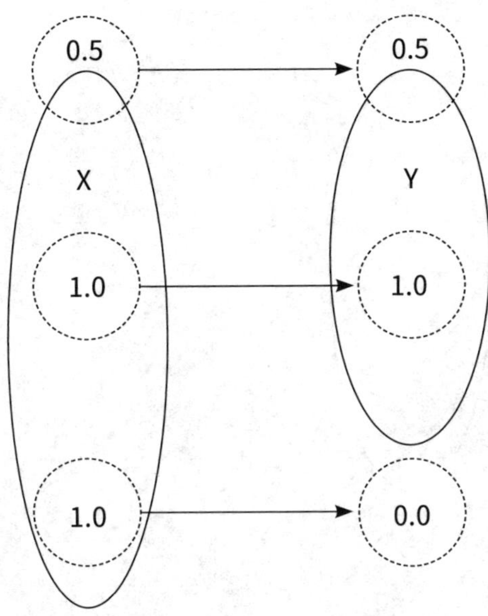

图 3.11　必要原因的成员值

图 3.12 展示了一种相反的模式，这是应用于充分原因的：X 中的成员值**小于或等于** Y 中的成员值。图中三个案例的（X，Y）值从上到下依次为：（0.5，0.5）、（1.0，1.0）和（0.5，1.0）。这个例子是一个充分原因（即 X 是 Y 的子集），因此没有哪个案例在 X 中的成员值比其在 Y 中更大。对于任何充分原因 X，所有案例的 X 值都必须小于或等于 Y 值。

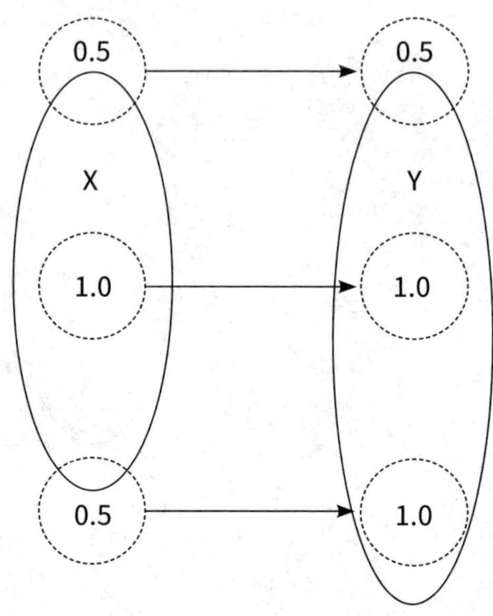

图 3.12　充分原因的成员值

在图 3.13 的连续集散点图中，案例位于二维空间中，其中 X 轴和 Y 轴对应于集合 X 和 Y 中的成员资格百分比（从 0 到 100%）。对必要原因来说，案例必须落在对角线下方或正好在对角线上。这是另一种展示上述必要原因原则的方式：X 中的成员值必须大于或等于 Y 中的成员值。对充分原因来说，案例必须落在对角线上方或正好在对角线上。这重申了充分原因的原则：X 中的成员值必须小于或等于 Y 中的成员值。刚好落在对角线上的案例（即 X 值 =Y 值）既符合必要性也符合充分性。对于充要原因来讲，所有的案例都落在这条线上，因为它们在 X 中的隶属值就等于它们在 Y 中的隶属值。

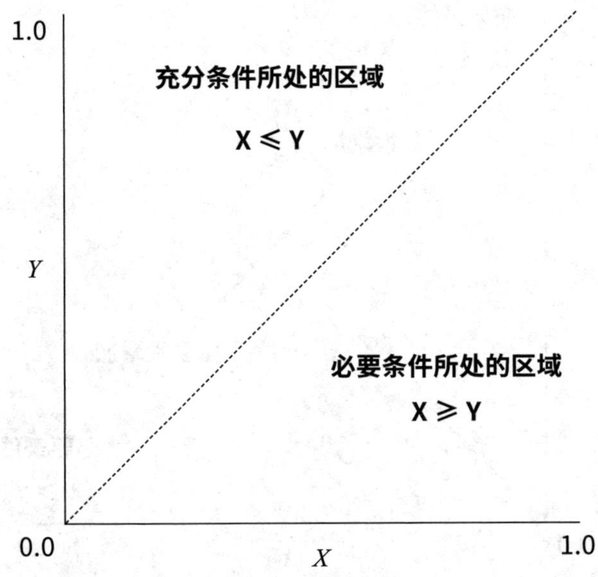

图 3.13　必要条件和充分条件在连续集散点图中的位置

集合图和连续集散点图可以相互补充。如图 3.14 所示，当案例位于连续集散点图上时，案例越接近对角线，它就是越重要的必要 / 充分原因。我们可以用集合图的形式来想象对角线：它是完全重合的图示，其中 X 和 Y 就是相等的集合（即 X↔Y）。

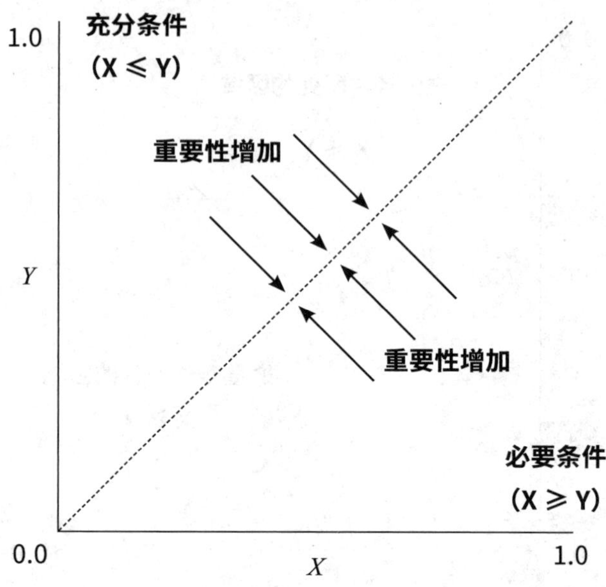

图 3.14 连续集散点图中逐渐增加的重要性

图 3.15 展示了 15 个拉美国家在“19 世纪强大的自由主义精英（X）”和“20 世纪经济发达国家（Y）”这两个范畴中的连续集成员值。[①] 图示的结果符合假设：先有强大的自由主义精英，是后来成为经济发达国家的必要条件。没有任何一个案例在 X 中的成员值低于其在 Y 中的成员值。不过，这张图也可以表明，X 并不是极致必要原因，因为有几个案例离对角线太远了。事实上，虽然数据 100% 地满足必要性，这些数据的“覆盖统计值”（coverage statistics）只达到了 0.68（“覆盖统计值”是对必要条件或充分条件的一种连续集测量[②]）（参见 Ragin 2008; Schneider and Wagemann 2012）。这里能够

① 图中的资料和概念来自马奥尼（Mahoney 2003）。

② 在连续集分析中，计算一个必要条件的“覆盖率”或“重要性”的公式与计算该条件达到充分性程度的公式在数学上是相同的。（接下页）

得出一点启示，某条件可能是一个必要原因，甚至是一个关键原因（见第六章对关键事件的讨论），但它不是极致重要原因。

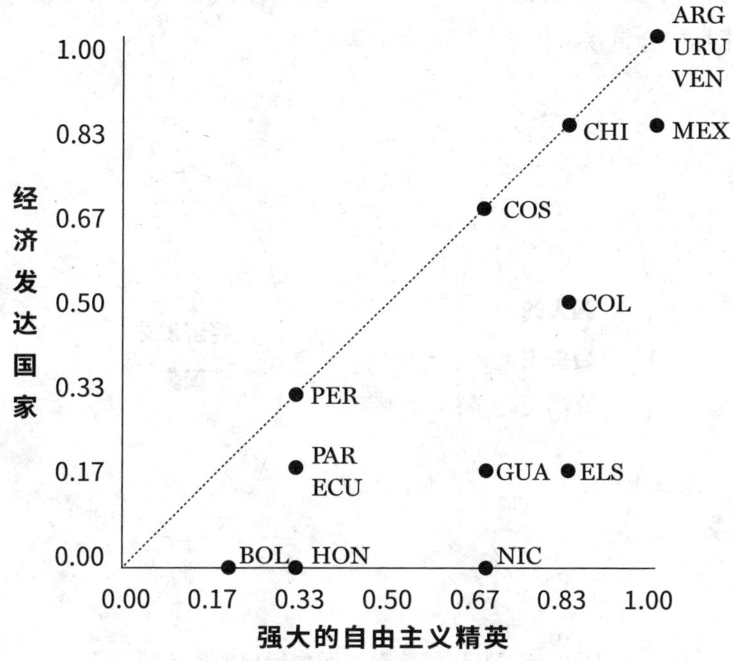

图 3.15 15 个拉美国家的连续集散点图：必要条件

从图 3.15 的散点图中得到的研究发现，可以用简单的集合图来直观地汇总，如图 3.16 所示。为了反映必要的因果关系，图中可以把原因 X 构造为结果 Y 的超集。覆盖统计值（本例中为 0.68）则用

（接上页）换句话说，必要条件的覆盖范围，衡量了该条件在多大程度上接近充分条件。同样，充分条件的覆盖范围，衡量了该条件在多大程度上接近必要条件。对于必要条件来说，还有一点值得注意，即人们必须考虑它的“相关性”，QCA中的必要性关联（RON）测量就是做这个事情的（Schneider and Wagemann 2012）。

于计算超集X比Y大多少。虽然集合图不包含散点图中的所有信息，但它凸显了两个范畴之间的集合成员关系。图中的箭头还强调了范畴之间的联系，人们如果要得出关于因果关系的任何确定结论，需要根据中介链接事件来打开这种联系。

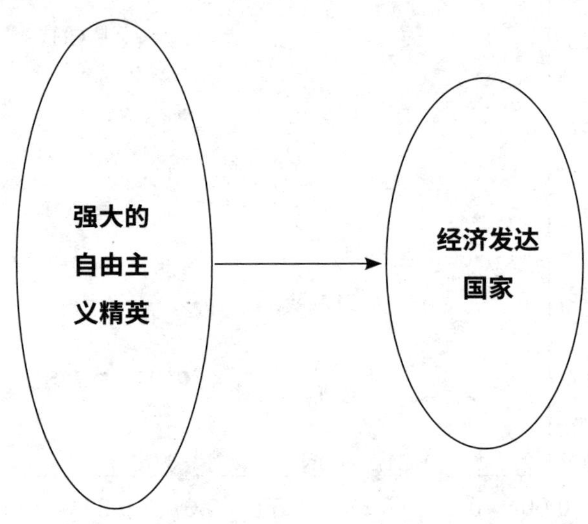

图 3.16　从连续集散点图中得出的集合图

在社会科学中使用集合论方法会给研究实践带来什么样的改变？这一问题既容易低估，也容易高估。一方面，研究必须认识到，这些方法与基于属性–存有假设的主流变量导向方法有很大的不同。集合论方法论需要研究范畴之间的逻辑关系，而不是属性之间的统计关联。集合论方法论主要包括范畴定义的模式（比如家族相似模式）和测量的类型（如连续集测量），这些模式和测量与当代社会科学有很大的不同。同样，用于因果关系研究的集合论方法也使用了在当代社会科学中不太能看得着的技术。当前的社会科学家致力于因果分析，努力分离出变量对其他变量的净影响，或者是去确定社会科学范畴的作用力，而集合论方法被用于寻找位于不同时间点的范畴之间的集合成员关系。在集合论方法论中，因果推理涉及对规则模型的使用，这种规则模型关注的是心智依赖范畴之间的逻辑联系。

另一方面，研究者必须认识到，对集合论方法的应用并不意味着要推倒重来。使用集合论方法并不需要研究者舍弃当代社会科学研究的主要议题和问题。研究者可以继续研究经济不平等、政治暴力和种族不公正等现象。他们可以继续就全球化的原因和后果、民主的崩溃和市场化改革进行因果发问。喜欢用大数量定量方法来研究一般化范畴的研究者可以继续这么做，同样，那些喜欢使用定性方法分析少量案例，以此来研究特定范畴的研究者也可以保持这种特色。在使用集合论方法时，研究者也不需要改变他们收集资料的方法，比如档案法、访谈法和民族志法。事实上，好研究的品质，如创造力、知识和勤奋，都是不变的。应用集合论方法的目的是为科学研究提供一个更坚实的基础，它不打算推翻现有的基础研究领域，不打算改变分析风格，不打算为社会科学的优秀学术另起一套标准。

第四章 集合论检验

本章将探讨研究者如何运用集合成员观察来评估命题，这些命题包括描述性命题（例如，案例 Z 是范畴 X 的成员）、因果性命题（例如，案例 Z 在 X 中的成员资格是其在 Y 中的成员资格的重要原因）、规范性命题（例如，案例 Z 在 X 中的成员资格在道德上是错误的）。寻找集合成员观察是研究的核心，因为研究者正是基于这些观察来检验命题的真假。然而，就其本身而言，集合成员观察只是孤立的社会事实，即个体所持有的高度确定性的信念，这些信念认定了实际世界在特定范畴中的集合成员关系。如果要用来检验命题的话，集合成员观察必须与集合论概括（set-theoretic generalizations）相结合。

集合论概括是关于两个或多个范畴之间集合成员关系的研究发现或假设。集合成员关系可以是第三章中列出的五种“条件–结果”关系中的任何一种（必要、充分、充要、INUS 和 SUIN）。比方说，“X 是 Y 的必要条件”这个断言就是集合论概括。个案研究和小数量研究中的命题评估会将集合成员观察与集合论概括相结合，**在逻辑上推导**出或然命题是否为真的结论。

本章特别考察了在评估特定案例的或然命题时，**集合论检验**是如何被运用的。[①] 这种检验就包含集合论概括（例如，X 的所有成

① 这些检验是定性方法论者所说的“过程追踪检验”的集合论（接下页）

员都是 Y 的成员）与集合成员观测（例如，案例 Z 是 X 的成员），将两者相结合以得出结论（例如，案例 Z 是 Y 的成员）。本章重点讨论了两种检验：必要性检验和充分性检验。所谓**必要性检验**，是指存在一个特定的集合成员观察是某命题为真的必要条件。更确切地说，必要性检验是指实际世界在集合成员观察中的成员关系是其在集合“**命题为真**”中成员关系的必要条件。所谓**充分性检验**，是指存在一个特定的集合成员观察时是某命题为真的充分条件。更确切地说，充分性检验提出，实际世界在特定集合成员观察中的成员资格可以充分推出它在**命题为真**的集合中的成员资格。

对于一个研究命题来说，我们能够根据它是否能通过特定的集合论检验来得到 4 个结果中的一个（见表 4.1）。如果一个命题通过了必要性检验，其结果是“**保留**”（preservation）；如果没有通过必要性检验，其结果是“**否证**”（disconfirmation）。如果一个命题通过了充分性检验，其结果是“**确证**”（confirmation）；如果没有通过充分性检验，其结果就是“**减损**”（diminution）。

表 4.1 对命题的集合论的检验结果

	必要性检验	充分性检验
命题通过检验	保留	确证
命题未通过检验	否证	减损

在如图 4.1 所示的必要性检验中，实际世界在 X 中的成员资格（即**存在观察值**）对于它在 Y 中的成员资格（即**命题为真**）是必要

（接上页）版本（Van Evera 1997: 31–32; Bennett 2010: 208–211; Collier 2011）。集合论检验将过程追踪检验重新运用于集合论分析。

的。如果实际世界在 X 中有成员资格，通过了必要性检验，那么该命题即使不能完全确证，但可以保留下来。通过必要性检验可以对"命题为真"提供一些支持。相反，如果实际世界在 X 中不具有成员资格，检验失败，那命题就被否定了。

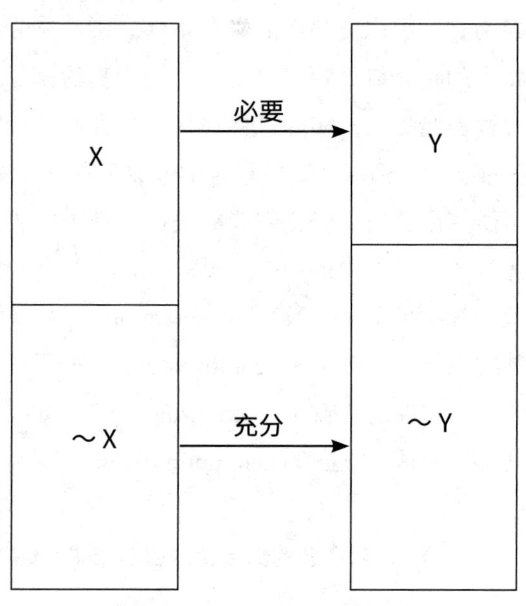

图 4.1　必要性检验的逻辑

X= 存在观察值；Y= 命题为真

在充分性检验中，一个特定的集合成员观察就足以确立命题的真实性（见图 4.2）。实际世界在 X 中的成员资格（即**存在观察值**）保证了它在 Y 中的成员资格（即**命题为真**）。未能通过充分性检验并不完全否证这一命题。然而，充分性检验如果没通过，也确实意味着命题不太可能是真的。一个失败的充分性检验会减损人们对命题有效性的信心。

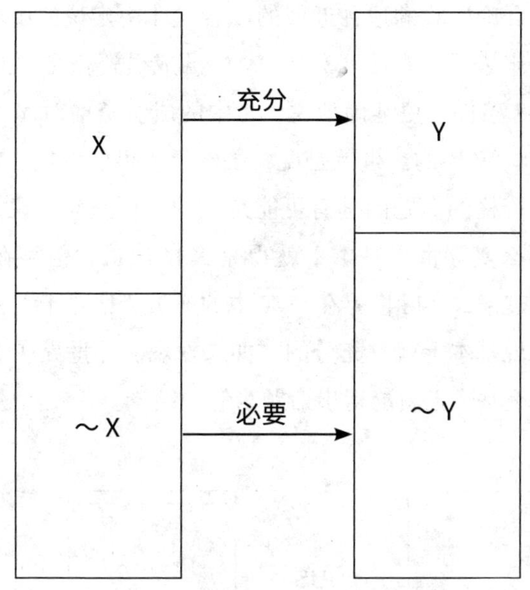

图 4.2　充分性检验的逻辑

X= 存在观察值；Y= 命题为真

以上的讨论都假定集合论检验是符合决定论的：一个失败的必要性检验就能完全证明命题是假的，而一个成功的充分性检验能完全证明命题是真的。然而，在具体的研究实践中，集合论检验从来都不可能消除所有的不确定性，从这些检验中得出的推论并不是绝对正确的（见第二章）。检验能在多大程度上消除不确定性，这取决于在检验中所运用的集合论概括的强度。反过来，概括的强度则取决于它能在多大程度上体现一个完全必要和 / 或完全充分的集合论关系。①

① 正如在第二章中所讨论的，集合成员观察和集合论概括的确定性程度是可以变化的。本章关注的是非决定论概括所引入的不确定性（比如“几乎所有的X都是Y”）。

对于集合论检验的这种近似的或者说非决定论的版本，我们可以用集合图来表示。在图 4.3 中，X 中的成员资格是 Y 中成员资格的一个 INUS 条件，更准确地说，X 中的成员资格对 Y 中的成员资格来说是 90% 必要的。也就是说，虽然不太可能发生，但一个在 X 中没有成员资格的命题的确有可能是真的。再换句话说，要成为 Y 的成员，那么实际世界基本上就得是 X 的成员，但存在 10% 的例外情况。反过来，实际世界在～ X 中的成员资格对于它在～ Y 中的成员资格来说基本上就是充分的。如果发现实际世界在 X 中缺少成员资格，那么基本上就能得出命题为假的结论。

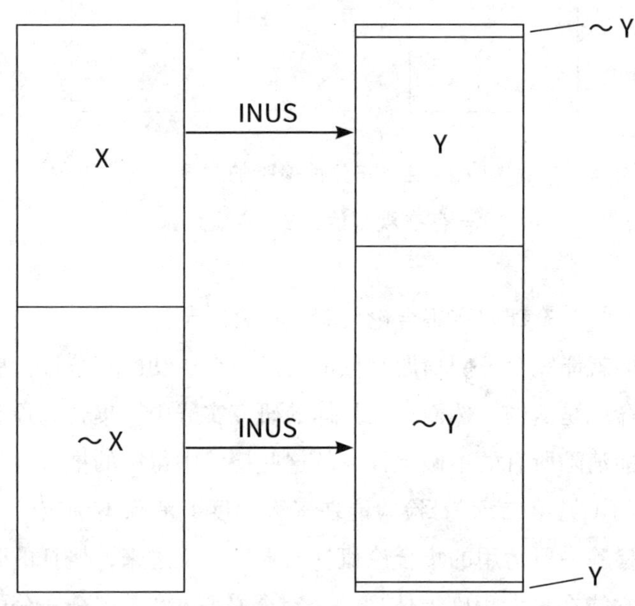

图 4.3　非决定论的必要性检验（90% 的必要性）

X= 存在观察值；Y= 命题为真

图 4.4 展示了一个近似的充分性检验。在这里，X 是一个 INUS

条件，它近乎是 Y 的充分条件。更准确地说，X 中的成员资格对 Y 中的成员资格来说是 90% 充分的。因此，X 中的成员资格差不多总能带来 Y 中的成员资格。同样地，集合～ X 中的实际世界成员资格几乎是其～ Y 中的成员资格所必需的。如果这个命题是假的，实际世界很可能是～ X 的一员。

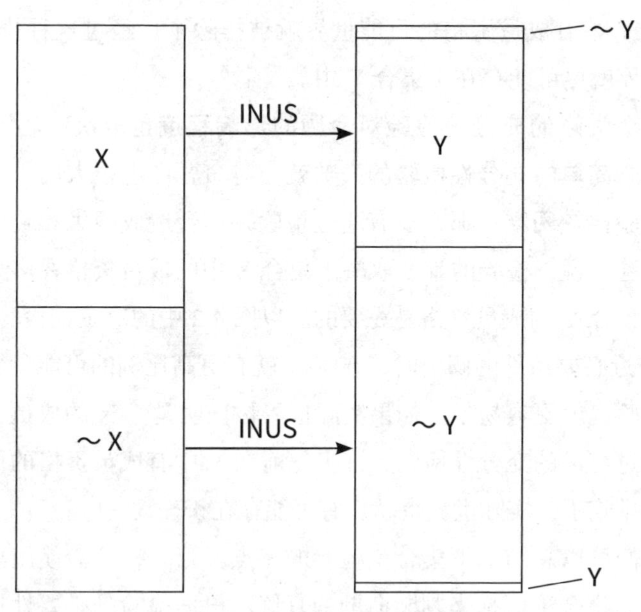

图 4.4　非决定论的充分性检验（90% 的充分性）

X= 存在观察值；Y= 命题为真

一个**成功的**必要性检验能在多大程度上为一个命题提供**正向**支持，取决于检验的难度。通过一个**困难的**必要性检验能为命题提供显著的正向支持，通过一个**容易的**必要性检验就另当别论了。必要性检验的难度则取决于一点，即对于命题在 Y 中的成员资格来说，它在 X 中的成员资格到底有多接近于充要条件。以决定论的必要性检验为例，所有在集合 Y 中具有成员资格的可能世界也是集合 X 的成员（如图 4.1）。这里的检验难度就取决于 X 在多大程度上是 Y 的充要条件。当 X 逼近充分条件的阈值时，X 中的可能世界就越来越少，因此必要性检验也就更难通过。换句话说，实际世界越难成为 X 的成员，通过必要性检验的难度就越大。如果实际世界很难成为 X 的成员，而研究者的确发现了实际世界是 X 的成员，那么许多之前在～ Y 中有成员资格的可能世界就被排除了。经过这种排除法，实际世界就更可能存在于集合 Y 中。

一个**失败的**充分性检验对命题的**影响程度**也取决于检验的难度。一个**简单的**充分性检验的失败就会对命题产生很大的影响，而如果检验比较**困难**，那么没有通过检验并不会造成很大影响。对充分性检验来说，检验的难度取决于集合 X 中的成员资格在多大程度上对于集合 Y 的成员资格是充要的。以图 4.2 中的决定论检验为例，当 X 逼近必要条件的阈值时，在 X 中就有更高比例的可能世界，充分性检验也就更容易了。如果实际世界被证明是～ X 的成员，由此没有通过容易的充分性检验，许多先前在 Y 中有成员资格的可能世界就被排除了，实际世界也就更有可能存在于～ Y 中。

我们可以总结一下集合论检验的特点。第一，检验使用集合成员观察和集合论概括来判断命题的真假。根据检验是必要性检验还是充分性检验以及命题是通过还是不通过，我们能够得到四种结果：保留、否证、确证、减损。

第二，检验的确定程度取决于检验中使用的集合论概念在多大程度上是完全必要关系或完全充分关系。在具体研究中，集合论概括只能做到近似于决定论的标准。因此，未通过必要性检验并不能完全否定一个命题，成功的充分性检验也不能完全确证一个命题。

第三，通过必要性检验（保留）能对命题提供多大程度的支持，未通过充分性检验（减损）能对命题构成多大程度的反对，这些也取决于检验的难度。通过一个困难的必要性检验比通过一个简单的必要性检验更能支持一个命题。未通过一个容易的充分性检验比未通过一个困难的充分性检验更不利于一个命题。检验的难度则对应于集合成员观察在多大程度上是命题成真的充要条件。

对于检验来说，还需要讨论一下顺序问题。“检验”这一术语也许意味着研究者在发现相关的集合成员观察值之前就已经仔细考虑并确定了集合论的操作。按照这一顺序，在对任何资料进行分析之前，研究人员需要先确定目标集合成员观察 X 和集合论概括，之后通过分析资料来检验实际世界是 X 的成员还是～X 的成员。不过，虽然个案研究和小数量研究有时候确实是按照这种顺序开展的，但大多数情况下并非如此。在通常情况下，研究者所做的集合成员观察会给出提示，告诉研究者需要做哪种之前尚未考虑的集合论检验。集合成员观察的发现发生在确定集合论检验之前，而不是之后。本章后面的内容还会讨论寻找证据与集合论检验之间的时间关系问题。

描述性命题

本节将讨论描述性命题，这种命题的一般形式是“案例 Z 是范畴 X 的成员”。当社会科学家讨论一个案例的事实时，他们就是在假定各种描述性命题的真实性。在大多数案例中，描述性命题是作为集合成员观察出现的，这些观察被视为社会事实。然而，在某些案例中，描述性命题的有效性要么是未知的，要么还存在争论。这种情况正是集合论检验的重点。比如以下两个命题：（1）特朗普在 2016 年当选美国总统；（2）普京授权对 2016 年美国总统选举进行干预，以帮助特朗普胜出。这两个命题都是描述性陈述，可能是正确的，也可能是假的。第一个陈述是真的，它在我们的社会中具有最高程度的可信度，即它是一个社会事实。相比之下，第二个陈述的真实性就取决于集合成员观察的发现和集合论概括的运用。

这里我们将探讨如何将必要性检验和充分性检验应用于对描述性陈述的检验。为了提供实质性的例子，我们选取了斯考切波（Skocpol 1979）以及德雷兹和森（Drèze and Sen 1989）的论述。虽然这些学者没有明确地使用集合论检验，但为了考察所分析案例中的争议性事实，他们所采用的做法是暗合于集合论的。

必要性检验

在《国家与社会革命》（*States and Social Revolutions*）一书中，西达·斯考切波（Theda Skocpol 1979: 118–120, 144–147）提出了以下描述性断言：18 世纪的法国具有村社团结；19 世纪的普鲁士（易北河以东）缺乏村社团结。这些断言可以表述为集合论命题：18 世纪的法国是“村社团结”这一范畴的成员，而 19 世纪的普鲁士不是。这些命题是真的吗？我们如何做出判断？

要使用必要性检验来评估一个关于个案的描述性命题，研究者需要探讨两个基本问题。首先，找到所研究的范畴有哪些必要条件，看一看案例是否属于这些**必要条件**范畴的成员。在这些范畴中具有成员资格，是命题有效的必要条件。斯考切波（Skocpol 1979: 115–117）认为，“农民拥有一些土地”“农民从地主那里获得一些自治权”和“农民从国家那里获得一些自治权”（条件 A、B 和 C）是案例成为“村社团结”范畴成员的必要条件。普鲁士不是条件 A、B、C 的成员，因为集合成员观察揭示出，普鲁士农民只能控制极少量的土地，并处在容克地主的严密监督之下。因此，普鲁士这一案例不能通过必要性检验，也就是说，它在“村社团结”的必要条件中缺乏成员资格。相比之下，法国就通过了这种集合成员观察的检验：法国农民控制着大量的小块土地，并生活在不受王室官员和地主精英监控的村庄里。

其次，在用必要性检验来评估一个描述性命题时，人们可以求诸一些辅助痕迹（auxiliary traces），当案例在相关范畴中具有成员资格时，就会留下这种痕迹。之所以能开展这种必要性检验，是因为范畴成员资格可以**充分地**保证后续痕迹范畴的成员资格，后者本不属于要分析的目标。如果一个人可以证明案例在这些痕迹范畴中**没有**成员资格，那么就可以推断出案例在目标范畴中也没有成员资格。换句话说，一个案例要成为目标范畴成员，需要满足一个必要条件，即该案例在任何辅助痕迹范畴中都有成员资格，而目标范畴中的成员资格对这些辅助范畴来说是**充分的**。

以让·德雷兹和阿玛蒂亚·森（Jean Drèze and Amartya Sen 1989）的描述性命题为例：印度喀拉拉邦（Kerala）属于“女性地位高”这一范畴，而印度其他邦大多数都不属于。作者的解释是，如果一个案例中的女性成员地位很高，那么它必须是其他某些范畴的成员，比如“女性识字率高”和“女性寿命高”。随后他们做了一系列集合成员观察，结果表明，印度总体上不属于这些范畴的成员。因此，作为一个整体，印度没能通过必要性检验，于是作者得出结论，印度不属于“女性地位高”的成员。相比之下，喀拉拉邦具有范畴成员资格，通过了必要性检验，由此喀拉拉邦在“女性地位高”的范畴中是可能具有成员资格的。

未能通过必要性检验会让一个命题被近似否证，关于案例的命题可以通过这种方式被证伪。相比之下，通过一个必要性检验会提供支持性证据，检验越难，支持力度越大。上面的那个例子就是一个比较难的必要性检验。在印度，一个邦有高的女性识字率和高的女性寿命，这是不寻常的，绝大多数邦都不是这些集合的成员。因此，必要性检验要求喀拉拉邦获得一个不太容易获得的、不典型的集合成员资格，该邦通过了检验，就大大增强了人们的信心，相信喀拉拉邦是“女性地位高”这一范畴的成员。

充分性检验

充分性检验可以考察案例是否位于作为范畴**必要条件**的辅助痕迹中，以此判断案例是不是特定范畴的成员。这一检验所基于的理念是，给定范畴的成员资格可能是后续痕迹范畴中成员资格的基本要素。假如能证明案例在一个或多个痕迹范畴中具有成员资格，则可以推测该案例也是目标范畴的成员。如果目标范畴的成员资格对于后续痕迹范畴的成员资格是必须的，则该痕迹范畴中的案例成员资格**足以**确证命题，即该案例在目标范畴中具备成员资格。[①]

在考察大多数“基本历史事实”（包括大多数集员观测）是否存在时，研究者默认使用的就是上述充分性检验。[②]研究者知道过去发生了某些事件，是因为这些事件留下了一些痕迹，如果过去的事件没有发生，这些痕迹是不可能存在的。对于亚伯拉罕·林肯的存在，我们有确凿的证据，否则我们怎么解释那些描述他的生活和行动的、海量的一手和二手记录？同样，我们有无可辩驳的证据表明，我们眼中的那些大规模农民起义发生在18世纪的法国。对于延续至今的无数痕迹证据来说，这些起义是必要条件，还有大量的描述起义的信息源，它们都被历史学家认真审查过，如果起义没有发

① 这种集合论检验遵循的是换质位法的逻辑。研究者还可以看看目标范畴的充分性范畴（或组合）有哪些，看案例是否属于这些范畴或范畴组合，以此开展充分性检验。如果满足条件，则该案例是目标范畴的成员。

② 哲学家们有时会提出，当下的痕迹过度决定了过去事件的存在，他们的意思是，有若干当下的痕迹各自都能完全推断出过去事件的存在（Lewis 1986b; Cleland 2002）。现在过度决定了过去。时间方向的这一特点解释了为什么我们更善于预测和解释过去，而非预测和解释未来。

生，这些事物都不可能存在。

当本应存在的痕迹缺失时，历史事实的真实性就会受到质疑。例如，一些作者根据喀拉拉邦自报疾病的资料做出推断，表示该邦男性和女性的发病率都很高。然而，德雷兹和森（Drèze and Sen 1989: 221–222）认为，这些报告并不能有力地证明喀拉拉邦是高发病率范畴的成员。他们指出，自报发病率的指标往往具有误导性，因为研究人员只对疾病感兴趣，而不关心与健康交流有关的问题。如果喀拉拉邦是一个高发病率范畴的成员，那么就可以在记录的健康信息中观察到其他可见的痕迹。而正是由于缺乏这些痕迹，德雷兹和森对喀拉拉邦是高发病率范畴成员这一“事实”产生了质疑。

通过了充分性检验意味着什么，取决于检验中所使用的集合论概括的强度。概括在多大程度上接近于必要性和 / 或充分性关系，一个成功通过的检验就能在多大程度上确保一个命题的真实性。当我们指出一些无可争辩的事实时，比如亚伯拉罕 · 林肯是一个实际存在的人，我们就潜在地假定了决定性的集合成员概括。虽然支持我们相信林肯作为一个真实的人存在的概括并不是 100% 的，但出于分析的目的，我们把它们视为可靠的。

最后，未能通过充分性检验对一个命题的影响程度取决于检验的难度，未能通过一个简单的充分性检验对命题的影响更大。德雷兹和森（Drèze and Sen 1989: 221）考察了喀拉拉邦是否属于低热量摄入地区。虽然研究者缺少印度各邦或各地区的卡路里摄入量的可靠资料，但他们认为，如果喀拉拉邦的严重营养不良有着高发生率，这一命题就能获得强力支持。然而，资料表明，喀拉拉邦并不是“严重营养不良”这一范畴的成员。因此，“喀拉拉邦是低热量摄入地区”这一命题未能通过充分性检验。此外，在整个印度和其他发展中国家，严重营养不良的现象很普遍，因此这种充分性检验相对容易通过。未通过这个简单检验，对于“喀拉拉邦是低热量摄入地区”这一命题来说，就提供了重要的反证。

因果性命题

如果一个特定案例是先行事件 X 和后续事件 Y 的成员，那么如何能确定是它在 X 中的成员资格才衍生出它在 Y 中的成员资格？举例来说，18 世纪的法国是村社团结的成员，之后它又是农民革命的成员，那么我们如何能确定前一集合的成员资格是后一集合的成员资格的原因呢？

本节将探讨如何通过必要性和充分性检验来评估因果命题。讨论建立在第三章介绍的因果关系的规则模型的基础上。对于规则因果模型来说，研究者不仅在原因事件和结果事件中建立了一个能涵盖所有可能案例的逻辑规律，也证明了因果事件是通过一系列中介事件所构成的因果链而发生的。因果链中的链接就是让主要原因事件和结果事件实现时空联系的机制。按照这种思路，我使用**中介机制**（intervening mechanism）一词来描述因果链中的链接。中介机制既是最初原因的结果，也是最终结果的原因。对中介机制的识别和分析，是因果命题集合论分析中不可或缺的组成部分。

必要性检验

必要性检验确定了一个范畴，案例在该范畴中的成员资格对于命题为真来说是必要的。在因果命题中，案例必须在其中具有成员资格的那些基本范畴正是链接集合 X 和 Y 的中介机制。更具体地说，要对“X 在案例 Z 中导致 Y”进行必要性检验，就要求 Z 在中介机制 M 中具有成员资格，其因果链是这样的：X → M → Y。这种必要性检验的具体步骤取决于所研究的命题是表达了 X 是 Y 的必要原因（包括 SUIN 原因）还是充分原因（包括 INUS 原因）。

假设我们正在评估一个命题：X 是 Y 的必要原因。举例来说，斯考切波（Skocpol 1979: 121–126）提出，法国先前在村社团结（X）中的成员资格是其后来在农民革命（Y）中的成员资格的必要原因。为了进行必要性检验，斯考切波可以利用现有的一般化知识，找到一个足以产生结果（Y）的充分机制（M）。为了通过必要性检验，村社团结（X）中的成员资格必须是中介范畴 M 的必要条件。[①] 换句话说，如果我们知道处于时序中间位置的 M 对 Y 来说是充分的，那么就可以逻辑地推导出一点：如果 X 是 Y 的必要原因，那么 X 对 M 来说一定是必要的。

这种检验取决于（1）已有的知识，即 M 中的成员资格对于 Y 的成员资格是充分的，（2）集合成员观察，即确定 X 的成员资格是不是 M 的成员资格的必要条件。这种检验之所以能够发挥作用，是基于一个事实，即 M 在时序上更接近于 X，而不是 Y，因此评估 X 与 M 之间的连接，就比评估 X 与 Y 之间的连接更容易。仍以斯考切波的研究为例，历史研究能够证实，1789 年在法国部分地区发生的某些农村暴动（主要是反对铸币税的斗争，尤其是在北部和东北部）足以让法国成为“农民革命”这一范畴（Y）的成员。因此，斯考切波探讨了村社团结（X）这一原因要素对于反铸币税暴动（M）来说是否是必要的。文献证据表明，暴动是由村庄中的集会和组织所促成的。农民社区“有相当的财产、社区自治和反封建领主的团结……就预先存在着反封建起义的潜能”（p.125）。在她的判断中，该命题通过了必要性检验：村社团结（X）的成员资格是

① 如果X是Y的必要条件，那么X也是所有中介机制的必要条件，这些中介机制（包括各种条件组合）对Y来说是充分的。从逻辑上讲，除非X对于所有的中介条件（对Y来说是充分的）来说是必要的，否则X对Y就不是必要的。

广泛的反封建暴动（M）的成员资格的必要条件，后者又可以充分导致农民革命（Y）的成员资格。

一个因果命题通过了必要性检验意味着什么，取决于检验的难度。如果检验中的中介机制是结果的一个重要的充分原因（即该机制合理地接近于结果的必要原因），则检验将更难通过。在斯考切波的例子中，中介机制是发生在法国战略要地的一系列反封建领主的暴动。虽然这些暴动可能不是农民革命的必要条件（也就是说，发生在法国其他地区的农民暴动可能会带来同样的结果），但它们是最容易和最明显能够导致法国农民革命的事件。从这个意义上说，必要性检验似乎相当困难：这种机制是法国农民革命的一个重要充分条件。因此，斯考切波的假设通过了一个相当困难的必要性检验，正因为如此，也获得了重要的验证。

对于X是Y的**充分原因**的命题（包括当X是INUS条件的充分组合时），必要性检验可以与任何Y的**必要**机制（M）一起进行。对于通过必要性检验的命题，X中的成员资格必须能够充分导致M中的成员资格。如果X对M是不充分的，则命题不能通过检验，因果命题则很可能是不成立的。如果如命题所述，X对Y来说确实是充分的，那么X必须是所有中介机制的充分条件。

举例来说，进步性的公共政策（X）是不是喀拉拉邦高女性地位（Y）的充分原因？德雷兹和森（Drèze and Sen 1989: 223–225）否定了这种看法。他们是通过考察女性–男性比例来得出这一结论的。他们强调，喀拉拉邦"女性–男性比例大于1（M）"，他们遵循了一些学者的观点，这些学者认为，在这一范畴中的成员资格是高女性地位的必要条件。然而，喀拉拉邦在进步的公共政策中的成员资格并不足以使它的女性–男性比例大于1。相反，喀拉拉邦的性别出生比率有着久远的文化根源，受到了部分母系继承制度的影响。因此，该命题并没有通过必要性检验：在"进步的公共政策（X）"

中具有成员资格，并不能充分保证“高女性地位（Y）”中的成员资格。之所以能够得出这一点，是因为X并不能充分导致“女性-男性比例大于1（M）”，而后者是Y的近似必要条件。

充分性检验

对于评估因果命题的充分性检验来说，也要求研究者注意X和Y之间的中介机制。同样，检验具体要怎么做，也取决于命题本身，即X到底是Y的必要原因还是充分原因。

如果假设潜在原因（X）中的成员资格对结果（Y）的成员资格是必要的，研究者可以通过识别一种中介机制（M）来运行充分性检验，该机制的成员资格是Y的必要条件。随后，研究者要确定X中的成员资格是否是M中的成员资格的必要条件。如果是，那么X本身对Y也是必要的。

上述检验背后的假定是，尽管我们可能不知道X对Y是否是必要的，但我们知道M对Y是必要的，于是我们使用集合成员观察来确定X对于M来说是否是必要的。这样做的好处是更简单，因为比起X和Y的关系来说，X和M在时间上更为接近。正如一些研究者所说，近因事件之间的因果关系在直觉上是显而易见的，在必要原因的情况下更是如此（Abbott 1992; Griffin 1993; Roberts 1996; Goldstone 1998a）。必要原因的链条为研究者开展充分性检验提供了很好的机会。人们可以看到，在引发整个序列的运动并最终导致结果时，初始原因中的案例成员资格是如何发挥至关重要的作用的。

还是以喀拉拉邦的命题为例，即喀拉拉邦在“进步的公共政策”（X）中的成员资格是它在“高女性地位”（Y）中的成员资格的充分原因。证实这一命题的一种方法是寻找一种中介机制（M），该机制的成员资格对于后续获得高女性地位（Y）的成员资格是必要的。德雷兹和森的讨论表明，性别的平等化教育就是这样一种机制："如果更高水平的女性教育和教育上更少的性别不平等都没能让女性过上更好的生活，那就太奇怪了。因为这两个要素都可以提升女性地位，增加女性的经济权力。"（Drèze and Sen 1989: 224）这时要考察的问题就变成了：喀拉拉邦在"进步的公共政策"中的成员资格是否是其在"平等的性别教育"这一中介机制中的成员资格的必要条件。作者认为答案是肯定的："比起印度其他地方来讲，（喀拉拉邦）的公共政策更加重视普通教育和扫盲，对女性教育的重视更是少有的。"（p.223）因此他们发现（1）性别的平等化教育（M）是高女性地位（Y）的必要原因；（2）而先前的进步公共政策（X）则是性别的平等化教育的必要条件（M）。鉴于这些发现，核心的因果命题就是正确的，进步的公共政策是女性地位高的必要原因。

最后让我们考虑这样的命题：原因（或原因的组合）中的成员资格是结果中成员资格的充分条件。为了进行充分性检验，我们需要找到一种中介机制，该机制被明确视为结果的充分原因。随后我们就需要证明，对于中介机制（M）来说，原因（X）中的成员资格是充分原因，而M中的成员资格又是Y的充分原因，由此原因本身肯定是结果的充分原因。

这种集合论检验在侦探和法医那儿就经常能见到。验尸官在尸检过程中可以确定一个能充分导致死亡的近因机制以及能够充分导致这一机制的远因。左颈内的静脉切断是一个充分的近因，而用刀造成的锐器伤就是这种切断伤的充分原因。因此逻辑上能够得出结论：刀伤足以导致死亡。

在社会科学中，这种检验常常伴随一个由多个因素组成的机制，这种机制是结果的充分条件。举例来说，斯考切波（Skocpol

1979）认为，法国在农民革命（X_1）和国家崩溃（X_2）的结合中的成员资格能够充分导致其获得在社会革命（Y）中的成员资格。也就是说，她认为下面的关系是成立的：$X_1 \& X_2 \rightarrow Y$。反过来，她的研究旨在表明：三个INUS的原因——国际压力（A），统治阶级的政治影响（B）和村社团结（C）——组合起来成为农民革命和国家崩溃的充分条件（Goertz and Mahoney 2005）。在某种程度上，她可以合理地表明，在A、B和C的组合中的成员资格能够充分带来农民革命和国家崩溃中的成员资格，由此也就可以证明，这种INUS原因的组合是社会革命这一结果本身的充分条件。其整体论点是$A \& B \& C \rightarrow X_1 \& X_2 \rightarrow Y$，换做文字表述如下：斯考切波发现，国际压力、统治阶级的政治影响还有村社团结这三个条件的组合，带来了农民革命和国家崩溃的组合，从而进一步导致了法国的社会革命。

集合论检验的经验案例有助于阐明小数量研究和个案研究中的因果评估逻辑。本章的附录提供了三个额外的例子，这些检验来自一些关于英国历史上的民主化的著名研究。

规范性命题

在个案研究和小数量研究中，规范性命题有以下的通用形式："对于案例C来说，范畴X是范畴Y的成员"，其中X是一个特定的事件或制度，而Y是一个规范性的范畴，它带有一个评价性的描述符，比如对、错、好或坏。举例来讲，就现实世界这个案例来说，有人主张"法国大革命"这个范畴是"人类历史上的积极事件"这一范畴的成员。或者，对拉美的某些国家来说，"新自由主义方案"是"有害经济方案"的成员。社会科学分析的目的之一是用证据和逻辑来评价显性规范命题的真实性。

在这一节中，我参考了诺曼·弗尼斯和蒂莫西·蒂尔顿的著作《福利国家的案例》（*Norman Furniss and Timothy Tilton*）（1977），用以说明对规范性命题的集合论检验。弗尼斯和蒂尔顿关心一个问题，即对于发达工业国家来说，“社会福利国家”这一范畴是否属于“正当的政治经济制度”。他们对社会福利国家的定义反映了对平均主义的一般化的规范理解（见第八章规范传统）。弗尼斯和蒂尔顿将社会福利国家理解为通过社会政策来追求生活条件的平等，通过社会赋权来促进政治权力的扩散。作者对比了社会福利国家与其他两种政治经济制度，其中瑞典是社会福利国家在实际世界中的典范成员，美国和英国则分别是“积极国家”（positive state）和“社会保险国家”（social security state）的典范。

对“正当的政治经济制度”这一范畴的讨论清楚地表明，他们的研究结果假定且要求了对平等主义价值观的认可。研究发现并没有超出这一规范传统的界限。具体来讲，在衡量他们的论点时，人们必须首先接受平等的价值观：“坚信所有人都有同样权利过上充实而满意的生活”，这是“一个公正社会的基本属性”。（1977: 29）

必要性检验

基本的必要性检验会考察跟随规范范畴的辅助条件（痕迹范畴），看看结果是否是这些辅助条件的成员。研究者首先确定，规范性范畴 Y 可以充分导致后续条件 Z，随后就得要求事件或制度 X 是这个条件 Z 的成员，否则命题就会被否证。

比方说，学者们可能会从下面的集合论概括开始：规范范畴“正当的政治经济制度”（Y）基本上能充分导致“公民高度认可政治经济制度”（Z）。正当的政治经济制度会留下一种痕迹，即公民对制度的高度认可。[①] 虽然这个痕迹可能先于也可能不先于合理的政治经济制度，但它几乎是恒随的。其逻辑上的含义是，如果命题（即社会福利国家是一种合理的政治经济制度）是真的，那么只要一个国家在一段时间内是社会福利国家（X）的成员，它就也应该是公民高度认可制度（Z）的成员。“社会福利国家”在“高度公民认可”痕迹中的成员资格对于命题的有效性是几近必要的。

通过了这种检验，命题得以保留，并至少同时获得了一些积极支持。就瑞典的情况而言，弗尼斯和蒂尔顿认为，由于通过必要性检验的难度相当大，因此命题得到了相当的支持。大多数国家不具备公民的高度认可，因此获得这个范畴的成员资格就不是那么理所当然的。不能理所当然地成为这一必要范畴的成员国；事实上，学者们指出，对于20世纪70年代的瑞典来说，即便很多公民曾生活在不同的制度下，他们对社会福利制度还是表现出高度的认可（Brooks and Manza 2007）。尽管具有积极国家的替代知识和经验，他们仍然非常喜欢社会福利国家。总之，社会福利国家在高度公民认可范畴中的成员资格是必须的，但它并不容易获得。因此，成功通过了这种必要检验，能够为命题提供重要的支持。

另一种不同的必要性检验考察的是在时间或逻辑上先于规范范畴的条件。这种检验专门关注成为规范范畴成员所必需的先决条件。一个命题要通过检验，事件或制度本身必须是这种先决条件的成员。像弗尼斯和蒂尔顿所主张的，在“政治自由社会”这一范畴中的成员资格对于“正当的政治经济制度”中的成员资格是必要的，那么社会福利国家就必须是政治自由社会的成员，才能让自己在“正当的政治经济制度”中拥有成员资格。

---

① 人们总是可以质疑集合论检验中所使用的概括，包括它们在多大程度上近似于完全必要性或完全充分性的确定性理想。一个集合论检验的强度/有效性取决于检验所使用的概括的强度/效度。

这种必要性检验有助于确定适用规范命题评估的案例范围。比如有人可能会说，一个国家必须首先是民主国家和发达国家的成员，才能成为正当的政治经济制度的成员。其理由是，缺乏这些先前范畴成员资格的国家也缺乏在正当的政治经济制度中获得成员资格的必要条件。在某种意义上，集合论检验确定了分析的范围：不符合某些条件的国家，就不可能具有成为规范范畴成员的可能性。

充分性检验

基本的充分性检验也会关注某个辅助条件（Z），案例只有在所研究的规范性范畴（Y）中具有成员资格，才能在Z中具有成员资格（即，条件Y中的成员资格对于条件Z中的成员资格是必要的）。研究者会考察被研究的事件或制度（X）是否在这个辅助条件（Z）中具有成员资格，因为这个成员资格基本上能够充分导致规范性范畴（Y）中的成员资格。研究者可以从如下的概括开始（弗尼斯和蒂尔顿的观点）：正当的政治经济制度（Y）是弱势社会群体得到政治赋权（Z）的近似必要条件。这种观点认为，几乎所有不公正的政治经济制度都会产生不公正的结果，包括不断剥夺弱势群体的权力。要赋予他们以权力，就需要有一个公正的制度。集合论检验采用如下形式：如果社会福利国家（X）是弱势社会群体得到政治赋权（Z）的成员，那么它也很可能是正当的政治经济制度（Y）的成员。得出这一结论的原因是，要获得“政治赋权”的成员资格，基本上就需要先有在正当的政治经济制度中的成员资格。

我们可以在弗尼斯和蒂尔顿的论证中看到这种检验的逻辑。他们认为，对瑞典来说，社会福利国家是正当的政治经济制度的成员。在证明这一观点时，作者给出了不同的指标，用以表明社会福利国家是范畴“弱势社会群体得到政治赋权”的成员。他们评论道："瑞典的福利国家是成功的，其最显著的证明是传统的阶级壁垒被夷为平地。日常现象揭示了实质性的社会平等。"（Furniss and Tilton 1977: 140）如果正当的政治经济制度是政治赋权的必要条件，那么社会福利国家在政治赋权中的成员资格就为弗尼斯和蒂尔顿的论点提供了确凿的证据。

未能通过充分性检验并不否定一个命题，不过检验的难度却意味着它对命题能够产生多少不利影响。举例来说，如果原命题是积极国家（美国为代表）是正当的政治经济制度的成员，那么上述检验就会失败。弗尼斯和蒂尔顿引入的很多证据表明，积极国家远不属于"弱势社会群体得到政治赋权"这一范畴。然而，这种否定只对命题造成了很轻微的破坏性后果，原因就在于这种充分性检验的难度。一个社会想在"弱势社会群体得到政治赋权"这个范畴中拥有成员资格，实在是很困难的。因此，虽然积极国家不属于政治赋权这一范畴，但这并不能对"积极国家不是正当政治经济制度的成员"提供有力支持。

最后，我们还可以围绕一个或多个规范范畴的先在充分条件来构建充分性检验。例如，我们可以从这样一个概括开始："真正民主的政治过程"这一范畴是正当的政治经济制度的充分条件。这一概括认为，任何从真正的民主过程中形成的政治经济制度都是内在正当的。如果一个人能够证明一个给定的制度是这样形成的，他就可以得出结论，该制度在正当的政治经济制度中具有成员资格。

上面这个例子引出了集合论检验中范畴的部分成员资格问题。研究者可能会有如下结论：在"真正民主的政治过程"范畴中，瑞典有相当高但并不完全的成员资格（比如 0.75 的成员值），如果是这样，根据连续集分析的规则，我们可以得到结论，瑞典在正当的政治经济制度范畴中至少也有同样高的成员值（≥ 0.75）。这种发现源于如下概括，即真正民主的政治过程是正当的政治经济制度的充分条件。案例在充分条件中的隶属度等于或大于它在目标范畴中的隶属度（参见第三章中关于部分集合成员的集合论分析）。

总之，规范性命题一样适用集合论检验。在评估“X 在道德上是好的”和“X 是 Y 的一个实例”这两种命题时，人们使用的程序是一样的。在科学建构主义中，所有的社会范畴都被理解为依赖于心智的实体，需要有共同的信念才能存在。因此，规范性命题的真实性取决于信仰这一事实并不能将其与其他类型的命题区分开来。规范性命题的真正不同点在于对它们的评价往往依赖于与规范信念的整体传统相关联的集合论概括。例如，弗尼斯和蒂尔顿在 1977 年的研究中就很清楚地根据道德平等主义来做出概括。一个反对道德平等主义的学者就可能拒绝他们做出的概括。因此，来自不同规范传统（见第八章）的学者就可能无法就具体规范命题的真实性达成相似结论。

演绎与归纳

集合论检验是否涉及归纳或演绎的解释和推理？这个问题的答案有助于澄清个案研究和小数量研究中使用集合论检验的方式。然而，问题的答案却是不确定的，它取决于归纳分析和演绎分析的意思到底是什么。这些术语在逻辑学领域中的定义和在经验社会科学领域的定义是不一样的。两种定义都有助于阐明集合论检验的机制，但有必要把它们清楚地区分开来。

逻辑学的定义

在逻辑学领域，**演绎**指的是一种推理模式，在这种模式中，论证的前提为真，论证的结论就为真（Copi and Cohen 1994; Hacking

2001）。采用集合论检验的研究者喜欢在这种意义上进行演绎分析。他们试图从一组前提中推导出逻辑的和必然的结论。前提则包括被视为社会事实的集合成员观察和被视为真的集合论概括。这种方法在某些方面类似于覆盖率模型（deductive-nomological, D-N）的解释模式（Hempel 1942; Nagel 1961; Popper 1934/1968）。与 D-N 模型一样，集合论检验使用社会事实和规律性陈述来评估关于特定案例的命题。然而，集合论检验将 D-N 模型置于建构主义而不是实证主义或经验主义的基础之上。检验中所使用的范畴是心智依赖的实体，这些范畴之间的关系也是心智依赖的实体，不是脱离人类信仰的独立存在。因此，集合论检验所报告的规律性在空间和时间上是有界的，依赖于特定的真理语境。

当前提的真实性不能保证结论的真实性时，使用**归纳**推理模式：即使前提都为真，也会产生关于结论的概率预测（Hempel 1942; Hacking 2001）。命题逻辑是一种演绎分析模式，而统计学是一种归纳分析模式。为了有效地用于对个别案例的分析，归纳推理要求研究者使用强概括。人们需要从一个强的规律性陈述开始，以便能够推断出某事件在个别情况下能发生（或不能发生）。高度的概率概括不允许做这样的推断，因此在评估关于个别案例的命题时是不太使用的（Hempel 1942; Scriven 1959; Costner and Leik 1964; Railton 1978）。

尽管案例研究者寻求使用完全演绎检验，但他们必须进行逻辑归纳，因为他们的概括只是近似必要或近似充分。对于命题的有效性，集合论检验的结论是不确定的（见第二章对不确定性的讨论）。任何给定检验的确定程度，即检验的强度都取决于它的概括到底有多接近必要或充分关系。

当研究者无法使用演绎分析时，他们可以通过开展多重归纳检验来弥补，以使他们的发现获得更高的置信度。一个命题如果只通过了单一的归纳检验，是不太可能获得很强支持的，除非该检验有非常高的难度。但如果一个命题同时通过了几个归纳检验，就可能会得到相当大的支持，即便每个检验所使用的概括只有近似的确定性（Goertz and Mahoney 2012）。

来自经验社会科学的定义

在社会科学中，演绎分析是指在对用于评估概念、命题和理论的证据进行分析之前，先对这些概念、命题和理论予以形式化（formulation）。根据这一定义，概念、命题和理论是**先于**资料收集和分析的。相比之下，归纳分析就涉及使用证据和资料来产生以前没有形成的概念、命题和理论。按照这一定义，在个案研究和小数量研究人员从事归纳推理时，他们发展出的概念、命题和理论使用了未经审查的案例和证据。[①] 同样，当统计研究者搜索模型设定以及对数据进行探索检验时，他们从事的也是归纳分析。

在应用于集合论检验时，社会科学的演绎和归纳就涉及是否在对集合成员观察进行分析之前就设计好检验。在演绎性的集合论检验中，研究者先设计好检验，随后再考察检验所需的具体证据。比方说，在撰写研究计划时，一位案例研究者会确定要进行什么样的集合论检验。在实际研究中，研究者的工作就是按照检验安排，建立（或不建立）案例在一个或多个范畴中的成员关系。开展演绎性的集合论检验类似于侦探的工作，他们搜索预先认定的证据来解开

① 一些方法论研究者认为，个案研究和小数量研究主要采用归纳分析模式，其效用在于生成理论。这些研究者可能认为，对于评估理论的有效性来说，小数量研究是一种薄弱的模式，因为案例数量不足以进行统计检验（Lijphart 1971; Campbell 1975; Goldthorpe 1997; Fearon and Laitin 2008; 参见Gerring 2017）。

谜团。从某些（非贝叶斯）认识论的观点看，演绎分析是一种更优的推理模式，因为检验是在资料分析之前就构思好的。比如经验主义认识论就主张在“证明的语境”和“发现的语境”之间进行明确的区分（Popper 1934/1968）。研究者首先确定，什么样的证据能够证明一个命题为真的信念，随后在经验层次上看看这种证据是否存在。

然而在实际研究中，社会科学研究者常常默认地开展贝叶斯假设下的经验归纳式的集合论检验。在研究一个案例时，他们可能会发现案例在某个范畴中具有成员资格，该范畴可用于评估相应的命题。举例来讲，他们可能会意外地发现一种有关机制的重要资料，就像侦探在调查过程中偶然发现一个意料之外的决定性的线索一样。虽然不去寻找具体的资料，但研究者会去搜索有用的证据，来为尚未设想好的集合论检验提供信息。在归纳研究中，特定的集合成员观察的发现**先于**并**导致**了集合论检验的形成。如果研究者在发现适当证据时就能及时进行集合论检验，这个过程就会更容易完成。熟练的研究者可能无法预测哪些集合成员观察是非常有用的，但他们知道去哪里寻找，在遇到这种观察时，他们就已经做好准备了。

要发现未曾预期的有用证据，归纳性的集合论检验会是很强大的工具。正如侦探一样，研究者是带着待评估的命题、不同的理论和预感来开始调查的。在收集证据的过程中，他们发现了意料之外但却是正面的、支持其结论的集合成员观察。面对这些发现，他们几乎同时就设计并进行了集合论检验。[①]

---

① 个案研究和小数量研究的经验归纳性质可能被视为定量研究的反面，在定量研究中，研究者常常被鼓励在分析数据之前设计一个统计模型。然后在实际的定量研究中，根据数据对统计模型进行各种改进乃是家常便饭（Collier, Brady, and Seawright 2010: 171–172）。此外，个案研究和小数量研究者在构建命题和检验命题时所使用的集合成员观察是不一样的（Rueschemeyer 2003）。在贝叶斯假设下，发现证据的时间对（接下页）

总而言之，集合论研究者努力开展演绎逻辑的检验，但在实践中，他们必须使用归纳逻辑。他们通过采用强归纳集合论检验和多重归纳检验来弥补演绎逻辑的缺失。他们可能偶尔会在分析主要证据之前确定有什么样的集合论检验，但更为常见的是，他们是运用那些相关但不完全符合预期的证据来制定和评估集合论检验的。

集合论检验包含两个任务：一是寻找集合成员观察，二是使用和发展集合论概括。如果想在集合论检验的资料搜集方面做到更好，研究者就必须对研究主题有深入的理解。有用的证据（即集合成员观察）会对拥有专业知识的人打开窗口，那些不熟悉主题的人可能是看不见的（参见 Tansey 2007）。

如果要把集合论检验设计得更好，人们必须掌握现有集合论概括的知识，这些概括可能来自对其他案例的研究。这些概括不需要是“普遍规律”（universal laws），但它们在理想情况下将近似于必要和/或充分条件。在评估一个给定的命题时，集合论研究者通常采用不同证据，开展多元检验。因此，当我们用集合论分析来评估某个推断的整体可靠性时，我们必须考虑到推断背后的各种证据和检验。

附录：集合论检验的例子

解释英国民主

本附录讨论了三个著名研究中的因果命题，均是英国历史上的民主化问题。每个例子都运用了带有中介机制的集合论检验。虽然

（接上页）推断的强度没有影响。

所有例子都讨论的是英国早期的民主化，但它们所关注的命题并不一定存在竞争或矛盾。

摩尔论圈地运动

在《专制与民主的社会起源：现代世界形成过程中的地主和农民》（Barrington Moore 1966）中，巴林顿·摩尔提出了一个著名的观点，即英国的圈地运动（1760 至 1832 年）是 19 世纪中叶以后英国议会民主制发展的必要原因（pp.20–39）。该论点的支撑核心是一个充分性检验，此检验关注一个中介机制，这个机制链接着圈地运动和议会民主制的建立。这一关键的中介机制就是对传统农民社会的破坏。

摩尔使用跨案例的比较来得出这样一个结论，即在这个世界史时期，在一个以强大的传统农民为标志的社会中，民主化不可能有所进展。摩尔发现，凡是农民人多且传统根深蒂固的地方，其结果就是反动的法西斯主义（如德国和日本）、共产主义（俄罗斯和中国）或前现代的落后（印度）。用集合论的语言来讲，这一观点认为，在通过现代世界的道路上，一个社会在“不强大的传统农民”中的成员资格是其在“议会民主制”中拥有成员资格的必要原因。

摩尔在研究中使用了一些历史文献，这其中比较重要的是托尼（Tawney 1912, 1941）和坎贝尔（Campbell 1942）。在这些文献的基础上，摩尔确立了英国的圈地运动对于消除传统农民体制的必要性。在摩尔看来，如果没有发生圈地运动，小农经济和传统的农民社会将继续存在。用集合论的语言来说，英国在“圈地运动”中的成员资格对于它在“不强大的传统农民”中的成员资格来说是必要的。

因此，从集合成员的角度来看，圈地运动是不强大的传统农民的必要原因，而传统农民的不强大是议会民主制的必要原因。对摩尔来说，这些事实加总在一起，有力地支持了“圈地运动对英国的议会民主制是必要的”这一命题。此外，由于圈地运动在近代早期是一个不寻常的事件（摩尔把它视为英国有别于世界其他地区的主要因素），我们就可以把它当成英国民主化后果的重要必然原因，甚至是一个关键事件（见第十章关键事件分析）。

鲁伯特论自由工党主义（Lib–Labism）

在《自由主义、法西斯主义或社会民主主义：两次世界大战期间欧洲的社会阶级和政体的政治起源》（Gregory Luebbert 1991）一书中，格里高利·鲁伯特认为，在当时欧洲的历史情境下，在第一次世界大战之前自由主义政党和劳工运动之间的联盟（Lib-Lab alliance），几乎可以充分地导致英国在两次大战之间的开放的政治经济体制（自由民主）。此论点的关键组成部分涉及一个带有中介机制的必要性检验，这个机制就是温和的劳工运动。鲁伯特的比较分析表明，这一机制是两次世界大战期间欧洲得以在“自由民主”这一范畴获得成员资格的必要原因。如果原命题是正确的，那么Lib-Lab 联盟就必须是上述中介机制的充分条件。一个结果的充分原因必然也是所有产生结果的必要中介机制的充分原因。

在这个检验中，鲁伯特采用了集合论的概括，即在两次世界大战期间，温和的劳工运动对于欧洲的自由民主是必要的。这一概括是从对英国和发生过激烈工人运动的其他欧洲国家案例的分析中得来的。在这些案例中，“劳动和平与纪律，以及政治秩序的稳定……要求与自由主义模式进行根本性的决裂”（p.10）。只有在劳工是温顺的、没有阶级意识的情况下，自由民主才能盛行。

在这一概括的基础上，必要性检验还要证明 Lib-Lab 联盟中的成员资格能够充分导致温和劳工运动的成员资格。鲁伯特将这一结论的证据总结如下：“从历史材料中得出的信息是明确的：英国工人很少搞阶级政治，原因是自由工党主义给了他们一定的信心，这点信心无论多么小，也足以让他们打消更复杂的愿景。”（p. 25）

另外还有重要的一点，就是要认识到上述论证是一种必要性检验而不是充分性检验。案例能通过检验，并不能为命题为真提供决定性证据（尽管未能通过检验会证伪命题）。这个检验之所以令人信服，是因为它所使用的集合论概括是鲁伯特在书中通过系统的跨案例比较而精心构建起来的。此外，这个必要性检验并不容易通过。温和的劳工运动是例外而不是常规，很难找到这种劳工运动的充分条件。因此，通过了这一必要性检验，能够为 Lib-Lab 联盟（在两次大战之间的英国情境下）充分导致自由民主提供积极支持。

唐宁论中世纪的立宪主义

在《军事革命与政治变革：欧洲近代早期民主与专制的起源》（Brian Downing 1992）一书中，布赖恩 · 唐宁认为，中世纪英国（以及更广义的欧洲）的三个条件对民主的出现和巩固是必要的：王权和贵族之间的权力平衡（A），去中心化的军事系统（B）和农民的财产权（C）（pp.19–26）。他认为，如果英格兰在上述任何一个条件中缺少成员资格，它就不可能踏上获取自由民主成员资格的道路。

在发展上述观点时，唐宁展示了这三个条件如何结合为必要条件来影响一个近因机制，即西方宪政（Western constitutionalism）。唐宁将西方宪政定义为：（1）强有力的地方政府；（2）议会机构；（3）法治。尽管西方宪政不足以实现民主，但它是实现民主的关键因素。通过对比西欧国家与在 19 世纪和 20 世纪初没有实现民主的世界其他地区，唐宁确立了这一概括。

因此，唐宁的论证结构如下：

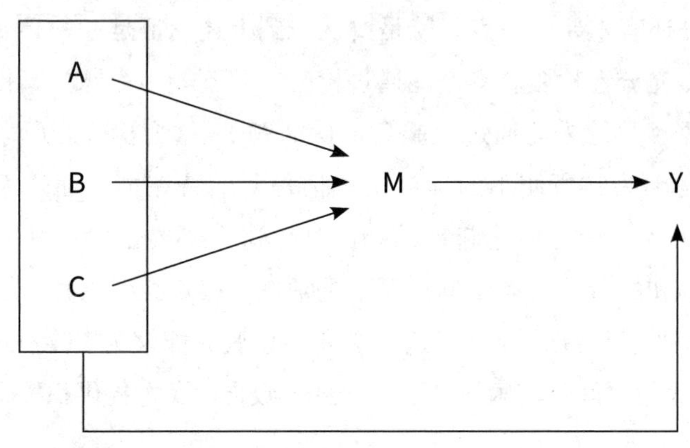

图 4.5 康宁的论证结构

注：A 是王权和贵族之间的权力平衡；B 是去中心化的军事系统；C 是农民的财产权；M 是西方宪政；Y 是自由民主；→代表必然关系。

集合论检验利用了唐宁的跨案例发现，即 M 是 Y 的必要条件。唐宁试图说服读者，A、B 和 C 对 M 来说都是必要的。这么做是有道理的，因为 A、B、C 在时序上接近 M 且适用于反事实分析。一旦他能够说服我们 A、B、C 对 M 是必要的，他就从逻辑上推断出这三个因素对 Y 也是必要的，因为 M 已经被确立为 Y 的必要条件了。

总的来说，这里的集合论检验与上面摩尔的例子相似。唐宁对命题进行了充分性检验，证明了中世纪时期的三个条件是英国自由民主制的必要原因。

第五章　反事实分析

（与罗德里戈·巴雷内切亚合写）

反事实条件陈述是一种“虚拟条件陈述，我们已知其前提是假的。或者出于论证的需要，我们认为其前提是假的”（Tetlock and Belkin 1996a: 4; 另见 Goodman 1947, Weber 1949）。一个著名的例子是，“如果 2000 年戈尔当选，那么美国就不会入侵伊拉克了”（参见 Harvey 2012）。在个案研究中，反事实分析意在帮助研究人员通过思考“假设某个真实事件没有发生，或以不同的方式发生，那么会发生什么”来评估该事件的影响。这些评估涉及提出结构化的“如果”论证，这样的论证将系统地考虑一个可能案例的各个方面，而对于这个可能案例来说，具有重要分析价值的反事实前提已经满足了（Lewis 1973）。研究者将从会不会发生某个或某些结果的角度来思考在这个可能案例中会发生什么。

对可能案例进行反事实分析，是小样本和个案研究分析中一个重要的因果推断工具（Fearon 1991, 1996; Tetlock and Belkin 1996b; George and Bennett 2005; Tetlock and Parker 2006; Goertz and Levy 2007a; Levy 2008, 2015; Lebow 2010; Harvey 2012, 2015）。研究者用反事实分析来探索因果规律，在此过程中有可能只需要分析一个或少数实际案例。通过建构适当的反事实案例，他们获得了解释杠杆，从而可以估计某个条件对于某个结果有多大的必要性和充分性。

在本章中，我们致力于提供在案例研究中用以评估因果命题的概念和工具，而这些研究都明确地依托于集合论方法和因果的规则模型。本章把一切事件——无论是实际的还是非实际的——都当作建构性的范畴，认为它们的意义取决于特定的语义情境。反事实分析聚焦于实际世界之外的可能世界中发生的非实际事件。具体来说，反事实陈述是关于非实际事件的因果命题。我们认为，为了把非实际事件当作原因来分析，学者必须使用许多在研究实际事件时所使用的相同工具。他们必须用集合论检验来帮助确定一个非实际事件是不是另一个非实际事件的原因。他们也必须研究关联着反事实前提和相关后果的中介事件链。

本章的第一部分区分了（1）反事实案例和（2）反事实陈述的不同类型。在给反事实案例分类时，我们依据的是创造反事实案例时给实际世界所引入的变化的类型。我们将集中讨论改变原因要素的原因变化反事实案例（cause-varying counterfactual cases）和改变原因要素生效情境的情境变化反事实案例（context-varying counterfactual cases）。根据在陈述中使用的**原因的类型**来给反事实陈述分类。比如说，某个案研究所考察的命题是在 Z 案例中，X 接近于 Y 的**必要原因**；或者是在 Z 案例的情境下，X 接近于 Y 的**充分原因**。对于带有不同类型原因的命题，我们讨论了必须要做的不同类型的分析。

接下来的两节聚焦于在为反事实分析选择特定可能案例时涉及的权衡。这些权衡中的某些内容与可能案例是否更加接近还是更不接近实际世界有关。**最小重写规则**（minimal-rewrite rule）认为，有用的可能案例是相当接近实际世界的。但研究者可能会试图理解在向实际世界引入重大变化时会发生什么。就像我们即将看到的那样，他们可能在一定程度上通过分析情境变化反事实案例来考察这个问题，这样的反事实案例保留着原因要素，但反事实地改变了原因要素的生效情境的某些方面。

本章还将探索以下对立方面的优缺点：（1）更具体的 vs 更普遍的反事实陈述，和（2）更站得住脚的 vs 更重要的反事实陈述。我们的讨论会告诉读者为什么这两个问题密切相关。总的来说，研究者更青睐具体的反事实陈述，因为它们更清晰、更精确并因此更重要。不过，更具体、更重要的反事实陈述反而更不可能成立。将考察为什么更重要的反事实陈述必定更不可能站得住脚，本章还将为研究者提供一些工具，以使研究者在提出尽可能精确的反事实陈述的同时，仍然能够保持合理性。

在结论部分，本章把反事实分析的作用放到本书讨论的更广泛的方法论和分析工具中去考察。在研究有关因果性的各种问题时（包括联结 X 和 Y 的因果链），反事实分析都是至关重要的。同时，反事实分析也依赖于其他的方法论工具，比如上一章讨论的集合论检验。

反事实的类型

本节将阐述两种对于反事实的类型划分，这两种类型划分对于在社会科学中有效运用反事实分析来说至关重要。第一种划分关乎**反事实案例的类型**，这些案例为必要性和充分性的评估提供了最大的解释力；第二种划分关乎**反事实命题的类型**，在个案研究中对不同种类的原因进行分析时，这些命题就会出现。

原因变化和情境变化的反事实案例

这两种反事实案例是用于因果分析的。**原因变化反事实案例**对可能的原因要素引入变化，以此评估此因素在何种程度上对结果来说是必要的。**情境变化反事实案例**在情境的特定方面引入了变化，以此评估某个潜在的可能原因要素在何种程度上对结果来说是充分的。

研究这两种类型的反事实案例，是为了回应在个案研究中探讨因果必要性和充分性时所涉及的问题。在确定 X 对 Y 的必要性程度和充分性程度时，标准的集合论工具需要用到中等以上乃至大量的实际案例（Ragin 2008: chap.3; Schneider and Wagemann 2012: chap.5）。但在个案研究中，研究者没法直接使用这些工具，因为他们所分析的是单个的实际案例。正常来说，实际案例中的 X 和 Y 都等于 1，这个数值与充要情况一致。但如果案例不属于 X 或不属于特定的情境条件，研究者并不清楚这会给 Y 的成员资格带来什么变化。

为了评估 X 对 Y 的必要性程度和充分性程度，研究者会针对若干精心选择的**非实际案例**进行反事实分析。具体需要哪类反事实案例，则取决于研究者关心的是必要性还是充分性。

在评估因果必要性时，研究者会建构若干非实际案例，在这些案例中，X 中的成员资格被替换成了特定版本的～ X 中的成员资格。除了特定版本的～ X 所需的变化外，其余情境和情景范畴的成员资格都保持不变。一些版本的～ X 所需的历史修改比其他版本更少；这些反事实案例**更接近于**实际世界。在评估因果重要性的时候，可能案例越接近于必要契合，X 对 Y 的**必要性就越强**。当特定版本的～ X 不引发相关结果时（即 X=0 且 Y=0 的案例），可能案例就是必要**契合的**。当特定版本的～ X 可以引发相关结果时（即 X=0 且 Y=1 的案例），可能案例就不是必要契合的。这些 X=0 且 Y=1 的非契合反事实案例违背了 X 对 Y 的必要性假设。在评估 X 对 Y 的必要性**程度**时，人们会使用关键事件分析，以此估计出创造 X=0 且 Y=1 的案例所需的变化量（关于这些工具的说明参见第十章）。

在评估因果充分性时，研究者在构造可能案例时会保持 X 不变（与实际世界一样），同时在情境和情景的某些方面引入成员资格的变化。情境的哪些方面要发生变化是对应于理论相关条件的，这些条件是结果的潜在必要原因（关于对理论相关条件的识别，参见第十章）。按照这种方法，发生了情境变化的可能案例越接近于充分契合，X 对 Y 的充分性就越强。当发生了情境变化的案例中的 X 引发了相关结果时（即 X=1 且 Y=1 的案例），可能案例就是充分**契合的**。当发生了情境变化的案例中的 X 没有引发相关结果时（即 X=1 且 Y=0 的案例），可能案例就不是充分契合的。这些 X=1 且 Y=0 的非契合反事实案例违背了 X 对 Y 的充分性假设。在评估 X 对 Y 的充分**程度**时，我们也使用关键事件分析，以此估计出创造 X=0 且 Y=1 的案例所需的情境变化量。

在政治学、社会学和心理学中，反事实分析的最出色文献主要关注的是原因变化反事实案例（Fearon 1991, 1996; Tetlock and Belkin 1996b; Telock and Parker 2006; Levy 2008, 2015; Lebow 2010; Harvey 2012, 2015）。这些反事实案例与对必要条件的研究密切相关（Goertz and Levy 2007b）。在我们断言除非有 X 否则 Y 不会发生的时候，我们做的就是 X 对 Y 的必要性反事实陈述。这种案例是现代反事实理论的起点（Rubin 1974; Holland 1986; Morgan and Winship 2015），刘易斯（Lewis 1986b）对于反事实因果的最初定义就来自于此。由于原因变化的反事实案例必须接近真实世界才有用，因此它们通常把偶然事件作为原因；一个案例在偶然事件中的成员身份是可以改变的，这不需要从根本上重写历史。下面我们将探讨原因变化的反事实案例、因果必然性和因果偶然性之间的这种联系。

使用情境变化的反事实案例来研究充分性，有助于解决当一个大事件被视为原因时会导致的一些问题。例如，关于国际战争的结构化理论提出了与国际体系中力量平衡有关的宏观原因。人们可能会说，在“国际力量平衡被打破”中获得成员资格是实际世界发生“第二次世界大战”的重要原因。反事实分析不能为评估这一原因要素的必要性影响提供直接帮助，因为反事实的消除需要大量改写历史。然而，研究人员可以改变情境的个别部分并看看世界是否仍然发生二战，以此对“国际力量平衡瓦解”所带来的充分影响进行反事实分析。例如，人们可以创建一个更靠谱的例子，在这个例子中，国际力量平衡还是会瓦解，但希特勒在第一次世界大战期间死了（参见 Rosenfeld 2005）。那么就可以提出问题，实际世界是否最终还是会发生第二次世界大战呢？如果是这样的话，我们就可以用这个情境变化的反事实案例作为证据，以此证明国际力量平衡的瓦解对第二次世界大战的充分影响。

简言之，在个案研究中有两种类型的反事实案例可用于因果评估：（1）原因变化的反事实案例，改变案例在 X 中的成员资格，但保持其在情境条件中的成员资格；（2）情境变化的反事实案例，保持案例在 X 中的成员资格，但是改变其在特定情境条件中的成员资格。前一种类型的反事实案例用于评估必要因果关系，而后一种类型用于评估充分因果关系。目前关于反事实分析的文献主要考虑的是与必要性相关的反事实，然而，对于充分性的反事实研究同样重要。

因果类型和反事实命题

反事实可以与本书中讨论的 5 个逻辑条件中的任何一个联系起来。然而只有包含必要条件和 SUIN 条件的命题才是最吸引反事实分析的。这两种命题之所以对反事实分析有用，是因为前置条件中成员资格的变化能够或必然改变结果中的成员资格。相比之下，充分条件和 INUS 条件对反事实就不太有用了，因为这些条件中成员资格的改变不会导致结果中的成员资格的变化。

有一种类型的反事实会提出，如果一个案例在某个特定的先行范畴中不具有成员资格，那么它就不会是特定结果范畴的成员

（Levy 2008: 629; 另见 Weber 1949; Lewis 1973）。比如下面这种表述：如果没有强大的资产阶级，英国就不会走上通往现代化的民主道路（参见 Moore 1966: 418; 本书第四章的附录）。遵循格尔茨和利维（Goertz and Levy 2007a: 9–10）的做法，我们用“必要反事实”（necessary condition counterfactual）一词来描述下述反事实的情况：该命题，实际世界在一个前因集中的成员资格对于它在结果集的成员资格来说是必不可少的。其对应的反事实要求在前因集补集中的成员资格能够充分带来结果补集中的成员资格。

图 5.1 描述了一个必要反事实，案例必须先获得集合 X（强资产阶级）的成员资格，然后才能获得集合 Y（民主）的成员资格。如果一个案例是集合～X（不强资产阶级）的成员，那么就能保证它是集合～Y（不民主）中的成员。这一逻辑构成了摩尔的著名论断“没有资产阶级，就没有民主”（Moore 1966: 418）的基础。该图从两个方面说明了这种关系。图 5.1A 给出了结果 Y 和～Y 的单独的集合图。相比之下，图 5.1B 把两个结果放到了一张图表中，并添加了时间元素，更形象地展示了摩尔论断的逻辑。

对于一个有效的必要反事实来说，前因集（X）将始终大于结果集（Y）。这意味着，存在必要反事实时，在结果范畴中缺乏成员资格的可能世界要多于在原因范畴中缺乏成员资格的可能世界。对于摩尔的那项研究来说，其含义是，“英国没出现民主”这种可能案例比“英国没有强大的资产阶级”这种可能案例更接近于实际世界。虽然是民主的成员，却在强大的资产阶级中没有成员资格，这种英国是不可能存在的。反过来，既是非民主，也在强大的资产阶级中具有成员资格，这种英国是可能的。同理，“如果 2000 年小布什没有当选总统，美国就不会入侵伊拉克”这个反事实若是有效的，那么没有入侵伊拉克的非实际世界就比小布什没有赢得选举的非实际世界更接近于实际世界。小布什没有当选且入侵发生，这种情况是不可能的，小布什当选而入侵没有发生，这是可能的。

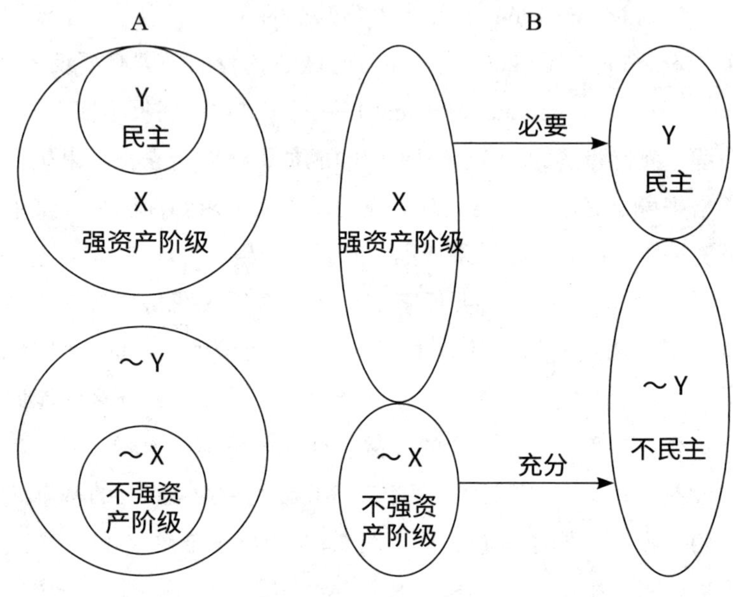

图 5.1　必要反事实

集合“乔治·W. 布什没有当选总统”并不等于集合“阿尔·戈尔当选总统”，后者其实是前者的子集。因此，下面两个反事实陈述并不是等价的：

> C1. 如果小布什没有当选总统，美国就不会入侵伊拉克。
>
> C2. 如果戈尔当选总统，美国就不会入侵伊拉克。

第一个陈述（C1）是必要反事实。当作为一个集合论命题进行阐述和分析时，它意味着，乔治·W. 布什当选总统是美国入侵伊拉克的必要条件，相应地，乔治·W. 布什没有当选总统，是美国没有入侵伊拉克的充分条件。与之相比，第二个陈述（C2）严格地说不是必要反事实，它并没有表明先前的实际世界是结果的必要原因。从集合论的角度来看，这句话的意思是，戈尔当选总统是美国不入侵伊拉克的充分条件。然而，C2 无法透露出一点，即小布什当选总统是美国入侵伊拉克的必要条件。按照 C2，如果既不是小布什当选，也不是戈尔当选，那美国入侵伊拉克仍是有可能的。

因此我们必须区分出必要反事实和 SUIN 反事实（见图 5.2）。SUIN 条件是必要非充分条件的充分非必要部分（参见第三章对 SUIN 条件的解释）。借助 SUIN 条件，人们可以分析一个必要条件的个别充分构成属性。例如，对 C2 的恰当的集合论解读是，小布什当选是美国入侵伊拉克的 SUIN 条件。我们之所以知道这一点，是因为根据条件陈述，戈尔未当选是美国入侵伊拉克的必要条件，而小布什当选乃是戈尔未当选的充分（但不是必要的）条件。

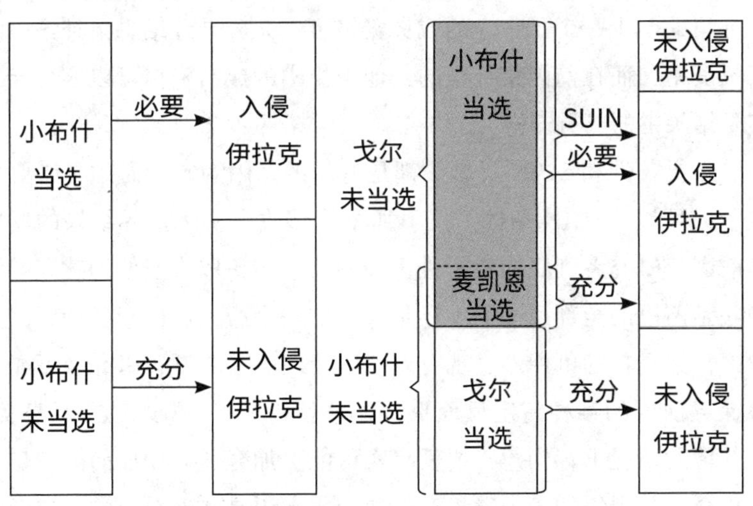

图 5.2　必要反事实与 SUIN 反事实的对比

必要反事实和SUIN反事实是有联系的，但二者有重要的区别。必要反事实包含有两个逻辑等价命题：（1）实际世界中的具体前因是实际结果的必要条件，并且（2）在实际世界前因集补集中的成员资格可以充分导致实际世界结果集补集中的成员资格。而SUIN反事实就不包含任何必然性主张，它只包含一个关于特定的否定前因的充分性主张。这个充分性主张关注的是前因集补集的一个子集。例如，如果事件X没有以一种特定的方式发生，那么事件Y就不会发生；但如果事件X没有以其他方式发生，事件Y仍然会发生。

图5.2说明了这两种反事实的区别。左图展示了一个标准的必要反事实。而在右图中，实际世界的前因是一个SUIN条件。SUIN反事实可以做出以下陈述：（1）"阿尔·戈尔当选总统"是"美国不入侵伊拉克"的充分条件；（2）"约翰·麦凯恩当选总统"是"美国入侵伊拉克"的充分条件。这个例子包含两个不同的"乔治·W.布什没有当选总统"的子集，其中一个是"非入侵"的充分条件，另一个则是"入侵"的充分条件。SUIN反事实可以提出，在前因集补集的至少一个子集中的成员资格可以充分导致结果集补集中的成员资格，而在前因集补集的其他子集中的成员资格可以充分导致实际结果中的成员资格。

必要条件和SUIN反事实都是有用的，因为它们必须（必要条件）或可以（SUIN条件）援引那个能够改变实际世界结果的反事实前因。研究者到底构建哪种类型的反事实，取决于他们感兴趣的到底是前因的全部反面版本还是其中的一个版本。出于各种原因的考虑，如资料的可用性、现有理论以及规范性要素，研究者可能希望探寻前因的某种特定反面形式，这就构成了一个SUIN反事实。在其他的情况下，构建必要反事实可能更加合适，比如前因集是二分集合，前因集的一个子集对于前因集来说是几近充要的，或者研究者相信实际前因就是实际后果的必要条件。

关于充分条件的那些论断会给反事实分析带来一些问题（Goertz and Levy 2007a: 19–23）。[①] 其核心的困难是，在充分条件的反事实中，结果是保持不变的。当前因范畴中的成员资格是结果范畴中成员资格的充分非必要条件时，就至少有一个其他范畴或范畴组合也是结果的充分条件。实际世界结果中的成员资格是过度决定的（overdetermined）（参见 Przeworski and Teune 1970）。即便移除了某个特定的充分范畴，同样的结果仍然是不可避免的（Koivu 2016）。

在其他条件相同的情况下，移除一个充分条件并不会改变结果，因为对结果来说，至少还存在着一个其他的充分条件（或条件组合）。因此，在拥有充分条件的情况下，人们可以构建如下的充分反事实（sufficient condition counterfactual）："即使小布什没有当选，美国还是会入侵伊拉克。"然而，"在其他条件相同的情况下"这一要求可能是不适用的，甚至是不可能的。具体来说，引入反事实前因（～X）有可能会给案例带来额外的改变，这些改变会移除其他的充分条件，从而使结果成为可能。因此，可以用另一种方式来表达充分反事实，即强调～X 对～Y 的有利影响（Koivu 2016），比如"如果小布什没有当选，入侵伊拉克也许是可以避免的"。

最后，人们有可能也会这么看，即便"小布什当选"对于"美国入侵伊拉克"来说既不是必要的也不是充分的，但小布什当选对入侵伊拉克的贡献与其他事情是一样大的。这里其实就假定了小布什的当选是一个重要的 INUS 原因：它与一个或多个其他事件相结合，产生了至少一个因素组合，这种组合是入侵的充分条件，而入侵是被过度决定的。

① 不过，我们可以对偶然的情境因素进行反事实调整，以此考察X对于Y的充分程度。

如果一个案例在 INUS 范畴中没有成员资格，那么在其他条件不变的情况下，该案例仍然有可能在结果范畴中具有成员资格。[①]如果要确保在结果范畴中没有成员资格，那么案例必须在每个充分性组合中的至少一个条件中缺乏成员资格。对 INUS 条件进行原因变化的反事实分析，其相对难度大小取决于充分性组合的数量（即等结果性的程度）和 INUS 条件接近于必要条件的程度（即单个 INUS 条件在多少个充分条件组合中都出现）。举例来说，如果获得“美国入侵伊拉克”的结果只有两条途径，研究者就可以从两种组合中各自挑选一个 INUS 条件予以取反，以此形成一种相对简洁的反事实陈述，这个反事实会改变结果。然而，如果有许多路径都能通往结果，其中大部分是由非常见的 INUS 条件构成，那么研究者必须对许多范畴中的成员资格进行取反，这样才能改变结果。

表 5.1 对上述讨论进行了梳理。从该表可以看出，不同类型的反事实的名称来源于实际世界前置条件的逻辑状态。这些例子表明了为什么关于必要条件和 SUIN 条件的命题适合于原因变化的反事实：在这些命题的反事实陈述中，对原因取反会带来结果的变化。这些例子还说明了一点，即为什么充分条件和 INUS 条件反事实在社会科学中不太有用，它们需要研究者移除实际世界在多个范畴中的成员资格，以此才能让结果发生变化。

① “在其他条件不变的情况下”这句话可能就是空想，根本做不到(参考前面对充分反事实的讨论)。

表 5.1　案例研究中反事实陈述的类型

	实际前因（X）是实际后果（Y）的什么条件	反事实前因（~X或A）是取非后果（~Y）的什么条件	例子
必要反事实	必要 X & Z→Y	充分 ~X∨~Z→~Y	如果小布什没有当选总统（~X），美国就不会入侵伊拉克（~Y）。
SUIN反事实	SUIN ~A & B→Y; X∨~Z→~A	充分 A∨~B→~Y	如果戈尔当选总统（A），美国就不会入侵伊拉克（~Y）。
充分反事实	充分 X∨Z→Y	必要 ~X & ~Z→~Y	如果条件Z成立，那么即便小布什没有当选总统（~X），美国还是会入侵伊拉克（Y）。
INUS反事实	INUS （X & B）∨Z→Y	INUS ~Z &（~X∨~B）→~Y	如果条件Z成立，那么即便小布什没有当选总统（~X），美国还是会入侵伊拉克（Y）。

注：& 是逻辑“与”，∨是逻辑“或”，→是充分性。Y 是美国入侵伊拉克。X 是小布什当选总统，A 是戈尔当选总统，Z 和 B 是其他事件或条件。

最小重写规则

最小重写规则（The Minimal-Rewrite Rule）认为，最有用的反事实是那些对实际世界做出最小改变的反事实（Tetlock and Belkin

1996a: 23–25; 另见 Weber 1949: 180–184）。从直觉上讲，堪称“奇迹”的反事实都需要在前因上大规模地改变历史，这种改变看上去是有问题的，甚至是荒谬的，比如这个奇迹反事实的例子：“如果拿破仑有核武器，法兰西帝国早就占领全世界了。”尽管反事实表述挺有可能成立，但前提的不靠谱就使得它无助于科学推理。正是基于对这一点的认定，集合论方法阐明了最小重写规则的逻辑。

在接下来的讨论中，我们主要关注最小重写规则在原因变化必要反事实中的应用。然而这个规则也适用于情境变化的充分反事实，我们也简要讨论了这一点。

可信性、促动反事实和偶然事件

最小重写或者说**可信的**反事实比**最大重写**反事实更有价值，部分原因是改变一个前置条件中的成员资格，会涉及还要改变其他条件的成员资格，包括那些先于前置条件的范畴。如果为了改变反事实前因所涉及的范畴成员变化是巨大的或不可信的，研究者就很难用反事实分析来对命题进行有效评估。要让主要的反事实关怀成立，就意味着要搞清楚影响反事实前因的那些“促动反事实”（enabling counterfactuals）（Lebow 2010: 51–57; 另见 Goodman 1947: 117–121）。举例来讲，为了获得“戈尔当选”这个反事实前因中的成员资格，人们必须确定促动反事实，比如佛罗里达州的数百名选民决定投票给戈尔而不是小布什。此外，这种反事实还需要其他促动反事实的帮忙，以便将戈尔的胜选和美国不入侵伊拉克这种后果联系起来。要让主要反事实成立，就得保证反事实前因所衔接的那些促动反事实本身是合理的。因此，最小重写规则不仅适用于主要的反事实前因，也适用于与之相关的促动反事实。

最小重写规则解释了为什么小型事件、意外事件和自主选择事件会带来合理的反事实。基于这些偶然事件，我们就能构造出一种可能案例，这个案例中缺少事件X但在其他方面都类似于实际世界。下面的例子可以说明更大重写和更小重写的区别。在解释智利的“强大国家机器”时，索伊费尔（Soifer 2015）确定了两个不同的必要条件：（1）高度集中的城市人口，（2）派遣有能力的官员到地方来执行国家建设项目。这两个范畴中的后者与更小的重写反事实相关联：没有派遣有能力的官员时，这种智利历史更容易重建。相比之下，隶属于前一个条件的反事实就需要更大的重写，要让智利缺少高度集中的城市人口，许多历史和地理特征都必须改变。

“戈尔当选”这个反事实范畴之所以可信，是因为实际票数非常接近，所以很容易想象佛罗里达的另一种投票结果。偶然事件，比如暗杀、个人政策选择、特定战役的结果或自然灾害，都常常可以用来制造可信的反事实。一些路径依赖（path dependence）的经验案例能够表明，像采用QWERTY键盘布局或非洲国家独立后的稳定战略（见第十一章对这些例子的讨论）这种事情，都能引发早期偶然的历史事件，由此很容易带来不一样的后果。关键事件分析（critical event analysis）经常关注选择和能动性，人们不难想象，在某个关键历史时刻，案例是有可能在其他范畴中获得成员资格的。小的、偶然的事件和可信反事实之间的对应关系将历史解释引向单一事件和个性化的原因，而不是与更宏观的解释相关联的那些因素和变量（Levy 2015）。类似地，寻找可信反事实就会让人们强调偶然的选择和能动性，而非结构。

以上讨论并不意味着反事实分析一定会让学者们去强调偶然事件作为原因的重要性。首先，反事实分析带来的结论是不一定的，小事件未必就是历史中因果推动的决定因素。将一个小事件作为前因的反事实来分析时，其调查结果很可能是否定的。比方说，哈维（Harvey 2012）对戈尔反事实（本章后面会有讨论）进行了严格分析并得出结论：如果戈尔当选，美国在入侵或不入侵伊拉克的问题上是更有可能出现前者的。他的分析指出了历史和情境约束的因果力，无论在实际世界中是小布什当选还是戈尔当选，这些因素都会带来同样的后果。当最初看似合理的反事实被质疑或被否定，人们可能会得出结论，大事件、结构、历史和非个人化的情境力量才是更好的解释。

其次，人们所考察的反事实前因可能只是情境的偶然方面，而在情境背后起作用的是关键的结构性原因。举例来说，在解释美国入侵伊拉克时，一个主要的原因要素是单极世界中的自由扩张主义。为了检验这一要素是否能充分导致美国入侵伊拉克，研究者将探讨在戈尔当选的背景下，自由扩张主义是否仍然会引发战争。如果在戈尔总统任内仍会发生战争，那么这个命题就通过了一个相对困难的检验。可以看到，最小重写规则可能会要求研究者改变案例的偶然方面，但并不意味着必须把偶然条件当作主要的原因要素。相反，反事实前因只不过是情境的某一方面，在情境背后是一个非偶然的因果要素在发生和起作用。

集合论与最小重写

为什么偶然事件可以为反事实解释提供可信的前因？对于这个问题，集合论工具提供了基本的逻辑基础。图 5.3 说明了两种必要条件关系。在这两种情况下，X 都是 Y 的超集（因而也是 Y 的必要条件）。如果前因是非偶然的（左图），那么 X 是 Y 的一个大超集。此时 X 中的很多可能案例都不是 Y 的成员。虽然 X 是 Y 的必要条件，但它距离充分条件很远。相反，如果前因是偶然的（右图），那么 X 不仅是 Y 的超集，还与 Y 接近于完美重叠。在 X 中具有成员资格的可能案例几乎也都是 Y 的成员。换句话说，很少有案例只在 X 中而不在 Y 中。

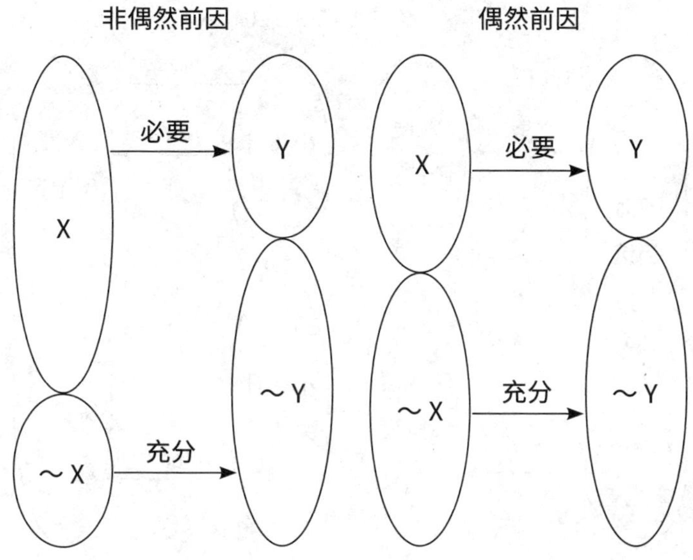

图 5.3　小事件与可信反事实

必要条件反事实的**效度**是不确定的，它取决于 X 是 Y 的大超集还是小超集。对于**琐碎的反事实**来说，其调用的必要前因 X 就是 Y 的巨大超集，以致在 X 中具有成员资格的绝大多数可能案例都不是 Y 的成员。如图 5.4 所示，下面的反事实是琐碎的："如果小布什没有当选总统，美国就不会在 2003 年 3 月 20 日的日出时分入侵伊拉克。"这个例子的琐碎与结果的具体有关。结果是如此的具体，以至于几乎所有非小布什当选的案例都缺乏结果集的成员资格。当结果是一个非常小的集合时，必要反事实的前因也必须是非常小的集合，这样才能避免琐碎（见第十章中的因果偶然性规则）。

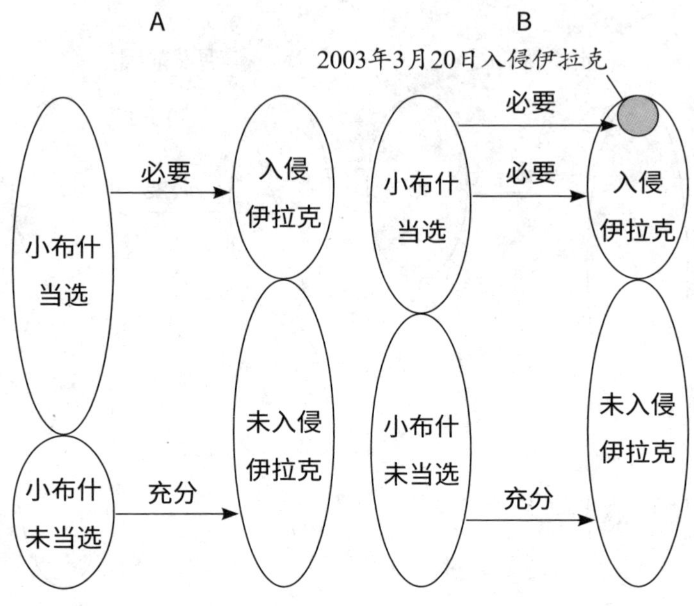

图 5.4　结果的具体性与琐碎性

实际世界的前因越接近充要条件，必要反事实就越重要（参见 Hart and Honoré 1985; Goertz 2006a; Ragin 2008; Schneider and Wagemann 2012）。对于重要的必要反事实来说，想构造出一个是结果成员而不是前因成员的可能案例，殊为困难。小布什当选在多大程度中能够充分导致美国入侵伊拉克，“非布什当选会导致不入侵”这个反事实就有多重要。可以看出，当我们对于给定结果提出两种必要条件时，可以借助反事实分析来比较它们的相对重要性。如果一个必要条件只需要最小程度的重写，而另一个需要相当大程度的重写，那么前者的重要性就不言而喻了。

冷战的结束

对于如何用反事实分析来评估因果重要性，这里我们可以看看罗伯特·英格利希（Robert English 2007）和斯蒂芬·布鲁克斯、威廉·沃尔福斯（Stephen Brooks and William Wohlforth 2007a, 2007b）之间关于冷战结束原因的争论。英格利希提出，以苏联长期经济衰退为代表的物质因素“是冷战和平结束的必要非充分条件”（p.239）。在他看来，观念因素也是必要的，特别是戈尔巴乔夫和他的“新思维”，这是苏联进行战略收缩的必要条件。他指出，“即便旧思维中的人默许戈尔巴乔夫的倡议，但如果让他们在没有戈尔巴乔夫的情况下发起类似行动，仍然是不可想象的”（p.245）。英格利希认为，观念因素比物质因素更为重要，因为前者的“发展与运作独立于物质压力”（p.249）。

布鲁克斯和沃尔福斯最初并不否认观念因素可能是一个必要成分（Brooks and Wohlforth 2007b: 196）。然而他们认为，观念因素不是决定性的原因，它的确塑造了收缩的形式，但却不能决定收缩的发生。两位学者指出，物质主义因素特别是苏联长期的经济衰退，才是战略收缩的重要原因：“我们发现，苏联不断缩水的物质财富是关键因素，它们让那些质疑收缩的人能够接受新思维。”（2007a：263）“苏联之所以重新定位其外交政策，很大程度上是为了应对不断变化的物质诱因”，“对于这个案例来说，在观念解释模型中的许多基本的因果机制，在很大程度上都是内生于物质变迁的”（Brooks and Wohlforth 2007b: 200, 235）。

图 5.5 从集合论的角度对布鲁克斯和沃尔福斯的论证进行了模式化重建。此图旨在传达两位作者的逻辑，即观念因素是内生于物质因素的，因此就重要性来讲，新思维与冷战结束之间的关系比不

上苏联经济衰退与冷战结束之间的关系。从图上看，对冷战的结束来说，苏联的经济衰退和新思维都是必要的。然而经济衰退是导致结果的更重要的必要原因，盖因它更接近于充分原因。

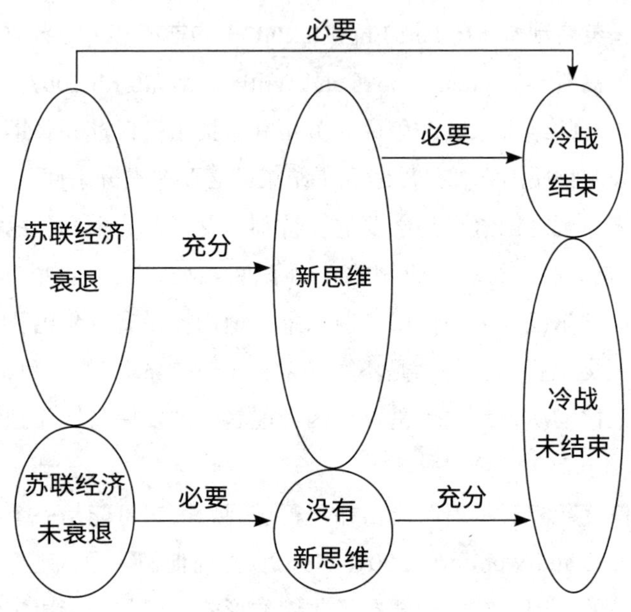

图 5.5　布鲁克斯和沃尔福斯的观点

(Brooks and Wohlforth 2007a, 2007b)

虽然英格利希承认苏联经济衰退有可能是新思维的必要条件，但他认为这距离充分条件还是太远了。在他看来，其他原因如戈尔巴乔夫的个性、事件的快节奏、舆论以及强硬派的弱点等，对新思维都更重要（English 2007: 253）。此外他还指出，与物质因素相比，新思维是冷战结束的更重要原因。图 5.6 说明了这番论证的集合论逻辑。在这里，这两个原因都是结束冷战所必需的，但新思维更接近于充分条件，即它是两个必要原因中更重要的那个。

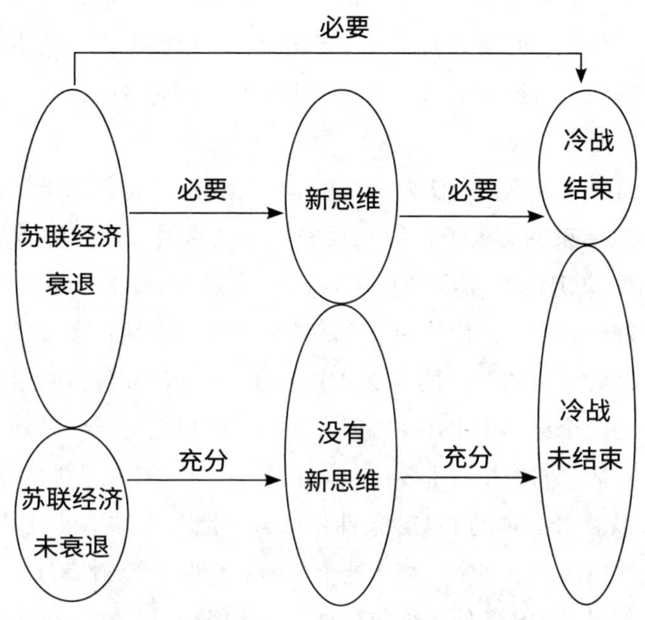

图 5.6　英格利希的观点（English 2007）

现在可以提出一个问题：我们如何能知道哪个必要原因（苏联经济衰退或新思维）更重要呢？哪种描述（图 5.5 还是图 5.6）更接近事实呢？

这些问题可以通过比较反事实分析来回答（Harvey 2015）。具体地说，人们可以看看两种论证所假设的反事实对于实际世界所要求的变化程度，比较两种反事实的可信性。如果要支持英格利希的论点，人们可以说没有戈尔巴乔夫和新思维的世界会比没有苏联经济衰退的世界更接近于实际世界。人们可以进行最小重写来让戈尔巴乔夫不上台，但很难做出重写来让苏联经济不衰退。因此，最小重写规则的比较反事实论证可以表明，真正的关系更可能遵循图 5.6

而非图 5.5 中的集合关系。在图 5.6 中，新思维是一个偶然事件，它的集合小于非新思维的集合。相比之下，苏联的经济衰退是一个可预期的事件，它的集合就比其否定集更大。由此来看，英格利希就在这场争论中占据了上风，因为新思维看上去是冷战结束的两个必要原因中更为重要的那个。

然而，布鲁克斯和沃尔福斯可能会作出回应：新思维实际上并不是冷战结束的必要原因。在反驳英格利希时，他们强调最好从概率而非决定论的角度来理解自己的论点（Brooks and Wohlforth 2007a: 266–268）。他们认为，冷战结束的各种原因都是 INUS 原因，每个原因对结果的贡献都不是决定性的。对于苏联经济衰退和新思维这样的两个或多个 INUS 原因，我们可以根据与充要条件的接近程度来评估它们的相对重要性。为了估计一个 INUS 条件的充分性，人们可以看看必须与 INUS 条件相结合才能产生结果的其他原因。如果这些原因比较平常，那么这个 INUS 条件的充分性就比较明显。但是，如果 INUS 条件必须与罕见的或古怪的条件相结合才能产生结果，那它的充分性就要打折扣了。在这个例子中，我们似乎可以合理地看出，苏联的经济衰退与相对较小的额外原因相结合就能产生结果，而新思维则需要与许多重要的结构性原因相结合才能如此。以此看来，人们可以得出结论，物质因素是更重要的 INUS 原因，这些因素几乎凭借本身就能产生后果（即它们是几近充分的），而观念因素则需要调用额外的和更不常见的原因要素。

从上述分析能够看出，关于冷战结束的争论在很大程度上取决于研究者提出的因果论断。如果苏联经济衰退和新思维主要发挥的是必要性影响，那么比较反事实分析就能证明英格利希的观点更有道理，有关戈尔巴乔夫和新思维的反事实论断是更可信的。相比之下，如果苏联经济衰退和新思维主要发挥的是充分性影响，布鲁克斯和沃尔福斯的观点就更有道理，物质因素比观念因素更接近于充足条件。

从更加总体化的角度来看，对两个必要反事实进行比较分析时倾向于关注小事件和偶然事件，相比之下，对两个 INUS 反事实进行比较分析时就倾向于关注更一般化的、更常见的因果要素。因果的相对重要性是可正可反的，这取决于人们如何看待实际世界中的前因，对于相关结果来说，它主要发挥的到底是必要影响还是充分影响。

事件的一般化水平

反事实命题中事件的一般性水平与两个因素有关:（1）反事实命题的精确性,（2）反事实命题中前置条件的因果重要性。

首先，反事实命题提出的事件越具体，命题的精确性就越高。在最精确的反事实中会有高度细节的具体事件。然而，当一个反事实陈述变得更加精确时，它也就愈加不可信了（参见 Elster 1978; Levy 2015）。对于精确度与可信度之间这种取舍关系，我们可以用集合论工具简洁地解释和说明。

其次，反事实命题中的前因和后果的一般化程度越是相近，命题的因果重要性就越强。对于最重要的 SUIN 反事实来说，其前因与后果几乎是相等的集合；对于最重要的必要反事实来说，其前因的一般化程度仅比其后果的略弱一点；对于最重要的 INUS 反事实来说，其前因是充分性组合的一部分，其具体化程度仅比后果略弱一些。

精确性

反事实的表述可以精确，也可以不精确。以下面两个反事实为例（参见 Lebow 2007）：

C3. 如果弗朗茨·斐迪南没有遇刺，第一次世界大战就不会发生。

C4. 如果没有针对弗朗茨·斐迪南的刺杀企图，第一次世界大战就不会发生。

C4 比 C3 更精确，因为它指向一个更为具体（不够一般化）的前因。C4 是弗朗茨·斐迪南未遇刺的一种具体方式，是 C3 的一个可能实例。用集合论的术语来说，C4 的前因是 C3 前因的子集，如图 5.7 所示。

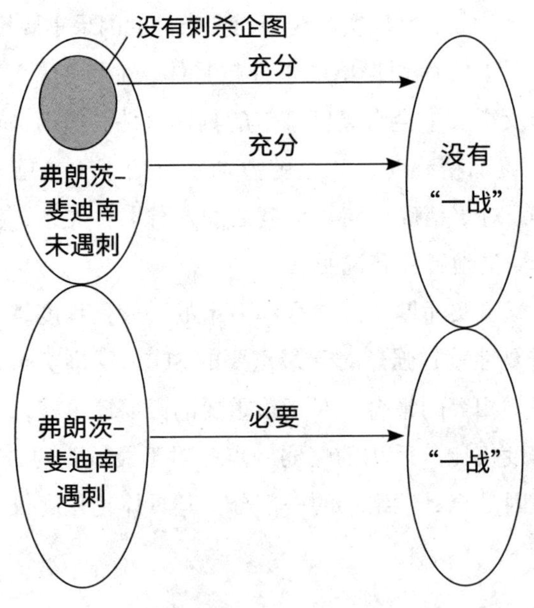

图 5.7　原因的具体性与琐碎性

如果用更具体的术语来将事件重新概念化，那么反事实陈述总是可以变得更精确的。如果历史事件是在更具体的概括水平上被概念化的，那么事件所包含的可能案例的比例就会更低。以下面的反事实为例：

> C5. 如果弗朗茨·斐迪南没有遇刺，第一次世界大战就不会发生。
>
> C6. 如果弗朗茨·斐迪南没有遇刺，在 1914 年至 1918 年间，死于大国间战斗的人员将不到 1 万人。

这两种反事实都涉及非实际结果，但 C6 更为精确。它的反事实后果指向更具体的历史事件，其包含的可能情况更少。C6 是 C5 的一个可能实例，也是 C5 的子集。

研究者还可以进一步澄清事件、补充细节，以此让反事实变得更精确。再看看下面两个反事实：

> C7. 如果弗朗茨·斐迪南没有遇刺，在 1914 年至 1918 年间，死于大国间战斗的人员将不到 1 万人。
>
> C8. 如果弗朗茨·斐迪南没有遇刺，那么在 1914 年至 1918 年间死于大国（即奥匈帝国、英国、法国、德国、奥斯曼帝国、俄罗斯和美国）之间战斗的人员将不到 1 万人。

C8 更精确，因为它定义了 1914 年至 1918 年之间的大国。这清楚界定了哪些国家是大国，由此把其他可能的定义给排除了。比如在一些学者看来，意大利和日本是大国，或者一些学者不觉得奥斯曼帝国是大国。C7 对这些国家的包含或排除是模棱两可的，因此允许所有合理的大国定义。用更具体和更精确的定义排除了一些可能性后，陈述也就变得更精确了。

我们也可以用非事件的具体实例来替换不具体的非事件，这样也能使反事实变得更精确。非事件是指显著事件的缺席或否定，比如没有发生“一战”，或美国没有入侵伊拉克。将一个模糊的非事件转化为一个具体的事件时，人们能得到一个更精确的反事实。比方说，俄、德、英未参战的欧洲局部战争是“未发生第一次世界大战”的子集。同理，仅限于暗杀萨达姆·侯赛因的秘密军事行动是“美国未入侵伊拉克”的子集。具体事件的细节越多，反事实就越精确。

然而，随着精确性的提高，反事实就变得不那么可信了，精确性和可信性是负相关的（Elster 1978: 184; Levy 2015: 389）。想象一个弗朗茨·斐迪南没有遇刺的世界很容易，但要想象一个没有刺杀企图的世界就难得多了。前者的反事实包含着后者的所有实例，外加额外的可能性。它能容纳失败的刺杀企图，而后者是不允许的。类似地，一个不发生第一次世界大战的世界，比一个1914—1918年间战斗人员死亡少于1万人的世界更可信。前一种情况包含着后一种情况不能容纳的可能性（比如欧洲的局部战争不会演变成世界大战）。

确切来说，由于研究领域和研究目标存在着差异，研究者在精确性和可信性之间划定的界限也是不同的。这里提供一种实用的策略。可以先评估一个不太精确、不太详细但更可信的反事实。如果反事实得到支持，那就可以降低可信性，予以更精确的陈述，再次评估。往复这一过程，研究者就知道怎么样去把握反事实的精确性，并且仍然能与证据保持一致。更精确的反事实比不太精确的反事实更受欢迎，但所有的反事实都会达到一个点，在这个点之外继续增加精确性就会让反事实变得不可信和不被支持。

因果重要性

反事实事件的一般化水平与所研究前因的重要性之间有着系统联系。反事实的前因与后果之间的一般化水平越是一致（即它们是相等的集合），因果关系的重要性就越强。比方说，如果反事实的后果是一个高度具体的事件，那么它的前因也必须是高度具体的，才能实现最大的因果重要性。我们可以用下面两个必要反事实陈述来说明，如图 5.8 所示：

C9. 如果革命前的古巴和尼加拉瓜没有独裁政权，它们就不会各自在 20 世纪 50 年代和 70 年代经历政治暴力。

C10. 如果革命前的古巴和尼加拉瓜没有独裁政权，它们就不会各自在 20 世纪 50 年代和 70 年代经历社会革命。

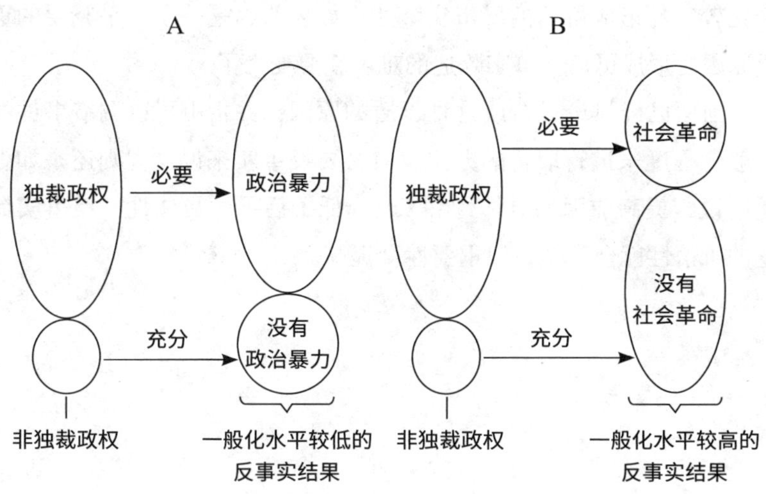

图 5.8　一般化水平和因果重要性的关系

这两个反事实都把独裁政权视为后果的必要条件（C9 的后果是政治暴力，C10 的后果是社会革命）。在这两个反事实中，非独裁政权的成员资格都能充分导致反事实的后果。然而，C9 中的反事实后果（没有政治暴力）是一个比 C10 中的反事实后果（没有社会革命）更具体的范畴：没有政治暴力是没有社会革命的子集。因此，如图 5.8 所示，C9 中的反事实前因更接近于后果的充要条件。

这里我们可以指出一个普遍的规则，对于必要反事实来说，可以通过两种方式来提升因果关系的重要性：（1）以更具体的方式对反事实后果进行概念化，和 / 或（2）以更一般化的方式对反事实前因进行概念化。然而，这种重新概念化是有风险的，努力提高因果关系重要性可能会让反事实变得不可信甚至完全错误。以上面的例子为例，非独裁政权能够防止出现社会革命就比能够防止出现政治暴力更可信。

虽然因果关系的重要性和可信性都是研究的追求，但二者之间是有矛盾关系的，如图 5.9 所示。如果前因是一个相对琐碎的条件，会比较容易形成可信的反事实陈述；如果前因是一个近乎充要的重要原因，形成可信反事实陈述的难度就要变大了。

前面已经讨论过造成这种矛盾的原因，并指出了以调节事件的一般化程度来进行取舍的办法。对必要反事实来说，规则还是如上述所说，提高前因的具体性和 / 或降低了后果的具体性，反事实命题的可信性就会降低，但重要性会提高。

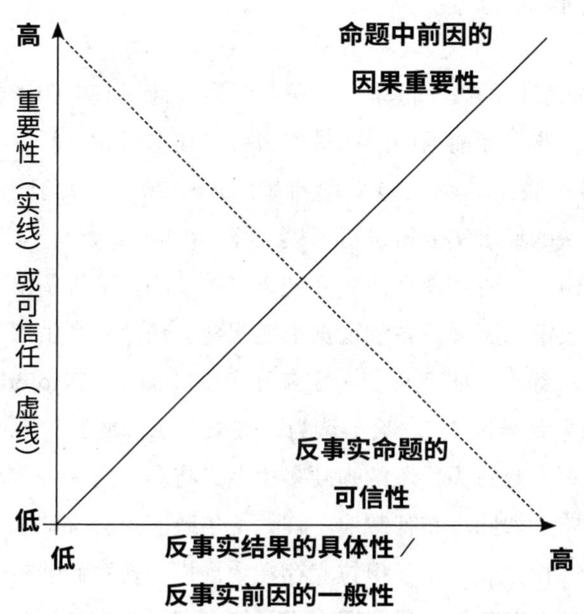

图 5.9　事件的具体性与反事实命题的重要性 / 可信性之间的关系

反事实因果链

构建前瞻性（forward-looking）因果链和回溯性（backtracking）因果链，是反事实评估的一部分。依托于前瞻性的因果链，研究者能够建立一个反事实序列，将非实际的前因范畴与后果范畴联结起来，序列由具有因果联系和时序关系的非实际事件构成。相比之下，使用回溯因果链时，研究者将反事实前因视为后果，并回溯历史以确定其原因。对反事实前因的因果链进行分析，有助于研究者确定最小重写规则到底在多大程度上能被用于前因。

前瞻性因果链

对于前瞻性的因果链来讲，研究者会设计一些中介步骤，通过这些步骤，非实际前因中的成员资格可以在空间和时间上与后果的成员资格相联结。图 5.10 对哈维（Harvey 2012）关于“戈尔-不打仗”所做的反事实分析进行了模式概括。哈维认为，如果戈尔当选总统，伊拉克将是他在任时外交政策的核心。哈维指出，戈尔本人是外交政策的鹰派，各种证据都表明他会任命一个由鹰派组成的国家安全小组[比如理查德·霍尔布鲁克（Richard Holbrooke）是国务卿的主要候选人]。哈维认为，如果戈尔真的当选总统，那么以强制性军事威胁为手段的强硬多边主义将会成为一种遏制伊拉克的外交策略。如同小布什政府一样，戈尔政府也会推动联合国派核查人员返回伊拉克，关于伊拉克存在大规模杀伤性武器的错误情报仍然会出现。萨达姆·侯赛因也很可能会犯下与小布什政府时期相同的战略错误，这些错误加剧了情报工作的失败。哈维认为，在这种情况下，戈尔政府就会寻求英国和其他盟国的支持，对伊拉克采取联合军事行动，很多美国人也会给予忠心支持。于是哈维得出结论：如果戈尔当选总统，美国很可能会攻打伊拉克。

如图 5.10 所示，这种 SUIN 反事实论证的逻辑可以被构造成重要性不断提升的一系列充分原因，最终以戈尔任下的伊拉克战争而达到顶点。无论是 SUIN 反事实还是必要反事实，其反事实链中的非实际链接事件都是充分条件。[①] 链中的每个条件都是案例情境

① 反之，对于充分反事实来说，反事实因果链会通过必要性联结起来。其道理是这样的：(1)说X对Y是必要的，也就是在说～X对～Y是充分的；(2)说X对Y是充分的，也就是在说～X对～Y是必要的。在刘易斯(Lewis 1979)关于时间之箭的讨论中，我们看到这些关系背后的一些哲学意义。

中下一个条件的充分条件。所谓“案例情境中”，是指反事实案例与实际世界是相同的，仅有的不同就是那些用来制造反事实前因的变化，以及由前因导致的后续差异。一旦反事实链中的某个事件发生，它就成为所有后续事件的情境。通过关注案例情境中的充分条件，研究者可以考察反事实前因是否能够产生与实际世界一样的后果。如果非实际前因带来了同样的后果，那研究者就发现了重要证据，可以证明 SUIN 命题或必要条件命题是假的。因为这个命题没能通过必要性的集合论检验。

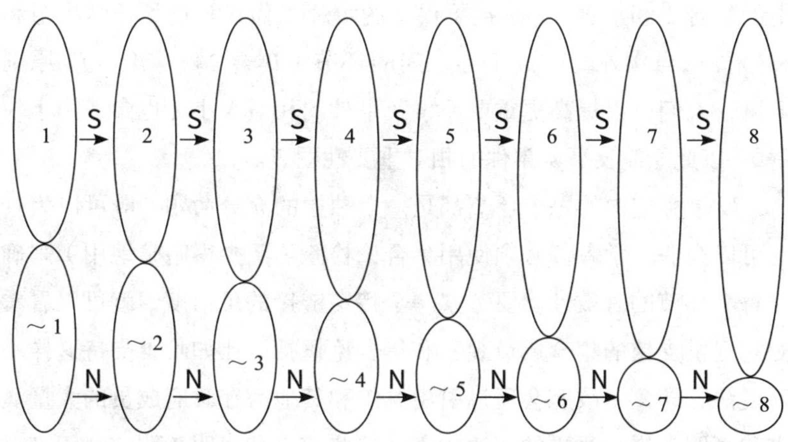

图 5.10　哈维（Harvey 2012）反事实论断中的模式

注：S 代表充分；N 代表必要。1= 戈尔当选总统；2= 戈尔任命鹰派的国家安全小组；3= 伊拉克是外交政策的核心；4= 联合国观察员重返伊拉克；5= 关于大规模杀伤性武器的错误情报；6= 萨达姆犯下战略错误；7= 美国组建战争联盟；8= 美国入侵伊拉克。

在充分条件的反事实链中，每个后续条件都更接近于后果的充要条件（见第十一章对反应性序列的讨论）。图 5.10 就说明了这一点，可以看到，随着时间的推移，事件的圆圈不断变大。在序列的最后，非实际的戈尔政府动员了一个战争联盟，这近乎就是伊拉克战争的充要条件。人们还可以向因果链中加入更多内容，具体做法是找到两个存在着时间间隔的条件，在二者之前插入额外的中介事件（哈维的论述比这里所讲的要复杂得多）。比方说，可以在序列的最后增加一个步骤，例如范畴“最后的攻击决定”，这就更接近于充要条件了。此外，因果链中的一些反事实环节比其他环节更重要。对于下一个事件来说，最重要的条件是近乎充要的。在哈维的论述中，戈尔的当选与任命鹰派国家安全小组之间的环节（图 5.10 中的集合 1 和集合 2）承担了很多的解释工作，超过了任命小组和将伊拉克当作外交政策中心之间的环节（集合 2 和集合 3）。原则上讲，人们可以提高更重要反事实事件的相对大小（也参考第十一章），以此绘制反事实事件的相对重要性图表。

反事实链中的每个环节都是一个独立的充分命题，既可以为真也可以为假。学者们必须使用集合论检验（至少得暗暗地用）来确立每个环节的有效性。要考察一个特定链接的可信度，就可以看看对它提供支撑的集合成员观察和集合论概括。比如哈维支持这样一种说法，即戈尔政府会通过引用戈尔和其他潜在政府成员的大量演讲和声明来推行激进的多边主义。这些演讲和声明表明，对于来自萨达姆的威胁以及与盟友磋商采取积极行动的必要性，各方有着高度的共识。哈维将这一信息与隐含的概括联系起来，比如长期采取、保持某种明确立场的政治家和决策者会在整个职业生涯中坚持该立场。如果事件之间的联系对读者来说是不言自明的，那么使用隐含而非明确的概括就不成问题（在这个例子中，读者是学者、决策者和受过教育的公众）。然而，如果这种联系对读者来说并不是自明的，好的反事实分析就需要把因果链中的重要联系所依赖的概括都予以明晰化。[①]

另一个例子是杰克·戈德斯通（Goldstone 2006）和卡拉·加迪纳·佩斯塔纳（Pestana 2006）之间的争论。在戈德斯通看来，1690年夏天，威廉三世（William of Orange）被子弹擦伤后的幸存是一系列重大历史事件的必要条件，这些事件包括光荣革命、法国大革命、牛顿科学、工业革命和欧洲民主。在批评这一观点时，佩斯塔纳就驳斥了戈德斯通论述中的具体环节。例如，她认为戈德斯通的反事实分析过于依赖对个人能力的概括，而詹姆斯二世并不能随心所欲地改造英国。如果人们不认可戈德斯通对詹姆斯二世能力的自明肯定，那么戈德斯通的反事实叙事就会被推翻：英格兰没有建立半天主教君主制，法国没能主导欧洲，历史还是沿着与实际世界中相似的路线演进。

最后要说的一种情况是，前瞻性因果链所导致的后果与实际世界有着惊人差异。关于这一点，有个著名的例子，即帕斯卡说的“要是克丽奥佩特拉（Cleopatra）的鼻子长得短一些，整个世界的面貌就会改变”。虽然这类断言强调了偶然事件的因果重要性，但它们是依赖于决定论因果链的，这些因果链是由实际世界中的完全必要条件和反事实世界中的完全充分条件组成的。经过仔细考察，人们常会发现，这些因果链中的具体环节所假定的概括是不支持这种决定论的。例如，与帕斯卡所说的完全不同，鼻子较短的克丽奥佩特拉很可能仍然是罗马政治中有影响力的人物。社会科学中反事实分析的目的不是一味将一个变化引入历史，然后推测可能会发生什么。相反，好的反事实分析侧重于特定前因和特定后果，其目的是认真评估一个具体命题。

① 批评某项研究的人可能会去寻找因果链中的“薄弱环节”，但单个环节的错误并不一定会让反事实论证崩溃。研究者必须修复这个环节并重新设计反事实链，但新步骤还是有可能会导致相同结果。

回溯性因果链

当研究者提出是某些非实际事件导致了反事实的前因时，回溯性的因果链就形成了，也就是说，他们回到历史中去构建因果链，让反事实的前因成真。在这样做时，他们只把反事实前因所需的情境变化导入。如果他们能够构建出一个因果链来产生反事实前因，同时只对实际世界做出轻微改变，那么就可以得出结论：这个命题是适用于最小重写规则的。相反，如果不对情境的重要理论部分做出重要改变就无法产生反事实的前因，那就很难不违反最小重写规则了。

原则上讲，在解释任何给定的反事实前因时，都存在很多的备择解释。例如，对于戈尔当选这项前因来说，我们可以构建一个因果链：小布什在竞选期间去世，戈尔成了唯一的候选人，由此当选。然而，研究者需要在各种可能性中寻找一种解释，该解释只对实际世界做出最小的改变，就可以使反事实前因成立。像小布什意外死亡这种事件是不太可能的，因而不会被考虑在内。研究者会在反事实前因之前的事情中寻找一个**偶然事件**，这个偶然事件能够充分导致反事实前因的出现。研究者回溯过去，特意寻找一个可以改变的偶然历史事件，然后通过充分链接将其与重要的反事实前因联结起来。

这里以勒博（Lebow 2010）的讨论为例。勒博认为，如果斐迪南大公没有遇刺，第一次世界大战就会被阻止。他清晰地讨论了这种刺杀未发生的因果链。他强调“要避免弗朗茨·斐迪南遇刺是多么容易”，只需要对历史做出一点点合理改变即可（p.60）。如果斐迪南大公的车队按照原计划的路线行进，就不会路过加夫里洛·普林西普（Gavrilo Princip）的位置，普林西普这名年轻的刺客碰巧在对的时间出现在对的地点才刺杀了大公。勒博认为，这个充分的因果链（骑兵的行进路线是正确的→普林西普没有靠近骑兵的行进路线→弗朗茨·斐迪南没有遇刺）比实际发生的事情更可信。这个因果链就为我们展现了一个可能世界，在这个世界里存在着反事实的前因（斐迪南大公没有遇刺），并且其他方面都和实际世界一样。

相比之下，对于像奇迹一样的反事实陈述，学者们就无法通过回溯来为前因构建可信的因果链了。对于“如果拿破仑有核武器，法兰西帝国早就占领全世界了”，在我们进行因果回溯并询问能使拿破仑拥有核武器的一系列事件时，其反事实的琐碎性就暴露了。图5.11对此做了一番尝试。解释这个反事实前因所需的科学发展水平对于拿破仑时代压根是不可能的。反过来，这种科学发展真要出现的话，还需要有进一步的破坏性反事实。时间上的每一次回退都会引入一个更不可信的反事实事件，由此制造出一种“气球效应”，使得反事实集合小到完全被它的否定集所挤压。

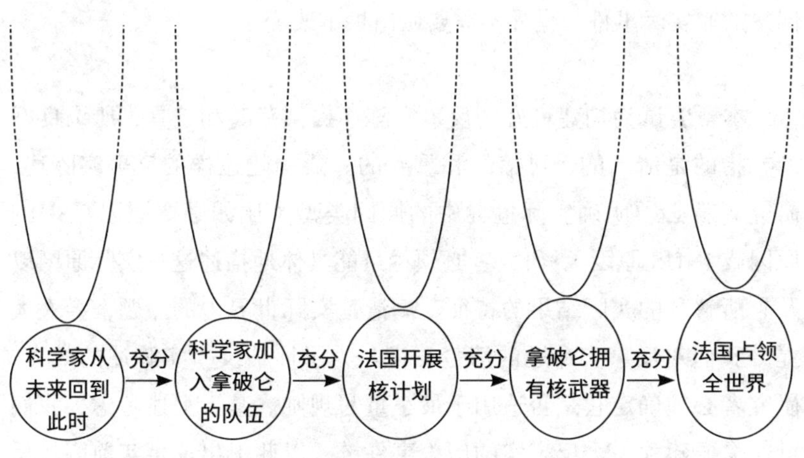

图 5.11　对奇迹反事实的回溯推测

注：虚线标注出了几乎无限向上扩展的集合。

当因果回溯导致荒谬的情景时，人们就很难确定在反事实前因存在的情况下世界会是什么样子。可以肯定的是，世界将是完全不同的，但具体什么样，我们是不清楚的。进一步来讲，由于反事实前因发生时的外部条件是不明确的，要评估反事实陈述就变得困难甚至完全不可能。在不了解世界的情境范畴时，人们不可能知道反事实前因是否与后果有联系。假如拿破仑拥有核武器，那英国可能也有。如果英国有核武器，那就没法说法国会占领全世界。所以反事实陈述将被证伪。不过，除非我们能够对拿破仑拥有核武器的世界有更多的了解，否则我们找不到什么办法去确定反事实陈述的真假。

简言之，从时间上进行回溯来解释反事实前因，可以阐明最小重写规则的应用空间。通过探究能够大概导致反事实前因的充分性事件，人们可以确定反事实世界与实际世界的相似程度。显而易见，将小事件和偶然事件作为反事实前因是有好处的，要容纳一个偶然的非实际事件，世界不需要做出根本改变。

本章尝试为构建良好的反事实陈述提供范畴和工具，所谓良好的，指的是清晰的、可信的和重要的。要构建这样的反事实陈述，研究者就必须明确实际世界中的原因类型（比如必要原因、SUIN原因或 INUS 原因）。研究者必须尽可能具体地描述这一实际原因以及它所解释的实际结果的特征。搞清楚实际世界中的命题，会大大提升我们对反事实命题的清楚认识。为了评估反事实陈述的效力，研究者必须确定它是否适用于最小重写规则。基于上述考虑，我们可能需要建立一个反事实的历史事件链，以此引出反事实前因。反事实陈述的可信性还取决于研究者通过联结性事件将反事实前因与反事实后果联系起来的能力。

良好的反事实陈述是非常有价值的，因为它们能够让研究者在哪怕只有一个实际案例的情况下也能对特定的因果命题做出评估。在贝叶斯方法中，反事实分析的结果是支持或反对命题非常重要的证据（见第七章）。研究者可以使用反事实分析来评估在特定案例中的个别因果要素距离充要条件有多远。还有很重要的一点，即需要同时考虑原因变化的反事实和情境变化的反事实。原因变化的反事实用于评估特定原因的必要性，情境变化的反事实用于评估特定原因的充分性。

反事实分析与社会科学的广义方法论问题存在着交织，它本身就是一种研究工具，也是其他集合论工具的基础。其中一些工具我们已经讨论过了，还有一些将在后面的章节中探讨。目前为止，我们已经讨论了集合论检验，它能帮助研究者确定一个反事实事件是否是另一个反事实事件的原因。我们还讨论了因果关系的规则模型，它是由反事实分析所假定的。在后面的章节中，当我们讨论序列分析、关键事件以及路径依赖时，还会再次回到反事实分析。

第六章　序列分析

（与艾琳·金博尔·达曼和肯德拉·科伊乌合写）

集合论序列分析是一种推理方法，它使用因果链的结构来进行推断，目的是就因果链中不同位置的事件之间的相对重要性给出结论。该方法在某些方面类似于在统计研究中使用控制和中介变量，当然它的集合论基础使其在其他方面与统计分析有很大区别。集合论序列分析是利用逻辑规则来确定在因果链中某一点上的特定因果要素与其他位置的因果要素之间的相对重要性。这种方法是对前两章讨论的工具的补充。集合论检验和反事实分析用于确定某个因素对于后果来说是否充要，以及在多大程度上是充要的，序列分析则用于确定已入选因素的相对重要性。

在评价备择的历史事件时，原因的相对重要性问题就经常出现。研究者试图去了解，某个历史时期的原因是否比其他时期的原因更重要。对于这个问题，芭芭拉·格迪斯（Barbara Geddes 2003: 140）给出了比较恰当的表述："如果在解释某个后果时存在两种路径依赖观点，一种观点认为在某个历史关头的选择决定了最终结果，另一种观点则认为另一个历史关头的选择才是关键性的。那么我们如何判断谁是正确的呢？"从宏观社会科学的层面看，这个问题存在于很多著名辩论中，包括欧洲历史上的民主化（Moore 1966; Downing 1992）、"二战"后东亚地区经济的快速增长（Evans 1995; Kohli 2012）、中美洲的国家政治体制（Yashar 1997; Paige 1997）、冷战的结束（English 2007; Brooks and Wohlforth 2007a, 2007b）、南美的军事独裁主义（O'Donnell 1973; Wiarda 1973）、欧洲资本主义的兴起（Wallerstein 1974; Brenner 1976），以及后殖民时期非洲糟糕的经济表现（Rodney 1972; Bates 1981）。学者们在所有的这些例子里都存在分歧，决定特定后果的最重要原因到底位于哪个历史时期之中，人们观点不一。

类似的问题也会出现在关于序列的论证中，这种论证用来确定一个或多个能够将最初原因与最终结果联系起来的中介因素。这里的问题是，比起整个序列最初的起始原因，某个中介因素是否更重要？这并不是自明的。比方说，假设瓦尔德纳（Waldner 1999）的观点是正确的，即对于20世纪中叶的叙利亚和土耳其来说，在讨论激烈的精英冲突对糟糕的经济表现的影响时，需要插入一个中介原因，即非发展型国家。这个中介原因（非发展型国家）是否会消减起始原因（激烈的精英冲突）的重要性？面对具体案例，我们如何回答这个问题？同样，许多学者认为，奴隶贸易对非洲经济发展的影响是由19世纪末开始的正式的欧洲殖民主义所促成的。如果我们承认了殖民主义的作用（如果有的话），那么它在多大程度上消减了奴隶贸易在解释后殖民非洲经济危机时的因果重要性呢？

集合论序列分析探讨了两个或多个事件的相对因果重要性，这些事件的特点是：（1）位于不同的时间点，（2）被确定为结果的原因，（3）彼此间也存在因果关系。举个例子，如果序列中的两个原因要素对最终结果都是必要的，那么序列分析就可以帮助研究人员确定哪一个更为重要。该方法使用规则因果模型的黄金标准来定义因果重要性：一个原因要素越是接近充要原因，它就越为重要（见第三章对因果重要性的讨论）。序列分析被用于已被确立为原因的事件，这些事件是结果的近似必要和/或充分原因。它使用逻辑工具来确定这些原因要素相对于其他要素的重要性或琐碎性。

集合论序列分析的思路是受详析模式启发，后者最初是由拉扎斯菲尔德（Paul Lazarsfeld）和他在哥伦比亚大学的同事为多元统计分析所制定的（参见 Kendall 1982）。与拉扎斯菲尔德模式一样，集合论序列分析通过引入一个新的前置（前导）因素或中介因素来评估初始原因的重要性。它关心的问题是，当引入新的因素后，初始原因是否还能保持其因果重要性。然而，与之不同的是，拉扎斯菲尔德模式关注彼此高度相关的变量，而集合论方法论关注彼此间高度遵循集合论规则的那些因果要素。

集合论因果链分析

个案研究和小数量研究者通过构建关联的因果事件序列（例如 X → Z → Y）来解释结果。如同历史学家一样，这些研究者“通过追踪事件发生的顺序来解释 [结果]”（Roberts 1996: 16）。那么当个案研究者引入第三个因素（前置的或中介的）来阐释初始的 X → Y 集合论关系时到底会发生什么？接下来将探讨这个问题。在集合论序列分析中，由第三个因素带来的新关系可以使初始的两因素 X → Y 集合论关系被情境化、弱化甚至变得不合逻辑。

对详析模式的扩展

拉扎斯菲尔德的详析模式反映了早期定量社会科学向多元分析迈进并区分因果关系的努力（Kendall 1982）。该模式的核心步骤是构建一个初始的双变量关系，然后引入第三个变量即控制变量。在某些情况下，引入第三个变量所产生的新关系会证实或增强原有的因果关系，提高人们对于因果关联的信心。在另一些情况下，引入第三个变量所做的详析会削弱并质疑初始关系，研究者就会将其视为虚假关系（非因果关系）。

虽然详析模式是在属性–存有假设下用统计相关性来分析变量关系的，但它可以扩展到在空间集合的假设下，以此用集合论关系来进行案例解释。其基本的应用方法是相似的：从一个初始的 X → Y 关系开始，研究者引入第三个因素来进一步评估初始关系，第三个因素可以是前导因素，也可以是中介因素。与详析模式的关键区别在于，在集合论分析中，因素是范畴，关系是集合成员关系。

以下面这种关系为例：案例在初始范畴中的成员资格 X 对于它后续在 Y 范畴中的成员资格是必要的。这种关系可以写成 X-n → Y。[①] 序列分析的一种策略是引入一个前导范畴，即在 X 和 Y 之前发生的第三事件（Z）。集合论序列分析的研究者会考察 Z 与 X 之间以及 Z 与 Y 之间的逻辑关系。也就是说，研究者会使用集合论检验和反事实分析来考察以下两个未知关系：

Z-? →X-n→Y
||——? ——↑

在这个过程中，人们可能会发现不同类型的集合论关系，从而产生不同的因果序列。集合论分析会评估新关系对于初始原因（X）的因果重要性带来的影响。根据 Z 与 X 之间以及 Z 与 Y 之间的关系类型，初始原因的重要性有可能会被削弱或情境化。

序列分析也可用于分析中介原因。再以下面这个为例：在 X 中的成员资格对于后续在 Y 中的成员资格来说是必要的，即 X-n → Y。引入一个中介事件（Z）后，研究者将考察如下的集合成员关系：

① 假定初始关系是通过集合论检验和反事实分析得以发现和评估的（参见第四章和第五章）。

X-? →Z-? →Y

||——n——↑

同理，根据 X 与 Z 之间，以及 Z 与 Y 之间的关系类型，初始原因的重要性有可能会被削弱或情境化。

序列分析中的前导因素与中介因素的因果特征对应于第三章中所讨论的 5 种原因中的任何一种。不过在接下来的讨论中我们主要关注必要原因和充分原因。虽然学者们经常在个案研究和小数量研究中使用 INUS 原因，但 INUS 原因必须是近似必要的和 / 或近似充分的，才能成为**单独**重要原因（另见第十章对因果重要性的讨论）。因此在本章中，重要的单独 INUS 原因都是作为近似必要原因和 / 或近似充分原因来处理的。如果一个单独的 INUS 原因既不是必要原因，也不是充分原因，那它就不能成为结果 Y 的重要原因或关键事件。微小的 INUS 原因最好作为更大的充分性组合的一部分来分析。对序列分析来讲，这种充分性组合可以被视为一个单一因素，即单独的充分原因。[①]

情境化、弱化与不合逻辑的关系

这里还是以必要原因为例。摆在我们面前的是一个必要原因（X-n → Y），假设研究者找到一个前导因素并发现以下关系：

Z-n→X-n→Y

||——n——↑

① 同理，完全由SUIN原因构成的组合可以被视为一个必要原因。

除了 X 是 Y 的必要原因外，前因 Z 同时是 X 和 Y 的必要原因，由此出现了一个必要原因链。这里以唐宁的研究（Downing 1992）作为具体例子来说明。唐宁认为，对于历史上的欧洲国家来说，在范畴“中世纪宪政”中的成员资格是范畴“早期民主”中成员资格的必要条件。唐宁进一步指出，对于中世纪宪政和早期民主来讲，“罗马帝国”乃是必要条件。因此其论证形式为：Z= 罗马帝国，X= 中世纪宪政，Y= 早期民主。

集合论序列分析关心的是，把 Z 引入后所带来的新关系将如何影响我们对初始 X-n → Y 关系的理解。在唐宁的这个例子中，我们想一想，罗马帝国在时间上更靠前，那么它是不是早期民主的更重要原因？还是我们应该像唐宁那样，把中世纪的宪政主义视为早期民主的更重要原因？

要回答上述问题，我们可以对这个因果链中的事件绘制相应的集合图。图 6.1 将三种集合论关系（Z-n → X ；X-n → Y ；Z-n → Y）组合成了单一的因果序列。这张图建立在两个逻辑事实上：（1）Z 必须是 X 和 Y 的超集，因为它对这两个因素都是必要的；（2）X 必须是 Y 的超集，因为 X 对 Y 是必要的。由于 X 和 Z 对 Y 都是必要的，它们的相对因果重要性取决于它们各自对 Y 的充分性程度。如图所示，X 的集合与 Y 的集合更紧密地重叠，使 X 更接近于充要条件。鉴于集合 X 的充分性高于集合 Z，由此我们得知 X 是更重要的必要原因。正如唐宁所说，中世纪宪政是早期民主的更重要原因。

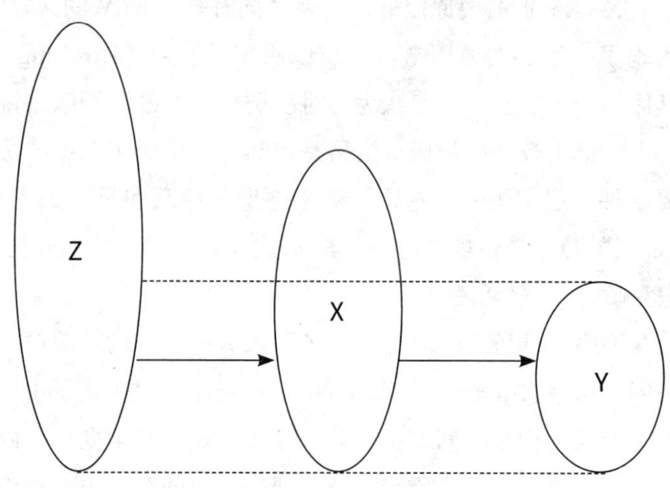

图 6.1　情境化的集合论图示

注：Z= 罗马帝国；X= 中世纪宪政；Y= 早期民主。

上面这个例子展示出引入第三个因素是如何将初始关系**情境化**的。最初的必要原因（X）仍然是序列中最重要的原因，但我们现在获得了“原因的原因”这个额外信息。实际上，我们可以根据下面的规则来概括这个例子中的逻辑：

> 连锁必要原因法则：在一个必要原因的时间序列中，与结果在时间上越接近，原因的相对重要性就越高。

一个链接距离结果越近，它也越接近于充要条件。人们可以把这个规则想象成一个平放的漏斗，随着时间的推移，它会随着越来越接近目标结果而缩小。从因果概念的角度来说的话，随着时间的推移，必要原因变得越来越重要，以至于最后一步几乎成了充要条件。

然而，引入前导因素后，原本近因的相对重要性也完全有可能**被削弱**。更近的原因并不一定是更重要的，下面的例子就能说明其原因。我们还是从一个初始的必要关系（X-n → Y）入手，可以想象一下，当前因 Z 被引入时，我们发现了如下关系：

Z-s→X-n→Y

||——n——↑

前导因子 Z 中的成员资格对于 Y 中的成员资格来说是必要的，这一点没有变化，但现在它对于 X 中的成员资格来说是**充分的**（刚好反过来）。假设唐宁有这样的观点：罗马帝国是中世纪宪政的充分条件且是早期民主的必要条件。那么罗马帝国会是早期民主更重要的必要原因吗？

答案是肯定的。图 6.2 中的集合关系直观地呈现了这个结果。虽然 Z 和 X 都是 Y 的完全必要原因，但 Z 是更重要的原因，原因在于 Z 更接近于是 Y 的充分原因。那么在这个例子中，当我们引入第三个因素时，初始原因的重要性就被**削弱**了，更重要的原因是时间距离更远的因素。

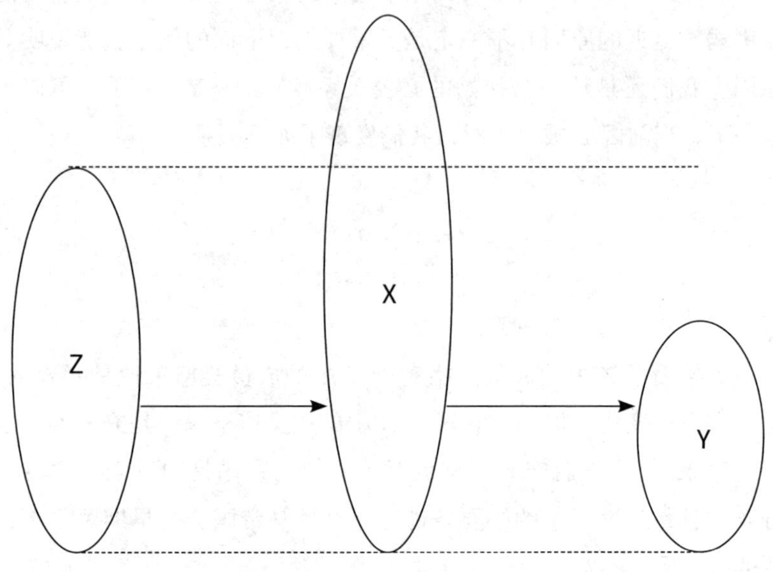

图 6.2 弱化的集合论图示

注：Z= 罗马帝国；X= 中世纪宪政；Y= 早期民主。

除了情境化和弱化初始关系外，集合论序列分析还会产生逻辑上的不可能，遇到这种情况，研究者就需要对错误进行定位。比如我们还是以 X 对 Y 的必要关系为起点，然后发现了如下关系：

$$Z\text{-n}\rightarrow X\text{-n}\rightarrow Y$$
$$||\text{——s——}\uparrow$$

在这里，前导因素（Z）是 X 的必要条件，同时是 Y 的充分条件。然而这一总体发现是不可能的，任何可能世界中的关系都不符合这种描述。如果 X 对 Y 是必要的，那么从逻辑上讲，Z 就不可能同时既是 X 的必要条件又是 Y 的充分条件。这种情况需要 Z 既是 X

的真子集又是 X 的真超集，这违背了逻辑和现实。鉴于这个序列是不可能的，因此三个指定关系中至少有一个是不正确的。初始关系（X-n → Y）有可能是错的，其他两个关系也有可能错了一个或两个都错。

最后再介绍一个充分原因序列的规则，它对应于前面关于必要原因序列的规则：

> 连锁充分原因法则：在一个充分原因的时间序列中，与结果在时间上越接近，原因的相对重要性就越高。

对于充分原因序列来说，当序列向结果方向移动时，原因就越来越接近充要条件。哈维（Harvey 2012）的反事实链就是这种情况，这条因果链由戈尔当选开始，到不入侵伊拉克结束（图 5.10）。我们可以将充分性序列想象成一个平放的漏斗，随时间的推移而扩展到目标结果的近乎全部空间。

从可能的世界语义学来看，我们可以说，随着序列的推进，由其他事件链来产生后果的可能性就越来越小。在序列的最后，距离最近的原因就近似于充要原因了。

列表和示例

表 6.1 列出了集合论序列分析在各种关系中的应用结果。该表包含了 16 种可能的应用结果，适用于以必要性和 / 或充分性关系为特征的三事件因果序列。第一列表明初始关系是必要的（X-n → Y）还是充分的（X-s → Y）。第二列表明第三个因素 Z 是前导的（Z → X → Y）还是中介的（X → Z → Y）。第三列标明了 Z

对于 X 和 Y 的关系。第四列指出了 Z 的引入对 X 的影响，X 在初始 X → Y 关系中的作用会发生以下变化：情境化、弱化或逻辑不可能。最后一列总结了 Z 的解释力地位。下文就围绕着将 Z 引入初始关系中的三种可能结果来展开讨论。

情境化

当新的因素（Z）对结果（Y）的因果关系并不比原来的因素（X）更重要时，序列分析就会将初始关系情境化。不同类型的情境化内含着在考察第三因素（Z）时的重要差别，丰富了我们对于初始关系 X → Y 的理解。我们可以确定 4 种互斥的情境化子类型：（1）识别次要原因，（2）识别局部机制，（3）背景情境化，（4）路径情境化。

在情境化的某些情形中，新的因素是与初始因素同类型的原因，但它没有初始原因那么重要，这种情形对应于表 6.1 中的 1a、2c、3d 和 4b。举例来说，鲁伯特（Luebbert 1991) 认为，在西欧的历史情境下，自由党和工党之间的战前联盟（Lib-Lab 联盟）可以充分地开拓出一条因果途径，最终在两次世界大战之间实现自由民主。[①] 鲁伯特考察了一些前导因素，这些因素解释了为什么有的欧洲国家属于“战前联盟”的成员而有的不是，因此上述论点就被情境化了。他发现，形成一个有凝聚力的中产阶级是关键的前导因素。在他看来，一个国家如果在“存在着有凝聚力的中产阶级”这个范畴中具有成员资格，那就也能充分导出其在“战前联盟”中的成员资格。他的理由是，有凝聚力的中产阶级为自由党提供了权力

① 由于自由党–工党联盟需要以欧洲为广义情境，因此这个因素严格地讲属于INUS原因。

与安全，保障其与工会和工人组织结成联盟。这里就能看到很重要的一点：在欧洲情境中，“存在有凝聚力的中产阶级”这一范畴资格，本身就是“两次大战期间实现自由民主”的充分条件。

表 6.1　集合论序列分析的结果列表

	初始 X→Y 关系	第三因素（Z）	新的关系	结果	Z的解释力地位
1a	X-n→Y	前导	Z-n→X； Z-n→Y	Z将初始关系**情境化**	次要原因
1b	X-n→Y	前导	Z-n→X； Z-s→Y	逻辑不可能	—
1c	X-n→Y	前导	Z-s→X； Z-n→Y	Z将初始关系**弱化**	重要原因
1d	X-n→Y	前导	Z-s→X； Z-s→Y	Z将初始关系**情境化**	路径情境
2a	X-n→Y	中介	X-n→Z； Z-n→Y	Z将初始关系**弱化**	核心机制
2b	X-n→Y	中介	X-n→Z； Z-s→Y	Z将初始关系**情境化**	路径情境
2c	X-n→Y	中介	X-s→Z； Z-n→Y	Z将初始关系**情境化**	局部机制
2d	X-n→Y	中介	X-s→Z； Z-s→Y	逻辑不可能	—
3a	X-s→Y	前导	Z-n→X； Z-n→Y	Z将初始关系**情境化**	背景情境

续 表

	初始X→Y关系	第三因素（Z）	新的关系	结果	Z的解释力地位
3b	X-s→Y	前导	Z-n→X；Z-s→Y	Z将初始关系**弱化**	重要原因
3c	X-s→Y	前导	Z-s→X；Z-n→Y	逻辑不可能	—
3d	X-s→Y	前导	Z-s→X；Z-s→Y	Z将初始关系**情境化**	次要原因
4a	X-s→Y	中介	X-n→Z；Z-n→Y	逻辑不可能	—
4b	X-s→Y	中介	X-n→Z；Z-s→Y	Z将初始关系**情境化**	局部机制
4c	X-s→Y	中介	X-s→Z；Z-n→Y	Z将初始关系**情境化**	路径情境
4d	X-s→Y	中介	X-s→Z；Z-s→Y	Z将初始关系**弱化**	核心机制

从集合论的形式来看，上述鲁伯特论证的结构符合表 6.1 中的 3d 类型：

Z-s→X-s→Y
||——s——↑

其中 Z= 过去存在有凝聚力的中产阶级，X= 战前的 Lib-Lab 联盟，Y= 两次世界大战之间的自由民主。虽然 Z 和 X 都是 Y 的充分原因，

但初始原因 X 是更重要的原因。Z 和 X 都是 Y 的子集，但 X 是更大的子集，因此它更接近于后果的充要条件。这一分析结果与鲁伯特的立场高度一致，他认为战前的 Lib-lab 联盟是一个关键原因，存在有凝聚力的中产阶级则不然，它只是一种情境化前因。

当新因素是一个不如初始原因重要的原因时，序列分析为解释最终结果所提供的帮助是比较小的（如 1a、2c、3d 和 4b）。此时如果新因素是前导的（如 1a 和 3d），我们能识别出一个**次要原因**，它是更重要原因的原因。如果新因素是中介的（如 2c 和 4b），我们能识别出一个局部机制，初始原因按照这种机制运作。

我们再来看看鲁伯特的例子，这次关注一个中介因素，看看如何识别局部机制。鲁伯特认为，在“战前 Lib-Lab 联盟”中缺少成员资格，是法西斯主义和社会民主主义的必要原因。[①] 他认为，“不存在 Lib-Lab 联盟”使得劳工运动没能被温和的中产阶级所主导，于是就出现了“强大、独立的劳工运动”。后者又是“两次大战之间的法西斯主义”或“两次大战之间的社会民主主义”的必要条件。鲁伯特的这种论点符合 2c:

～ X-s→Z-n→Y
||———n———↑

其中 X= 战前的 Lib-Lab 联盟，Z= 强大、独立的劳工运动，Y= 两次大战之间的法西斯主义或社会民主主义。在这里，非 Lib-Lab 联盟和强大、独立的劳工运动都是法西斯主义和社会民主主义的必要原因，然而初始原因（非 Lib-Lab 联盟）相对更重要。中介原因（强大、独立的劳工运动）提供了一些信息，帮我们了解到主要原

① 这一原因需要依托欧洲情境并以此作为限制范围。

因施加其充分效应的过程。中介因素是一个局部机制，非 Lib-Lab 联盟通过这种机制发挥着因果效力。

在情境化的其他情形中，新因素与初始因素并非结果的同类型原因（表 6.1 中的 1d、2b、3a 和 4c）。这时就可以区分出背景情境化和路径情境化。当前导因素（3a）或中介因素（4c）是后果的必要原因，而初始因素是后果的充分原因时，背景情境化就发生了。在这种情况下，新因素就提供了必要的情境（或者说背景），充分条件要发挥作用，必须依赖于它。背景情境化与因果效应的范围条件高度相关。

马奥尼的《自由主义的遗产》（Mahoney 2001）提供了另一个背景情境化的例子。在这本著作中包含这样一个论点：19 世纪的国家军事化和阶级极化的一种激进形式，即马奥尼所说的“激进自由主义”，是一种充分条件，其最终导致了危地马拉和萨尔瓦多的军事独裁政权。该研究进一步指出，要让自由派领袖开展激进改革，那么有些条件在自由主义改革之前必须到位，比如半中央集权国家和早期的出口经济。总的来说，这种论证符合 3a：

Z-n→X-s→Y
||——n——↑

其中 Z= 半中央集权国家和早期的出口经济，X= 激进的自由主义，Y= 军事独裁政权。在这项论证中，虽然前导条件（Z）提供了一个情境背景，但主要的生成性因果行为发生在激进自由主义（X）这里。前导条件提供了背景许可，它解释了为什么激进的自由主义有可能在这些国家出现。

相比之下，当前导因素（1d）或中介因素（2b）是后果的充分原因，而初始因素是后果的必要原因时，**路径情境化**就发生了。在后一种情况下（2b），新的因素为初始原因发挥作用提供了一种路径，而该路径是多种路径之一。这里我们还是以鲁伯特的论证为例。我们知道，非 Lib-Lab 联盟是两次大战中欧洲法西斯主义和社会民主主义的必要原因。对鲁伯特来说，将法西斯主义案例与社会民主主义案例区分开来的最关键因素是代表农民利益的政党在两次大战之间的结盟情况。当农民政党与工人政党结盟时，该国就在红绿联盟（red-green coalition）中具有成员资格，而这个范畴是社会民主主义范畴的充分条件（瑞典、丹麦和挪威的路径）。相反，当农民政党与城市中产阶级结盟时，国家是“棕绿联盟”（brown-green coalition）的成员，这个范畴是法西斯主义的充分条件（德国、意大利和西班牙的路径）。从集合论的角度来总结，这两个观点符合类型 2b：

$$\sim X\text{-n}\rightarrow Z_1\text{-s}\rightarrow Y_1$$

$$||\text{———n———}\uparrow$$

$$\sim X\text{-n}\rightarrow Z_2\text{-s}\rightarrow Y_2$$

$$||\text{———n———}\uparrow$$

其中 X=Lib-Lab 联盟，Z_1= 红绿联盟，Z_2= 棕绿联盟，Y_1= 社会民主主义，Y_2= 法西斯主义。非 Lib-Lab 联盟是自由民主主义和法西斯主义的准入原因，然而，中介因素（无论是红绿联盟还是棕绿联盟）才凸显出使该因素得以发挥其效用的因果路径。在两次大战期间的欧洲，非 Lib-Lab 联盟所扮演的历史角色为一个国家提供了两种路径的一种，使得该国可以加入某种特定体制。序列分析为我们展示了这两条路径，由此就将原本的发现予以情境化了。

弱 化

与情境化不同，序列分析可以通过识别一个更重要的原因来**弱化**本来的原因（见表 6.1 中的 1c、2a、3b 和 4d）。要做到这一点，新的因素必须与原来的因素属于同类型原因，但前者更接近于后果的充要条件。如果新的因素是前导的并且比本来的因素更重要，那么这个更具历史意义的原因就弱化了本来原因的相对重要性（如 1c 和 3b）。

再以英格利希（English 2007）和布鲁克斯、沃尔福斯（Brooks and Wohlforth 2007a, 2007b; 本书第五章）之间关于冷战结束原因的争论为例。英格利希认为，新思维等观念因素是冷战结束的必要原因。布鲁克斯和沃尔福思并不反对这些观念因素的必要性，不过视它们为相对琐碎的因素。他们认为，物质原因特别是苏联的长期经济衰退才是更为重要的。为了证明英格利希观点的错误，他们提出了以下的集合论观点（类型为 1c）：

Z-s→X-n→Y
||——n——↑

其中 Z= 苏联经济衰退，X= 新思维，Y= 冷战结束。布鲁克斯和沃尔福斯试图削弱新思维与冷战结束之间因果联结的重要性。在他们看来，虽然苏联经济衰退和新思维都是冷战结束的必要原因，但前者更为重要。这一观点在逻辑上是正确的，因为比起新思维来说，“苏联经济衰退”更接近于“冷战结束”的充分条件。

当引入新的因素导致原有因素被弱化时，一种**核心机制**就会浮现出来，原有因素通过这一机制来发挥其作用（如 2a 和 4d）。在这种情况下，原本的关系并不是虚假的；相反，研究者找到了过程性范畴，原本的原因要素是通过该过程来塑造结果的。与情境化的局部机制不同，核心机制对结果的解释力要高于原本的原因要素。

瓦尔德纳（Waldner 1999）对20世纪中期叙利亚和土耳其不成功的工业化和经济建设的研究就是一个例子。瓦尔德纳认为，在“激烈的精英冲突”中的成员资格可以充分导致“不成功发展”中的成员资格。为了阐明自己的观点，他引入了一个关键的中介原因——非发展型国家。叙利亚与土耳其的成员在“激烈的精英冲突”中具备的成员资格会充分导致其丧失在“发展型国家”中的成员资格，而这又进一步充分导致其丧失在“成功的发展”中的成员资格。整套观点符合类型4d的形式：

X-s→ ～ Z-s→ ～ Y
||————s————↑

其中X=激烈的精英冲突，Z=发展型国家，Y=成功的发展。在这里，原本的原因要素（激烈的精英冲突）会充分导致没有“成功的发展”，但它是通过“非发展型国家”来起作用的，后者是更重要的充分原因。这也就意味着，精英冲突对发展的充分性影响来源于其在前头对发展型国家的充分性影响。高水平的精英冲突通过这一核心机制来产生不成功的发展。

瓦尔德纳的研究也有助于说明历史解释如何容纳多个中间步骤。他明确指出，对于原本的关系来说，还存在着其他调节性的中介因素。其中之一就是卡尔多集体困境（Kaldorian collective dilemma），瓦尔德纳将其定义为一系列集体行动问题，这些问题导致现有产业难以提高生产力，不能降低成本以及无法改进产品。这个因素（K）位于非发展型国家和不成功的发展之间：

X-s→ ～ Z-s→K-s→ ～ Y
||————s————↑

其中 X= 激烈的精英冲突，Z= 发展型国家，K= 卡尔多集体困境，Y= 成功的发展。现在卡尔多集体困境就成了最重要的机制，激烈的精英冲突和非发展型国家的充分性效应都是通过这一新的中介因素来起作用的。虽然更多前导因素的重要性不应该被忽视，但它们的因果效力就在于它们会产生卡尔多集体困境。

逻辑不可能

逻辑的不可能会以不同的方式出现（表 6.1 中的 1b、2d、3c 和 4a）。在所有的非逻辑情形中，原初因素和新因素都是不同类型的原因。如果序列中的因素都是必要原因或充分原因，逻辑不可能不会出现。我们还是以马奥尼（Mahoney 2001）的观点为例来做简要说明：在中美洲的情境下，激进的自由主义会充分导致后续的军事独裁政权。这时有人可能会提出反驳：20 世纪中期的非社会改革这一中介性的必要原因也是一个关键事件。就比如下面的这种替代解释：

X-n→ ～ Z-n→Y
||———s———↑

其中 X=19 世纪的激进自由主义，Z=20 世纪 40 年代和 50 年代的社会改革，Y=20 世纪 50 年代后的军事独裁政权。这里的问题是，该解释在逻辑上是不可能的（4a）。除非激进的自由主义（X）对后续的必要原因来说都是充分的，否则它就不可能是军事独裁政权

（Y）的充分条件。可是在这里的表述中，激进的自由主义对于非社会改革（～Z）是必要而非充分的。这就意味着模型中的某个地方搞错了。

实际上，根据亚沙尔（Yashar 1997）对中美洲威权主义原因的研究，人们目前的共识可能是下面这个样子的：

X-s→～Z-n→Y
||———s———↑

其中X=19世纪的激进自由主义，Z=20世纪40年代和50年代失败的社会改革，Y=20世纪50年代后的军事独裁政权。激进自由主义可以充分导致失败的社会改革和最终的政权结果。失败的社会改革提供了路径情境，前面发生的关键事件的影响是靠它来传递的。

集合论序列分析可以帮助学者们解决个案研究和小数量研究中的各种问题。当一个人确定一个原因的原因时，他希望知道这些原因是否比原来的原因更重要。序列分析帮助研究者以一种有条理的方式回答此问题。这个方法区分出两种前导因素，一种会弱化原本的原因，一种则不会。区分这两种可能性的能力，对于理解原因的原因来说是至关重要的。

对于中介原因来说，集合论序列分析为研究者提供了一个框架，这个框架可以将序列里的中间事件的不同因果角色予以概念化。该方法提供了一套规则，根据这套规则，人们能够确定某中介事件是核心机制还是局部机制。核心机制是代表若干事件的范畴，初始的原因要素通过这个范畴来获得因果的许可与产出。核心机制为从因至果的促动、产出过程提供了逻辑上令人满意的解释。相比之下，局部机制只提供了这种解释的一部分，人们还需要对链接着原因和结果的中介事件进行更多的研究。

序列分析方法是一种工具，它可以将关于历史因果的学术讨论予以结构化。对于本章开头所列举的那一类历史分歧，研究者可以用序列分析来处理，确定化解争议所需的具体证据。将学术分歧的确切性质构建清楚，明确了争议双方所需的证据类型，那么即便是非专业人士也可以就这些争论给出自己的判断。

第七章　贝叶斯分析

（与罗德里戈·巴雷内切亚合写）

所谓贝叶斯分析，是指在明确原则的指导下，根据新的证据来改进我们关于某个命题的信念（参见 Abell 2009; Bennett 2008, 2015; Fairfield 2013; Fairfield and Charman 2017, forthcoming; Humphreys and Jacobs 2015; McKeown 1999; Rohlfing 2013）。比方说这个命题：俄罗斯的干预是唐纳德·特朗普在 2016 年美国总统选举中获胜的重要原因。假设我们先认为这个命题是真假对称的（即它有 50% 的概率是真的），另外还假设一点：即有集合成员观察表明，弗拉基米尔·普京在大选前几个月直接组织了一场大规模的运动来支持特朗普，那么我们应该在多大程度上去改进我们对命题真实性的信念？为什么能改进？怎样改进？贝叶斯分析为这些问题提供了明确的答案。它为人们**理性地**改进信念提供了公开程序，让人们能够根据新证据来推断命题成真的可能性。

如果要给科学下一个好的定义，那么在证据评估中使用类贝叶斯法则就是定义的一部分。从某种意义上说，贝叶斯分析对于科学来说是**强制性的**，因为其他的信念校正方法要么与之等价，要么就有把偏见和不必要的错误带入结论的风险（参见 Cox 1946）。[①] 科学建构主义支持贝叶斯分析，原因是所有的科学方法都必须接受贝

① 对于这个观点，范·霍恩做了很好的文献综述（Van Horn 2003）。

叶斯分析或其等价方法：使用证据，根据适当的原则来推出命题的真假。[①]

贝叶斯分析承认一个基本的建构主义观点：对真理的科学评估不可避免地依赖于主观信念。毕竟，科学关心的是关于命题真假的**合理信念**。要精确描述人的信念殊为困难，这引发了如何使用贝叶斯分析的争论，但贝叶斯分析本身并没有受到质疑。在社会科学中，由于主观信念定量化所存在的显著挑战，贝叶斯主义常被当作非正式的探索方法，而不是作为一套能够用数学来实现的正式规程（McKeown 1999; Beach and Pedersen 2013）。然而有些社会科学家主张，研究人员应该正式采用贝叶斯主义，用数字来标定信念程度，严格应用贝叶斯定理（Abell 2009; Fairfield 2013; Humphreys and Jacobs 2015; Rohlfing 2013; 另见 Fairfield and Charman 2017, 即将出版）。本书的集合论方法提供了有用的工具，它可以服务于那些将贝叶斯主义视为经验法则的人，也可以服务于那些致力于定量地运用该方法的人。

贝叶斯分析与科学建构主义共享一种集合论的逻辑基础。从集合论的角度来直接发展贝叶斯分析，可以保留该方法的所有优点，对于社会科学中的个案研究者和小数量研究者来说，这样还可以让贝叶斯方法变得更友好。揭示贝叶斯分析隐含的集合论基础，会让我们看到小数量研究者与个案研究者根据集合成员观察来改进信念时的逻辑机制。用集合论的方法来进行贝叶斯分析时，人们可以更清楚地看到研究者如何通过缩小或扩大属于**真命题**范畴的可能世界的比例来改变他们的信念。随着可能世界的数量变化，实际世界存在于真命题范畴中的可能性也会增加或减小。

---

① 支持贝叶斯分析乃至更一般化的科学，这是一个规范性的承诺（参见Sher 2013）。在其他方面，对贝叶斯分析的认可涉及对真实、合理的信念的倡导。

本章首先考察集合论分析和贝叶斯分析的联系。我们将讨论（1）贝叶斯分析如何为集合论检验和集合成员观察提供信息，（2）贝叶斯分析如何以集合论方法假设为前提，并依赖后者来实现科学化。这部分讨论将贝叶斯分析置于它的集合论基础之上，为科学建构主义的真理发现过程中所使用的集合成员观察提供了认识论基础。

其后，本章还会使用贝叶斯原理来解释为什么某些个别的集合成员观察对于评估命题的有效性来说是至关重要的，而其他成员观察则没什么价值。我们可以沿着两个维度来区分集合成员观察：**效果性**（consequentialness）和**预期性**（expectedness）。这些维度又进一步定义了集合成员观察的不同种类，其中的两种是**关键性观察**（critical observation）（效果显著但不在预期中）和**累积性观察**（cumulative observation）（预期之中但效果不显著）。这一部分讨论了不同类型的集合成员观察以及所连带的研究策略和叙事表达。

本章的最后一部分从贝叶斯分析的角度重新审视了集合论检验。这部分讨论的重点是：（1）观察的效果性与集合论检验的理想程度之间的关系，后者指的是集合论检验在多大程度上近似于决定性的必要检验或决定性的充分检验；（2）观察的预期性与集合论检验的难度之间的关系。通常来讲，简单的检验引入的是预期的观察，而困难的检验引入的则是非预期的观察。因此，如果要创建困难的必要性检验，研究者就需要通过识别一种**非预期**观察来设计检验；要创建一个简单的充分性检验，研究者就需要通过识别一种**预期**观察来设计检验。

贝叶斯分析的集合论解释

本节使用集合论的工具来说明贝叶斯定理的假设和逻辑。在本质主义假设下给出了该定理的说明之后，讨论转向对概率的可能世界的理解，然后用集合论语言重新介绍贝叶斯定理。

属性–存有假定下的贝叶斯定理

按照社会科学对于贝叶斯分析的传统理解，研究者根据案例所提供的证据来改进他们对命题为真的概率的信念。举例来说，研究者可能会获取到案例某个方面的新事实，比如某决策者的声明，这个事实就可能会改变研究者对于所调查命题持有的信念。在属性存有假设下，这些事实是所分析案例的属性（参见 Bennett 2015; Fairfield and Charman 2017，即将出版; Humphreys and Jacobs 2015, 即将出版）。在本质主义研究中，学者获取案例属性的能力被视为做出好研究的关键。

在应用贝叶斯分析时，研究者需要估计三种概率:（1）某人（或某个社群）对于命题为真的初始信念的概率;（2）在命题为真时能够观察到某种特定证据的概率（即发现案例拥有某种属性）;（3）在命题为假时能够观察到相同证据的概率。按照贝叶斯定理的常见表述，证据与概率依下面的公式来改进信念:

$$P(H|k) = \frac{P(H)p(k|H)}{P(H)p(k|H)+P(\sim H)p(k|\sim H)},$$

其中

P（H|k）是在给定证据 k 的情况下，命题 H 为真的改进概率，

P（H）是命题 H 为真的先验概率，

P（k|H）是当命题 H 为真时证据 k 发生的可能性，

P（～H）是命题 H 为假的先验概率，

P（k|～H）是当命题 H 为假时，证据 k 发生的可能性。

本内特（Bennett 2015）使用一个例子来说明标准的贝叶斯方法，这个例子是坦嫩瓦尔德（Tannenwald 2007）对核禁忌所做的研究。按照坦嫩瓦尔德提出的核禁忌假说，对于使用核武器的规范性禁止有助于解释为什么 1945 年以后核武器未被使用。为了说明问题，本内特提出可以将核禁忌假设为真的先验概率设为 40%。随后他开始考虑假设为真和假设为假时，证据K出现的概率。按照预估，假设为真时能观察到证据的概率为 25%，假设为假时能观察到证据 k 的概率为 50%。我们可以将这些数字代入贝叶斯公式中，从而得出核禁忌假设为真的改进概率：

$$P(H \mid k)=\frac{(0.40)(0.25)}{(0.40)(0.25)+(0.60)(0.50)}=\frac{0.10}{0.10+0.30}=\frac{0.10}{0.40}=0.25.$$

在这个例子中，对证据 k 的观察将核禁忌假设为真的概率由 40% 变成 25%。因此，对证据 k 的了解显著降低了假设的可信度。

集合论方法

集合论方法与贝叶斯的概率理解是相吻合的（参见 Demey, Kooi and Sack 2013; Hájek 2012）。广义来讲，贝叶斯方法属于概率的主观解释和逻辑解释（Galavotti 2005; Childers 2013）。也就是说，概率是关于世界某方面的信念，即它们是认知现象，而不是独立于思维的属性。这些信念的结构是逻辑的延伸。就贝叶斯主义来讲，它是布尔代数的延伸框架，旨在对不完全知识的状态予以量化（Cox 1946; Jaynes 2003; 另见 Laplace 1814/1952）。

集合论方法使用可能世界语义学来理解贝叶斯分析中的信念与逻辑。可能世界是在代表事件的集合中具有成员资格的实体。在某一特定命题为真的集合中存在着可能世界，对于这些可能世界在全部可能世界中占有多大**比例**，研究者持有自己的信念，这种信念可以让研究者就命题成真的可能性给出量化的概率陈述。具体来说，如果人们按这种方法得到 50% 的概率，即他相信命题有 50% 的概率为真，那么这就意味着，在他看来，在所有可能世界中，有一半是这个命题为真的集合的成员。

图 7.1 展示了核禁忌例子中集合包含着可能世界的概率说明。该图凸显了贝叶斯分析的集合论方法所具有的核心特征，即概率反映了集合的**相对大小**。从图上看，实际世界位于包含所有可能世界的全部概率空间的某个点上。虽然我们不知道具体哪个可能世界是唯一的实际世界，但我们知道，40% 的概率空间是由命题为真的可能世界占据的（在集合 H 中有成员资格），因此实际世界有 40% 的机会位于命题为真的集合中。要确证命题是真的，研究者并不需要把所有的可能世界筛一遍。相反，他需要确定，没有任何可能世界在命题为假的集合（集合～ H）中具有成员资格。[①]

---

① 由于可能世界的分布是用来推导概率的，因此任何单个的可能世界都谈不上可能性或似然性。可能世界的分布解释了概率，而不是相反（参见 Childers 2013: chap.5）。如果一个特定的可能世界看上去比另一个世界的可能性大得多，那是因为这个可能世界有许多相仿的复本（或者它很容易被复制），因此它的相关组规模就远远超过了另一个世界及其相关组（另见第十章）。

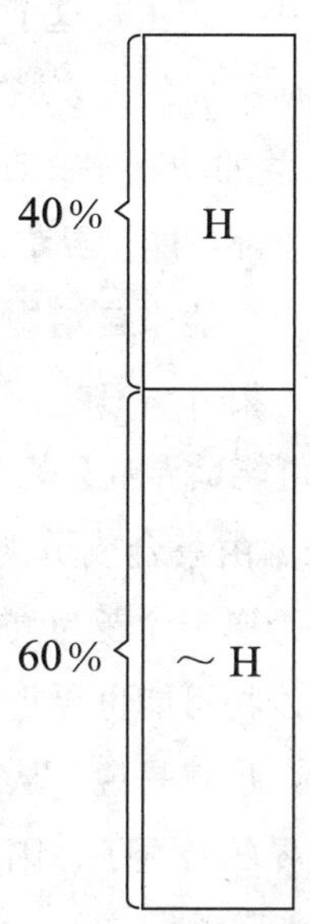

图 7.1 可能世界方法的集合图

注：H= 假设为真的可能世界；～ H= 假设为假的可能世界。

人们对于可能世界的分布持有什么样的初始信念，反映了研究者在研究开始时对集合论概括和集合成员观察的了解。在没有任何相关知识的情况下，我们可以让可能世界对称地分布在集合 H（50%）和～ H（50%）之中。具备一定相关知识的人通常都主张可能世界是不对称分布的。在核禁忌假说这个案例中，初始信念既反映了文化主义理论框架所产生的可能世界（绝大部分是集合 H 的成员），也反映了由理性主义和结构主义理论框架所产生的可能世界（绝大部分是集合～ H 的成员）。[①] 在人们的初始信念中，绝大多数

① 关于贝叶斯分析中多个竞争性假设所带来的方法论问题，如果想获得大体的了解，可以比较费尔菲尔德、查曼（Fairfield and Charman，即将出版）和扎克斯（Zaks 2017）的讨论。

的可能世界也许位于～H中，理由是这个集合包含了理性威慑理论和新现实主义等成熟理论所关联的大多数潜在事态。比方说，人们可以通过对物质成本和收益的功利主义计算来决定不使用核武器，满足这一情况的大多数或全部可能世界都会落入集合～H中。同样地，不使用核武器的决定也可能来自结构性力量的推动，这时大多数或全部可能世界也会落入集合～H中。相比之下，如果是文化禁忌导致反对使用核武器，可能世界就会落入集合H中。

在集合论方法中，证据由集合成员观察构成。通过这些观察，人们可以确定实际世界是否属于命题为真的集合，是否是该集合中的某个可能世界。证据可以将可能世界重新归类为非实际世界，以此帮助人们做出上述判断。也就是说，从证据可以导出结论，世界的某些状态不再是实际世界的备选了，因为在这些状态中，该证据是不可能出现的。以坦嫩瓦尔德（Tannenwald 2007）的研究为例，美国国防部长罗伯特·麦克纳马拉（Robert McNamara）明确表示在越南使用核武器是道德不当的，这段文字记录就把某些可能世界予以排除了，因为在这些可能世界中，道德因素在国防部考虑问题时是不起作用的。只要这些否认道德考虑重要性的世界状态位于"核禁忌假说是错的"这一集合中，那么文字记录这种证据就缩小了该集合的规模，从而也为核禁忌假说提供了支持。这个学习过程涉及**排除可能性**（possibility elimination）的工作。证据的出现，使得可能世界的范围发生了不对称的**缩减**，由此改进了人们的信念。

图7.2对此做了进一步的说明。该图包含着第三个集合，即证据k。集合k中包含着全部有证据k存在的可能世界。在贝叶斯分析中，人们需要考察H和～H在集合k中有多高的成员隶属度。[①]

---

① 一个集合（比如H）在另一个集合（比如k）中的部分成员资格是连续集分析的焦点（参见Zadeh 1965）。然而，贝叶斯分析是建立在二分集合的基础上的。在给定的集合中，每个可能世界要么有完全成员资格，（接下页）

当我们提出“在假设为真时，会有 25% 的概率观察到证据 k”，这意味着我们相信，对于集合 H 中的可能世界来说，有 25% 的可能世界在集合 k 中具有成员资格。该图中的 4 个集合由集合 k/ ～ k 与集合 H/ ～ H 相交而来（分别是 H & k、H & ～ k、～ H & k 和～ H & ～ k）。假定实际世界已确定是集合 k 的成员，那么在 k 中不具备成员资格的可能世界就不再是实际世界的备选了。在～ k 中具有成员资格的可能世界属于非实际世界，于是它们就被排除了。非实际世界的集合可以被称为**排除集**（elimination sets），在图中用阴影区域表示（见图 7.2）。非阴影区域是 k 的子集，叫作**保留集**（remainder sets）：所有被保留下来的可能世界都位于这个集合中，它们仍然是实际世界的备选。

如图 7.2 所示，集合成员观察 k 已经将真假设集合中的可能世界排除了 75%，只留下了 25% 的可能世界。证据 k 也将伪假设集合中的可能世界排除了 50%，留下了另外 50%。改进后假设为真的概率就由保留集的相对大小来确定。真假设集合（H）的面积现在只有伪假设集合面积（～ H）的 1/3。因此，改进后假设为真的概率是 25%。

（接上页）要么没有成员资格。比方说，每个可能世界要么是集合H的成员，要么是集合～H的成员。贝叶斯分析的二分法所基于的假定是：一个假设要么是真的，要么是假的，因此它在所有的可能世界中要么是真的，要么是假的。如果要放宽该假定，允许一个假设是部分正确和部分错误的，那么连续集分析就是一个合适的方法选择。不过，如果要采用偏隶属函数和连续集分析，就需要对贝叶斯定理进行基础改造，本书没有涉及这部分内容。参见范·霍恩（Van Horn 2003：4–5）。

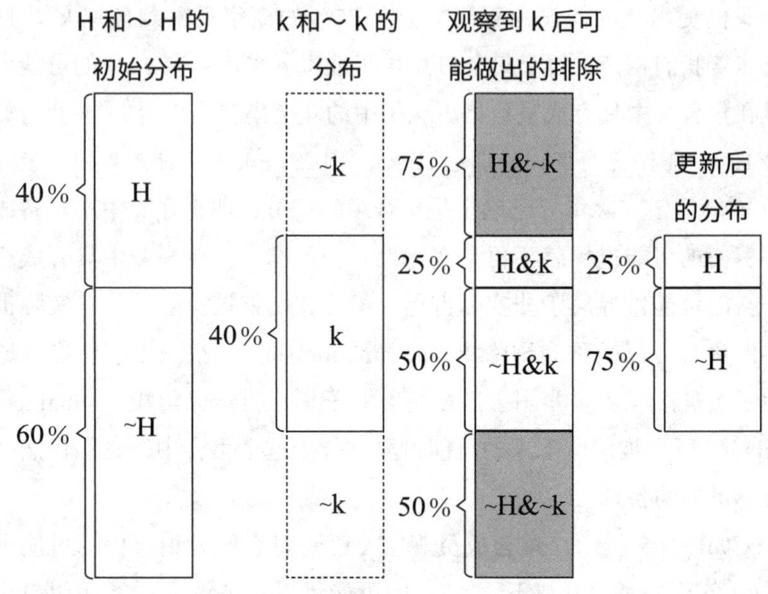

图 7.2　通过排除可能性来改进信念

H= 假设为真的可能世界；～H= 假设为假的可能世界；k= 证据 k 存在；～k= 证据 k 不存在；&= 逻辑“与”；阴影区域 = 非实际的可能世界。

从图 7.2 中可以看出，当证据出现时，它就可以把缺乏成员资格的可能世界从自身的集合中予以排除，这正是贝叶斯学习的过程。其核心假设很简单，即包含着实际世界的集合（H 或～H）必须是另一个可能世界集合的成员，这个集合就是“证据 k 存在”。在上面的例子中，比较一下保留集和排除集的大小，就能很清楚地看到证据 k 排除了大多数可能世界，原因是保留集更小。因此，除了能将假设为真的可能性从 40% 调整到 25% 之外，证据还可以让可能性的范围缩小，使分析更为集中。要让可能世界的数量出现这种规模的缩减，需要有突出的证据来帮助对假设做出进一步的推断。

集合论方法可以让人们在不指定概率信念度的情况下开展贝叶

斯分析。相反，人们可以根据关于可能世界分布的信念来确定集合的相对大小。将集合 H/ ～ H 与集合 k 相交，就可以实现贝叶斯改进。对于可能世界的分布，我们可以用似然性的文字表达，比如“有可能”和“很可能”（参见 Ragin 2000: 158–159）。与此同时，要用数值来表示集合的大小肯定也是行得通的，这样的集合论方法所产生的结果就很像是标准贝叶斯方法的结果。然而，无论是文字表达还是数字表达，它们在本体论上都不是先于集合的。相反，人们是在信念的基础上来建立文字表达或数值表达的，信念的对象就是可能世界的集合分布。

在标定集合时，人们也可以从文字表述转向数字概率。这里以关于恐龙灭绝的著名的陨石碰撞理论为例（Hallam and Wignall 1997; T. Palmer 1999; 另见 King, Keohane and Verba 1994; Waldner 2007）。20 世纪 70 年代时，人们在地壳的某一层中发现了铱元素，这就让该理论正确的可能性大大增加了，这一判断至少对该领域的许多科学家来说是对的。图 7.3 对陨石理论为真所假定的先验概率是“可能性不太大”，我们可以将其解释为 40% 的概率。如果恐龙灭绝是因为陨石撞击，那么在地壳的这一层发现铱的可能性有多大？许多科学家所支持的合理答案是“很有可能”，因为如果确实是陨石撞击导致的恐龙灭绝，那么就应该留下这样的痕迹。因此可以将这个例子中的 p（k|H）设为 90%。同样，人们还可以发问：如果恐龙不是因为陨石撞击而灭绝，那么在地壳的这一层发现铱的可能性有多大呢？这时的合理答案所指向的可能性是，铱的这种聚集来自那些与恐龙灭绝无关的原因。在这种情况下，人们可能会觉得铱的出现是“相当不可能的”，并将 p（k| ～ H）设为 25%；也就是说，如果命题为假，只有 25% 的机会能观测到铱。[①]

① 这里根据命题真假对证据（地壳里有铱）所做的可能性估计是（接下页）

图 7.3 用集合表示了观测到铱元素对陨石碰撞理论正确性信念的影响。当我们引入集合 k 并获得了相交的集合时，就能看到可能世界分布的变化：理论为真的概率从 40% 增加到了约 60%。证据表现出了强大的效果，因为在理论为真的可能世界中，只有很小一部分被排除，而在理论为假的可能世界中，大部分都被排除了。对于后一种被排除的世界来说，被排除是因为它们都要求铱不存在（即它们在集合 k 中缺乏成员资格）；相比之下，陨石理论为真的大多数可能世界都不带有这个错误假设（即它们是集合 k 的成员）。

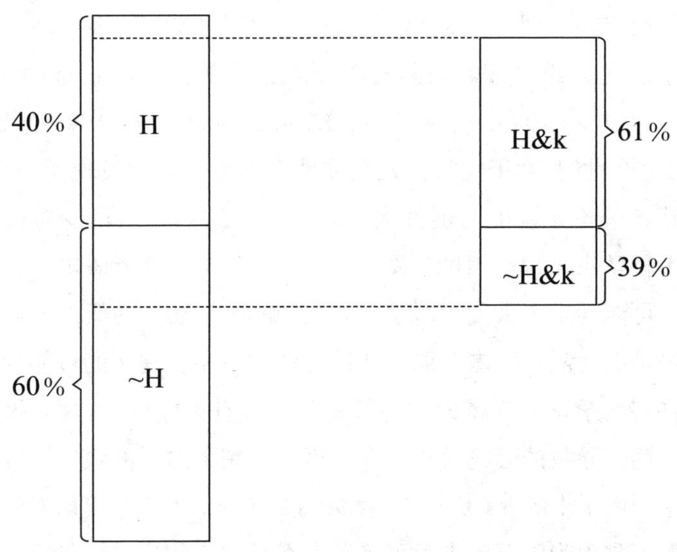

图 7.3　恐龙灭绝的陨石碰撞理论

注：H= 假设为真的可能世界；～ H= 假设为假的可能世界；k= 证据 k 存在；～ k= 证据 k 不存在；&= 逻辑“与”。

（接上页）相当保守的。费尔菲尔德和查曼（Fairfield and Charman 2017，即将出版）主张使用对数（非线性）测量来分配概率，这种方法能让证据更显著地改变先验信念。

集合论方法揭示了贝叶斯改进的一个基本原则：如果人们发现实际世界是 k 的一员，那么他必须把所有假定了～ k 的场景划入不可能从而予以排除。一个可能世界如果要成为实际世界，那集合 k 中的成员资格即便不是充分的，也肯定是必要的。

贝叶斯定理的集合论表达

贝叶斯定理本身可以用集合论语言来表达，下面就是其中的一个版本：

$$H_2=\frac{H(H_1\in k)}{H(H_1\in k)+\sim H_1(\sim H_1\in k)},$$

其中

H_2 是有效命题（valid proposition）集合中可能世界的改进后比例，

H_1 是有效命题集合中可能世界的先验比例，

k 是具备证据 k 的可能世界集合，

∈是集合成员符号，

～是否定符号。

这里我们还是以前面的核禁忌假说为例。在这个例子中，H_1 被定为 0.40，这是可能世界在集合 H_1（核禁忌假说为真）中的初始比例。同样地，～ H 被定为 0.60，这是可能世界在集合～ H_1（核禁忌假说为假）中的初始比例。表达式（H_1 ∈ k）是具有 k 成员资格（实际世界是集合 k 的成员）的可能世界占集合 H_1 中全部可能世界的百分比。在这个例子中，H_1 有 25% 的可能世界在 k 中有成员资格，而～ H_1 中有 50% 的可能世界在 k 中有成员资格。把这些成员隶属度的百分比代入贝叶斯公式的集合论版本中后，我们就得到了在核禁忌假说为真的集合中具有成员资格的可能世界的改进后比例：

$$H_2 = \frac{(0.40)(0.25)}{(0.40)(0.25)+(0.60)(0.50)} = \frac{0.10}{0.10+0.30} = \frac{0.10}{0.40} = 0.25.$$

通过这个例子可以看出，在完全不用概率语言时也可以开展贝叶斯分析，这时我们讨论的是在集合和它们的交集中具有成员资格的可能世界的比例。

使用证据

在对假设进行评估时，研究者必须明确所需寻找证据的类型和具体的证据片段。集合论方法可以帮助研究者应对这一挑战，它会提醒研究者将注意力集中在给定证据的相对效果以及可以观察到该证据的预期上。这些差别就带出了一种分类法，由不同类型的集合成员观察和不同类型的叙事表达模式组成。

证据的效果性和预期性

在贝叶斯分析的集合论方法中，证据的效果性指的是证据能在多大程度上改变先验信念，即关于 H 和～ H 集合中可能世界分布的信念。效果性越强的证据会在信念转变过程带来更强的学习效应。在贝叶斯改进完成后，我们可以将起始集（H_1）和保留集（H_2）进行大小比较，以此确定证据（k）的效果性（c）。对效果性进行正规测量时还需考虑一点，即在给定了关于分布的初始信念后，这一信念最大能发生何种变化？举例来讲，同样是确证一个命题，一种初始信念认为绝大多数可能世界都在～H中，另一种初始信念认为只有一半的可能世界在～H中，那么前面这种情况涉及的信念转变就要剧烈得多。相应地，比起大多数可能世界属于集合～H时，在大多数可能世界属于集合H时去否定一个命题也会需要更高水平的信念转变。

H_1和～H_1谁更大，谁就标定了初始信念以及潜在的最大信念转变。计算效果性的集合论公式如下：

$$c(k)= | H_1 - H_2 | /H_1 \mathrm{v} \sim H_1.$$

根据标准连续集的逻辑，分母中的逻辑“或”是在H_1和～H_1之间取较大值。从公式能够看出，效果性的变化范围是从0到1，其中1是最大值。[①]图7.4比较了使用两种证据（k_1和k_2）的贝叶斯学习。在这里，k_1的效果性为：

$$| 0.40 - 0.25 | /0.60 = 0.25.$$

最大潜在效果为100%，而证据使信念发生了25%的变化。k_2的效果性一样：

$$| 0.40 - 0.25 | /0.60 = 0.25.$$

---

① 值得注意的是，效果性不同于标准贝叶斯分析中所讲的似然比（likelihood ratio）。似然比的集合论公式为H&k/~H&k。

因此，k_1 和 k_2 是同等重要的证据。

证据的**预期性**指的是在给定初始信念时，证据 k 能有多大预期被观察到。效果性关注的是信念转变，预期性关注的则是似然性，即根据初始信念，实际世界有多大可能是观察 k 的成员（不管 k 的效果性如何）。[①] 在集合论方法中，观察集合 H 和～ H 在多大程度上是集合 k 的成员，就可以得出预期性。证据的预期性越强，H 和～ H 在 k 中的成员隶属度就越高。预期性的精确公式如下：

$$e(k) = |H(H\&k)+ \sim H(\sim H\&k).$$ [②]

在图 7.4 中，k_1 的预期性为：

$$0.40(0.125)+0.60(0.25) = 0.20.$$

因此，在观察 k_1 之前，只有 20% 的可能世界在 k_1 中具有成员资格，这时想观察到实际世界是 k_1 的成员，预期性是比较低的。相比之下，k_2 的预期性为：

$$0.40(0.40)+0.60(0.80) = 0.64.$$

在观察到 k_2 之前，有 64% 的可能世界是 k_2 的成员，这时观察到实际世界是 k_2 的成员就相当合理。

---

① 证据k和证据～k必须是互斥的、可以被独立发现的集合成员观测。未能观察到证据k并不等同于观察到～k。（关于缺失证据的问题，可以参考冈萨雷斯–奥坎托斯和拉波特（Gonzalez-Ocantos and LaPorte，即将出版）。

② 预期性是贝叶斯定理的集合论表达中的分母。

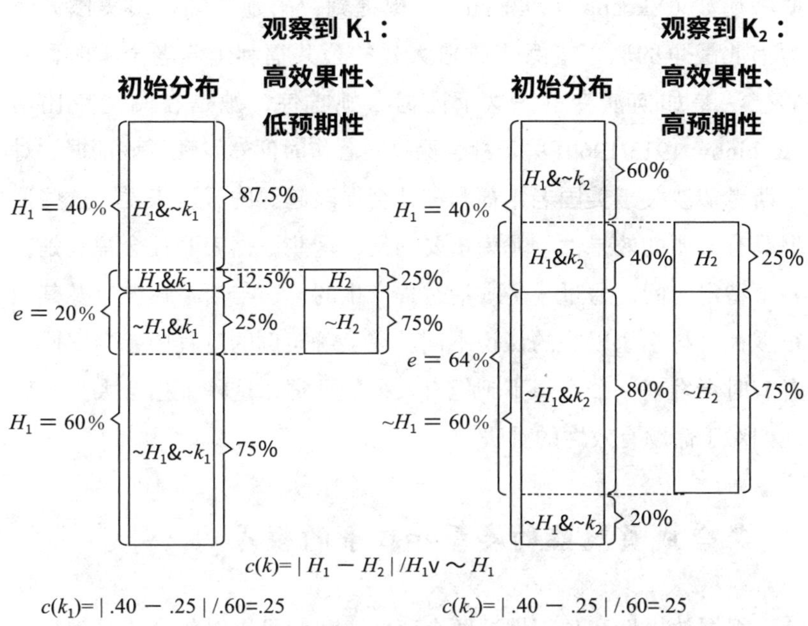

图 7.4　效果性和预期性

H= 假设为真的可能世界；～ H= 假设为假的可能世界；k= 证据 k 存在；～ k= 证据 k 不存在；&= 逻辑“与”；∨= 逻辑“或”。

图 7.4 表明，证据的效果性和预期性无须共变。在这些例子中，k_1 和 k_2 的效果性是相同的（即 0.25），但两个证据的预期性有很大的不同：k_1 是 0.20 而 k_2 是 0.64。证据的效果性和预期性之间的总体关系是这样的：低预期性水平的证据可以有高低不同的效果性水平，这取决于集合 H 和～ H 在集合 k 中的成员隶属度。然而，当预期性接近 100% 的上限时，效果性会减弱，如果证据完全在预期之中，那它的效果性就变成了 0%。

研究者不必事先确定证据的效果性和预期性。相反，研究者可能会认识到，这些属性基于对证据的经验归纳（参见 Falleti 2006）。

斯考切波（Skocpol 1992: vii–x）曾提到，当她得知很多美国人作为南北战争的联军老兵来领取大量的公共福利（养老金）时，她的想法是如何演变的。这个证据令她吃惊，她是在阅读卢比诺（Rubinow 1913/1969) 关于社会保险的著作时偶然发现了该证据。对于斯考切波关于美国老年福利和社会保险起源的假设来说，这些证据具有重要的效果性。尤为重要的是，这些证据表明社会福利是在一个特定时间，通过一个政治过程产生的，这与斯考切波以及其他很多社会科学家以往的认识不同。在了解案例的过程中，个案研究者有时会发现一个意想不到但有效果的证据，这种证据会大大改变他们对于命题有效性的看法。

集合成员观察的类型和叙事的模式

根据效果性和预期性这两个范畴，我们可以对集合成员观察做出分类：高优先级观察、低优先级观察、无关观察、不可能观察、关键性观察和累积性观察（见图 7.5）。在案例研究中，这些观察的使用与特定的叙事表达模式有关。

高优先级观察是指这样一种集合成员观察：初始成员中包含着很多但并非全部可能世界，当证据真被发现时，会产生非琐碎的信念改变效应。之所以称之为高优先级，是因为当研究者意识到这种观察的**潜在性**时，他们就很可能将其放入研究中。把研究时间花到这种观察上是很值得的，它们很可能存在，而且一旦存在就会对研究命题的有效性产生重要影响。

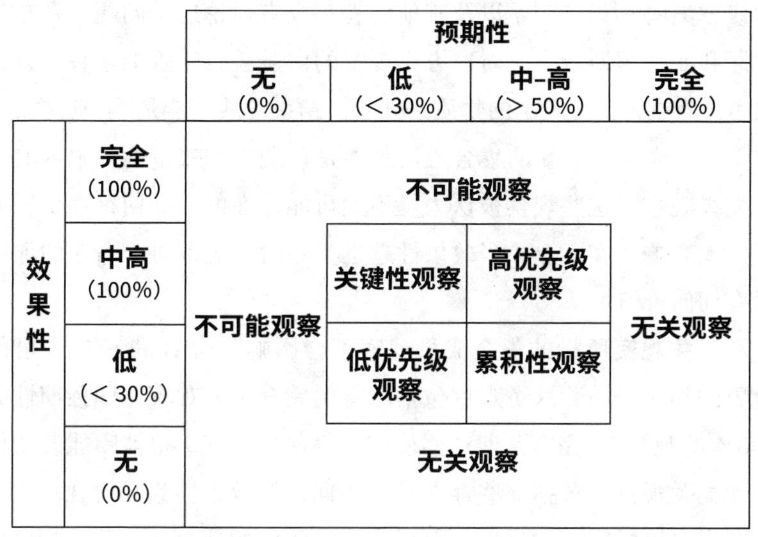

图 7.5　集合成员观察的类型

这里仍以关于冷战结束的争论为例（第五章中讨论过）。在解释冷战为何结束时，有一个指向观念因素的假说，具体地说，就是米哈伊尔·戈尔巴乔夫和其他新思维改革者的知识分子精神（English 2007）。而另一种假说则认为，观念上的变化以及苏联的战略收缩，都是可以用苏联长期的经济衰退来解释的（Brooks and Wohforth 2007 b）。借助于案例研究，英格利希发现了一些观察证据，这些观察揭示出：戈尔巴乔夫和其他改革者很早就接触到了新思维的理念（20 世纪 70 年代末），而且正是这些理念促成了苏联的经济衰退。英格利希是有目的地做出这种观察的，在他看来，这些观察是存在的（即有很强的预期性），而且它们能大大削弱经济衰退假说的合理性（即有很强的效果性）。布鲁克斯和沃尔福思（Brooks and Wohforth 2007a）对此提出了反驳，他们指出，英格利希的观察存在缺失，政府中的旧思维者有可能拿出战略收缩的具体替代方案吗？英格利希以及其他学者都没有讨论这个问题。在布鲁克斯和沃尔福斯看来，对这方面观察的回避就意味着上述替代方案根本不存在。[①] 在既定的物质条件下，结束冷战可能是唯一选择。

位于光谱另一端的集合成员观察是预期性和效果性都很低的低优先级观察。这些观察被认为是不太可能存在的，即使存在也不会有太大影响。实际上，当效果性趋近为零时，观察对于命题的评估没有任何价值。

无关观察所指的集合成员观察不会影响集合 H 和～ H 中可能世界的相对分布。这类观察包括所有的完全预期观察（即预期性为 100% 的观察），完全预期观察使初始集保持不变，也就不能改变信念。无关观察也包括那些存在一些预期，但效果性为 0 的观察。无关观察可以排除可能世界，但不能改变我们的信念，关于可能世界在 H 和～ H 中的相对分布，我们的看法不会改变。无关观察的存在体现了一种更宽泛的论点，即某些证据是没有证明价值的，在评估假设时，我们可以放心地忽略它（Clarke 2002; Mahoney and Goertz 2004）。

在贝叶斯框架中，**不可能观察**是指那些完全在预期外的集合成员观察（即预期性为 0）以及那些完全消除了所有不确定性的观察（即效果性为 100%）。完全预期外的证据是不可能的，因为它需要从集合 H 和集合～ H 中排除所有的可能世界，这意味着命题既不是真的也不是假的，这在贝叶斯框架中是逻辑上不可能的。完全效果的证据在实践中是不可能的，因为它要求人们在不完美资料的基础上得出完美的结论。在科学研究中，有时候不可能的事情（从初始

① “学者们长时间以来一直在努力寻找战略退缩的替代方案的证据。如果说有哪位研究者有动机、有基础去揭示这类重要证据的话，这个人非罗伯特·英格利希莫属。然而他没有这样做。”（Brooks and Wohforth, 2007a: 273）

信念的角度看）的确会发生（Mahoney and Goertz 2004；Steinhardt 2019）。在贝叶斯主义的集合论框架中，不可能的事情如果发生了，那就暴露了初始假定中的谬误，此时可能就需要对信念和假设进行（非贝叶斯的）重新说明。①

最后还有两种重要的集合成员观察，即关键性观察和累积性观察。它们在效果性和预期性方面是相互对立的。一个关键性观察既是有效果的，也是预期外的。关键性观察本身就足以决定性地导致对命题有效性信念的重估。以鲁施迈耶和两位斯蒂芬斯的研究为例（Rueschemeyer, Stephens and Stephens 1992），他们评估了一个不太可能的命题：工人阶级动员是英国民主化的关键事件。通过考察工人阶级的宪章运动和改革同盟在推动民主进程中所起的作用，他们获得了出乎意料却又具有决定性的观察发现，由此为上述命题找到了支撑（pp.95–97）。

累积性观察具有中高水平的预期性，但其效果性是低水平的。在个案研究中，一个常用方法就是逐渐积累这类支持（或不支持）命题的证据。通过一系列的观察，研究者建立起了对命题的信心。这些观察单独来看没什么效果，但加总起来就成为实质性的证据。举例来讲，历史学家劳里亚-圣地亚哥（Lauria-Santiago 1999）就发现了累积性的证据，证明萨尔瓦多在19世纪的私有化改革中创造出了由大地主控制的政治经济。他研究了从前未经分析的土地所有权文件，这些文件不断地表明，私有化改革将土地分割成了中小型农场。虽然没有哪份单独的土地文件是决定性的或不寻常的，但这

① “当新证据对人们提出新理论的要求时，可能就需要对信念函数进行非贝叶斯转换。”（Earman 1992：100）有些领域存在着贝叶斯分析与信念改进不相容的情况，这方面的讨论可以参考Bennett（2008:714）。在这本书中，我把理论发展理解为可能世界的扩展，这些可能世界是先前没有设想到的。因此，尽管新证据的发现可以缩小可能世界的范围，但新理论的创立可以扩大可能世界的范围。

些观察结果累积到一起就有很强的效果性，也在很大程度上是预期外的。

图 7.6 展示了由多元集合成员观察带来的一系列信念变化。该图中的观察有着合理预期并且始终支持命题，命题为真集合（H）中可能世界的百分比从 50%、67%、75% 到 90% 依次变化。这些观察中的每一个都是独立的，因此为 H 提供了非冗余的证据。当然，在真正的研究中，有些证据可能是支持性的，有些证据则不然，因此变化趋势就不会是单一的，当然某个方向可能会占主导地位。此外，研究者可能会像劳里亚-圣地亚哥那样，查看了成百上千条证据，要是这样的话，证据的累积步骤就要比图中多得多了。

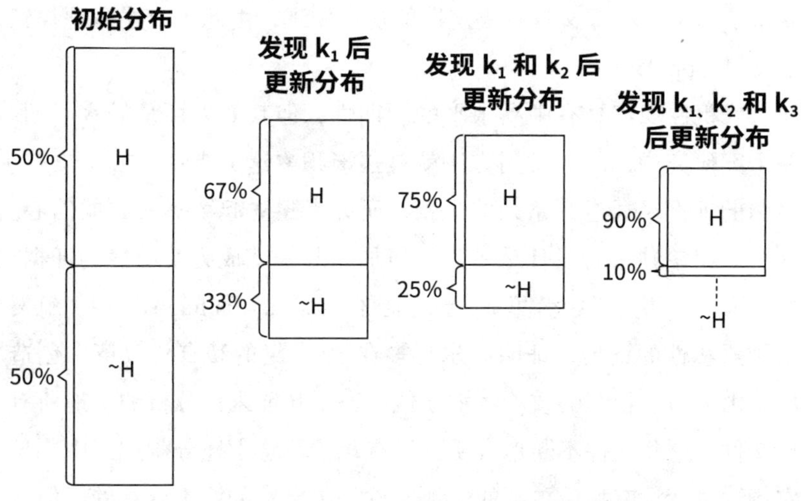

图 7.6　通过证据累积来支持假设

H= 假设为真的可能世界；～ H= 假设为假的可能世界。

上述讨论给出了在个案研究叙事中提出证据的两种互补模式。第一种是**累积证据叙事**（cumulative-evidence narrative），即逐步收集多个观察结果来支持或反对某假设。在这种叙事中，研究者使用了很多观察结果，它们单独来看并不重要，但加在一起就会产生很大效果。从实际情况来看，在许多质性研究中，要为所有观察正式创建一个累积证据的叙事是很困难的（Fairfield and Charman 2017, 即将出版）。人们需要通过数以百千的观察来找准可能世界的变化分布。把这些紧密相连的观察**聚合**起来，考虑其所发挥的整体影响，似乎更为实际。通过这种聚合，研究者获得了单一的证据，也就能用图表来表示该聚合对于集合H和～H中可能世界分布的影响。

第二种提出证据的模式是**关键证据叙事**（critical-evidence narrative）。此时人们通过一个或很少数量的效果性证据来得出结论。因此，这种叙事就建立在对关键内容的详细讨论上。如果结合了正式的集合论贝叶斯分析，关键证据会更显威力。在观察到关键证据时，我们可以用单个陈述来说明其后果。在关键性观察中，研究者可以在不同场景中核查证据，以此考察先验信念对于结论的影响。在这些场景中，可能世界的初始分布是不同的（比如集合H中分别有25%、50%或75%等初始比例的可能世界）。如果研究者试图说服那些对命题有效性的初始信念不同于自己的人，就可以采用这种方法。

在学术实践中，大多数案例研究者会运用几十个、几百个甚至几千个集合成员观察来构建累积证据叙事，以此支持自身论点。然而他们也会使用关键证据叙事来削弱其他解释，或是为自己的解释添加有力的确凿证据。

再谈集合论检验

贝叶斯分析有助于我们理解和定位第四章讨论的集合论检验。从这个角度来说，集合论检验关注的是观察k和～k能在多大程度上排除集合 H 和～ H 中的可能世界。该检验通常发生于如下情况：某个给定观察（k 或～ k）能够保留住集合 H（或～ H）中几乎所有的可能世界，而又排除了集合～ H（或 H）中的很多可能世界。

当集合 H 中的所有可能世界都要求 k 的存在时，就需要开展一个决定性的必要性检验，如果观察到了～ k，那么集合 H 就成了空集。当～ k 在 H 中所排除的可能世界比例远高于～ H 时，就需要开展近似必要性检验。在图 7.7 的示例中，H 中的大多数可能世界（90%）需要 k 中的成员资格。因此，当我们发现实际世界位于～ k 中时，集合 H 中的绝大多数可能世界都会被排除，于是我们对命题的信心就会大大削弱。

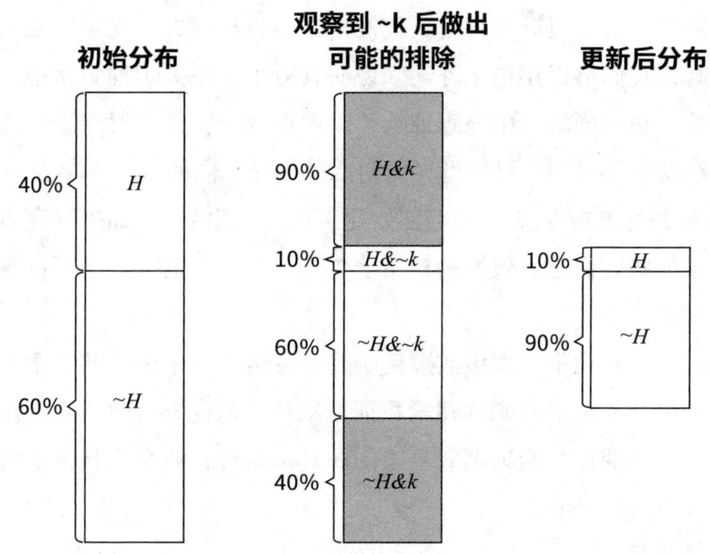

图 7.7　近似必要性检验

H= 假设为真的可能世界；～ H= 假设为假的可能世界；k= 证据 k 存在；～ k= 证据 k 不存在；&= 逻辑“与”；阴影区域 = 非实际的可能世界。

必要性检验的通过难度有高有低。人们可以用检验中所做观察的预期性来测量必要性检验的难度。在困难的必要性检验中，要避免对命题信心的减损，就必须提出预期外的证据。对于难度大的必要性检验来说，集合 H 需要是一个小集合 k 的子集。鉴于绝大多数可能世界都已不在 H 中了，对于 k 的观察就是非琐碎的、偶然的甚至可能是很关键的。通过了困难的必要性检验，命题就得到了积极支持。

相比之下，对于简单的必要性检验来说，要避免对命题的质疑或证伪，所提出的证据必须是预期中的。对于难度小的必要性检验来说，集合 H 需要是一个大集合 k 的子集。在简单的必要性测试中，发现实际世界是～k 的成员就会形成一个关键观察（无预期性、有效果性），但这种观察很少能被考虑到，原因是它不太可能会出现。对 k 的观察则是低优先级的（无预期性、无效果性），因此通常不会获得研究者的积极关注。这就意味着简单的必要性检验经常发生在如下情形中：研究者通过**凑巧的机缘**发现了一种集合成员观察，这种观察会让人对研究命题产生质疑。

我们可以把奇伯（Chibber 2003）提出的因果命题作为困难必要性检验的实质例证。奇伯认为，印度独立后由国家主导的工业化受到了本土资本家的阻碍，因而未能成功。对这个命题进行必要性检验，就需要证据表明是印度资本家的刻意活动（比如游说、个人请愿、放缓投资）妨碍了国家的工业化举措。奇伯不仅给出了大量此类证据，他还想让读者相信，像独立后的印度这种案例，本来是**不太有预期**出现这种证据的。在其他类似案例中，或是资本家没有动机去反抗国家（比如韩国和日本）；或是由于结构性弱点，资本家没能力去反抗（比如中国台湾）；或是因为国家获得了活跃工人运动的支持，令资本家的反抗失败（比如法国）。奇伯告诉人们，他所做的必要性检验殊为困难，因此也就巩固了自己的论点。

充分性检验是通过命题不太可能或完全不可能为假的情况来确证命题的，如图 7.8 所示。在决定性的充分性检验中，集合～H 中的所有案例都被排除，只留下命题为真的那些场景。这种检验发生在如下情形：实际世界是 k 的成员，～H 中的所有可能世界都是～k 的成员，于是剩下的可能世界都在 H 中。而当研究者发现了能够支持命题的高优先级或关键性的观察时，近似充分性检验就有了相应需要。这些观察能对～H 中的可能案例做出相当的缩减。

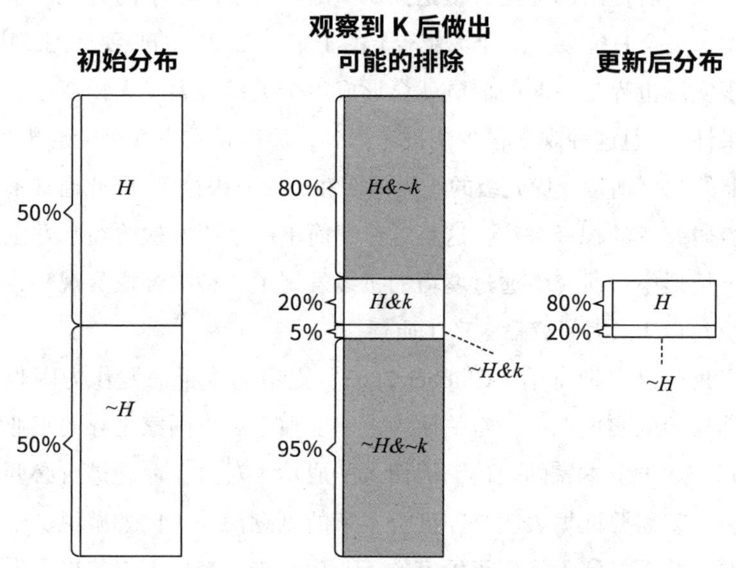

图 7.8　近似充分性检验

H= 假设为真的可能世界；～ H= 假设为假的可能世界；k= 证据 k 存在；～ k= 证据 k 不存在；&= 逻辑“与”；阴影区域 = 非实际的可能世界。

充分性检验的难度与检验证据的预期性有关。在简单的充分性检验中，预期性证据可以充分（或近似充分）地确证一个命题。未能通过简单的充分性检验会对命题带来不利影响，因为证据 k 的出现是在预期中的（即大多数可能世界都是集合 k 的成员）。相比之下，在困难的充分性检验中，意外证据可以帮助确证命题。没有通过困难的充分性检验，并不会对一个命题产生很大影响，因为证据 k 一开始就不在预期中（即大多数可能世界都不是集合 k 的成员）。

珍妮弗·甘地（Jennifer Gandhi 2008）的研究为我们提供了一个成功的充分性检验的实例（和图 7.8 差不多）。甘地研究了独裁者在何种条件下能够创立名义上的民主制度（如立法机构和政党）。她认为，独裁者之所以创立这些制度，是为了向国内团体做出让步，从而能够阻止叛乱并寻求合作。她特别提出一点：独裁者获取大量资源财富的能力应该与他创立名义上的民主制度的可能性成反比。她的理由是，能够从自然资源中获得大量财富的独裁者是不需要靠制度来消除威胁并寻求合作的。要对这一观点进行严格检验，需要观察一系列事件，在这些事件中，独裁者先是为反对派建立了制度，后来在得到自然资源时又将这些制度取消了。甘地在科威特找到了这种序列证据。科威特这个例子是很有力的，因为与～ H 有关的可能世界是很难与这一证据相容的。用集合论的术语来讲，在与集合～ H 有关联的可能世界中，只有**很少很少**是隶属集合 k 的，剩下与 k 相容的大部分可能世界都位于集合 H 中。

图 7.9 将集合论检验（必要性检验和充分性检验）放到了一个连续空间中，空间维度反映了观察证据 k 或～ k 给集合 H 和～ H 造成的变化幅度。图的边界代表不可能的观察，此处或是存在逻辑矛盾和 / 或需要消除所有不确定性。左下到右上的对角线指示出了无关观察所在的空间，或者说是不影响 H 和～ H **相对**大小的观察所在的区域。在左下角这块区域，必要性检验和充分性检验可以产生关于命题的强结论。在这块区域中，观察到～ k 可以排除集合 H 中的大多数案例，同时保留集合～ H 中的很多案例，这便是一次失败的

必要性检验。反过来，观察到 k 可以排除集合～H 中的大多数案例，同时保留了集合 H 中的很多案例，这就是一次成功的充分性检验。

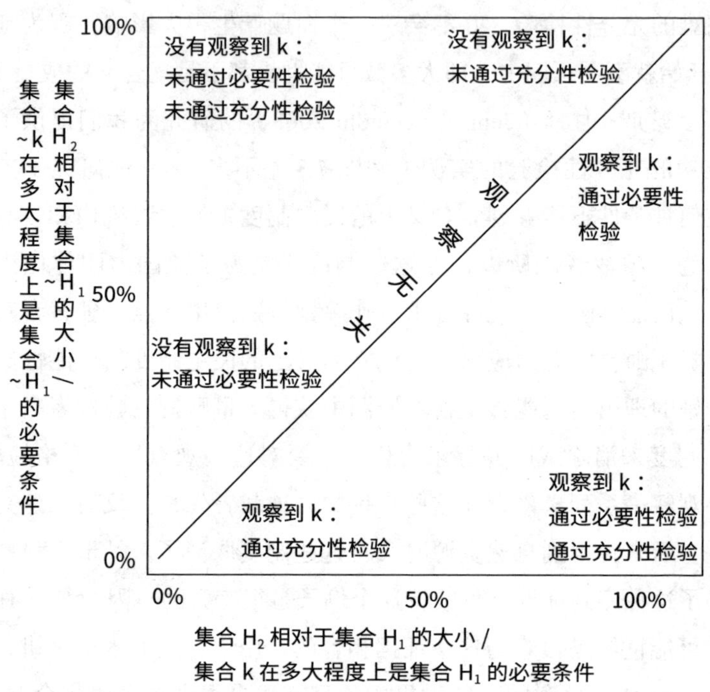

图 7.9　再谈集合论检验

对集合论检验进行这种分类，类似于比较前沿的概率方法，它将检验表示为连续二维空间中的区域（Humphreys and Jacobs 2015）。然而它保留了集合论的特点，即使用必要条件和充分条件定义检验（Bennett 2008; Collier 2011; Mahoney 2012）。实际上，我们可以用必要条件和充分条件的语言来精准重释图形中的两个维度：x 轴表示实际世界在集合 k 中的成员资格到底在多大程度是其在集合 H_1 中成员资格的必要条件（等价的是，实际世界在～k 中的成员资格到底在多大程度上是其在～ H_1 中成员资格的充分条件）。同理，y 轴表示实际世界在集合～ k 中的成员资格到底在多大程度上是其在集合～ H_1 中成员资格的必要条件（等价的是，实际世界在 k 中的成员资格到底在多大程度上是其在 H_1 中成员资格的充分条件）。

贝叶斯分析（或其等价方法）是科学认识论的基本组成部分，对它的应用可以将确定性估计的科学方法与非科学方法区分开来。我们可以将贝叶斯分析视为总体逻辑机制的一部分，证据通过这一机制得到了理想化的处理，从而可以用于评估命题。引入证据会带来什么样的后果？关于命题的信念会因此得到何种改进？当我们考虑这些问题时，贝叶斯分析就是一种合适的研究方法（Fairfield and Charman 2017，即将出版；Humphreys and Jacobs 2015, 即将出版）。这里所说的证据是多样的，包括从书本文件、访谈对话、人地观察中收集而来的资料，包括从统计检验、集合论检验和实验检验中得到的发现，还包括从比较分析、序列分析和反事实分析中得出的结论。

本章所讨论的贝叶斯分析的集合论方法可以告诉我们，对证据的观察为什么能以及如何能改变有关命题有效性的信念。该方法鼓励研究人员在评估证据时用集合的交叉来开展可视化思考。它可以精确地区分效果性证据和预期性证据，这一区分又进一步为案例研究中所使用的集合成员观察发展出类型划分，同时还发展出了附着于特定观察类型的不同叙事表达模式。此外，贝叶斯分析的集合论方法还提供了一种将集合论检验予以概念化的方法，并且保留了旧体系的一些优点，即采用必要 / 充分条件或基于概率的视角。由此得以揭示的道理是，概率分析与集合论分析并不是两个互斥的选择，前者在本体论上实际是依赖于后者的。

第三部分

解释性工具

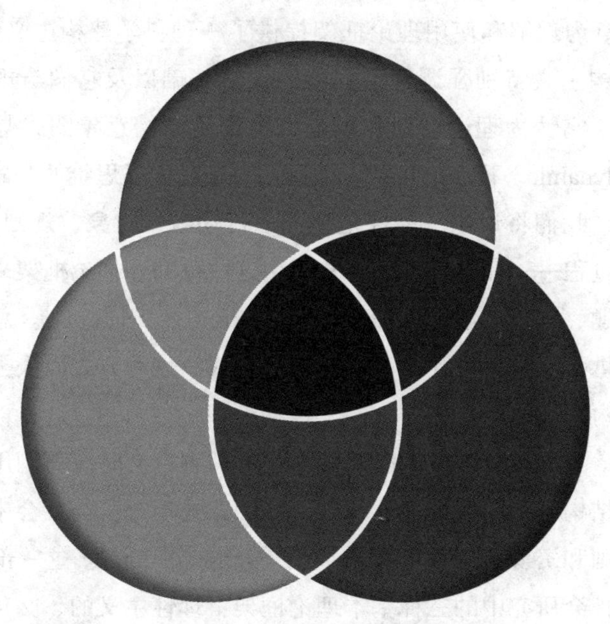

第八章　理论框架和规范传统

理论框架通常由少量的基本概念以及它们之间的关系构成，它是分析者观察社会现实的本质时所采取的一般化取向。理论框架常常被社会科学家隐含地使用，它贯穿于研究的各个阶段，如构建范畴和命题、收集和解释证据、设计和提出解释、报告结论和总结发现。不同的理论框架有助于将各种学术活动梳理成不同的传统，这些传统往往带有竞争性的假设、命题和累积知识。

本章为理解和使用理论框架提供了一种科学建构主义的方法。科学建构主义特别强调理论框架的认知基础以及它们与规范传统的联系。它认为理论框架和规范传统都是原始意象图式与力动态（force dynamic）模型的延伸，而后两者正是人类思维的基础。在下一章中，我们将讨论一般性范畴——**行动者**、**对象**、**规则**、**资源**、**事件**和**过程**——社会科学家经常使用这些范畴和理论框架来建构具体的命题、理论、解释和叙事阐释（narrative accounts）。总之，这两章提供了一种思考社会科学理论的方式，这种方式以人类认知的基本结构为基础。

本章的第一节将理论框架概念化为理解社会时所需调用的具体的认知结构。不同的理论框架以不同的方式填充了与社会中的行动者、规则和资源相联系的脚本插槽（scripted slots）。这一部分比较了宏观社会研究中的三种基本理论框架：理性主义的、文化主义的和结构主义的。这些理论框架在行动者、规则和资源之间关系的理解上存在重要差异。本节还考察了社会科学中的一些学术作品、学者乃至特定学科所示形象背后的基本理论框架。

本章的第二节讨论了理论框架在规范性方面的问题。科学建构主义反对强版本的道德实在论（moral realism），后者声称规范性陈述在本体论上是客观的。从科学建构主义所持的信念来看，提出这种反对是一种必然。在科学建构主义看来，构成规范性命题的那些范畴（包括评价性范畴）都是依赖于心智的类丛。不过，科学建构主义方法鼓励研究者尽可能地用一种与分析描述性命题和因果性命题相同的方式来分析规范性命题。可以根据公认的学术证据和对总体规范性框架的共同承诺来评价其陈述是真是假，这是科学建构主义对于规范性命题的认识。从不同的规范传统出发，学者可能无法就特定命题的真理性达成共识，但在一个既定规范传统的价值体系中，他们可以利用集合论的分析工具来科学地研究规范命题，并积累有关这些命题的知识。

本章的最后一节讨论了特定的理论框架与特定的规范传统之间的亲和性，并阐明了每种理论框架的核心假设是如何与特定的规范传统相联系的：文化主义理论框架与道德相对主义相联系，理性主义理论框架与道德功利主义相联系，结构主义理论框架与道德平均主义相联系。本节还分析了某种理论框架的具体某个版本与特定规范取向之间的联系。我认为，特定的理论框架与特定的规范传统是相互关联的，因为它们对理想社会模型中的行动者、规则和资源之间的关系有着相同的理解。

理论框架的逻辑

理论框架是一系列假设的集合，这些假设通常由指导着理论建构的导向概念和关系构成（Rueschemeyer 2009: 1–2, 12–17）。按照传统定义，[①]理论框架并不是理论本身，尽管它们确实塑造了理论化的过程。理论框架确定了范畴的**类型**和值得关注的现象，并为描述和分析它们提供了指导方针。在社会科学中，特定的理论框架会吸引研究者关注特定类型的行动者、特定类型的社会规则和特定类型的资源。

为了阐明理论框架在社会科学研究中的作用，我们应该首先考虑认知模型是如何在日常的意义建构中发挥作用的。从这个着眼点来看，理论框架可以被视为一个具体的认知结构，它融合了更为基本的认知模型和意象图式。

认知模型和理论框架

人类使用认知模型处理关于世界的信息（Fillmore 1975; Minsky 1975; Schank and Abelson 1977; Lakoff 1987; Evans 2006; Cienki 2007）。**认知模型**是描绘日常情景的程序化方案，这些日常情景结构简单，遵循可识别的模式。这些模型是对各种实体和活动（包含着社会世界中反复发生的事件）的理念化理解。特定的认知模型标定出少数在结构上和时间上相互关联的一般化范畴。这些范畴的功能就像脚本中的插槽，在特定的案例中以特定的方式执行。[②]为了理解认知模型的某个单独范畴或特定面向，人们必须掌握整个模型

---

① 可以肯定的是，没有哪个对于“理论”的定义是为所有人所共享的（Sayer 2000: chap.2; Abend 2008）。我采用如下这个我所认为的传统定义：理论是用于解释现象的一组相关范畴和命题的集合（Swedberg 2017: 14; 参见 Merton 1945; Stinchcombe 1968; Camic and Gross 1998）。

② 认知模型与尚克和埃布尔森（Schank and Abelson 1977: 41）提出的“脚本”说法非常吻合：“脚本由插槽与对插件的要求组成。这个结构是一个相互联系的整体，一个槽里的东西会影响另一个槽里的东西。脚本处理了程式化的日常情景。”

的结构和意义。

认知模型刻画了原型化的行为主体、受规则约束的行为以及常见社会活动的正常顺序。在当代美国文化中，常见的社会活动包括在餐馆吃饭、遛狗、购物、参加大学讲座、换机油、出门看电影、在车管所排队、做美甲、喝睡前酒、去看牙医、准备结肠镜检查，等等。如果一个朋友在下午 1 点 23 分给你发短信说“我要迟到了，服务员还没结完账呢”，这句话是完全可以理解的，因为我们对于去餐馆吃午饭的日常事务和正常进程有着共同的理解。

认知模型的复杂性各不相同。一个给定模型的复杂性与学习它的难度有关。最简单的认知模型是由语前婴儿（preverbal infants）所使用的，发生在出生后的 6~12 个月（Mandler 1992; Mandler and Pagán Cánovas 2014）。当婴儿开始感知空间实体之间的规律时，他们就创造出与这些规律相对应的图像，从而产生期望和基本的预测。婴儿的大脑通过将两个或更多的意象图式整合到一个丰富的结构中来创建认知模型。这种整合可以将原始空间概念扩展到非空间元素，如身体感觉。[①] 随着时间的推移，儿童将专门的意象图式融入越来越复杂的结构中，这些结构包含着理解社会情境及其组成部分的意义所需的认知模型。

就像它们所描述的事件一样，不同的认知模型位于一般化阶梯的不同层级上。与低层级的认知模型相比，高层级认知模型的一般化程度更高，低层级模型则更具体。用集合论思维来思考，层级关系就对应于“超集-子集”关系。认知模型“去餐厅吃饭”是更一般的模型“出门”的子集，却是更具体的模型“去高级餐厅吃饭”的超集。一般化层级也具有“部分-整体”层级的功能。“去餐厅吃

① 儿童对不同情绪的理解要晚得多（比如4岁到5岁）。参见曼德勒和卡纳瓦斯（Mandler and Pagán Cánovas 2014）以及巴雷特（Barrett 2017）。

饭”这种模式可能是更一般的“进城夜游”模式的一部分。与此同时，“去餐厅吃饭”这一模式也有自己的具体组成部分，比如“买单”的子模式。要理解一个认知模型，需要把握它在集合论和“部分-整体”两种层级中的位置。

集合论的方法有助于我们研究认知模型是如何为范畴产生**原型效应**的（Rosch 1978）。当一个人把特定案例视为某范畴的不完全成员或有问题的成员时，原型效应就产生了。以服务员这个范畴为例，此范畴依赖于对整个餐厅认知模型的完整展现（Schank and Abelson 1977: 42–46）。如果餐厅模式的重要方面（如菜单、餐桌服务、结账）不适用于他或她的工作，那么这个人是不是服务员就不太明确了。使用集合论分析时，认知模型的每个相关方面都可以被视为一个独立范畴，特定案例可以是范畴的完全成员、部分成员或非成员。例如，餐厅模型在情境意义上可以是一个社会，在这个社会中，饮食场所中有一些从事专门服务的带薪雇员。如果这种情境特征只是部分地呈现（比如饮食场所中只有一名员工），那么餐厅模式也许并不完全能适用。其结果是，某一案例可能是服务员这个范畴的部分成员或非理想类型成员。

在社会科学中，意象图式和认知模型被融合到一起，创建出构成**基本理论框架**的元素。我将基本理论框架理解为特有的认知结构。作为普遍的、专用的和复杂的工具，这些特有的认知结构为研究人员所使用，以此理解人类经验。基本理论框架具有**普遍性**，这是因为它们可以被应用于广泛的社会情境和社会行为。使用特定理论框架工作的社会科学家在选择实质性的主题和问题时有很大的灵活空间。基本理论框架具有**专用性**，这是因为它们的使用涉及大量背景知识。要理解和熟练地运用社会科学中的基本理论框架，可能需要充足时间的高等教育（比如读几年研究生）。最后，基本理论框架具有复杂性，因为它们融合了许多潜在的认知模型和意象图式。如果不理解它所预设的认知模型，人们就不可能完全理解一个基本理论框架。

我们可以根据复杂性和专用性的程度，按照从低到高的顺序，将基本理论框架定位于认知结构的层级中。在下面的排序中，基本理论框架属于复杂性和专用性都很高的结构：

——基本意象图式和空间基元（spatial primitives，如物体、包含、路径、移动、联系）

——复杂的意象图式和力动态（把物体放进容器，来源-路径-目标，旋转运动）

——基本认知模型（抓取物体、吃东西、醒来）

——复杂认知模型（举行罢工、私奔、过机场安检）

——基本理论框架（文化主义取向、结构主义取向、理性主义取向）

——专用理论框架（社会角色理论、结构主义的马克思主义、社会选择理论）

在这个层级结构中，较复杂的结构是由较不复杂的结构混合而成的。例如，基本理论框架混合了基本的认知模型、基本的意象图式和复杂的意象图式。混合所形成的特有整体在心理层次上会比其组成部分更丰富（Fauconnier and Turner 2002; Mandler and Pagán Cánovas 2014）。

当学者们在研究中对世界进行理解时，他们大多是在隐含地和无意识地运用基本理论框架以及其他认知结构。只有经过明确的反思，他们才能开始认识到，给定理论框架对于研究的形塑力量到底有多大。要了解学者们运用基本理论框架的方式，主要不是通过考察他们对于理论的明确**表述**，而是要通过考察他们作品的**实质性内容**，因为作者的假设隐藏在这些内容中。为了理解社会科学的逻辑，我们必须认识到理论框架的幕后作用和背景作用。社会科学不是一种从白板开始，不做假定就能开展分析的归纳艺术。实际上，社会科学是一种结构化的实践。在这种实践中，研究人员会将关于社会如何运作的重要假定带入分析。这些假定对他们的研究内容有着重要影响。

在研究某个特定主题时，学者们经常使用基本理论框架中那些未被说明的成分来构建更为专用的理论取向。他们给基本理论框架添加的额外假设和范畴就构成了**专用理论框架**的基础。尽管基本理论框架通常是隐性的，但专用理论框架往往是得到明确讨论的。研究者创建这种框架的目的是解决由具体研究主题所引发的特定谜题和问题。正如鲁施迈耶（Rueschemeyer 2009: 13–18）所指出的，巴林顿·摩尔（Barrington Moore 1966）和西达·斯考切波（Theda Skocpol 1979）所构建的专用框架都包含了国际国家体系（international state system）、国家和社会经济阶层等概念以及它们之间的关系。这几个专用理论框架是紧密联系的，它们都共同隐含着我称之为“结构主义框架”的基本理论框架。然而，它们的不同之处在于，摩尔的专用理论框架主要强调阶级形成、阶级冲突和阶级联盟的建立，而斯考切波则特别强调国家以及它与其他国家和社会群体（包括阶级）的关系。专用理论框架在内容上与构成理论的命题集合相近，当学者们明确地讨论专用理论框架时，其最终目的往往是构建出一个关于研究主题的明确理论（比如革命理论、民主理论或发展理论）。

三种基本的理论框架

在社会科学中，基本理论框架提供了对行动者、规则和资源的程式化理解，而这三者是社会的表征。不同的基本理论框架以截然不同的方式来构想这些范畴及其关系。然而在每个框架内部，构成这些范畴中的各种概念往往能够产生共鸣，这使得我们可以在特定理论框架下的行动者、规则和资源之间谈论一个和谐的三元体系（参见 Emirbayer and Mische 1998: 971–972）。就像某个音调可以在特定的音乐三和弦中占主导地位一样，在一个基本理论框架中也是如此，行动者、规则或资源这三个组成部分中的某一个也可以在特定的理论框架中占主导地位。①

表 8.1 总结了宏观社会研究中使用的三种基本理论框架：文化主义、理性主义和结构主义（Lichbach and Zuckerman 1997, 2009）。这些框架展现了社会及其组成部分的各种理想化肖像。从某种意义上说，这些框架是“**基本的**”，因为它们所在的一般化层级容易获得社会科学家的认知共鸣，也容易被他们所掌握。在这个层级的上面，人们可以发现一般化的理论范畴和关系。比如位于这个更高层级中的理论是社会理论中的经典紧张关系，如行动–结构、唯心主义–唯物主义、整合–解体。而在基本层级的下面，人们能发现专用的理论框架，基本理论框架的专用子类型就在其中。比方说，社会选择理论是理性主义基本框架内的专用理论框架，国家中心理论是结构主义基本框架内的专用理论框架，而社会角色理论则是文化主

① 在本章中，我没有考虑物体在社会科学理论框架中的作用。然而，值得注意的是，地理理论框架将无生命的物体置于其意象的前沿和中心。在地理框架下，“自然”景观和环境的特征就成了主导音符。因为这些特征往往是属于偏自然类丛的，所以地理理论框架涉及自然科学，并且部分属于自然科学。

义基本框架内的专用理论框架。

表 8.1 理论框架的程式化分类

项目	文化主义框架	理性主义框架	结构主义框架
主导范畴	社会规则	行动者	资源
行动者的概念	由社会规范生成	目标导向的个体	由社会结构生成
社会规则的概念	构成性、规律性的符码	对行动者的约束	精英控制的工具
资源的概念	社会建构的实体	对个体有效用的实体	构成性的物质实体

这三种基本理论框架都假定了行动者、资源和规则之间相互依存的关系。然而，如图 8.1 所示，对每种框架来说，都需要特别注意它的主导范畴所对应的关系。每个框架中都有一个范畴是三和弦中的主导音调。因此，文化主义理论框架特别强调社会规则塑造行动者和资源的方式，理性主义理论框架强调行动者塑造社会规则和资源的方式，而结构主义理论框架则特别关注资源塑造行动者和规则的方式。

尽管学者们在他们的职业生涯中甚至是一项特定研究中都可能运用不同的基本理论框架，但他们通常会为某个特定的基本理论框架所吸引并依靠它开展工作。比如有 10 位著名学者的工作是文化主义理论框架的例证，包括埃米尔 · 涂尔干（Émile Durkheim）、布罗尼斯拉夫 · 马林诺夫斯基（Bronislaw Malinowski）、玛格丽特 · 米德（Margaret Mead）、克劳德 · 列维–施特劳斯（Claude Lévi-Strauss）、克利福德 · 格尔茨（Clifford Geertz）、雪莉 · 奥特纳（Sherry Ortner）、玛丽 · 道格拉斯（Mary Douglas）、詹姆斯 ·

斯科特（James Scott）、琼·斯科特（Joan Scott）和南希·施佩尔-休斯（Nancy Scheper-Hughes）。在结构主义理论框架内工作的10位著名学者是卡尔·马克思（Karl Marx）、W. E. B. 杜波依斯（W. E. B. Du Bois）、西德尼·明茨（Sidney Mintz）、伊曼努尔·沃勒斯坦（Immanuel Wallerstein）、西达·斯考切波（Theda Skocpol）、伊夫林·胡贝尔（Evelyne Huber）、迈克尔·布洛维（Michael Burawoy）、埃里克·奥林·赖特（Erik Olin Wright）、艾华·翁（Aihwa Ong）和凯瑟琳·特伦（Kathleen Thelen）。与理性主义理论框架联系在一起的10位著名学者分别是亚当·斯密（Adam Smith）、詹姆斯·布坎南（James Buchanan）、肯尼斯·阿罗（Kenneth Arrow）、加里·贝克尔（Gary Becker）、埃莉诺·奥斯特罗姆（Elinor Ostrom）、玛格丽特·利瓦伊（Margaret Levi）、道格拉斯·诺斯（Douglass North）、巴里·温加斯特（Barry Weingast）、詹姆斯·罗宾逊（James Robinson）和达隆·阿西莫格鲁（Daron Acemoglu）。可以肯定的是，并不是所有的学者和学术著作都能轻易地归结到单一的理论框架中，但我认为社会科学家都会有相同的看法：如果把表8.1中的分类摆到面前，他们能够很容易地确定哪些学者和哪些著作（包括他们自己的）主要属于这三个基本理论框架中的哪一个。

这三个基本理论框架并不是对社会科学作品进行元理论划分的唯一方式。在一个更高的分析层次上，人们可能会关注学术作品在社会科学的基本矛盾（比如冲突-合作）面前站在哪一边，以此做出差异划分。在一个较低的层次上，人们可以从关注特定主题的特定作品中区分出大量的专用理论框架，又或者在同样的基本层次上，人们也可以提出一组完全不同的比较维度。不过在我看来（后文有论证），通过与意象图式和力动态的联系，这里提出的三种基本理论框架是深深植根于人类认知的。以此为基石，这些基本理论框架就不再属于对学术工作的武断类型划分；相反，它们反映了人类用来驾驭世界的基本认知结构。

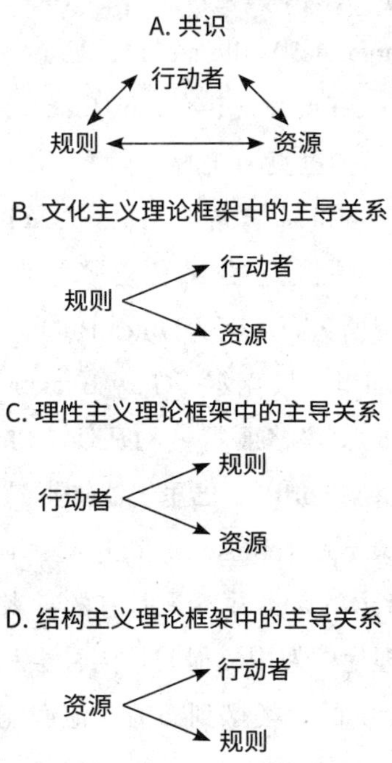

图 8.1　基本理论框架中的主导关系

在**行动者**这一概念上，三种理论框架表现出的区别取决于激活事件的核心能动体（core agents）是谁。文化主义框架根据共同的信念和规范来确定行动者，理性主义框架根据目标和偏好确定行动者，而结构主义框架根据群体在社会结构中的位置来确定行动者。相应地，文化主义者研究社会学家、音乐家和护士等行动者，理性主义者研究选民、消费者和公司等行动者，而结构主义者则研究阶级、国家和国际组织。不同传统中的学者当然也有可能研究同一类型的行动者，但他们通常会以不同的方式来开展研究。举例来说，当研究一场社会运动时，文化主义者可能会强调那些将运动联结在一起并赋予其目标的规范，理性主义者可能会强调共同的偏好，这些偏好使个体觉得加入运动是值得的，而结构主义者则可能认为这场运动反映了社会内部的社会经济对立。

三种基本理论框架所关注的社会规则也是不同类型的。文化理论家强调非正式规则的重要性，特别是人们没有意识到的那些规范。对这些学者来说，层层相继的非正式规则有助于构建规范导向（norm-based）的行动者，指导行为并使其获得意义。相反，理性主义学者主张关注正式规则，尤其是由公共组织维护的成文的制度化规则。这些学者强调制度的监管和协调作用，并将其设想为一种约束，这种约束塑造了具有既存偏好的自利行动者的成本-收益计算方式。最后，结构理论家强调社会规则对于维护现有资源分配模式的作用。在这个框架中，占主导地位的行动者控制社会规则的内容，并利用这些规则来巩固自己的权力。

最后，各个框架看待**资源**的方式也是迥异的。在文化主义框架下，分析者将注意力集中在共同的规范和理解上，这些规范和理解支撑着资源，并使它们获得意义和价值。他们将资源视为文化建构的实体，其价值依赖于显性和隐性的社会理解。相比之下，在理性主义框架下，分析者将个人偏好视为对“什么是资源”的定义，将其理解为对个人具有效用或价值的实体（如金钱、商品或服务）。这些研究者试图展示与资源及其分配结果相关的个人偏好。最后，在结构主义框架下，分析者将资源视为独立于部分个体的信念和偏好而存在的物质实体。对于结构主义者来说，资源的不对称分布是由相互冲突的集体行动者造成的，占主导地位的群体拥有塑造社会规范和文化的资源。

学者们根据基本理论框架和专用理论框架对社会研究的**效用**来

评估它们的**有效性**（Rueschemeyer 2009）。某个具体理论框架的有用性在于它在多大程度上能提出新的、实质重要的和几近为真的命题。更进一步来说，它们的有用性还在于推动对问题和解决方案的新颖理解、对具体案例产生良好解释、总括不同的发现以及支持知识积累的整体规划。有用的理论框架由范畴和关系组成，这些范畴和关系以高度概括的方式捕捉经验现实的重要面向。有用的理论框架的内容要与经验现实的内容相对应，这一信念对另一个附加信念来说是很重要的，即理论框架的有效性来自它在实质分析中的有效性。有用的理论框架之所以能提供有效结果，是因为它们以一般化的方式表征了社会中的实体和结构，而群体也正是以这种方式理解和体验社会的。

三元体系和力动态

本节提出的观点是，“社会由行动者、规则和资源构成”这一元认知模板对社会研究非常重要。在这个模型中，对关系所做的特殊假定充当了过滤器，社会科学家通过它来理解社会世界中发生的事情，包括（见下文）什么是对的，什么是错的。

为什么应该把**行动者**、**规则**和**资源**这几个范畴以及它们的关系作为社会科学理论化工作的基础呢？关于这个问题的答案，很重要的一点在于“行动者-规则-资源”的三元体系与人们理解现实的模式之间的对应关系，这种模式是根深蒂固的，甚或是与生俱来的。把社会想象成一种三元体系，这与所有文化中的所有人所共享的最基本的意象图式都是契合的。我特别指出的一点是，为了能够在心理上代表**社会**及其内在成分的抽象理解，学者们默认地引入了在生命早期由身体与世界互动所形成的认知结构。其论点是，帮助人类对空间和力进行推理并因此可以在物理世界中提供导航的认知结构能够被重新利用，以便将社会及其组成部分概念化。为了使个体理解他们看不见或摸不着的抽象实体（参见 Jackendoff 1983），这种重新利用是必不可少的。当学者们试图理解社会时，他们并不是无中生有地制造概念，而是利用所有人都能凭直觉掌握的基本认知结构。

力动态（Force dynamics）指的是关于力和运动的潜在意象图式，人们用它来思考和谈论抽象领域（Talmy 1988; Pinker 2007; Wolff 2007; Casasanto 2010; Copley and Harley 2015; Wolff and Thorstad 2017）。虽然这些意象图式是语前的和非视觉的认知结构，但我们可以利用一个结构化空间的图表来理解它们。在这个空间中，实体可以在特定程度的力下，按照特定的方向移动。有大量研究表明，人类在表征概念、理解因果关系、推理时间、描述事件和过程时都会使用力动态模型。在这些研究的基础上，我进一步提出，当学者们将社会概念化为一个由相互依赖的行动者、规则和资源组成的实体时，他们可以使用力动态模型。

人类在婴儿时期就获得了对力动态的理解，而且是在没有经过任何训练的情况下。在出生后的头 6 个月中，婴儿就会注意物体在空间中各种路径上的移动，会特别注意到包含和阻碍（Mandler and Pagán Cánovas 2014）。当婴儿刚接触这个世界时，他们会被一些原始的空间观念所吸引，如物体、空间、运动、路径、位置、接触、进入 / 移出和被阻碍的运动（Mandler 1992, 2004, 2012）。这些原始空间观念也是力动态的组成部分。被用来标示不同种类的力动态模型的动词与生活中获得的第一个意象图式相对应（如推、停、支撑、阻止、抵抗、阻挡、维持、允许、克服）（参见 Fauconnier and Turner 2002; Gardenfors 2007; Mandler and Pagán Cánovas 2014）。

为了表示力动态的模型，心理学家和认知科学家使用图表来刻画在力和反向力的空间中的带有运动倾向的实体。图 8.2 中描述了一个具有内在静止倾向（方框）和定向运动倾向（圆圈）的实体。

在空间结构中包含着一个可以阻碍移动的障碍物（墙）和一个潜在的目的地位置（钱）。实体会遇到不同强度的力和反向力（箭头表示力，箭头的大小表示力的强度）。因此，对这样的一个基本力动态模型来说，人们需要关注以下几个方面：（1）一个具有静止或移动倾向的实体；（2）作用在实体上的力和反向力的强度；（3）空间的结构特征，如障碍物和特定位置。

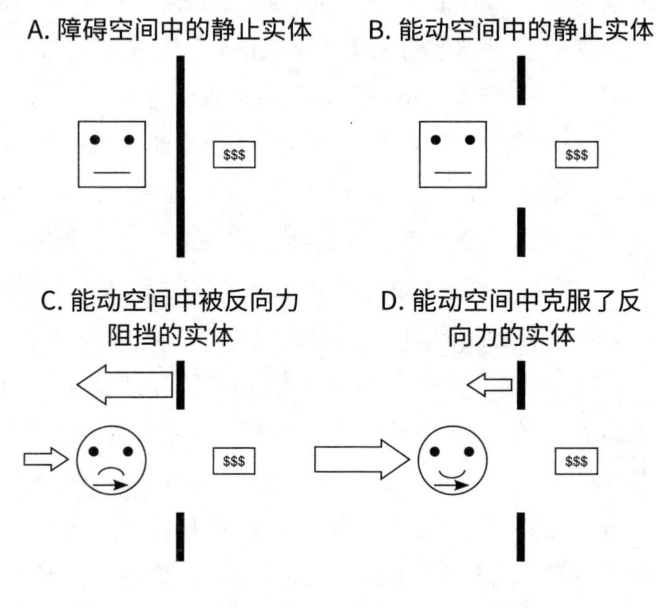

图 8.2 力动态模型

行动者–规则–资源的三元体系可以被严密地映射到力动态模型的基本组件上。当这个三元体系在力动态模型中被明确地投射出来时，**行动者**就是在空间中移动的实体。按照这一类比，实体朝向静止或运动的初始状态就反映了行动者的特性，比如欲望和目标（我在图 8.2 中用人脸代表实体就是这个意思）。**规则**对应于实体运动的空间结构。该空间可能包括物理障碍和特定的目的地区域，它们会限制运动或为运动提供可能性。此外，规则对应于理所当然的背景假设，比如认为主要实体是一个具有恒定身份的单一对象。最后，**资源**对应的是支持主体运动的力和所有的反向力。拥有了能抵御或战胜较弱对手的力量，强大的实体就能到达目的地。

三元模型的吸引力不仅仅在于它是一种与实体、力量和结构化空间的深层次观念有关的认知共鸣，而且它也与力动态模型相似，都是基于下述原因来获得效力的：它提供了一种基本的思路，这种思路可以将未成型（unconstituted）的社会现实划分成基本的组成部分及相应关系。学者们需要一些初始概念及关系来奠定他们对社会的理解，力动态模型则提供了这些起始概念和关系。

上述讨论阐明了类比推理和隐喻推理在构建社会模型时的核心作用（Rigney 2001; Swedberg 2014; Gentner and Maravilla 2018; Bartha 2019）。为了阐释社会，学者们从力动态这个领域中汲取思想，该领域中的元素和关系对于所有人来说都容易理解且能直观地理解。通过类比，这个被充分理解的源域（source domain）得以和一个抽象的目标域（社会）联系起来。与一般的类比相似，源域（力动态）和目标域（社会）之间的联结取决于两个领域共享的元素关系系统。源域为描述和解释抽象目标域的特征提供了模型。

当力动态为源域时，学者们可以选择强调某些而非其他的结构关系。在这一节的讨论中，我提出：（1）文化主义者在强调社会像一种力动态模式时，侧重于空间结构的至关重要性（paramount importance）；（2）理性主义者在强调社会像一种力动态模式时，侧重于实体方向的中心重要性（central importance）；（3）结构主义者在强调社会像一种力动态模式时，侧重于力的强度的第一重要性（foremost importance）。这些不同的假定为构建更具体的范畴、命题和理论提供了起点，以此理解社会科学中的大量议题。

最后，虽然本节的讨论强调了个别学者使用特定理论框架的方式，但也可以将整个学科视为以某个特定理论框架为主导取向。图8.3为20世纪中期以来的文化人类学、经济学、政治学和社会学等学科与特定理论框架之间的联系提供了一般性的和启发性的（也许是挑衅性的）画像。根据这种观点，经济学位于理性主义的角落，而文化人类学位于文化主义的角落（考古学总体属于自然科学）。政治学从20世纪五六十年代的系统论（文化主义角落）发展到20世纪70年代至今的唯物主义马克思主义/韦伯主义（结构主义角落），后来又形成了90年代以来的理性选择理论（理性主义角落）。社会学一直徘徊在文化主义和结构主义两个角落之间，它从20世纪六七十年代的系统/功能主义理论发展到70年代到现在的唯物主义马克思主义/韦伯主义，从90年代起到现在又增加了一种新的文化社会学。作为一门学科，社会学从未滑向经济学所在的理性主义角落，这种表现可谓是恰如其分的。

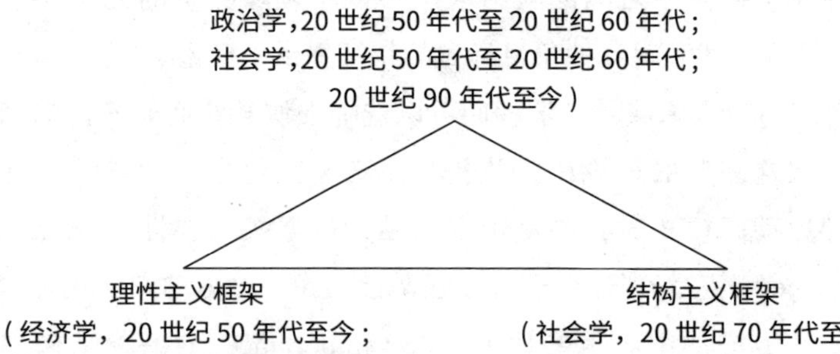

图8.3　理论框架与社会科学的各个学科

理论框架的规范性方面

理论框架对于理解“**是什么**”和“**应该是什么**”都蕴含着意义。在社会科学中，它们常常以工具的角色出现，被用以建立和评估关于社会世界的描述性和因果性命题。不仅如此，理论框架同样也可以充当研究**规范性命题**的工具。理论框架不仅提供了回答某些问题的特定方式，例如“事件 Z 发生了吗？”和“事件 X 是否导致了事件 Z？”，甚至在回答“Z 事件是正义的吗？”这类问题上，它们也可以提供回答的方向。理论框架可以作为过滤器，构建整体的道德愿景，并在对具体事件和现象的研究中来决定什么是正确的，什么是错误的（Rueschemeyer 2009）。

社会科学在何种程度上应该或必须关注规范性问题，关于这个问题的争论由来已久。对于这一争论，科学建构主义的出发点是首先承认社会事实依赖于人类的理解和集体共识。虽然关于自然类丛的事实是赤裸裸的、客观的（即它们的真相不依赖于集体的理解），但关于社会世界的事实则与此不同。社会事实在**本体论上是主观的**，因为它们的存在依赖于人的思想与客观现实之间的相互作用。然而在科学建构主义的框架内，社会事实在**认识论上是客观的**，它们的真实性存在于由个人构成的社群中，这些个体共享的信念和理解搭建出了语义学的情境（Searle 1995: 7–9; Hacking 1999: 22; 参见 Green and Vervaeke 1997）。当个体对结论有效性的接受取决于对其所在共同体的信念保持逻辑一致性的要求时，这种结论在认识论上就是客观的。比方说，如果我们同意“琼斯真诚地承诺要付给贝盖 5 美元”，那么在我们信念中的逻辑一致性就要求我们也要相信“琼斯**应该**付给贝盖 5 美元”（Searle 1964; 另见 Anscombe 1958）。拒绝这一规范性结论将迫使我们放弃一个或多个共同信念。因此，在我们所处的社群中，规范性陈述“琼斯应当支付贝盖 5 美元”可以作为认识论上的客观真理，而这一真理是从我们的非规范性信念和知识中推导出来的，这种信念和知识就是“琼斯真诚地承诺要付给贝盖 5 美元”。

规范性陈述可以根据认识论状态被区分为两种类型。第一类由认识论上客观的规范性陈述组成，因为它们的真理性可以从社群内现有的社会事实中推出来。以“美国的奴隶制是不道德的”为例，如果你接受我们社会中其他被普遍接受的社会事实（比如每个人都拥有个体权利），那你在逻辑上也会认同这个命题。第二类规范性陈述在认识论上是主观的，也就是说，它的真理性不能建立在语义共同体成员之间共享的社会知识的基础上。“狗比猫好”这个命题就是个例子。虽然我碰巧相信狗比猫好，但你可能不同意，而且我们双方都很难从从社会事实中逻辑地得出自己的信念。这时我们大概就需要求同存异了，尽管对这个问题的讨论可能会有效暴露出我们在分歧事物上的其他规范性信念和个人品味。

一个给定的陈述在认识论上究竟是客观的还是主观的，人们常常难以清楚判别，或者说会存有争议。普通人和学者经常会努力证明他们所持的重要规范性信念在认识论上是客观的，他们会编列证据和推理来支持自己的评价性主张。他们试图表明，这些重要的规范性观念不仅仅是观点，而且是共享其他理性前提的人们**必须**接受的结论。

在规范性陈述方面，科学建构主义遵循一种有原则的中间立场。一方面，它拒绝极端的道德实在论（如摩尔 1922 年的著作），即某些规范性陈述在所有的可能世界中都是真的（或假的）。另一方面，作为一种建构主义方法，科学建构主义不同意规范性陈述是本体论上的客观命题，否认其真理性可以独立于人和人的思维而被建立。相反，规范性陈述的真理性依赖于对许多议题的集体共识，包括构成规范性陈述的范畴的意义。在我们评价“美国的奴隶制在道德上是错误的”这一命题的真实性之前，我们需要对奴隶制、美国和错误的含义有一定程度的共识。在这方面，科学建构主义与很多学术观点一致，对“某些道德主张是必然正确的”（参见 Mackie 1977: chap.1）抱有怀疑主义态度。

然而，科学建构主义也拒绝所有的反面观点，即认为规范性陈述必然是武断或无意义的（Harré and Krausz 1996），无论是相对主义（如 Rorty 1991）还是实证主义（如 Ayer 1952），都是科学建构主义所不认可的。科学建构主义将规范性陈述视为正当且有意义的命题，人们起码可以在特定的语义社群内根据证据和理性来对其进行评估。科学建构主义一方面没有泾渭分明地区分描述性命题和因果性命题，另一方面也没有对描述性命题和规范性命题予以截然划界。因此，它不会对以下三个陈述的认识论状态做出完全不同的界定:（1）阿兹特克帝国的劳动体系是一种奴隶制;（2）人口密度是阿兹特克帝国采用奴隶制的重要原因;（3）阿兹特克帝国统治下的奴隶制是不道德的。共享语义背景和特定规范传统的学者可以就这些陈述的真假达成共识。关于阿兹特克政治和经济制度的专家知识将有助于评估陈述的真实性，劳动体系和奴隶制的相关概括的丰富知识也会发挥同样的作用。

规范性陈述与描述性陈述以及因果性陈述确实不太一样，不一样之处在于它带有评价性主张并明确联系着我们的道德信仰。我们的道德像是一种情绪（sentiments），在这种情绪中，我们消极（或积极）地面对某件事，并被引导至回避（或接受）、停止（或继续）和 / 或退出（或参与）。我们似乎是把自己的感觉（feelings）作为一种信息输入来判定某件事是对的还是错的（Prinz 2014）。特定范畴的情感（emotions），比如愤怒和悲伤是一种属人类丛，有证据表明，我们是在很小的时候从身边人的身上学到这些情感的（Barrett 2017）。随着时间的推移，我们发展出了合理融贯的规范原则体系，即道德罗盘，以此指导我们的判断和行为。对特定理论框架的最初好恶可以和先在的规范体系联系起来，我们之所以直觉地认为某种理论框架是对的或错的，一定程度上是基于它们在我们内心激起的情感触动。

科学建构主义鼓励学者们在证据的基础上冷静地评估规范性陈述。如果学者们对规范性陈述的真实性持不同意见，他们就需要更精确地理解不同意见背后的对立假定与信念。虽然在学术实践中，学者们也许未必能在推出不同规范结论的信念上达成一致，但**原则上**他们是能搞清楚彼此分歧的来源的。这些分歧可能与他们所持的对立的一般规范体系（比如功利主义与平等主义）中的核心假定有关。具有不同起始假定的学者可能无法进行富有成效的对话，除非他们同意采用某种共同起点。相比之下，拥有共享规范传统的个人可以更有效地识别他们所持不同信念的来源，可以努力帮助他们理解其所信奉规范背后的潜在信念乃至隐藏假定。

简而言之，虽然科学建构主义关闭了在本体论真假的意义上来分析规范性陈述的可能性，但它为学者们在认识论上对社会科学中的规范性命题进行客观评估敞开了大门。它认为，在某个特定规范传统中工作的学者能够在证据和理性的基础上，对规范性陈述的真实性得出理性的结论。科学建构主义将**规范性推断**这一研究目的连同描述性推断和因果性推断一起纳入了社会科学。

规范传统的逻辑

本节将讨论三种常规的规范传统：相对主义、功利主义和平等主义。讨论的目的并不是要对这些丰富传统进行全面概述，这里只提供对它们的一些概览。我们的讨论目的是要探索规范性传统如何植根于对“行动者-规则-资源”三元体系的具体理解，这又进一步将特定的规范传统与特定的理论框架联系起来。在我看来，相对主义、功利主义和平等主义的规范传统分别与文化主义、理性主义和结构主义的理论框架构成联系，原因在于同一对规范性传统和理论框架拥有相同的“行动者–规则–资源”三元体系的配置方式。对分析一致性的要求有助于解释为什么学者们通常按照对“行动者–规则–资源”三元体系的相同理解来选取理论框架和规范传统。①

本节的讨论提出了一些新的范畴，用以对社会科学中的规范性框架进行分类和理解。迄今为止，对于社会科学研究所使用的不同规范取向，尚缺乏系统的识别和分析。因此，我们缺少一套通用的词汇来讨论和比较不同社会科学家在其作品中所采取的道德导向，如爱德华·赛义德（Edward Said）、塔尔科特·帕森斯（Talcott Parsons）、埃莉诺·奥斯特罗姆（Elinor Ostrom）、乔恩·埃尔斯特（Jon Elster）、帕特里夏·希尔·柯林斯（Patricia Hill Collins）和西达·斯考切波（Theda Skocpol）。本节则提供了一个初步框架，它不仅可以用于理解和比较学者个人的规范取向，而且能服务于更大的研究领域乃至整个学科。当然这一框架是探索性的，还有待进一步完善。这里的讨论为社会科学中使用的道德方法做出了一种亟须的但还不够完善的划界。②

---

① 本节所考虑的规范性传统并没有涵盖社会科学中所有的道德框架。值得注意的是，本文的讨论没有考虑任何以无知觉的物体为关注中心的规范性传统。一个以物体为中心的理论框架可以与环境伦理学联系在一起，后者拒绝在大部分取向中都存在的人类中心主义，并且关注非人类实体的内在价值（Brennan 2014）。环境伦理学位于社会科学和自然科学的交叉点。同样，讨论也没有考虑另一种规范性传统，在这种规范性传统中，除了人类和动物之外的生物实体，如树木或微生物等，都被赋予了实质的规范性权重。在**多物种民族志**中存在着这种规范性考虑，它关注人类以外的许多其他生物的命运（Kirksey and Helmreich 2010）。

② 尽管学者们对推动社会科学实质性研究的不同规范取向并没有给予太多关注，但他们已经更一般化地详细考虑过道德在社会科学中的适当作用了。关于这一点，有来自不同学科的经典陈述，参见D'andrade（接下页）

图 8.4 提供了一个讨论说明。该图用三元模型来说明三种主导道德传统的差别，同时在每个传统中列出了两个更为专用化的取向。第一列显示了每个框架的核心假定，即在相互依赖的行动者–规则–资源三元体系中，到底哪个组成部分占主导地位。第二列显示的是，在总体框架内的每个专用化取向里，关于其他两个非主导成分之间的关系存在什么样的附加假定。比方说，道德相对主义

	核心假定	附加假定	三元体系的排序
1. 相对主义传统	规则 → 行动者；规则 → 资源		
1a. 文化 / 权力相对主义		资源 → 行动者	1. 规则 2. 资源 3. 行动者
1b. 解释 / 功能主义相对主义		行动者 → 资源	1. 规则 2. 行动者 3. 资源
2. 功利主义传统	行动者 → 规则；行动者 → 资源		
2a. 权力导向的功利主义		资源 → 资源	1. 行动者 2. 资源 3. 规则
2b. 规则导向的功利主义		规则 → 资源	1. 行动者 2. 规则 3. 资源
3. 平等主义传统	资源 → 规则；资源 → 行动者		
3a. 群体–权力平等主义		规则 → 行动者	1. 资源 2. 规则 3. 行动者
3b. 个体–能力平等主义		行动者 → 规则	1. 资源 2. 行动者 3. 规则

图 8.4 规范传统和专用取向

（接上页）(1995)、Gouldner(1962)、Hirschman(2013)、Scheper-Hughes(1995)、Taylor(1985)和Weber(1949)。此外，政治学中的政治理论的整个子领域都明确关注规范性问题。

与文化 / 权力和解释 / 功能取向相关联，这些取向都同意规则的中心性，但在究竟是资源塑造了行动者还是行动者塑造了资源的问题上存在分歧。图的最后一列给出了“行动者–规则–资源”在所有 6 种特殊取向中的相对重要性排名。

相对主义传统

社会规则是经验现实的基础这一假定完全符合名为**道德相对主义**的规范传统（Mackie 1977; Harman 1996; Gowans 2018; 参见 Durkheim 1893/1964; Nietzsche 1886/1966）。在道德相对主义中，所有的社会规则——包括所有的道德规范——都是文化的发明。尽管人们也许会觉得自己社会的道德规范是普遍适用的，但他们无法在逻辑上支持这一论点，并不存在普适标准或终极原则来生成一种必然适用于所有人类社会关系的规范取向。比方说，“谋杀是不对的”这一规范命题相对于某些社会（比如现代社会）的伦理准则来说可能是正确的并具有相当的意义，但其相对于其他社会（比如狩猎和采集社会）的伦理标准而言，这一命题可能就是错的并且也错在了要害之处。根本不存在任何基础原则来支撑这些重要的伦理准则，这就是问题所在。要确立某个跨越所有可能社会的正当伦理系统，学者们缺乏可依据的原则或客观手段（Lyotard 1979; Rorty 1979）。

在相对主义的框架内，社会科学家可以对存在于社会内部和跨社会的道德规范与规范标准进行描述性研究（Fassin 2008）。就剥离表面现象以解秘和揭露被湮没或被隐瞒的人类理解模式来说，道德相对主义和解释性研究是一致的。对于那些关于行动者和组织如何将他们的道德方案和承载着价值的意识形态强加给受制人群（subject population）的研究来说（例如 Butler 1990; Escobar 1995; Scott 1998; Steinmetz 1999），相对主义也是与之相容的。然而，道德相对主义禁止研究者把某种道德框架当作评价社会的绝佳伦理体系。事实上，解释性研究的一个重要方面是道德自我反思，即研究者对自身价值观在塑造研究结果时所发挥的作用提出疑问（Caduff 2011）。

在社会科学中，道德相对主义者通常在文化主义理论框架内工作，该框架认为社会规则深刻地塑造了行动者的属性和社会中的资源分配。然而，对于具体强调文化的哪个方面，他们的选择有所不同。一些道德相对主义者感兴趣的是识别和解释赋予人类经验以意义的社会规则，这些规则作为社会黏合剂，将社群凝聚在一起。其他道德相对主义者感兴趣的是，权力关系是如何被用于将文化价值和实践强加给被试人群的，即便受制人群可能会抵制这种强加并努力保持文化的完整性和本真性。

文化 / 权力规范取向强调资源对于行动者的构成作用（即资源→行动者），而不是相反。这一取向特别指出了资源在生成具有对立身份和对立利益的不对称群体时所发挥的作用。在这一取向下工作的学者研究了资源丰富的行动者如何将一己的伦理标准和规范强加于弱势的行动者（参见 Fanon 1963/2004; Foucault 1975/1995; Said 1978; Esteva 1992）。根据研究所使用的特定文化范畴，文化 / 权力取向可以考察国家、地区、民族–种族群体、性别群体、社会经济群体、专业群体以及地位群体。每个案例所激活的要点都是主导群体（如殖民当局）如何把一种道德准则（如“殖民主义是必要的”）强加给从属群体（如土著人口，参见 Mamdani 1996)。文化 / 权力学者批评这种“凝视”（gaze），因为通过这种“凝视”，主导群体对从属群体进行了贬损的理解和概念化。文化 / 权力视角下的具体研究通常会呼吁人们注意主导群体的伪善，他们创造并维护着一套道德准则，仿佛这是一套普遍的、合法的规范，而不是为了实现（主导群体的）一己目标而采取的强制性手段（如 Block and Somers

2014;Go 2011; Steinmetz 2007)。出于同样的原因，这些研究者常常将主体性赋予那些从属群体，他们通过叙事性阐释来把握原本被隐藏的声音，以此呈现从属群体的故事和现实体验（如 Wolf 1982; Abu-Lughod 1993; Bourgois 2003; De Leon 2015)。

与之相比，**解释 / 功能主义的规范取向**淡化了资源对于行动者的构成作用，转而强调反向关系（行动者→资源)。在这种相对主义中，人们关注的是社会规则如何为生活在特定社群和社会中的个人创造秩序和意义。为了防止出现无政府主义，社会中的规则和制度让行动者得以共享一些重要信念，什么是合适的行为，什么是公正的资源分配。对于解释学 / 功能主义的学者来说，社会规则和制度（包括道德和伦理准则）的功能是协调有意义的行为，调和个人的现实概念，从而使群体或社会在资源的组成和配置方面具有稳定和可预测的模式（参见 Davis and Moore 1945; Parsons 1951; Radcliffe-Brown 1952; Lévi-Strauss 1949/1969; Douglas 1966; Johnson 1966; Huntington 1968; Geertz 1973)。在解释学 / 功能主义的路径中并不存在判断社会的普适对错标准。尽管某些类型的社会在进化意义上可能比其他类型的社会更成功（比如酋邦 vs 游团；主权国家 vs 城邦国家)，但这些“获胜”的社会在规范上并不优于它们的竞争对手。这种分析的重点不是要把一种规范的方案强加于所研究的社会和社群；相反，其重点是揭示使这些社群和社会得以构成的隐秘准则、逻辑与实践。要做到这一点，一定程度的道德中立和道德距离是必要的（Geertz 1974)。

功利主义传统

道德功利主义（**或道德后果主义**）的规范传统假定行动者是“行动者-规则-资源”三元体系中的主导成分，因而与理性主义理论框架建立了联系。功利主义认为，道德上公正的结果是为绝大多数的人创造最大的收益（Bentham 1789/1907; Mill 1861/1998; Popper 1945/2013; 参见 Hobbes 1651/2012; Locke 1690/1980）。[①] 这个一般性原则是模糊的，因此这一传统内的学者进一步区分出了更为具体的道德原则（比如规则功利主义 vs 行为功利主义，总净功利主义 vs 平均净功利主义，可预见功利主义 vs 不可预见的功利主义，参见 Sinnott-Armstrong 2015）。在给定了行动者偏好的情况下，有一条共同的主线贯穿于这些功利主义分支，即关注各种可能结果所带来的净效益（net consequence）。在功利主义看来，只要那些过去或可能的结果能使净效益最大化，那它们在道德上就是公正的，即使这些结果要求个人违背社会主流的伦理准则也无关紧要。同样地，功利主义支持精英用权力来构建一种会强化不平等的制度，只要这种制度能服务于效益最大化就行。在功利主义传统中，个人偏好是净效益的评估标准。个人偏好被简单视为既定的东西，对于偏好源自哪里这种问题，这一传统通常不会提及（Sen and Williams 1982）。

功利主义学者有时会关注由偏好的特定分布所定义的具体社会（Wright 2013）。不同社会中的个体偏好往往是不同的，因此就何种结果能符合公正性规范来说，不同社会也会存在差异。一夫多妻制在某种社会中可能在道德上是没问题的，因为它使净效益最大化；而在另一个社会中，基于同样的理由，一夫一妻制在道德上才是恰当的。不过，尽管存在着社会性差异，但人类在所有或几近所有的可能社会中却共享着某些偏好（Nozick 1974; Singer 1981; Green

---

① 虽然这个总结性的口号（“绝大多数人的最大利益”）很常见，但它实际上多少有些误导。一个能将绝大多数人的最大利益予以最大化的行动，并不一定会使所涉群体的净利益最大化，因此严格来说，它不一定符合效用原则。关于功利主义的历史以及这个口号，可以参见德赖弗（Driver 2014）。

2013），这些共同的偏好使得功利主义者可以概括出普遍意义上的好结果和坏结果。比方说，基本上所有社会中的所有人都喜欢生而不喜欢死，喜欢健康而不喜欢疾病，喜欢安全而不喜欢危险，喜欢知识而不喜欢无知，喜欢快乐而不喜欢痛苦，喜欢自由而不喜欢束缚。在过去 200 年间，人类社会在这些方面都得到了迅速的改善，一些功利主义者于是乎欢庆启蒙原则下的人类进步（Pinker 2018）。实际上，在一些功利主义者看来，有能力逐步解决集体行动问题（Olson 1965），有能力创造出从零和冲突走向正和合作的社会安排（social arrangement），正是人类成就的标志体现（North 1981; Ostrom 1990; Wright 2000）。

功利主义是一种以行动者为中心的方法，最终决定道德正义的是个人偏好。尽管如此，学者们对规则与资源之间的关系的看法不尽相同。**权力导向的功利主义者**以资源对规则的根本塑造作用（资源→规则）为出发点，假定人群的权力差别塑造了社会规则的内容（Elster 1985; Przeworski 1985; Levi1988; Knight 1992; Acemoglu and Robinson 2008）。更重要的一点是，这些学者认为社会结构具有构成效应（constitutive effects），它创造了具有特定利益和身份的群体行动者。因此，权力导向的功利主义者并不关注原子式的个人，而是去分析由共同偏好定义的范畴性群体，如精英 / 大众或资本家 / 工人。[①] 他们从结果对于个人所带来的净效益的角度出发来处理正义和道德问题，此时负载着权力的社会结构起到了滤镜的作用，不对称的社会群体正是由它生成的。通常来说，支持弱势行动者利益的结果在道德上是可取的，因为它能将绝多数人的最大利益予以最大化。对于挑战社会结构的行动来说，其道德性会引发复杂的规范

① 范畴性群体是在社会结构中占据相似位置的个体的集合，他们有意识或无意识地共享着一种社会身份（Tilly 1998: 6）。

性议题，这些议题涉及行动成功的可能性，也涉及到权力层级化社会中的群体成员的短期和长期偏好。要回答这里的道德性问题，就需要以该社会中的个人偏好为前提，关注行动的净效用。

与之相比，**规则导向的功利主义者**强调规则塑造资源的方式（规则→资源）。这些学者关注原子式的和自我利益取向的个体，以及他们在规则建设中的选择给社会净效益带来的结果。他们经常明确地探讨个体如何以促进公共利益的方式来设计社会规则，包括设计方案来解决有碍人类福祉的集体行动问题（如 Hardin 1968; Buchanan 1975; Axelrod 1984; Ostrom 1990, 2009; North 1990; Skyrms 2014）。如果制度对于可用选择和机会成本的塑造方式带来有利的净效益，那么它们在道德上就是公正的。制度及其持续的资源投入反映了自利个体的偏好。这种以规则为导向的功利主义与罗尔斯的无知之幕的思想实验是一致的，后者要求人们想象在一个不清楚自己身份和地位的社会中来设计社会契约（Rawls 1971/1999; Freeman2019; 另见 Kant 1781/1998）。规则导向的功利主义者指出，处于这种“原始位置”的个体更喜欢社会有这样的特点，即社会中的制度安排可以降低不确定性，使人们能够有预见性地来协调行为。

平等主义传统

最后，**道德平等主义**的规范传统将资源置于“行动者–规则–资源”三元体系的前端与核心。这一传统认为，资源分配的平等——特别是某些类型的资源（如机会、政治权利、财富、福利）——是人们天生就渴望的（Cohen 1995; Roemer 1996; Dworkin 2000; MacKinnon 2001; 参见 Marx and Engels 1848/2012）。平等是有待实现的规范性理想，是正义的必要条件。它本身就具有作为目的的内在价值，在更广泛的意义上是道德正义的先决条件。道德平等主义与相对主义的不同之处在于它对平等原则的承诺，即平等原则适用于所有的可能世界。它与功利主义的不同之处在于，它把对平等的关注置于对效用最大化的关注之上。在道德平等主义中，从个人主观偏好的角度来衡量某种行为时，它可能并不有助于提高社会的净效益，但这种行为在道德上仍有可能是公正的。

平等主义传统的学者通常在结构主义的框架中工作，这一路径将资源分配视为正义的组成部分，并将权力、剥削和解放等范畴视为分析重点。然而，平等主义者在行动者与规则孰更重要的问题上也存在着分歧。**群体–权力平等主义者**强调规则对于行动者的构成作用（规则→行动者）而不太关心反向关系，这种强调使他们将分析重点放在范畴性群体上而非个体身上。位于特定结构轴线方向的身份群体处在一种零和关系中，在这种关系中，主导群体的权力来自对从属群体的剥削。在其所做的规范分析中，群体–权力平等主义者经常强调社会内部的某种特定的范畴划分。这种划分又进一步与一种特定的批判分析联系起来，此外可能还会关联到一组特定的解放目标。举例来讲，经济划分与批判性的阶级分析相联系（Marx and Engels 1848/2012; Burawoy 1982; Poulantzas 1975; Wright 1997），种族划分与批判性的种族分析相联系（Morris 1984; Du Bois 1995; Bonilla-Silva 2006; Feagin 2009; Itzigsohnand Brown 2020），而性别划分与批判性的性别分析相联系（Ortner and Whitehead 1981; Fraser 1989; Scott 1999; Ridgeway and Correll 2004）。在过去 30 年里，群体–权力平等主义者探索了多种划分是如何彼此交叉与加强的，他们所采用的视角兼具批判性和交叉性（McCall 2005; Acker 2006; Pattillo 2013; Collins 2019）。[①] 在群体–权力平等主义者看来，只要

① 从交叉视角出发的集合论研究现在也能见到（Ragin and Fiss 2017）。

行为和事件能够促进对立群体之间的资源平等，它们在规范上就是可取的。然而，他们的最终目的是要消灭范畴划分本身的剥削性质，以及这种划分所带来的身份角色。对于群体–权力平等主义者来说，真正的解决办法是结构性转型，摧毁范畴身份本身具有的压迫性。

其他的平等主义者也认为资源是行动者–规则–资源三元体系中的主要推动者，但他们更多地关注个体在塑造规则（行动者→规则）时所发挥的作用。这些**个体–能力平等主义者**以原子化的个体而非范畴性群体为出发点，考察个体如何通过塑造规则来促进平等。这一路径特别关注个体有多大能力过上美好生活（flourishing life），有多大能力做自己想做的事、成为自己想成为的人（Nussbaum 1992, 1999, 2000, 2011; Sen 1992, 1999, 2002, 2009; Crocker 2008; Robeyns 2016）。[①] 这些学者主要研究何种资源分配方式有助于促进个人能力上的平等，而不是个人生活结果上的平等。个体–能力平等主义者也许会认同一些具有普遍意义的能力，这些能力是所有人类生存和基本生活所必需的。提供富余资源（如食物、住所、安全）的获取途径来确保上述基本能力，这是永远公正的。然而，这一路径赋予了个体很大的自由来决定究竟如何使用自己的能力来追求他们自己特有的好生活。虽然该路径承认了虚假意识（即由有权力的行动者所传播的错误信念）的可能性，但它通常认为个体欲望是正当的、合适的。通行的社会规则之所以有问题，主要不是因为它们让个体追求不值得的生活，而是因为它们剥夺了

① 与能力取向密切相关的是一种关系–平等取向，它认为资源分配应当可以让所有个体建立平等联系，享有相同的地位和有效权力（Walzer 1983; Anderson 1999;参见Marx 1972）。这种取向认为，在良好的社会中，所有的公民都能在所有人类互动中成为有尊严的人、公民社会的充分参与者、合作经济体系中的有价值的工人，以及民主国家的平等成员。这些条件定义了一个具有真正平等公民权的社会。

个体的能力，使他们无法实现值得尊重的欲求，无法追寻值得付诸的人生。

各取向的比较

上述6种道德取向既有相似之处，也有不同之处，要对它们进行比较的话，就会发现头绪繁杂。根据它们对“行动者-规则-资源”三元体系中**最重要**成分的理解，我在这里将它们归入了三个传统。而另一种比较方法则可以根据其对三元体系中**最不重要**成分的理解来对这些取向进行分组。从这个角度看，以下两两组合之间存在着相似性：（1）群体-权力平等主义和文化/权力相对主义，（2）解释/功能主义相对主义和规则导向的功利主义，（3）权力导向的功利主义和个体-能力平等主义。让我们依次讨论三对组合。

首先，群体-权力平等主义者（例如卡尔·马克思、帕特里夏·希尔·柯林斯，迈克·布洛维，南希·弗雷泽）与采取文化/权力相对主义视角的学者（例如米歇尔·福柯、爱德华·赛义德、朱迪思·巴特勒、南希·舍佩尔-休斯）共享着重要的假定。他们都强调资源是如何塑造行动者的。这种共同点使他们能够关注不对称的集体行动者，将其作为主要的分析单位。这一假定也使他们在分析中赋予了权力以重要的位置。然而，他们之间的一个重要区别是：群体-权力平等主义者将他们的批判分析建立在一套道德原则上，而文化/权力相对主义者则对任何总体性的元叙事都持批判态度。群体-权力平等主义者致力于通过革命性的结构转型来实现特定的社会愿景（如社会主义、母权制、真正平等的公民权），而文化/权力相对主义者致力于通过结构转型来将个体从一切作为统治模式的信仰体系中解放出来。

其次，对于道德相对主义传统中的解释/功能取向的学者（例如埃米尔·涂尔干、克利福德·格尔茨、玛丽·道格拉斯、马歇尔·萨林斯）和功利主义传统中的规则导向分支的学者（例如杰里米·边沁、史蒂芬·平克、道格拉斯·诺斯、埃莉诺·奥斯特罗姆）来说，两者之间也存在着有趣的相似性。以上这些学者都相信，行动者有能力做出有意义的选择，其身份和利益并不仅仅是社会内部物质资源分配的反映。相应地，在进行道德判断和规范评估时，解释/功能主义者和规则导向的功利主义者都不关注统治和剥削。相反，他们将文化和伦理体系视为背景环境，在这些环境中，行动者必须以主体来运作并做出选择（包括关于资源分配的道德选择），对他们自己和其他人来说，这些选择都是有意义的、重要的。解释/功能学者关注的是行动者做出选择时的规则情境，对于选择和塑造了行动者选择的那种规则，他们会回避讨论其道德立场问题。规则导向的功利主义者关注的是自主个体所做选择的净效用，以及那些在促进或阻碍人类进步和社会发展方面发挥重要作用的关键决策。解释/功能主义者和规则导向功利主义者之间的一个关键区别在于，后者相信存在一个客观的尺度来评价古往今来的社会进步，前者则不承认存在普遍标准的可能性，并在保持规范距离的同时寻求理解。

最后，对于站在权力导向功利主义的道德立场上的学者（例如亚当·普热沃斯基、玛格丽特·利瓦尔、达隆·阿西莫格鲁、詹姆斯·罗宾逊）和站在个体–能力平等主义道德立场上的学者（例如阿马蒂亚·森、玛莎·努斯鲍姆、英格丽德·罗比恩斯、迈克尔·伍尔科克）来说，两者之间也存在着亲和性。这些学者认为，正义与个体或集体（由共享某一偏好的个体组成）偏好的实现有关。当资源集中在精英手中，导致个体缺乏足够的能力来实现自身偏好时，不公正就会出现。这些学术取向会使用资源分配和权力来解释不公正并探索解放的可能性。对于个体–能力平等主义者来说，资源分配平等是公正社会的先决条件，也是公正社会的组成部分。权力导向的功利主义者可能也会同意平等的价值，但这前提是平等可以促进社会净效益的最大化。个体-能力平等主义者认为作为人类的个体都具有一定的客观利益，而权力导向的功利主义者则主要关注个体的主观利益。

在讨论即将结束时，让我们回到这样一个观点：整个学术界都倾向于采用相互一致的理论框架和规范传统。如图 8.5 所示，我们可以认为社会科学在根本上联结着特定的道德传统，就像之前我们将它们与特定的理论框架联系起来一样。图 8.5 将图 8.3 中的理论框架替换成了规范传统。于是经济学和当代政治学就与功利主义联系在一起，文化人类学和文化社会学（20 世纪 90 年代至今）与相对主义联系在一起，而结构社会学和结构政治学则与平均主义联系在一起。与前文一样，我从以人为对象的学科中排除了那些明显属于自然科学的学科，比如考古学、心理学和认知科学。我也不打算把任何人文学科放进图中来定位。

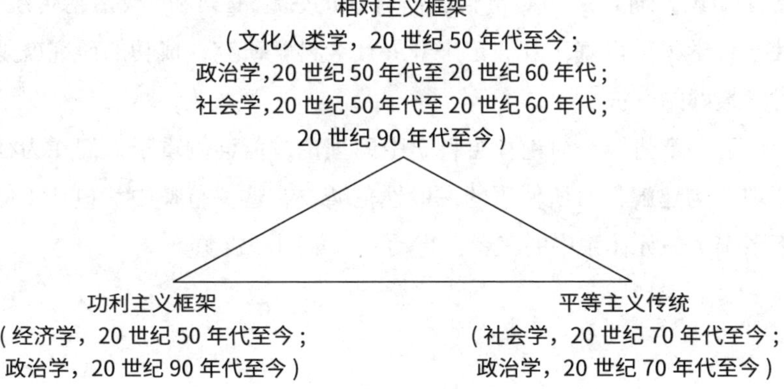

图 8.5 规范传统与社会科学的各个学科

社会科学在图 8.3 和图 8.5 中的位置引发了一组更大的议题，这些议题关注为什么学者个人会选择从事特定的学科。在这里我并不准备对这种议题开展全面探讨，但我确实想指出，一些学者之所以会被特定的学科吸引或驱离，主要取决于学科是否符合他们个人的价值观。例如，具有坚定的平等主义价值观的结构主义者可能就会远离经济学，因为经济学是在理性主义和功利主义框架内工作的。同理，一位带有功利主义价值观的理性主义者就会被排斥在社会学家所支持的改革议程之外。在将学者引入社会科学的特定学科时，虽然规范性信念发挥了作用，不过也有学者是在本科和研究生阶段吸收了特定学科的价值观，这种社会化方式也是事实。

科学建构主义并不偏向于任何特定的理论框架或规范传统。相反，它提供了各种工具和方法，以此可以对不同框架和传统中的理论、解释和命题进行构建和评估。在科学建构主义的路径下，理论框架的**有效性**取决于它对实质性研究目标的**用处**，比如解释特定案例中的结果或者对事件原因提出一般性概括。学者们必须通过使用公认的证据、明确陈述的假设和逻辑原则来为给定的理论框架及附带的规范传统构建案例，以此回答重要问题、解决实质问题、积累稳固知识。简言之，对于自己所青睐的理论框架和 / 或道德传统，社会科学家可以基于其假定来开展社会科学研究，成功的研究就是对其最好的辩护。

下一章将继续讨论社会科学中的理论，但会侧重于人们在为社会现象构建解释时所使用的一般性范畴，在这些范畴中就包括（但不限于）三元体系中的三者：行动者、规则和资源。

第九章　理论解释中的范畴构件

本章将要探讨的几个范畴是社会科学研究中用以构建理论和解释的基石。在这些范畴中，有**事件**（event）这一概念以及它的组成要素，如**行动者**和**对象**，还有**社会规则**、**社会资源**和**社会权力**，它们是社会科学家用来理解人类行为的三个相互关联的概念。此外，本章还探讨了几个时间概念，比如**时间**（time）和**过程**（process）。对这些不同范畴的讨论立足于一个基点，即社会科学家必须创造性地、富有想象力地搭建对社会世界的解释。对关键理论概念的透彻理解可以帮助学者更好地理解发生了什么、为什么发生以及发生意味着什么，这是本章所做讨论的预设。

构筑理论所需的范畴如**行动者**、**规则**、**资源**、**事件**和**过程**等都是通用工具，支持不同理论框架和规范方案的学者们都可以使用这些范畴。人们可以用它们来分析许多不同的实际主题，用它们来研究可能的研究问题，也可以在一开始就将其作为确定研究主题和研究问题的工具。它们可以被用于构建社会世界中确切发生的事情，可以作为叙事性陈述和描述性阐释的结构化工具，可以被用于构造关于社会事务的规范命题和价值评价。这些范畴可以用于建构学者们试图解释的事件、建构事件的影响因素以及建构这些因素可以导致事件的理由。

本章分为 4 个部分，分别探讨以下范畴：（1）**事件**、**行动者**和**对象**；（2）**规则**、**制度**和**结构**；（3）**资源**和**权力**；（4）**时间**、**过**

程、变化。每个部分都可以单独阅读，并且无须按特定顺序。在每个部分的讨论中，我都重点关注范畴的定义以及范畴在更大语义场中的位置。学者们使用范畴的子类型来构建对于经验现实的具体的、详细的理解，我对这些子类型给予了很多的关注。此外，我还讨论了学者们在使用范畴时所据以为真的隐含假设。要做到这一点，我们就得探索意义所依赖的背景认知结构。促进对范畴的共同理解，激发人们在实质性研究中能创造性地使用范畴，这是我在讨论中一以贯之的目标。

事件、行动者和对象

在对案例研究予以铺陈时，事件是时间性和主旨性的锚点。选择突出哪些事件？如何描述它们的内容？如何将它们置于彼此之间的关系中？在人们对案例叙事进行分期和呈现时，需要对这几个最重要的问题做出决定。以巴林顿·摩尔（Barrington Moore 1966）对民主和独裁所做的研究为例，这项开创性的比较历史研究选取了农业商业化这种一般性事件，此类事件在特定案例中会以特定事件的形式出现，如英格兰的圈地运动。霍华德·贝克尔（Howard Becker 1953）的著名研究《成为大麻吸食者》（*Becoming a Marihuana User*）将吸食大麻的事件模式（如“新吸食者第一次可能不会获得快感”）从各种吸食大麻的个人经历（如“我第一次吸的时候没获得快感”）中概括出来。在西达·斯考切波（Theda Skocpol 1979）的权威著作《国家与社会革命》所提供的叙事中，所有社会革命共有的一般性事件（如下层阶级起义）被当作个别案例（如1789年法国的面包暴动）所特有的事件序列来分析。以上这些研究都使用了一般事件和特殊事件来构建主要的分析范畴、形成核心的理论命题以及组织叙事陈述。

呈现事件时的一个关键要素是构建行动者和对象，它们属于事件的实质性内容。学者们必须挑选所要强调的行动者类型，也要挑选行动者之间的互动以及这些行动者所做出的、值得关注的具体决定和行动。此外，学者也必须挑选作为事件组成部分所需突出的非生命体的对象。尽管研究者们无法通过机械地应用规则来做出上述决定，但他们在做出选择时确实遵循着某些章法。本节尝试具体阐明这种章法，并为人们在社会科学研究中开展有想象力的事件构建提供工具。

现实建构体中的时间切片

研究者通过识别社会过程与事态（states of affairs）（比如阶级和国家结构的根本改变）来构造事件，这些社会过程和事态可以标示出案例的历史时期（比如 1789—1799 年的法国）。范畴会被赋予一个指示事件的标签（如法国大革命）。事件的范畴是一个有结构的整体，其组成部分包括行动者、对象、社会规则和资源。[①] 这些部分的性质以及它们之间的关系（包括时间关系）定义了事件的要旨（参见 Mandler 1984: 14, 76）。

原型事件（prototypical event）带有下述标志，一是具有清晰界限的一段时间，二是具有统一原则（Harré and Secord 1972: 10–13; Mandler 1984; 参见 Sewell 1996）。只要开始和结束的概念未被引入，事态在事件这个范畴中就只有弱资格或根本没有成员资格。基于这一原因，许多物体和行动者（比如书籍和军队）都不是事件的好例

① 结构整体可以被作为集合来分析，因为整体的概念是以集合的概念为前提的。然而，部分–整体关系在多大程度上可以作为集合来分析，仍然是一个未解决的议题（Koslicki 2008: chap.8; 另见Markman and Seibert 1976）。

子（Casati and Varzi 1999: 169–171;2015: 3），尽管这些实体可能有助于界定一个事件的主旨内容，但它们通常不会被视为事件本身。因此，也许书和军队分别在学术讨论和战争中占据重要地位，但只有学术讨论和战争这些范畴才会被视为**事件**的成员。同样地，虽然某些过程是由统一原则定义的，但它们由于没有明确的起点和终点，因此在事件这个范畴中也缺少成员资格。举例来说，我们不愿意将现代化、老龄化和世俗化等过程称为事件，原因就在于它们缺少清晰的时间界限。

在**实际事件**（actual event）的成员中包含着至少一个真实案例。[①] 如果刚好只包含着一个真实案例，这种事件叫作**特殊事件**（particular event）；如果包含着多个真实案例，这种事件叫作**一般事件**（general event）。如果作为案例的是国家（其本身是一般性范畴），那法国大革命就是一个特殊事件，因为法国是唯一的真实案例成员。相比之下，社会革命就是一般事件。特殊事件是一般事件的成员，法国大革命这个范畴就是社会革命这个范畴的成员之一。特殊事件也可以定位到部分–整体的层次框架中，任何特殊事件都有更为具体的事件作为它的组成部分。这些更为具体的事件是整体事件的时空切片（temporal spatial slices），比如攻占巴士底狱是一个具体事件，它是法国大革命的一部分。人们还可以从攻占巴士底狱这个事件切分出**更更**具体的事件，而后者又是由**更更更**具体的事件所组成的，以此类推。

在特殊事件这一范畴的成员中包含着多个可能案例，但其中只有一个是真实案例。实际案例可能会以不同的方式发生，这就构成了可能案例。1789—1799 年的法国这个实际案例可能是，也可能

① 非实际事件只包括非实际案例事件，不可能事件只包括不可能案例。从分体学的意义上讲，不可能事件是不可能案例的一部分，不可能案例又是不可能世界的一部分。

不是“由强大的资产阶级统治的国家”这一范畴的成员，历史学家似乎对此还在争论不休。同样，对于该案例是否属于“工业经济正在崛起的国家”，同样存在争议。因此，1789—1799 的法国这一范畴就包含着以下的可能案例：（1）1789—1799 年的法国既是“由强大的资产阶级统治的国家”，也是“工业经济正在崛起的国家”；（2）1789—1799 年的法国不属于这两个范畴中的任何一个；（3）1789—1799 年的法国只属于这两个范畴的其中之一。在范畴“1789—1799 年的法国”中只存在一个实际案例，但以我们目前的知识和理解，许多可能案例都是这个范畴的成员，只是我们不知道哪一个是实际案例。

个案研究在叙事陈述中的细节程度与其所描述事件的一般化水平紧密相关（参见 Mandler 2004）。研究者必须选择适当的一般化水平，并在此基础上提出主要解释。在对法国大革命的因果分析中，斯考切波强调（Skocpol 1979: 60-64）把事件“法国受到国际压力”视为重要的原因要素。通过她的叙事我们能够看到，这一事件中还存在着更多的子事件，像奥格斯堡联盟战争（1688—1697）和西班牙王位继承战争（1701—1714）都是“法国受到国际压力”的子事件。此外，在斯考切波的因果论点中，“法国受到国际压力”本身又是一个更大的总体性事件的一部分，这个事件就是国家崩溃。斯考切波的叙事平滑地跨越了不同一般化层级上的各种事件，找到了更高层次的关键原因要素，并展示了总体原因是如何由那些对法国历史刻画入微的子事件和子原因所构成的（Mahoney 1999: 1164-1168）。

在小数量研究中，对于一般事件以及作为其成员的特殊事件的原因，研究者会给出**不同的，但有着系统关联**的答案。举例来讲，以法国、俄罗斯和中国为案例的研究者可能会问：（1）是什么导致了这些国家的社会革命（一般事件）；（2）什么导致了法国革命，什么导致了俄国革命，什么导致了中国革命。对一般事件问题的回答就表现为一般原因，对特殊事件问题的回答就表现为特殊原因。特殊原因与一般原因在系统层面上是相关的，前者既是后者的一部分，又是后者的子集。当研究者讲出这些关系时，他就为我们展示了特殊事件如何成为更一般的解释的一部分。举例来说，中国革命的一个特殊原因是 1927 年 8 月的南昌起义，而俄国革命的特定原因是俄国农民在 1917 年夺取莫斯科南部和东南部的土地。这些事件各自独属于中国和俄罗斯，因此可以说中国革命和俄罗斯革命的原因是不同的。然而，与此同时，这些独特事件属于“农民起义”这个一般化范畴，而农民起义又是“农民革命”这一范畴的一部分，后者恰恰是法国、俄罗斯和中国发生社会革命的一般原因（Skocpol 1979）。[①] 从事小数量研究的研究者试图同时关注一般和特殊。通过说明特殊事件是一般事件的子集和 / 或一部分，研究者为我们展示了前者是如何嵌合进后者的。

构造事件中的行动者和对象

事件的主旨性内容在人们心中的意义可能来自实践的、分析的或规范的等几个方面。我们会记录生命中的里程碑事件，比如出生、毕业、友谊、就业、居住地点、房屋所有权、子女、疾病、离婚和退休。政治学家将独立、国家安定、革命、战争和民主化转型划定为国家需要经历的一般性事件。所有这些事件的主旨内容都部分受到所分析的案例类型的限制，个人可以成为结婚事件和退休事

① 这些关系完全可以用集合论的术语来表述。例如，中国的实际案例是观察结果南昌起义的成员，南昌起义是农民起义的一个子集，农民起义是农民革命的一个超集，农民革命是法国、俄罗斯和中国社会革命的一个原因。

件的成员，国家通常就不行；国家可以成为独立事件和民主崩溃事件的成员，个人通常就不行。人们所研究的案例类型（如医生、家庭、运动、国家或世界体系）对所需关注的事件类型施加了限制（Soifer 2018）。

在社会科学中，一个事件的主旨内容主要包括行动者和对象，另外还包括生成了行动者和对象并将其结构化的那些社会规则和资源。研究者用范畴来标识行动者的类型，比如小资产阶级、原住民、农村女性、统治阶级、难民、霸权者，这些范畴是有助于分析的，而且也获得了相关的学术社群或公共社群的集体认同。这些范畴对个体施加了界限，这些个体可以是相似的，也可以是不同的，具体取决于他们在五花八门的范畴中的成员资格（参见 Lamont and Molnár 2002; Kashima et al. 2005）。行动者类型也许反映了研究者的理论旨趣或规范旨趣，那些范畴也有助于特定的描述性工作或解释性工作。对于某些事件来讲，无论它们是特殊事件还是一般事件，主要的行动者都是单一个人。对于其他事件来说，主要的行动者则是一群人。在集体行动者的类型中，有组织、运动、社会经济阶层、政府、城市、国家、帝国、国家间体系等。选择将哪种行动者作为重点，在很大程度上形塑了事件的核心要旨与整体呈现。

将行动者视为具**有意向性的主体**，这是社会科学的普遍做法。研究者一般都认为行动者是**理性的**，这里的理性是狭义的，即行为被信念和欲求所驱动（Elster 1986b; Taylor 1988; Wendt 1999: 113–130)。研究者使用这种**意向性视角**来理解驱动行动者行为的内在过程（Elster 1983; Dennett 1987: 48–49）。除了信念和欲求，分析者还可能会把情感和感觉（如愤怒或恐惧）作为行动者意向的一部分（Searle 1995: 8; Elster 1999; Rueschemeyer 2009）。在对研究中的具体行动者（比如金融资本家、佃农、非正规部门工人）进行定义时，社会科学家会采用意向性的视角，他们会强调一点，即这些行动者带有特别的利益和激励信念。同样，社会科学家使用意向性视角来解释行动者的行为，在他们看来，如果信念和欲求不同，那么行为也会有所不同。在某些领域，学者们用数学工具对意向性视角做了形式化处理，比如决策的博弈论模型（von Neumann and Morgenstern 1944; Arrow 1983; Nash 1997）。然而，行动者受信念和欲求引导这一核心看法，并不需要研究人员对社会分析采取明里或暗里的理性选择方法。例如，文化主义者和结构主义者通常就将行动者视为有意向的主体，他们认为，行动者的利益或价值观是由他们在社会结构或文化共同体中的位置所设定的，这些利益或价值观又进一步解释了他们的行为。

在日常生活中，我们把意向性视角当作一种大众化的心理学理论，在对周围人的行为进行解释、说明和预测的时候，我们都主要以此视角为基础。将他人视为意向性的行动者，这大概是人类与生俱来的能力，这种能力可以让人们获得一种"我们态度"（we-attitude）以及共享的意向性，从而使人们获得了进一步的能力，如集体合作、使用语言、构建属人类丛、创建文化（Gilbert 1987, 1992; Bloom 1996; Tomasello et al. 2005; 另见 Smith 1759/2002; Durkheim 1912/1961）。以意向性视角为基础来理解自己和他人的行为，这是人之所以为人的重要因素。

如果要从科学角度为意向性视角寻找一种替代视角，那它主要秉持的观点应该是：在人类行为中包含着人们对于习惯、技能和性情的无意识执行，这些习惯、技能和性情是在人的大脑和身体中被物理式地编码的（Bourdieu 1977, 1984, 1990; Turner 1994, 2002; 参见 Skinner 1953）。在这种观点看来，人类在身体和精神上都是"装配好"（"equipped"）的，以受过训练的、有纪律的、习惯性的、线路性的（wired）、程序性的表现来推行实践，人类行为就是这么一回事。行为只是看上去符合规则，实际原因是行动者倾向于采用类规则的行为方式。在事情发生后，个体可能会将自己的行为理解成是由他们先前的信念、欲求和自觉意志（conscious will）所驱动的（Libet 1985; Wegner 2018; Chater 2018）。然而，这种事后理解本身就是人类性情和技能的展现，它们并不能反映激发行为的真正心理状态。按照这种观点，**信仰**、**欲求**和**情感**等范畴都不属于自然类丛，它们与自然界中任何地方的实体都不存在对应关系。

意向性视角是否完全与自然科学对行为的解释无关，这一问题还有待证明（Churchland 1981; Stich 1983;Nagel 1986; Turner 1994, 2002; Varela, Thompson, and Rosch 2016）。不过就社会科学而言，意向性视角是描述经验现实的不可或缺的工具。人类**经验中**的现实是由内在信念和欲求所驱动的行为构成的。可以肯定的是，社会科学家必须避免对意向性视角做本质化理解，绝不能把研究中的行动者的信念和欲求当作自然类丛来看待。他们必须像分析其他属人类丛一样来分析信念和欲求，它们这些范畴对应着人类大脑中的概念空间，其所指向的自然类丛基本上是不明的。[①] 从这种建构主义的角度来看，社会科学家可以毫无疑问地把意向性视角当作构建人类行为理论的基础。

社会科学的另一个常见做法是将行动者视为统一行为体（unitary actor）。在分析个体时，社会科学家通常不考虑自我的幻觉（illusion，但可参见 Mead 1934; Schutz 1970; Elster 1986a; Metzinger 2009; Hood 2012）。面对着特定的一个人，我们通常不能把他身上那些矛盾的大脑模块、冲动和欲求当成独立的行动者来分析。相反，这个人会被视为一个具有融贯目标和想法的融贯实体。同样，对集体行动者而言，正常做法也是将行动者视为有意向的主体，它

---

① 在本书中，我遵循建构主义者的论述，用“共享信念”来描述使人类赖以存在的大脑编码（比如概念空间，参见第一章）。

在有目的地实施行为。国家、运动、阶级和其他集体行动者在社会科学中被人格化了（Coleman 1982: chap.1; Geser 1992; Wendt 1999: 195–196; Sheehy 2006）。不过，根据叙事的细节水平的要求，分析者可以将集体行动者再细分成具体的组成部分，比如总体的子行动者。国家中心的理论家在构造叙事时经常会分析军队、政府机构、立法机关甚至个人（McDonnell 2017, 2020）。对子行动者的详细说明并不需要弱化统一行为体的假定，子行动者也会被视为统一行为体。虽然统一行为体假定所处的一般化水平可能会在分析过程中发生改变，但这个假定适用于研究中的每一个具体的行动者。

在不同的一般化水平上对行动者施展上述的概念刀工（slicing and dicing），这是建构主义方法能很好包容的。在建构主义看来，行动者的成员界限并不能反映自然或客观的划分（Lamont and Molnár 2002）。如何切分出行动者，这是一个创造性的过程，它无法从资料中被机械地读出，也不可能用算法来从案例事实中生成。范畴的建构是由研究者的分析目标、对主题的整体理解、理论取向、规范价值以及源自一种或多种文化的个人经验所形塑的。

除了行动者之外，**非生命对象**也是事件要旨的一部分。与自己所位居的事件相比，对象往往在空间上的定位更加明确，在时间上的定位却比较模糊（Casati and Varzi 1999: 169–171; 2015: 3）。有些对象是自我维持的实体，具有独立于人类认知的身份，这种偏自然类丛包括各种景观（如河流、山脉、草原）、自然资源（如煤炭、钻石、木材）以及适合于各种人类目标的生态（如植物采集、渔业、动物驯化）。在大多数社会科学研究中，事件所置身的案例都是地理空间，如城市、县郡、国家和大洲。社会革命发生在国家所对应的地理空间内，法国大革命就发生在法国的特定空间内。在事件中更常突出的则是有边界的某块土地，这种土地有时是构造行动者（比如土地精英）所用的资源，有时是联结着文化取向（比如农业价值观）的位置，有时是可以激发行为（比如土地革命）的价值目标。

许多对象都是依赖于人类认知而存在并获得身份的实体。这些对象包括一些技术和人工制品，人们使用它们与社会和自然世界进行互动（参见 Hackett et al. 2008）。这方面的例子有遮挡物和建筑物，交通和通信设施，休闲和生产活动所需的工具。依赖人类而存在的对象在事件中占据着显著位置，它们要么是行动者注意力的焦点，要么是行为发生的部分背景。技术和科学创新常常能定义世界的历史时期，从这一点我们就可以看出对象在定义情境时的作用。举例来说，定居式农业（settled agriculture）的出现、铁制工具的使用以及原子的分裂都标志着世界历史进入了新的时期。尽管人类常常将人工制品和技术默会地理解成设计师为服务于人类的特定目的而创造的实体（参见第一章），但这种本质主义模式并不一定是错误观念，技术和人工制品的设计和生产实际常常就是为了帮助人类以可预测和有效果的方式与自然界互动。技术和人工制品反映了人类理解、控制自然界的强大本领。

与行动者一样，对象也可以被划分为更一般的集合（如书籍）、更具体的集合（社会科学书籍）以及只有一个实际案例成员的集合（你正在阅读的这本书）。对象是结构化的，它可以被分解成内部的组成部分，比如一本书有页面和封面。当个案研究者撰写对于事件的叙事时，他们必须选取对象所处的一般化程度。这个选择与研究者的另一个选择是紧密联系的，即他们要用什么样的范畴来描述与对象打交道的行动者。

上述讨论阐明了使用集合论方法来构建事件时需要涉及的一些机制。事件的形象是由行动者和对象来激活的，而行动者和对象则是由系统关联（超集–子集和部分–整体）的范畴建构出来的。集合论的分析者需要一直扮演“打包员”（lumpers）和“分装工”

（splitters）的角色（Hexter 1979: 241–243）：他们将集合归入超集（打包）、分出子集（分装），以此开展分析。当然，由于他们的主要描述和解释所依托的范畴在一般化程度上存在差异，因此他们之中有些人更像“打包员”，而另一些人则更像“分装工”。

社会规则

来自不同理论传统和认识论传统的学者都会通过识别社会规则来构建人类行为理论，结构主义者和文化主义者、理性选择理论家和象征互动主义者、涂尔干主义者和马克思主义者、实证主义者和后现代主义者，概莫能外。他们用社会规则来解释行为对于参与其中的行动者的意义，并具体说明哪些行动可以算作某种行为形式，哪些实体可以算作某种类型的行动者和对象。他们用社会规则来解释为什么行动者会实施某种行为以及这些行为为什么会产生某种后果。社会规则直接或间接塑造人的行为，这几乎是所有人类行为理论的重要假定。

社会规则的特征

社会规则（或者简单说**规则**）为人类行为的形成和调节提供了指导（von Wright 1971: 151–53; Harré 1974: 162–165; Ostrom 1986; Searle 1995: 25–27; Elder-Vass 2012: chap.4）。它们有以下通用形式：

在情境 C 中，X 属于行为 Y。
在情境 C 中，执行行为 Y，否则接受惩罚 S。

社会规则是一种连接着属人范畴的逻辑陈述，如指定情境（C，如上所述），特定行动（X），一般行动（Y）以及对不服从的制裁（S）。鉴于它的逻辑形式，社会规则可以被象征性地表示为集合论形式。清楚阐明这些集合论表达的内容，就会让我们看到是哪些准则促发和约束了有意义的人类行为。

个人对社会规则的认知程度各不相同。有时人们会明确地、自觉地遵守规则，就像在努力按照说明书安装家具一样。在更常见的情况下，人类行为并不涉及有意识地制定规则或自我觉察地遵守规则。绝大多数规则是以一种不被识别的，甚至根本不可能被识别的形式存在的，按社会规则行事的个人通常不会即时觉察到自己正在遵循的规则。

由于规则常常无法被识别，学者们就必须解释规则如何仍能促发和约束人类行为。学者们通常假定人类是**无意识地**遵循大多数社会规则的（Durkheim 1895/1982; Mead 1934; Goffman 1969; Geertz 1973; Harré 1974; Chomsky 1975; Ostrom 1986; Schmidt 2008）。社会科学家可能认为，规则是在大脑的神经和突触中储存和施行的。然而由于人类无法直接接触大脑硬件，因此大多数规则的施行都是在幕后发生的，超出了我们的意识范围。[①] 只有在事情发生之后，人们才能意识到自己对规则的无意识服从。比方说他们可以通过破坏实验来发现在其他时候未被识别的社会规则，实验人员强迫被试违反一个本来隐藏的规则，从而使该规则显现出来（Garfinkel 1967）。同样，通过沉浸在一个文化共同体中，解释学和民族志的研究者可

① 另一种观点认为，尽管社会规则可以预测和描述行为，但社会规则并没有被编码于人脑中。根据这种观点，人类不会无意识地施行规则，因为大脑一开始就不像处理规则的机器那样运作（Searle 1995: chap.6; Turner 2002）。社会规则只能间接解释人类行为的内容。具体来说，它们通过促进某些性格、习惯和能力的发展来影响行为，由此得到的这种惯习单独导致了个人按照与社会规则一致的方式行事（参见Bourdieu 1977,1989,1990; Wittgenstein 1953/2001）。

以帮助研究对象看出自己在共同体中无意识遵循的那些隐性规则（Geertz 1973）。

在科学建构主义的路径中，特定的社会规则（比如“在牙医候诊室保持安静”）是作为一种共享知识出现的，它存在于规则所适配的行动者（比如“牙医候诊室里的人”）的头脑中。虽然共享知识位于个人的大脑中，但科学家似乎还远远不能确切地理解大脑是如何存储和使用这类信息的。[①] 幸运的是，对于社会规则背后的自然类丛来说，我们无须认识其中的实体和过程，开展成功的社会科学研究并不需要这种知识。在科学建构主义中，社会规则的意义，包括构成规则的范畴的意义（如“牙医候诊室”和“安静”）都取决于人类的集体理解。至于这些集体理解下面的底层大脑材料和神经安排，在很大程度上无关于社会分析的要旨。

对社会科学来说，社会规则所依赖的集体理解是更相关的和更重要的。社会规则不仅必须对研究它们的社会科学家（以及他们的受众）有意义，而且至少对研究中的行动者具有隐含意义，这些行动者的行为是被规则所涵盖的。在科学建构主义研究中，社会规则在本体论上既依赖于（1）社会科学研究者和读者所带有的集体的、明确的理解，也依赖于（2）身处社会规则中的行动者所带有的集体的、大多为隐性的理解。社会科学的研究内容侧重于第二类集体理解（行动者的），它是得出第一类集体理解（作者与读者的）的基础。由于作为研究对象的行动者也有可能成为社会科学作品的读者，研究者就可能会让这些行动者意识到他们先前所遵循的无意识规则（Bourdieu 1977, 1984, 1989; Giddens 1979, 1984）。

规则和行为是不同的实体，当规则不被遵守时，这一事实就

① 目前来讲，就连大脑能否执行使用代数语言建模的规则指导程序这一问题，科学家甚至都未达成一致意见（参见Berent and Marcus 2019）。

会变得更明显（比如有人在牙医的候诊室大声打电话时）。个体在“服从社会规则 X”这个集合的成员隶属度与他们在“意识到社会规则 X”这个集合中的成员隶属度有关（Berger and Luckmann 1966; Zucker 1983; Jepperson 1991; Powell 1991）。在一种极端情况下，行动者可能对某一规则非常了解，对其在社会秩序中的作用很清楚，并积极寻求支持它或破坏它。对于被识别出的规则来说，它会不会被遵守就是个问题，规则的维护远不是自动达成的。在另一种极端情况下，规则可能是未被识别的（unrecognized）或无法被识别（unrecognizable）的。未被识别的规则会受到保护，直接去修改它或推翻它必然会遇到障碍。许多既存的社会规则都没有得到认定，它反映了人类现实中的现状偏差（status quo bias）。人类不太可能去改变自己根本没有认识到的规则，对于现状的偏爱有助于解释大多数人类文化和经验现实的路径依赖性质（参见第十一章路径依赖分析）。

社会规则之所以有效，部分原因是它们可以实施制裁，它们是**惩罚性的细则**，对不遵守规则的行为进行惩罚：“在情境 C 中，执行行为 Y，否则接受惩罚 S。”（见 Levi 1988; Ostrom 1990; Stryker 1994; Rueschemeyer 2009）惩罚的范围从对个体的无声反对开始，一直到让个体痛苦死亡。该规则还包括对惩罚实施者的行为指示：“如果行为 Y 没有在情境 C 中被执行，那么就实施惩罚 S。”在实践中，对于惩罚的不同执行程度会对行为产生重要影响。当惩罚属于强执行范畴时，行为更有可能属于服从的范畴。出于这个原因，重要的社会规则都可能会以强化的惩罚为支持。看看个人和团体在监督服从、施加和贯彻惩罚时投入多少资源，我们大概就能估计出一项规则的实际重要性。

如果社会规则被认识到了，那它就需要面对各种各样的解释（Stryker 1994; Thelen 2003, 2004）。社会规则所援引的属人类丛范畴不是由固有属性定义的，它们的意义依赖于主体间的理解。这一意义的内容受制于意见、辩论和争论。即使形成了正式条文，规则及其要引导的东西仍会自带模糊性。社会规则不可能被高度精确地具体化，人们不可能完全阐明规则中的范畴和规则的实施情境。对于某件事情是否可以归入规则中的案例情境，行动者会展开争论，他们可以声称，实际情况的复杂性有悖于规则所圈定的范畴，或者会引发对规则精神的质疑。①

社会规则彼此依存于由相互关联的集合论指令所构成的复杂网络中（参见 Geertz 1973; Searle 1995; Pierson and Skocpol 2002; Sewell 2005; Reed 2008; Elder-Vass 2012）。为了理解和解释行为，研究者必须考虑到研究情况所涉及的规则的多样性。社会规则彼此之间可能会或多或少地相互强化，并以融贯的方式指导行为。社会规则也可能会聚合在一起，以此定义融贯的社会角色（例如老师、父母或朋友）以及相应的角色序列（Harré and Secord 1972）。这些社会规则和角色序列可能会与其他规则和序列发生冲突。开会时，对演讲者保持礼貌的社会规则可能会与发言时间的长短规则相冲突，扮演会议主席角色的个体可能就面临着是否要打断演讲者的两难境地。角色竞争带来的不确定性可能会导致对某一角色所系规则的不服从。这些不确定性还可能会促进新规则的形成，行动者可能会设计新的规范来消解现有规则和角色之间的歧义和冲突。

---

① 指导一种情形、一个群体或一个社会的社会规则的复杂程度是不同的。衡量规则复杂度的一种方法是参照确立规则的逻辑系统中那个最短可能算法的长度(参见Kolmogorov复杂度;参见Li and Vitányi 1997)。越复杂的规则就需要越长的算法。按照这个标准，一个社会的整体复杂性被定义为使社会规则(或者可能是它的主导社会规则)明确化的所有算法的总长度。我们通常觉得社会随着时间推移变得越来越复杂，之所以这么看，是因为我们相信社会规则变得越来越复杂。要估计一种情形的复杂程度，我们可以用一个粗略的指标，即当我们向不熟悉情形的人解释该情形的规范时要花多少时间。规范越复杂，需要的解释时间就越长。

规则的类型

社会规则之间存在着等级序列，一些规则的意义是依赖于其他规则的（Sewell 2005）。一个规则的**深度**（depth）对应于以下方面：（1）该规则对于其他规则的意义来说有多大的必要性，（2）该规则的自身意义依赖于其他规则的程度。**深层规则**（deep rules）使许多其他规则成为可能，但又不需要太多其他规则的支持。最深层的规则往往被认为是理所当然的，它们被人们无意识地使用并且几乎不可能被改变。逻辑也许是所有规则中最深层的，它为所有其他规则的制定提供了基础，比如数学就是一个深层规则系统。语言结构是另一套对人类建构现实至关重要的深层规则。它们的实例化（instantiation）通常是无意识的（特别是当儿童在早期学习它们时），带有非反思的交流和自由流动的意识思维。本质主义也是一套深层次的规则，它默默地构建了意识思维和语言。本质主义原则的基础是高度深层化的，因此它们难以被识别，更不用说把它们当成无须实例化的可选规定了。本书处理的一个主要挑战就是设计一种研究步骤以避免将这种深层规则集实例化。

对于**表层规则**（surface-level rules）来说，它的意义依赖于其他的很多规则，但很少为别的规则提供基础。比如税法、财产法、选举法、棒球规则、着装规范、谈话规范和餐馆小费规范等，这些规则是可见的、可以讨论的并且易被改变。规则之间的相互依赖意味着，对表面规则的分析可以导致对某些深层规则的分析，这些深层规则为表面规则的存在提供了可能性。即使对于眨眼或使眼色这种简单的动作，人们也可以根据多层规则进行分析（Geertz 1973; von Wright 1971; Reed 2008）。分析者不可避免地要面对这样一种挑战，即在理解一个给定动作时，要考虑进行多少层的剥离。对大多数行动来说，研究者必须假定读者对于隐含的社会规则具备重要知识，这些规则基本上都不会在研究中被分析或被提及。

有些社会规则会被**条例化**（codified），它们被人们明确地认定和记录，其中书面形式是最常见的。刑法典、宪法和各种行为守则都属于规则的条理化系统。相比之下，**非条例化**的社会规则通常不会被人们通过文字或其他记录手段来明确阐述。规范大多都是非条例化的规则，它们是对人们应该如何行事的隐含期望（Rueschemeyer 2009: 64；另见 Gibbs 1965; Parsons 1937: 75; Gross and Hyde 2017: 364–372; Hechter and Opp 2001）。支配人类行为的绝大多数社会规则都没有被条例化，所有被条例化的规则也都依赖于大量的隐性规则来获取自身意义。众所周知，涂尔干（Durkheim 1893/1964）就指出了契约的非契约基础，即人们普遍理解却未形成正式规定的规范，这些规范指导着人类行为和社会运行，是所有契约的依托。

在规则的创造、解释和执行过程中，行动者的参与类型是存在差异的，我们也可以根据这种差异来对规则进行区分（Helmke and Levitsky 2004: 727）。对于**官方规则**（official rules）来说，在规则所适用的社群之内，监管规则的权威方会被视为或描述为合法的。相比之下，非官方规则是在权威渠道之外、超出当局权限的范围内被建立、解释和执行的。我更喜欢用**正式规则**（formal rules）一词来指代条例化的官方规则，非正式规则（informal rules）则是一种剩余范畴，它包含所有未条例化、未官方化或既未条例化也未官方化的规则。

社会制度（或简称为**制度**）是一套能影响重要资源分配的持久规则体系（参见 Hall and Taylor 1996: 938; Immergut 1998; Jepperson 1991: 145; Knight 1992: 2–3; North 1990: 3; Pierson 2004: 104; Powell 1991: 197; Rueschemeyer 2009: 204; Thelen and Steinmo 1992: 2）。这个定义将制度与孤立的规则、频繁变化的规则以及与不具重要分配

后果的规则区分开来。婚姻、友谊、公司所有权、监狱、毕业、公民权、主权、国民身份、奴隶制、共产主义，这些都是制度的例子。而非制度性的规则包括宪法中的个别条款（不是一个规则系统）、摆餐桌时把沙拉叉放在普通叉的外面（不分配重要资源）以及 1791 年的法国宪法（不持久）。尽管这些非制度化规则有时会获得学术关注，但社会科学家更倾向于分析社会制度。在大多数情况下，规则和制度这两个范畴可以互换使用，不会带来分析上的混乱，此外制度化规则这个词也是可以接受的。

根据这一定义，制度是规则体系而非行动者，它不执行行动。因此，制度有别于组织和其他集体行动者，如公司、社会经济阶层、运动、民族群体和国家。制度也有别于具有角色身份的个人，如阿姨、教授、小贩、资本家、精神领袖和门卫。组织、集体行动者以及具有角色身份的个体往往是事件叙事中的主要行动者。虽然这些行动者受到社会制度的建构、驱动和约束，但它们本身并不是**社会制度**。

我倾向于用**社会结构**（或简单说结构）这个概念来描述这样一种社会制度：它构造出互相依赖的角色身份，对带有身份的行动者施以行为监管，并以这样的方式来分配资源（参见 Bhaskar 1979/1998: 42–44; Wendt 1999: 224–228）。比方说，传统的农业结构包括一套管理财产和人际关系的正式及非正式规则体系，这个规则体系创造出了农民和地主并对他们实施控制。在大多数的社会关系中，家庭结构就包括着界定和管理祖父母、父母、子女和孙辈角色的规范。在学院或大学的社会结构中，可以看到有着相应角色和关系的教授和学生。社会结构往往会创造出不对称的、二元的身份角色，它们是互相依存的（比如母亲—孩子、医生—病人、教师—学生、统治者—被统治者、国家—社会）。

我们也可以根据构造作用与监管作用来对社会规则进行区

分（von Wright 1971; Searle 1995; Wendt 1998）。**构造性规则**（constitutive rules）为实体指定一种范畴成员资格，这里的范畴对应于行动者、对象、行为、事件、过程等事物的类型。构造性规则具有以下逻辑形式：在情境Z中，X对于Y是充分的。举例来说，如果我们关心的范畴是工人阶级（Y），研究者找到了一个条件（X），这个条件可以充分保证某个实体成为范畴的成员。对于特定社会来说，什么样的条件能让一个实体成为某种事物（例如农民、犁、零工、收割或干旱），这种问题的答案通常都是隐性的，人们只能无意识地掌握。

在社会科学中，解释性的研究者主要关注的是情境，这种**情境**使得实体成为某种行动者、对象、行为或过程（Rabinow and Sullivan1987; Schmidt 2008; Yanow and Schwartz-Shea 2015; Bevir and Blakely 2018）。[①] 以下面这句话为例："英格兰东米德兰兹的工人阶级为其民主包容而战。"这句话中存在一个行动者（工人阶级）、一个对象（东米德兰兹）、一个行为（战斗）和一个过程（民主包容）。所有的这些组成部分都依赖于一个背景情境，它使得实体能够成为工人阶级、东米德兰兹、战斗行为以及民主包容过程。东米德兰兹之所以存在，是因为英格兰这个国家存在，而英格兰这个国家之所以存在，又是源于准许主权国家存在的那种规则。对行动者、对象和行为所对应的范畴进行定义（比如去定义"东米德兰兹"），可以帮助澄清任何行动者、对象和行为所依赖的情境。然而，对范畴的定义并不等同于许可范畴发生的社会情境。后者让东

---

① 对于解释和科学说明之间的关系，学界已经争论了几十年（如Abel 1948, 1975; Wax 1967）。在当代社会科学中，争论的部分焦点在于解释性分析与现代因果识别方法有多大程度的一致性（Lawler and Waldner，即将出版）。另一部分争论是关于人们是否完全遵守规则的科学问题（如Turner 2002）。除此之外，学者们还在继续讨论解释性分析的政治含义（如Fay 1975; Jackson 2020）。

米德兰兹这种对象得以存在，但它的绝大部分是保持缄默的。只有在有必要增进主体间对于实体意义的理解时，这种许可性情境通常才会被明晰化。如果主体间本来就具有一致性，或者说通过一个好定义让主体间满意地达成了一致，那么通常就不需要对这种促发情境做进一步澄清了。

监管性规则（regulatory rules）一方面规定了适当的行动，一方面又对不服从施加惩罚，以此实现对行为的协调（Durkheim 1893/1964; von Wright 1971）。它们的基本形式如下：在情境 C 中，执行行为 Y，否则接受惩罚 S。在一个社会中，所有依靠某种威胁性惩罚来指引行动者（个体或集体）行为的强制性规范都属于监管性规则。刑法就是典型的例子，因为它们是由充分明确了惩罚的正式条款构成的。不过，监管性规则也包含着不成文的规范，这些规范只要能默会地引导行为且能惩罚不服从行为，那就一律归属于监管性规则。准确地说，其实大多数规范都属于非正式的监管性规则。

我们经常会通过监管性规则来对行为进行部分解释。如果一个人的行为与监管性规则一致，我们可以得出这样的结论，规则是行为的原因。比方说，要解释司机为什么在停车标志前停车，我们可能会将交通法规视为主要原因。也许我们可以根据反事实分析得出结论，这些法规是所观察到的行为的必要条件。当然，法规本身并不能说明全部问题，它们对行为的发生来说是不充分的。我们也可以诉诸驾驶员的目标（比如要避免事故）甚至是汽车的机械装置（比如有效的刹车）。不过在解释停车行为时，交通法规还是必要的，也是重要的。以上是正式规则的例子，但“监管性规则是行为的原因”这一观念同样适用于各种非正式规则。

监管性规则并不等同于对非强制行为的激励。非强制行为的激励具有以下逻辑形式：在情境 C 中，选择做出非强制的行为 Y，并获得奖赏 B。这种指令所对应的就是设计一种诱人举措，激励人们做出某种受欢迎的行为。比方说，杂货店可能会为自带购物袋的顾客提供折扣。然而至关重要的是，这一奖励制度的实施方需要一个监管性规则，这样才能让奖励分配者承担起提供规定奖赏的义务。惩罚性的社会规则有助于确保奖励的分配。如果杂货店的收银员拒绝按要求给你折扣，你可以给经理打电话，可以皱眉头，或者干脆算了，但你被期望着去施加一种惩罚。如果这时我在你后面排队，当收银员把东西放进你自带的购物袋里时，我就有一定的义务来呼应你的不满。概括来讲，对于旨在诱导自愿行为的激励措施来讲，需要有监管性规则来确保激励能够得以实施。

社会规则是人类文明的要旨，识别社会规则是社会科学研究的基础事务。社会规则的监管面通过应用惩罚来约束某些类型的行为，而社会规则的构造面则在一开始让有意义的行为成为可能。人类的所有制度和所有的协同行为都依赖于社会规则的构造作用。没有社会规则，就不会有复杂的人类行为与人类文明。

资源和权力

社会科学家使用**资源**和**权力**这两个概念来描述和解释行动者的能力、偏好和行为。对资源和权力的研究旨在理解为什么行动者之间存在冲突关系，以及为什么一个行动者能支配另一个行动者。在学者们看来，资源和权力驱动着社会制度的建构和维持，也驱动着事件的发生和内部动态。本节从科学建构主义的角度来讨论资源和权力这两个范畴，并将它们置于和行动者与规则这两个范畴的对话之中。

社会资源

社会资源（或简单说**资源**）是一种实体，它为行动者形成、谋取和实现欲求提供了能力（参见 Giddens1979: 1984: 33; Dowding 1991: 61; 93–94; Morriss 2002: xli–xlv, 138–144）。社会科学家感兴趣的资源有很多（虽然不是全部），都是属人类丛（比如金钱、知识、盟友）。虽然资源最终指涉的是自然类丛（比如纸币主要由碳、氢和氧构成），但这种自然构成通常与资源的定义和地位无关。大多数资源的存在都依赖于人类心智，只有当人们集体地认为它们具有超出自然构成的价值或效用时，它们才成为资源。

将资源定义成能够为行动者形成、谋取和实现欲求予以赋能的实体，这种做法预设且补充了意向论者关于行动者的观点。[①] 资源与行动者实现其欲求的能力、空间和潜力之间存在着具体的联系。当行动者有充分动力且拥有足够和适当的资源时，他们就会实现自己的欲求。**欲求**这一范畴的定义十分广泛，其包含着一系列激励或推动行动者行为的目标和冲动（Wendt 1999: 116–130）。在行动者的欲求中包含着无意识的基本需求，其中一些根植于人类生物性，还包含着大小各异、远近不同的特定偏好和目标。

资源有助于将行动者的一般欲求（包括他们最基本的人类需求）转化为特定的偏好。人类的基本需求按理说应包括人身安全、对社会世界的稳定预期、与他人的交往、自尊以及成长和发展（Wendt 1999: 131–132; 另见 Nussbaum 2000, 2011）。对资源的获取途径以及我们自知嵌入的特定社会规则，塑造了我们将这些基本欲

---

① 这种人类心理学的意向模型可能会在将来被证明与科学的认知模型无关(Stich 1983)。本书并没有说人类一定就是由他们的信念和欲望所推动的有意向的能动者。信念和欲望这种个人的心理属性到底是否属于偏自然类丛，这个问题仍然存在激烈争论(见第一章)。

求转化为具体事物的方式。我们都有基本的居住需求，但由于我们每个人能获取的资源不同，对居住提出的具体欲求的内容就会有所不同。一个低收入者和一个百万富翁可能都会花费大量的时间和精力来打造一个梦想中的家，但梦想的内容会有很大差异。

资源并不一定总是比社会规则更“具体”、更“物质化”或更“物理化”（参见 Giddens 1979; Sewell 1992）。像知识和信息这种资源除了能在大脑或芯片中被编码之外，并不具有物质表达方式。许多资源都是抽象的客体，它们不以任何可直接感知的形式存在（思想、情感状态、集体理解都属于这种资源）。与所有属人类丛一样，在将实体认定为一种资源时，也会受到空间和时间变化的影响。就像其他属人类丛一样，资源既是物质性的，也是观念性的。作为特定事物，它们指向不明的自然类丛，并在本体论意义上依赖于人类大脑的机制而存在。

社会规则和资源是紧密相连的（Giddens 1979; Bourdieu 1990; Ostrom 1990; Sewell 1992; Stryker 1994）。行动者利用规则获得资源，反之他们也试图用资源改变规则。对于许多资源的存在和有效性来说，规则都是至关重要的。规则给物体和行动者赋予了价值和地位，从而帮助行动者实现其欲求。规则还为行动者建立了谋取欲求的情境，它在给定的时间和地点中划分出了什么算是资源，什么不是资源。反过来，资源的分配在社会规则的创造和维护过程中起着核心作用。在解释为什么不同的规则可以代表不同的社会时，资源在过去和现在的配置就是需要重点考虑的因素。资源配置的差异塑造了特定社会中存在的各种规则，也塑造了捍卫、反对、遵守和忽视规则的各式行动者。

资源可以按照其构成方式被划分成两种类型，构成方式也进一步意味着资源如何转化。**集体依赖性资源**（collectively dependent resources）需要行动者群体的集体认可才能产生效力（参见 Berger and Luckmann 1966）。只有在行动者认为它们有价值的情况下，这些资源才有价值。金钱、艺术品和高等社会角色都是很鲜明的例子。如果没有集体认可，金钱（无论何种物质或虚拟形式）、艺术品（无论何种媒介）和高等角色（如教授或领导）就失去了其作为社会资源的价值。然而当这些实体和角色获得集体认可时，它们就能作用于社会中各种大大小小的追寻目标的行为。

自我效能性资源（self-efficacious resources）是指无论是否被集体认可，都对个人或群体具有价值的资源。对于个人来说，它们就是资源，这种地位并不取决于共同的信念。这些资源（其中很多是偏自然类丛）包括一些无生命的对象，如住所、食物和工具；还包括一些行动者的特性，如力量、敏捷和知识。虽然食物和力量这类东西是依赖于社会建构和集体共识而存在的**范畴**，但作为**实体**，它们具有满足个人特定需求的效能，作为缓解饥饿、移动重物的资源，它们并不需要其他人的集体认可。

一种特定资源有可能既是自我效能性的，又是集体依赖性的。举例来说，一枚银币可以作为撬开柜子的工具，从这个意义上说，银币是一种自我效能性的资源，然而它作为货币的价值就取决于集体的认可。同样，一件艺术品可能会给个人带来审美上的愉悦，这与他人的反应无关。但要让艺术品在市场上具有货币价值或给其创作者和拥有者带来社会地位，那它在其他人的眼中就必须是有价值的。

与自我效能性资源不同，集体依赖性资源需要面对意义的争夺。行动者会努力地反抗或推崇那些能使资源产生效力的意义共识。教授只有在这个角色被认为是有声望的时候，才享有与这个角色相关的社会地位。只有人们达成一致时，美钞才能算做钱。只有在我们承认个人占有的时候，土地才有可能是私有财产。重复的行为模式可能会带来一种效果，即集体依赖性资源被自然化了。比如仅仅是使用货币的行为就能让我们对维持这种资源的行为和信念进行再造和强化（Searle 1995: chap.5; 参见 Simmel 1907/1978）。在一种极端情况下，我们可能会无意识地制定和再生产那些支持集体依赖性资源的规则。在另一种极端情况下，我们可能需要监管性规则和以大量资源来生产特定资源所需的集体接受度（Knight 1992: 139–145）。比如财产权这样的资源本身并不会产生集体接受度，它需要得到法律的支持，并需要其他类型的可观资源作为支持。建立一些组织来保护私有财产（警局）、处理纠纷（法院）需要法律和金钱的投入。缺少了这些昂贵的组织行动者，私有财产所有权所需的集体承认就会瓦解（North 1981）。

社会权力

社会权力（或简单说**权力**）是指行动者的资源获取能力（Morriss 2002; Dowding 1991, 2006; 参见 Weber 1978）。如果我们将资源概念化为给行动者提供能力（capacity）或潜能（capability）的实体，那么就可以把权力视为这种能力或潜能。按照这个定义，**权力和权力的行使**就是两个独立范畴，一个行动者可以拥有权力但却不实际使用它（Morriss 2002; Searle 2015）。同样按照这个定义，**权力**和**影响**（influence）也是彼此独立的范畴（参考 Lasswell and Kaplan 1950; Dahl 1957; Connolly 1974）。**权力**是一个趋向性（dispositional）范畴，指的是**对结果产生影响**的能力（比如导致某结果）；**影响**是行使权力的结果，其中某件事**影响**（修改、塑造、冲击或改变）了另一事物。在许多领域中，强大的**权力**是产生**影响**的必要条件。在这种情况下，范畴“**有影响的行动者**”就是范畴“**有权力的行动者**”的子集。

把权力视为行动者的能力，这一定义预设了对于行动者的意向性视角。行动者根据自己的信念和欲求来选择行使（或不行使）权力。[①]权力**能够产生**结果，但它仍然需要某种激活（也许是**有意的激活**）才能实现其潜能。**权力**这个范畴通常带有本质主义取向，我们会把它看成行动者拥有的一种属性。就像意向性视角使行动者的信念和欲求被自然化了一样，权力也让行动者的能力和潜力被自然化了。在本质主义视角下，人们通常会认为行动者拥有着不同的权力水平。

建构主义社会科学则避免了这种本质主义，它认识到权力是依赖于人的理解的。**权力**这个范畴本身就像**资源**一样，是一种在自然界中并不真正存在的社会建构。行动者并不真的拥有影响结果的力量，它与铜拥有导电的力量不是一回事（参见 Harré and Madden 1975;Harre 2002）。**自然权力**指的是自然类丛的自然能力，**社会权力**是指被建构的行动者所拥有的被建构的能力。[②]自然权力的行使不涉及意向性，而社会权力的行使则以行动者的旨趣和选择为前提。

在集合论建构主义研究中，研究人员关注的是案例在“**有权力的行动者**”和“**无权力的行动者**”等范畴中的成员资格和部分成员资格。特定的个体或群体是这些范畴的成员、部分成员或非成员。对于一个特定范畴来说，作为其潜在成员的个体或群体不一定有着一致、稳定的自然类丛构成，构成特定范畴潜在成员的个体或群体的自然类丛不必是一致和稳定的，我们不清楚或不理解这些自然类

---

① 当然，有些能力是无意识地、不自觉地被锻炼出来的。有时候，我们会不由自主地锻炼自己的能力。如果有人出乎意料地用你能听懂的语言向你吼出一个命令，那你别无选择，只能理解这个命令的意思。

② 根据这一定义，权力范畴适用于行动者而非社会规则。社会规则不能成为“有权力的行动者”这一范畴的成员（参见Foucault 1982; Isaac 1987a, 1987b）。相反，社会规则可以是“有影响力的、重要的实体”的成员，特定的行动者能否成为“有权力的行动者”，这是由社会规则塑造的（参见Hacking 1981）。

从。“**有权力的行动者**”和“**无权力的行动者**”的含义乃是存在于研究者和其他说话者的头脑中的概念空间。研究者从各种源头来理解这些含义，这其中就包括他们的社群参与，而“有权力的行动者”就属于其中的经验现实。

将权力定义为能力，这使得**权力触及**（power to①）的概念比权力上位（power over②）的概念更具基础性（Ball 1993; Morriss 2002; 参见 Wartenberg 1990）。权力上位是权力触及的子集。有一种权力触及说的是行动者 A 有能力让行动者 B 做 A 想让 B 做而 B 不愿做的事情（Weber 1978; Dahl 1957）；还有一种权力触及说的是行动者 A 有能力让行动者 B 想 A 之所想，即使 B 本来不想（Lukes 1974; Gaventa 1980）。在这两种情况下，行动者 A 的**权力触及**所带来的效果都是他对行动者 B 的**权力上位**。这种对**权力上位**的独有关注就会带来一个问题，即忽视了那些不涉及行动者之间利益冲突的能力（参见 Benton 1981）。只要某种能力不涉及支配、操纵或控制对手，都会被它予以排除。

权力触及和**权力上位**的概念立足于不同的意象图式。**权力触及**的概念源自原始力动态学和直觉物理学，物体越是硕大，拥有的力量就越大（McCloskey 1983; Talmy 1988）。相比小而轻的物体，大而重的物体能产生更大的力。力动态学中的物体很容易被隐喻成研究中所建构的行动者，比如有权力的行动者可以被视为巨大的物体，而无权力的行动者就被看作小物体。在这种空间性的意象中，意向性被隐喻为加速度和速度。当行动者选择运用权力时，他们就像具有给定质量的物体，在某种力的作用下，从静止状态转变为运动状态。

---

① power to，又译为行动权。——译者注
② power over，又译为控制权。——译者注

就其本身而言，**权力上位**的观念根植于一种垂直空间位置的意象，**上面**是权威和控制，**下面**是从属和缺乏控制（Lakoff and Johnson 1980; Schubert 2005）。行动者的垂直位置代替了其物理的大小。**权力上位**的意象有它的经验基础，即物理的大小对应于物理的力量，一个行动者对另一个行动者的权力上位就类似于物理冲突时的上下压制。在这种意象中，与**力量**相关联的物理质量隐喻仍然是基本的。占据着顶端垂直位置的行动者凭借的就是高大、强壮、力量大。

行动者的权力因社会领域而异，而行动者产生结果的能力也因结果而异。在社会科学中，学者们通常根据权力所在的领域与权力所产生的结果来区分行动者权力的类型。在迈克尔·曼（Mann 1986）的开创性框架中，他描述了4种宏观社会权力：意识形态、经济、军事和政治。这些类型的权力不仅分别对应于一个集体行动者在给定的制度化竞技场中所拥有的能力，它们也更普遍地对应于在社会生活的各种竞技场中用于决定结果的各种资源。在社会科学研究中存在着许多其他的权力分类（例如 Lukes 1974; Isaac 1987b; Dowding 2019; Barnett and Duvall 2005; Searle 2015; Weber 1978）。这些分类往往植根于对不同类型行动者的建构，如宗教权威、企业领袖、军事指挥官、土地精英和政治官员。权力的类型学强调不同类型的社会资源的作用，它们是不同类型的行动者权力（actor power）和不同类型的有权力行动者（powerful actor）的基础。

可能世界语义学有助于分析嵌入在行动者权力问题中的反事实。主张一个行动者有权力影响结果Y，也就是主张存在一个可能世界，在这个世界中行动者实际使用他的权力影响了结果Y。主张一个行动者有能力影响结果Y就等同于主张存在影响Y的**可能性**。如果一个行动者有**可能**影响Y，那么就存在着一个可能世界，在这个世界中行动者**确实**影响Y。如果不存在行动者影响Y的可能世界，那么行动者就没有影响 Y 的权力。

如果行动者 A 有权力影响结果 Y 但却没有这么做，那会是什么原因呢？意向性视角会将行动者 A 的信念和欲求视为他不行使权力的直接原因。换言之，因为行动者 A 的信念和欲求，他选择不去影响 Y。在其他非实际世界中，行动者 A 会有着不一样的信念和欲求，于是 A 运用它的权力影响了 Y。反事实问题的关键并不在于是否存在行动者 A 影响了 Y 的可能世界，人们大可以想象一个和我们所处世界不一样的世界，在这个世界中 A 影响了 Y。反事实分析的重要问题是：在一个与我们所处世界几近相同的世界中，如果仅仅是行动者 A 的信仰和欲求有所不同，行动者 A 是否会影响 Y。

这种反事实问题传达出了我们对责任和义务的理解。索尔兹伯里勋爵（Lord Salisbury）曾宣称道："那些拥有绝对权力阻止悲剧发生，知道正在发生什么而拒绝行使这种权力的人，要对发生的事情负责。"（引用于 Morriss 2002: 39; 另见 Connolly 1974）对这种宣称构成支持的是意向性视角及其解释行为的公式：信念和欲求加上能力等于行为。在索尔兹伯里勋爵那里，有能力阻止"悲剧"结果发生的行动者有义务去阻止，权力较小的行动者就不必有这种负担。然而，这些行动者需要背负整体无力给自己带来的负担：能力的缺乏让他们在面对有可能避免的悲剧时只能看当权者的脸色。

资源、规则和行动者

社会理论将资源和规则概念化为相互关联的实体（参见第八章对"行动者–规则–资源"三元体系的讨论）。一方面，人们通常认为，行动者之间的权力分配是创造、改变和废除社会规则的中心环节。一种理论若是强调权力，它就会把重要规则视为分配斗争的结果，这种斗争发生在资源水平和资源类型不同的对立行动者之间

（Marx and Engels 1848/2012; Gaventa 1980; Knight 1992）。另一方面，受规则支配的资源分配影响着行动者实现其欲求的能力。规则本身就是资源，因为它具有驱动作用和约束作用。规则可以以某种方式分配资源，使某些类型的行为成为可能，而这些行为反过来又允许行动者实现某些需求。创立新的法律将婚姻定义为不分性别的两个人的结合，能为一些人提供新的权利，使他们能够实现结婚的欲求。规则还可以禁止或惩罚某些行为，以此来约束人们的行为，通过这种方式，资源得到了分配，某些行动者的欲求得到满足。比方说，某种法律可以将婚姻定义为仅仅是一男一女之间的结合，那么对于那些想削弱 LGBTQ 运动的行动者来说，这种法律就是一种资源。

规则将资源**不均衡**地分配给拥有不同欲求和不同资源禀赋的行动者。许多规则的创建正是为了将资源分配给那些具有某种特征或已经拥有某些其他资源（例如知识、技能、财富）的个人或群体。就业市场等经济制度所内置的奖励体系就是一个例子：就业市场的预期功能就是选择并奖励那些被认为具有某种期望特征的个人。即使是看似中立的规则，如指导日常行为的准则，也会产生分配后果。举例来说，想一想标准美式演讲背后的构成性和监管性规则，从这些规则中就不会产生中立的交换媒介（参见 Sewell 2005: 147–148）。相反，它们会偏向于那些有机会获得个体或集体资源的人，这些资源可以让他们成为规则系统所规定的语言能手。当我们认识到“正确”的发音和语法可以和一个人有文化、有教养的社会地位联系在一起时，我们就会赞同这种分配结果。

规则会在受其不同影响的行动者之间建构起冲突性的利益。这种冲突位于所有重要的规则体系中，它是变化的潜在引擎（Mahoney and Thelen 2010）。如果有问题的规则属于未被识别出的社会现实特征，那么冲突就会处于潜伏状态。行动者权力的不对称也有可能让冲突保持潜伏，对于难以逃脱的现状，处于不利地位的行动者是默默认可的。许多制度都倾向于追求稳定，原因在于制度将资源不成比例地分配给已有权力的行动者，加强了他们的地位，使他们能够更好地维护那些令自己受益的安排。这种权力的强化就是激进的制度变革（与渐进变革相对立）无法出现的原因之一。

规则分配的不均衡效应对于集体行动者的形成起着核心作用。个体通常在相互强化的多个制度中处于有利（或不利）地位。在这些制度综合体内部拥有特权（或缺乏特权）能够为个体提供一种共享基础，以此支撑了群体的主观认同和协调行动。一些集体行动者在政治上变得活跃，往往伴随着他们对于在制度综合体的资源流动中处于不利地位的自我认知。个体会把自己看成种族、民族、阶级、性别或性取向群体的成员，这些群体在制度资源方面处于从属地位。即使个体不以这些方式建构自我认同，社会研究人员也会根据个体在既定社会结构中的位置来将他们视为集体行动者。

总而言之，这里陈述的方法认为资源存在于与行动者的信念和欲求的相互构成关系中。一方面，通过识别出社会中有价值的事物，信念和欲求推动了资源的形成。另一方面，对于信念和欲求来说，资源也发挥了构成性的作用。获取资源的门径（如金钱和私有财产）就是获取社会经验的门径（如学校教育和朋友圈），这些经验塑造了信念和欲求的内容，这些信仰和欲求反过来又能让资源所依赖的共同理解得以正当化。

时间性

对**时间**范畴的假定是内在于所有社会科学理论和解释的重要成分。如果不对社会现象的持续性、时间、顺序和 / 或速度做出一些假定，就无法构建理论或形成解释。虽然时间承诺通常是隐含的，但将它们予以明确化会带来很大好处。如果学者们明确地考虑到研究中的时间维度，那么他们就可以创建更精确、更新颖、更有用的理论和解释。

在社会科学中，研究人员无法简单地描述一个既存客观现实的时间特征。对于所研究现象的那些基于时间的面向，并不存在绝对正确的方法来确定其内容。相反，研究者必须努力为自己的研究**构建出**时间维度。他们必须发挥想象力，看看从某一个而非另一个时间视角出发时，自己得到了什么，又失去了什么。他们的研究问题和研究目标必须能够推动对一个问题的思考，即最合适和最有用的时间视角是什么（参见 Pierson 2004: 80–81）。

针对将时间性纳入社会科学分析时所需采取的一些重要方式，本节提供了概念化工具。下文讨论围绕着两个主要区分展开。第一个是关于**间断变化**（punctuated change）与**渐进变化**（gradual change）的区分，这是社会科学中一些重要争论的轴心，这种区分为识别不同类型的变化提供了基础。第二个是关于**过程**和**事件**之间的区分，它为识别不同类型的社会科学解释提供了基础。

间断变化与渐进变化

关于间断变化和渐进变化的讨论在科学中随处可见。最著名的例子是它在生物学中所引发的争议，即进化的节奏总体看是递增的还是间断的（Gould and Eldredge 1977; Dawkins 1986）。在地质学和古生物学中，渐进论者和灾变论者在特定事件的速度上存在分歧，比如恐龙灭绝（例如 Hallam and Wignall 1997）。在科学哲学中，学者们也在讨论知识本身的进步是渐进的还是间断的（例如 Kuhn 1970; Toulmin 1972）。在社会科学中也存在着类似的争议：制度变迁究竟是被关键节点和突变所隔开的间断过程，还是一个渐进的、缓慢发展的过程（Thelen 1999, 2004; Pierson 2004; Streeck and Thelen 2005; Mahoney and Thelen 2010）。

有一个简单有用的方法可以用于区分制度变迁的类型，这个方法关注两个方面：变化的**大小**和变化的**持续时间**（参见 Aminzade 1992; Pierson 2004; Grzymala-Busse 2011）。图 9.1 展示了两个维度交叉而成的 4 种变化类型。在社会科学中，随着研究者对特定主题的了解，研究问题和所研究的变化类型可能会发生同步演进。

变化的幅度		变化的持续时间：短	变化的持续时间：长
	大	突变或间断变化	变革式渐进变化
	小	微小变动	微小渐进变化

图 9.1 制度变迁的类型

在这一类型划分中，**突变**（abrupt change）被定义为在**短时间**内发生的**大**转变。如果突变发生后的很长一段时间内没有出现明显变化，这时可能发生的就是**间断变化**。关键事件分析虽然不以突变为前提，但它非常适合分析突变。关键事件分析（见第十章）能够识别出有边界的时段（episodes），这些时段中发生的重要因果事件造就了间断的历史序列。

相比之下，当持续时间较短的事件产生**少量**的变化时，只会发生**微小变动**（minor shift）。正如这里所定义的那样，微小变动是一次性发生的，这种事情不会随着时间的推移而累积，也不会成为更大变迁现象的一部分，它们是独立的历史片段。这些转变通常不是分析关注的焦点，也不是制度分析的中心部分。

变革式渐进变化（transformative gradual change）是指在一个**长**时段中发生了**很大**的变化。变革式的渐进变化可能是一个单一过程，在这个过程中，人们所关心的现象逐渐发展。或者，它也有可能是由一系列小的离散变化逐渐积累出一个大的变化。对于后一种子类型，研究者会将一系列的单个变化视为一个整体，以此代表渐进变化连贯而成的统一现象（Thelen 2004）。

相比之下，当一个漫长的过程或一长串事件只带来**很小**变化时，发生的就是**微小渐进变化**（minor gradual change）。微小渐进变化也分为两种子类型。一种是只带来少量变化的单一长过程，比如一个由国家主导的国家建设过程可能带有雄心勃勃的计划，但这些计划最终只带来很小的变化。另一种则是一长串离散事件，而这些事件大部分被相互抵消了，比如一系列激进的政策倡议和随后的反转在加总后就只能得到一个微小渐进变化。

在社会科学中，学者们对于间断变化（或突变）和渐进变革的相对频率存在着分歧。要搞清楚这种分歧的本质，需要先搞清楚研究到底是以变化维度为重心，还是以持续时间维度为重心。当强调变化维度时，争论关注的是在给定时期内实际发生的变化量。这时生发出的问题是："在研究关注的这段时期内，变化是大还是小？"当学者们对特定事件的稳定与变化程度存在分歧时，就会出现这种辩论。即便是革命和政权崩溃这样的事件都可能会激起分析者对于变革程度的争论。分歧的来源可能有很多，研究者可以在不同的分析层次上看待特定事件，可以关注事件的不同后果，可以对构成事件的范畴存在定义上的分歧，或者可以对事件发生前的原本局面有着不同理解。一种现象不管是代表大的变化还是小的变化，都可以去问一问其分别造成的得失。如果学者们确信某个给定事件或过程能带来一个大的（或小的）变化，他们仍然可以采取相反的视角

（倒转大小）来建构事件或过程变化，以此获得新的洞见。

另一种讨论框架则强调持续时间的维度。这时生发出的问题是："某案例（一个系统、机构、国家、人）从一种状态转变成另一种状态的速度有多快？"间断变化对这个问题的回答是："变化发生在很短的时间内。"相比之下，渐进变化的答案是："变化是长期过程的一部分，或者是一长串递增步骤的一部分。"从科学建构主义的角度看，案例所发生的变化并不会在本体论上具有持续某种时长的性质，但研究者不能特意地为事件指定一个违背普遍理解的持续时间。举例来说，如果有人声称墨西哥从西班牙殖民领土到主权国家的变化花了 800 年的时间，这肯定是说不通的。然而如果将时间跨度缩短，学者们就可以展开有意义的讨论，来看看这种变化是在几十年里逐渐发生的，还是在几年甚至几个月、几天内迅速发生的。

在思考特定变化的持续时间时，一个有用的方法是确定其持续时间的许可边界，该边界确定了在不曲解其含义的情况下，变化所能持续的最长时间和最短时间。在某些情况下，为了保证其意义在给定语境中的可理解性，一个变化必须被赋予相当长或相当短的持续时间。然而在通常情况下，持续时间的许可范围是变化很大的。学者们在不同持续时间的角度下来考察变化，以此探究相应的分析优势和劣势。把墨西哥从殖民领土到主权国家的转变视为一个漫长的过程，这对某些分析目的来说是有益的，而对其他的分析目的而言，就需要将其视为一种突变。

分析上的承诺会让学术共同体主要关注突变和间断变化，而强调渐进变化的学者有时就会指出这种做法的缺陷（Thelen 1999, 2004; Pierson 2004; Streeck and Thelen 2005; Mahoney and Thelen 2010）。他们提出的顾虑是，努力识别突变和决定性的转折点这一做法会吸引人们过多的注意力，从而忽视了稳定因素和变化的渐进一面。同样，他们对某些理论取向也存在疑虑，这些理论取向（如理性选择理论）要求分析者只从短时段的时间视角来看待给定现象。在他们看来，如果能够透过渐进主义的棱镜来观察变化，并把各种切换想象成随着长时段而伸展的，那么学术工作就能获得增益。

作为原因和结果的事件与过程

本节将讨论对于原因和结果的建构，这些原因和结果是事件、过程以及二者的组合（Aminzade 1992; Pierson 2004: chap.3; Sewell 2005: chaps.3,7,8; Abbott 2001: chap.6; Grzymala-Busse 2011）。社会世界并不是围绕着原本定义好的社会事件和过程而被客观地组织起来的，社会科学家必须创造性地建构他们所分析的事件和过程。很多现象可以被合理地描述为事件或过程。比方说，人们可以谈论 18 世纪和 19 世纪英国的工业化进程，也可以把工业革命看作大约从 1730 年至 1870 年发生在英国的一个事件。同样，我们既可以把法国大革命理解为 1789 年至 1799 年之间的一个边界清楚的事件，也可以理解为始于 18 世纪中期，结束于 19 世纪中期，包含着许多复杂变化的一个过程。事件可以启动过程，与过程交叉，也可以结束过程。过程既能以事件作为始末，也能被事件打断。过程由不同的事件组成，事件也由不同的过程组成。英国的工业化过程包含着与特定的技术和制造业突破相对应的重要事件，而英国的工业革命包含着技术进步和工厂中的机械化大生产这些一般化的过程。

事件和过程之间的区别与时间这个范畴有关。时间并不具备一个清楚的字面定义，它通常是以转喻和隐喻的方式来被定义的（Lakoff and Johnson 1999; Moore 2006; 另见 Evans 2013）。在心理上，我们对事件的体验驱动着我们对时间的体验，而不是反过来。

我们常常把时间转喻地想象为特定事件的连续迭代。由于我们经历的事件是连续的、有方向的、不可逆的，所以我们也经历了连续的、有方向的、不可逆的时间。当我们仔细观察一段时间时，会发现它是由特定的事件组成的。当我们后退一步，从更广阔的时间视角看问题时，我们往往就能看到过程。认知科学家断言，事件比过程更基本，后者最终能被还原为前者（Lakoff 1987; Evans 2013）①，而事件（在认知意义上）可以被还原成子事件以及构成子事件的行动者、对象、规则和资源。

我们对时间的理解在本质上是空间性的。我们用空间的隐喻来思考时间（Lakoff and Johnson 1980; Lakoff 1987; Evans 2013）。时间是空间中的位置，时间是空间中的对象，这是两个基本隐喻。在社会科学中，前一个隐喻传达出我们对**事件**这个范畴的用法，后一个隐喻传达出我们对**过程**这个范畴的用法。**事件**可以被隐喻为一维直线上的某条特定线段。当社会科学家在一个时间轴上标记特定事件时，他们就使用了这个隐喻。相比之下，**过程**被理解为跨空间移动的连续流。社会科学家倾向于认为事件是包含在时间之中的，而过程则是**穿越时间的流动**。

在制度分析中，人们可以把某个既定原因或结果设想成一个事件**或**一个过程。这时的选择是非常重要的。根据原因或结果是被概**念化**为事件还是过程，其解释就以 4 种因果效应中的一种为主导，如图 9.2 所示（参见 Aminzade 1992; Pierson 2004; Grzymala-Busse 2011）。在这种类型学划分中，每种效应具有自己的范畴名

---

① 事件和过程之间的这种区别与自然科学中粒子和场之间的区别具备有趣的相似之处。粒子是位于特定时间和地点的点状实体，场是跨越空间和时间的扩散实体（参见Carroll 2019: 44）。相比之下，在社会科学中，场域这个范畴通常被用于描述一种社会秩序、一种情境或一组背景条件（如Bourdieu 1984; Martin 2003; Fligstein and McAdam 2012）。

称：门槛与连接效应（threshold and conjunctural effects）、恒定与累积效应（constant and cumulative effects）、自我复制与反馈效应（self-reproducing and feedback effects）以及必要性与充分性效应（necessity and sufficiency effects）。

原因的类型		结果的类型：离散事件	结果的类型：持续过程
原因的类型	持续过程	门槛效应与连接效应	恒定效应和累积效应
	离散事件	必要性和充分性效应	自我复制和反馈效应

图 9.2　因果效应的类型

首先，当一个持续过程（ongoing process）造成了一个离散事件（discrete event）时，**门槛**和**连接效应**就会起作用。这种因果模式以临界质量论证为特征：在一个过程中，微小的变化不断累积，最终达到一个临界点，此时一个离散的结果就会发生。戈德斯通（Goldstone 1991）的革命理论就是一个很好的例子，该理论提出，缓慢的人口变化随着时间不断累积最终带来了突发的革命事件。格兰诺维特（Granovetter 1978: 1423–1424）对门槛效应的原创分析表明，这种因果模式也是发明、暴动、罢工和投票等事务的特征。皮尔逊（Pierson 2004: 83–87）指出，学者们使用了门槛分析来解释特定事件的起源，如美国民权运动、斯堪的纳维亚半岛的强势社会民主以及美国政治的重大调整。麦克亚当（McAdam 1982）展示了蒙哥马利（Montgomery）的巴士抵制运动是如何由棉花业的长期衰退引起的：棉花业的长期衰退逐渐推动了大移民，而大移民又进一步推动了黑人教堂和政治组织的发展，这对抵制结果的出现是至关重要的（另见 Morris 1984）。

连接效应也属于过程导致事件的范畴（Aminzade 1992: 466–467; Pierson 2004: 55–58)。所谓连接是指两个或两个以上相互独立的过程一起出现，即在时间和空间上的交叉。交叉的结果可以是一个处于特定时间的特定事件。斯考切波（Skocpol 1979）对社会革命的解释就是一个范例，她认为社会革命是由国家崩溃过程和农民起义过程交叉而得的突发事件。

其次，在**恒定和累积效应**的解释中，原因和结果都是过程而非事件。在恒定效应中，一个给定的因果过程能够保持稳定地运行，并反复产生一个持续过程作为其结果。只要因果过程仍在运行，就可以不断地观察到结果过程。斯廷奇库姆（Stinchcombe 1968: 101) 给出过下面的例子。

> 如果问在同一地区为什么今年会像去年一样产棉花，我们能发现一系列让棉花生产保持相对稳定的原因：日照角度、水的供应、棉花的植物生理学、人们相对稳定的穿衣数量、棉花相对于羊毛与合成材料的成本优势、低廉的（非裔美国人）南部劳动力和西南部的墨西哥劳动力等等。

斯廷奇库姆说明了一系列恒定的原因如何有助于产生一个稳定的过程，即同一地区年复一年地生产棉花。

累积效应也属于“原因和结果都是过程”这一范畴。在累积效应中，原因过程是一个逐渐变化、朝向稳定的现象，它会引发研究者所关心的另一个过程（Pierson 2004: 82–83)。帕特南（Putnam 2000）就将美国社会资本的逐渐衰退解释为以下两种过程的产物，一是电视逐渐普及，二是前电视时代的人口缓慢消失。累积效应也发生在某些变化过程的相互因果关系之中，比如人口规模、识字率、预期寿命、收入和受教育程度。比方说，识字率提高的过程可以被解释为收入增加过程的产物，反之亦然。

最后，**自我复制**和**反馈效应**标志着另一种因果关系的模式，在这种模式中，一个事件启动了一个连贯的、自给的过程。“**自我强化的路径依赖**”（见第十一章）就是这种因果模式的一个范例。在这种模式中，关键事件会导致一个以复制逻辑为标志的过程，具体来说就是一种回报递增（increasing-returns）过程（Arthur 1994; Pierson 2004）。这个过程一旦启动，它就包含了自我复制的种子。这种因果关系的整体模式与斯廷奇库姆（Stinchcombe 1968）对**历史主义因果**（historicist causation）的理解相对应，在这种历史主义因果中，事件开启了过程，而过程在事件结束后还在长期延续。

在社会科学中，对反馈效应的分析常常被分解为两个独立的组成部分：（1）对最初导致反馈过程的一个或多个事件的识别，（2）反馈过程本身。我们还可以对以下三种反馈过程做出有益区分：连续的（continuous）、自我放大的（self-amplifying）和自我侵蚀的（self-eroding）(参见 Falleti and Mahoney 2015: 220–222)。**连续的过程**是由一个事件引发的，然后随时间的推移而保持稳定。例如，结婚或成为美国公民的决定会导致婚姻或国籍的状态变化，这些状态是随时间推移而保持稳定的。就**自我放大的过程**来讲，初始事件创建出一个过程，这个过程是以开端模式或局面的扩展、增强或巩固为标志的。比方说，经济学中的许多路径依赖分析都会考虑偶发事件如何为特定技术的市场份额启动一种指数增长模式。对于自我侵蚀的过程来说，初始事件所启动的过程会让初始配置或统一原则逐渐收缩、削弱或减少。比方说，雇主将最低工资维持在某一水平的决定会引发雇员购买力的逐渐削弱。与其他时间性的区分一样，反馈效应的这种三重类型区分也是分析性的而不是本体论上的。这一区分旨在帮助学者们对事件可能产生的各种远期过程效应进行概念化。

最后，**必然性效应和充分性效应**适用于一个事件引起另一个事件的模式。这种因果关系属于第三章中讨论的因果规则模型，在第十章讨论关键事件时还会对这种因果关系进行进一步阐述。必然性效应和充分性效应具有特殊的地位，因为它们是其他三类因果效应的前提要求。比方说，门槛与连接效应的前提是，当过程到达某个点时，离散事件的出现就差不多满足了充分条件，恒定效应同样假定第一个过程大致是第二个过程的充分条件。自我复制和反馈效应由一系列事件组成，其中一个事件对于序列中的下一个事件来讲是大致必要和 / 或充分的（参见第十一章路径依赖分析）。

必要性和充分性效应的基础地位是与过程对事件的认知依赖分不开的。过程研究者会将过程分解为构成过程的事件来进行因果分析。他们将过程概念化为一系列离散事件，这些事件通过必要性和 / 或充分性效应相互联系。在序列分析中，社会科学家认为社会现实同时包含两种成分：一是时间之中（in time）的**静态实体**（即序列中的每个事件都恰好位于时间中的某个位置），二是**跨越时间**（across time）运动的动态实体（即序列作为整体做跨时间移动）。这两种时间观之间的张力对于社会理论家来说是念兹在兹的（参见 Bourdieu 1989; Emirbayer 1997）。同样受关注的还有一个事实，即社会科学的因果研究最终落脚于时间中的静态实体（Manicas 1981; Skocpol 1994; Sewell 1996）。事件在认知上的首要地位或许可以解释一个现象，即学者们发现，如果自己采取的研究视角是要把时间上无界的实体当作焦点，那么这时开展因果分析将是相当困难的（参见 Abbott 2016）。

本章讨论了社会科学家在形成命题和理论、发展解释、创建叙事和更一般化地理解社会现实时所需使用的范畴。我特别关注了**行动者**、**对象**、**规则**、**制度**、**结构**、**资源**、**权力**、**事件**、**过程**和**时间**这几个范畴。我一直在当代社会科学的语义情境中讨论这些用于构建理论的范畴的意义。我也深入讨论了范畴的子类型以及范畴与其他相关范畴的关联性。这些工作都旨在为建构主义的和科学的实质性研究提供有用的工具。

在科学建构主义的路径中，社会科学家可以在实质性研究中使用上述的理论脚手架范畴，以此形成对社会现实的新理解。这些范畴包含着建构社会现实的洞见，研究者可以借以命名和定义现象，创建隐喻和生成类比，构建类型学和作出概括，提出尝试性的关系和解释（Swedberg 2017）。然而，科学建构主义并不能让社会科学家随心所欲地建构理论，创造社会现实。他们的建构需要与已经建构的经验现实保持一致，即需要遵循研究者和研究受众对于社会世界的共享理解。这种经验性现实既包含了创造性理论建构的原材料，也为分析家们能否清晰地建构理论设立了界限。

接下来的两章将回到社会科学的序列逻辑。我们的注意力将集中在序列的开端（第十章）以及位于序列中的那些导致结果的中介事件（第十一章）。这些分析都为社会科学家们带来了有趣的挑战和机遇。

第十章　关键事件分析

（与劳拉·加西亚-蒙托亚合写）

当人们被问起生活中的重要选择时，他们会在给出的解释中把关键事件分析当成隐性的分析框架。比方说，如果问我们为什么选择特定的职业道路或特定的生活伴侣，我们通常会提出几个在我们看来是重要原因的特别事件。这些事件之所以是重要的，可能是因为我们觉得是它们启动了后续一连串导致结果的事情，也有可能源于我们觉得如果这些事件被反事实地移除（或改变），那么相应的结果就不会发生。我们关注的事件通常是偶然发生的，也就是说它可能以另一种方式出现。对这些偶然事件的思考就会使我们自然而然地想到自己生活的其他可能轨迹。

在社会科学中，当个案研究者在解释感兴趣的结果时，他们也会把很多注意力放在关键事件上，这些关键事件有时被称为分水岭（watersheds）、转折点（turning points）或关键节点（critical junctures）。研究者认为，在轮廓相对清晰的特定时期中，案例会经历对其后续发展具有重大影响的事件。表 10.1 提供了 10 个关键事件的例子，这些例子来自政治学和社会学的比较历史研究。如表所示，关键事件分析所适用的案例和主题范围相当广泛。通览此表后我们还能看出一点，即如果一个人对所要研究的历史案例和事件已经有所了解，那么关键事件分析就更容易开展。

表 10.1　案例研究中的关键事件

作者	案例	关键事件	结果	重要性
奇伯（Chibber 2003）	韩国	出口导向的工业化（ETL）战略（1964—1965年）	持久的发展型国家	高度必要性/中度充分性
戈德斯通（Goldstone 1998b）	英格兰	纽可门发明蒸汽机（1712年）	工业革命（18世纪中期至20世纪初期）	高度必要性/中度充分性
艾萨克等（Isaac et al. 1994）	美国	马丁·路德·金遇刺（1968）	通过AFDC扩张缓解暴乱（1968—20世纪70年代）	高度必要性/中度充分性
卡尔（Karl 1997）	委内瑞拉	石油繁荣（1973年和1979年）	国家解体和政权衰败（1980—20世纪90年代）	中度必要性/高度充分性
库尔茨（Kurtz 2013）	乌拉圭	巴特列（Batlle）的“项目雨”（1903—1907年和1911—1915年）	国家效能（20世纪30年代）	中度必要性/高度充分性
勒博（Lebow 2010）	奥匈帝国	弗朗茨·斐迪南遇刺（1914年）	第一次世界大战	高度必要性/中度充分性
马奥尼（Mahoney 2001）	洪都拉斯	夭折的自由主义（1876—1883年）	传统的独裁统治（1932—1982年）	高度必要性/高度充分性
里德尔（Riedl 2014）	加纳	合并战略（1981—1985年）	稳定、制度化的政党系统	中度必要性/高度充分性

续 表

作者	案例	关键事件	结果	重要性
斯莱特（Slater 2010）	马来西亚	城市罢工浪潮（1945—1948年）	精英凝聚力和政治稳定（1969—）	高度必要性/高度充分性
泰伦（Thelen 2004）	德国	1897年手工业保护法	高技能、基于工厂的学徒经济	高度必要性/中度充分性

注：本表中的许多研究是在多个案例中考察关键事件的。不过为了便于说明，我们只从每个研究中总结出一个案例。

关键事件被定义为在特定案例中对特定结果具有因果重要性的偶然事件，下面这段话就阐明了这一定义的特征，它摘自罗伯特·弗罗斯特（Robert Frost）的诗《未走过的路》（*The Road Not Taken*）：

树林里有两条路，我——
选择了行人稀少的那一条，
这改变了一切。

面对着两个明确选择，旅行者决定走人迹稀少的路，这就是一个偶然事件。这一事件是极其重要的，事实上它改变了一切。

如果把弗罗斯特这段诗句的最后一行改成“这改变了一点点”，我们就能看到原诗句中的**因果重要性**了。很显然，这种改动极大地削弱了旅行者的大胆论断和诗句的吸引力。如果我们把这一行改成概率原因，它就变得更无力了：“这有可能改变了一点点。”

如果把第二行改为“我选择了行人常走的那条路”，我们就能看出这段话中关于**偶然性**的中心思想。如果没有偶然性，人们就会疑惑，为什么走寻常的路会带来如此大的不同，为什么旅行者会费劲提醒人们注意道路的分岔。如果我们完全消除了偶然性，比如让树林中只存在一条路，这首诗就不再有意义了。

关键事件分析之所以对社会科学家具有吸引力，一定程度上是因为它带着一种能对费解后果提出简洁解释的期许，某个单一原因就能发挥很大的解释力度。除了解释的紧凑（austerity）之外，关键事件分析能够吸引人的另一个原因是它并非"预先确定的"。在关键事件分析中，会发生什么（本可以发生什么）这一反事实的问题被置于舞台中心的聚光灯下。"事情可能会不一样"这种想法紧扣了想象力，并激发了反事实的探索。

可以肯定的是，关键事件分析并不总是合适的解释框架。待分析的后果往往是渐进过程的结果，过程的发展经历了很长的时间跨度。对于渐进解释来说，没有哪个单一事件具有决定意义的因果重要性，由许多小事件按一致方向所推动的过程驱动了结果的产生。我们可以考虑一首名为《始终如一的道路》的诗：

树林里的路不断分岔，我——
始终沿着左边的路走，
这改变了一切。

虽然弗罗斯特这首诗的渐进主义版本不像原来那样引人入胜，但它的现实可能性是毋庸置疑的，因为它更好地刻画了社会科学中大多数案例和现象的轨迹（参见 Thelen 1999, 2003, 2004）。在今天的社会科学中，间断变化和渐进变化的相对频率（参见第九章）仍然是一个悬而未决的问题。另一个未决的问题是，对于那些令人困惑的后果，到底哪些更适合用关键事件来解释，哪些更适合用渐进变化过程来解释？

本章讨论了关键事件分析中出现的定义和方法论问题。我们认为，因果重要性是通过事件对结果施加的必要性效应和充分性效应来定义的。**因果重要事件**（causally important event）对结果来说或者是高度必要的，或者是高度充分的，或者两者兼有。此外，因果重要事件不可能具有低水平的必要性或低水平的充分性。偶然事件（contingent event）是指不具有发生预期但确实发生了的事件。本章将展示因果重要性和偶然性在解释后果时是如何紧密联系在一起的。在讨论了这些方法论问题之后，我们将探讨如何在实质性研究中应用关键事件框架，并考察这一框架在比较历史分析领域中的隐含应用。

事件的必要性效应和充分性效应

本节将介绍事件对结果施加的两种效应：必要性效应和充分性效应（参见 Hall 2004; Soifer 2012）。这两种效应的区分为本章后面对于**因果重要事件**的定义提供了基础。在这一节中，我们主要考察在研究必要性效应和充分性效应时是如何使用不同类型的反事实的，同时我们还强调了两种因果效应的不同认知基础。

必要性效应

让某些结果成为可能而其他结果均不可能，这是一个事件对其他事件施加因果效应的一种方式（Abend 即将出版）。事件的这种因果性被我们称为**必要性效应**。事件的必要性效应对应于事件如何促成或如何允许结果的发生。通过影响事件发生和结果出现时的**情境**（context）和**情景**（circumstances），事件让结果变得可能。事件的必要性效应并不会产生通向结果的直接路径，它们不直接产生结果。相反，它们能使生产性的因果力量在不偏离轨道或不受阻的情况下得以展现并产生结果。事件的必要性效应导致的不是主要结果的直接变化，而是案例所在的情境和情景的变化。事件施加的必要性效应有助于生产出一种许可性的设置，即消除堵塞、移除障碍，以此让生产性的因果力量得以通行。

在研究必要性效应时，学者们使用的反事实分析需要改变或否定相应的因果事件（Goertz and Levy 2007a）。反事实分析的标准规则适用于对必要性效应的研究，其中就包括最小重写规则，它要求通过对实际世界的最小可能变化来实现对事件的否定（Tetlock and Belkin 1996a: 7–8, 23–25; Levy 2008: 634–638; 参见 Lewis 1979）。如果反事实分析所需改变或否定的前置条件是漫长的多面事件，最小重写规则是很容易被违反的。举例来讲，有人会提出，对于尼加拉瓜后殖民时期的公民暴力这一幕来说，西班牙的殖民主义乃是一个关键事件。然而，这一事件的逻辑补集（比如非西班牙殖民主义）是一个模糊的范畴，缺乏实质性的内容。如果一个事件的否定面不明确，那么事件的肯定面所能带来的差异性效果也是不明确的。为了理解事件不存在时会发生什么，分析者必须为该事件找到能激活反事实的具体替代方案（Garfinkel 1981）。

事件可以发挥必要性效应，这种观点植根于因果关系的基本概念，这些概念早在出生后的头 6 个月就已经为人们所习得（Mandler 1992; Mandler and Pagán Cánovas 2014; 参见 Lakoff and Johnson 1980; Lakoff 1987）。像阻挡（BLOCK）和挪开（UNBLOCK）这种原始空间范畴似乎为必要性效应所对应的因果模式提供了特别重要的根基。必要性效应能唤起一种意象图式，其特征是将某种障碍移除，这个障碍阻挡了某个实体向空间中的某个位置移动。对于实体到达目的地来说，移除障碍的力量发挥了因果效力。这一意象对于阻止

（PREVENT）和让（LET）所对应的力动态模式至关重要（Talmy 1988）。这些模式假定实体有一个特定的目的地，而能否到达目的地取决于是否存在许可情境。

充分性效应

事件也可能通过生产性（productive）和生成性（generative）的作用来主动地导致结果（参见 Lewis 2000; McDermott 2002）。我们把事件的这种因果性称为它们的**充分性效应**。在这里，通过一系列后续事件的运转，结果得以产生。初始事件的充分性效应之所以能够贯穿始终，是因为这条因果链最终能够抵达并触动结果。初始事件和最终结果之间的逻辑关系是充分性的，它不是必要性的，没有反事实的依赖。对于一个清晰定义的事件来说，它会对某些方面的假定予以清楚表述，以此通过中介的因果事件链来产生结果。[①]

事件的必要性效应需要搭配反事实因果模型，而事件的充分性效应则是规则因果模型的焦点（Psillos 2002, 2009）。对于事件 X 和事件 Y 之间的因果关系，规则模型需要以下构成条件：（1）X 在时间上先于 Y，（2）在所有相关的可能世界中 X 对 Y 都是直接或间接必要和 / 或充分的，（3）X 在时空上与 Y 有联系（参见第三章）。这种对因果关系的理解并不坚持于反事实依赖，它坚持的只是在所有相关的可能世界中，X 都在系统上和时空上与 Y 相关。研究充分性效应的学者关注的是连接事件 X 和事件 Y 的因果链。他们尤为

① 特定事件的充分性效应被理解为产生一个独特过程并最终导致结果。当两个或两个以上的事件对结果而言都充分时，诉诸独特过程就是重要的，因为它有助于研究人员解决过度决定的问题。虽然两个充分事件会产生相同的结果，但它们的因果链和经验路径是不同的。比方说，在行刑队这个有名的过度决定的例子中（如Schaffer 2003），每颗子弹的空间路径是不同的，由此人们可以区分和评估单个的充分原因。

感兴趣的是理解一个初始事件如何以及为什么能开启一个最终实现结果的因果过程。充分性效应紧扣住了关键事件释放可靠因果链的能力。①

充分性效应的观念根植于原始空间的观念和人们在婴儿期所习得的基本意象图式（Mandler 1992; Mandler and Pagán Cáno-vas 2014; 参见 Lakoff and Johnson 1980; Lakoff 1987）。充分性效应所根植的核心范畴包括动起来（ANIMATE MOVE）、开始路径（START PATH）、连接（LINK）、去路（PATH TO）和接触（CONTACT）。关键事件分析尤其关注动起来（ANIMATE MOVE）和开始路径（START PATH）。这些想法可以与推（PUSH）和受力运动（FORCED MOVEMENT）等概念相融合。有了这个丰富的结构，我们可以将关键事件的充分性效应看作一种力，它顺着某个方向或某条路径推动物体，最后与一个终端位置发生时空接触。

一个说明

对潜在关键事件进行因果分析，需要分析者**识别**和**区分**出必要性效应和充分性效应。所有非琐碎的因果事件都会在一定程度上产生这两种效应，然而每种效应的**程度**是不同的。为了说明这一点，我们可以考虑这样一个命题：2000 年乔治 · W. 布什的当选是 2003 年美国入侵伊拉克的关键事件（参见 Harvey 2012）。研究者如何确

① 事件也可能通过阻止其他生产性原因而对结果施加充分性效应，这样就减少了结果被过度决定的程度。在区分两个或多个独立的充分条件的相对重要性时，阻止其他生产性因果力的能力是非常重要的因素。最重要的充分条件是那些发挥作用的条件，它们能够施加影响，使其他充分条件不起作用，从而确保自己是产生结果的排他性因素。比方说，如果行刑队的一名成员并没有跟大家一起开火，而是在行刑前先杀死了所有的队友，那么对于刑犯的死亡来说，他的因果作用就更重要了。

定小布什当选对于入侵伊拉克的必要性和充分性的程度呢？

首先，研究者可以使用现有的理论和知识来确定小布什的当选可能具有哪些方面的因果重要性。研究者可能会先注意到小布什隶属的三个相关因果范畴：（1）共和党人，（2）鹰派外交政策取向，（3）对萨达姆·侯赛因的个人仇恨。识别出这几个范畴，就可以搞清楚事件的有效替代方案，比如总统属于民主党、鸽派、对萨达姆没有个人敌意。由此可见，适当的替代方案是把当选总统者替换成另一个人，而不是小布什未当选总统却仍然掌权（比如小布什通过军事政变掌权）这种情况。因此，相关的反事实是"小布什以外的人当选总统"这种情况，而不是"小布什没当选总统"下的所有情况（参见 Garfinkel 1981"反向空间"）。

为了检验小布什当选的必要性效应，研究人员需要考虑如下形式的反事实：如果事件 X 没有发生，那么结果 Y 就不会发生。图 10.1 展示了这一反事实逻辑在小布什–入侵伊拉克问题上的应用。该图是一个力动态的图示，凸显了必要性效应的一般性结构。它说明了小布什的当选如何为伊拉克入侵的发生创造了一个开口（或消除了一个阻塞）。该图假定已经存在产生入侵的生产性因果力（用箭头表示），而小布什当选所带来的效应就是允许这一力量开展其生产性的工作。比如说，小布什的当选为寻求干预的行动者和组织提供了环境，这一环境使他们的生产性因果力得以运作，从而使入侵伊拉克成为可能。小布什政府对联合国核查人员的调查结果不予理会，暗中鼓动美国公众相信萨达姆与"9·11"袭击有关，提拔军事解决方案的支持者并使其居于外交政策支持者之上。这些行动可能创造了开口，使得支持入侵的力量有机会发动入侵。

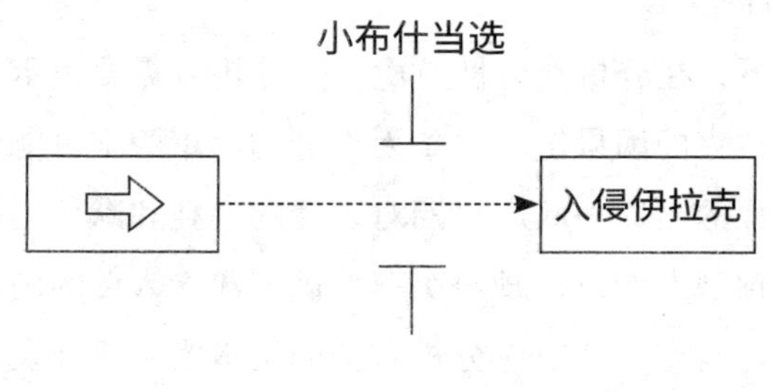

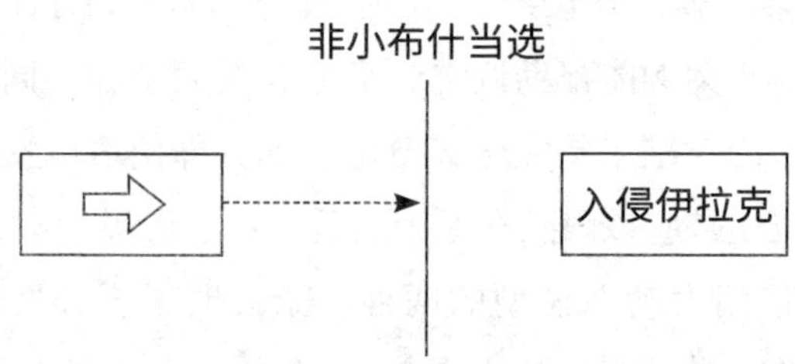

图 10.1　必要性效应图解

为了确定小布什的当选在多大程度上对入侵伊拉克是必要的，研究人员需要调查非小布什的当选是否会阻止入侵。这种调查是通过构建一个原因变化的反事实来进行的，即设想另一个人当选总统的反事实情况（见第五章）。研究人员可以从 2000 年阿尔·戈尔的当选开始，这是“非小布什”当选的最合理和最显然的例子。其他可能的例子也存在：约翰·麦凯恩赢得了共和党初选，在 2000 年当选总统并入侵伊拉克。然而，戈尔的反事实到目前为止仍然是最可信的替代。如果有人想证明小布什的当选对入侵伊拉克是必要的，那么下面的反事实就应该是正确的：如果阿尔·戈尔在 2000 年当选总统，美国就不会入侵伊拉克。有趣的是，哈维（Harvey 2012）用有说服力的证据说明了这种反事实很可能是错误的，戈尔政府很可能也会入侵伊拉克。如果是这样的话，小布什的当选最多只能带来不大的必要性影响。

相比之下，在分析充分性效应时，分析者需要确定从小布什当选到入侵伊拉克的因果链。这条因果链的简单版本可能会包括以下步骤：小布什的当选→政府早期对入侵的痴狂和默认支持→小布什对可疑的干预观点予以鼓励→小布什试图建立入侵的国内外联盟→入侵伊拉克。与充分性效应分析有关的反事实并不涉及改变小布什的当选。相反，研究人员制定的是情境变化反事实（见第五章），这些反事实保持第一步不变，然后去改变具体某些方面的情景和情境。这些反事实案例能帮助调查者了解 X 是否能在不同的情境中产生 Y。如果原因对结果是完全充分的，那么即使情境发生一些重要变化，结果也还是应该跟随在原因之后。

图 10.2 使用力动态模型的两种场景说明了充分性效应的一般性结构。在第一种情景中（上图），小布什的当选产生了一个序列，该序列通向并触及了入侵伊拉克。这个序列包含两个中介机制事件：事件 M_1（小布什鼓励支持入侵的可疑观点）和事件 M_2（小布什赢得了国内外对入侵的支持）。这些事件被视为因果链中的链接，它们将小布什的当选与入侵伊拉克联系起来。这个场景还包含一个许可情境（情境 C），它允许 M_1 和 M_2 连接在一起，从而使入侵伊拉克成为可能。比方说，情境 C 可能指的是萨达姆·侯赛因决定不全面配合武器核查人员所造成的局面，这一战略失误导致美国方面怀疑伊拉克可能拥有大规模杀伤性武器。

图中下半部分的场景是一种情境变化反事实，即没有遵循从小布什当选总统开始到入侵伊拉克结束的完整序列。在这里，允许 M_1 生成 M_2 的情境被引入了反事实变化，新情境（即非情境 C）充当障碍并阻止事件 M_1 生成事件 M_2。在这个反事实的场景中，虽然小布什仍然当选了，但事件 M_2 没有发生，于是进一步阻止了入侵伊拉克。这一场景表明，在萨达姆的行为变得更为理性的可能世界中，小布什的当选不足以产生对伊拉克的入侵。

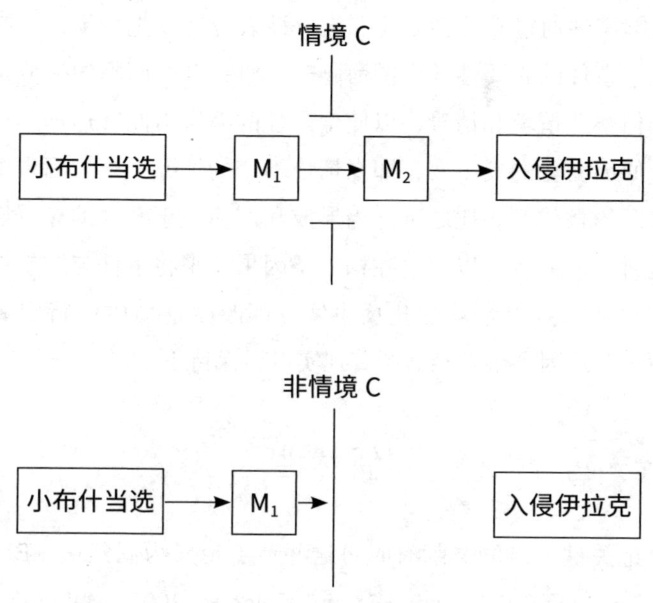

图 10.2　充分性效应图解。

注：M_1= 小布什鼓励支持入侵的可疑观点；M_2= 小布什的入侵赢得了国内外对入侵的支持。

如果要评估小布什当选这一原因的充分程度，那么可以看看是否需要不寻常的情景或非典型的情境来维持导致入侵伊拉克的事件链。研究者可以考察一下，在没有出现偶然或不寻常情况时，会发生什么。比方说，有关伊拉克存在大规模杀伤性武器的错误情报是因果链的重要组成部分。研究者可以问一问，这种错误情报是否只是偶然的事情。如果答案是肯定的，那么研究者可能会得出这样的结论：如果不是因为意外的不准确情报，小布什的当选就不会导致入侵伊拉克。然而，如果有人得出这样的结论：错误情报并非偶然的或意外的事件，而是小布什当选的预期结果，那么在评估小布什当选的充分性效应时，就必须考虑它们的作用了。

关键事件通过必要性效应和充分性效应来产生结果。当制定和评估关于事件的必要性效应的命题时，研究者所面临的挑战是确定事件如何塑造情境和情景，以使生产性的因果力能够运作。这里的重点是原因变化的反事实，即在情境不变的情况下，对因果事件进行非实际的替代。相比之下，当形成和评估关于事件的充分性效应的命题时，研究者可以通过建构一条因果链来将事件与结果链接起来。这里的重点是情境变化反事实，即改变情境中的特定偶然内容，而主要的因果事件则对照着现实世界保持不变。

偶然性

讨论关键节点的文献有时将这些节点定义为偶然性（Bernhard 2015; Capoccia 2015; Capoccia and Keleman 2007; Mahoney 2001; Roberts 2014; Soifer 2012）。同样，讨论路径依赖的文献常常将那些启动了自我强化序列的事件视为不可预测的或偶然的（见第十一章）。本节为偶然性所做的定义旨在包容学者们对于这个术语的不同使用方式。本节也讨论了一个问题，即当分析目标是要解释特定案例中的令人困惑的后果时，为什么关键事件必须是偶然事件。

定义偶然性

在讨论偶然性时，社会科学家缺少一套标准的术语。在经济史的文献中，经济学家使用“小事件”（small events）这种表达来指代触发路径依赖的事情（如 David 1985; North 1990; Arthur 1994）。小事件的特点是“机遇性”和“随机性”，理想类型中的小事件是随机产生的、小概率的。偶然事件是指在那些从相同初始条件出发的历史重演中很少会再发生的事件。在讨论关键节点的文献中，学者们在提及偶然性时都会强调能动性、主观裁量权和刻意选择权（Capoccia 2015; Mahoney 2001）。偶然事件是无法根据宏观因果变量来进行预测的，它超出了自我强化序列的理论解释范围。关注动荡时代和转型时刻的社会科学家往往会强调，是结构性约束的弱化使得微观事件以及个人/群体的决策在塑造后果时发挥了不寻常的分量（Katznelson 2003; Linz 1978; O'Donnell and Schmitter 1986; Swidler 1986）。与此相关的是，社会科学家将偶然性与“外生冲击”联系在一起，这些“外生冲击”从系统外部发出，突然地、不可预测地重组了系统要素，最终带来持久的后果（Berman 1998; Gourevitch 1986）。

尽管存在一些差异，但上述讲法具备一种共同的观点：**如果一个事件不被期望发生但确实发生了，它就是偶然的**。期望的来源会有多种，从理论传统的预测到已知原因要素的取值，再到预先存在的似然函数，最后到常识性直觉。然而对每一个偶然事件来说，无论模型、理论、函数或信念系统都无法很好地预测它。从这个意义上讲，事件相对于我们的期望是偶然的，是我们的期望使事件具有了偶然性。如果某位学者采用了一套新的期望，那么特定事件的状态就可以从偶然的变为非偶然的（反之亦然）。学术信念有助于构建事件的偶然性，这一论点与本书的整体思路是一致的。相比之下，它与本质主义的方法就不太能相容了。

根据期望的性质和来源，可以勾勒出不同类型的偶然性。一些学者可能坚持认为，在摆出所有有效的现实理论来进行挨个比对后，所有理论都预测不到的事件才应被视为偶然事件。他们可能会觉得，人们应该把偶然性当作一种客观事实，就像一些量子物理学家假定随机性是内在于现实的。而在另一端，许多学者发现，如果一个事件对于某个旨在解释结果的特定理论来说是意外的，它就可以被视为偶然事件。如果新古典理论没能很好地预测到事件，那么经济学家就把该事件视为偶然事件（Arthur 1994）。介于两端之间的中间方法也是可能的。如果一个事件没有被一般的社会科学理论预期到，那么即便它可能被自然科学理论预期到了，人们也可以把它视为偶然事件。关键事件分析并没有强制要求使用任何特定方法来确定应该撒多大的期望之网，但它要求研究者要对自己预期的性质保持清晰和一致。

测量偶然性

为了测量偶然性，我们可以从期望的角度区分出产生偶然事件的两种方式。在第一种模式中，根据相关理论所提供的因果知识，事件的发生是**不存在可能性**期望的，在极端情况下，偶然事件的发生会与相关理论的预测发生直接矛盾。比方说，尽管存在着～X的常规充分条件，但现实世界是事件X的成员；或者尽管～X的常规必要条件是不存在的，但现实世界是事件X的成员。这类偶然性还有一种相对温和的版本，即根据我们的预期，某种结果不太可能出现。学者们还可以把那些完全可能没发生过（根据相关理论）的事情视为偶然事件，比如可以把某次抛硬币的结果视为偶然事件，不管实际结果是正面还是反面，它都很容易被推翻。

测量这类偶然性的集合论方法需要考察事件及其逻辑补集中的可能世界分布。对于事件X，偶然性的测量方法如下：

事件X的偶然性＝可能世界在～X中的百分比。

方程10.1

根据这种测量，人们可能会说，当实际世界位于集合 X 中而有很多或绝大多数的可能世界都位于集合～ X 中时，偶然事件就出现了。在 X 发生时，根据理论期望所预测的～ X 成员隶属度就是可能世界在～ X 中的占比。为了估计可能世界在 X 和～ X 中的分布，研究者可以运用第五章中讨论的反事实工具。

从预期角度看，偶然性产生的第二种方式是事件超出了相关理论的范围，因此没有被预见到。系统中的因果既不能预测事件，也不会预测失败，它们只是不考虑或不预测事件的可能性，从而让事件变成了随机的事情。**外生冲击**（exogenous shock）就是一个例子：一个事件突然地、出人意料地扰乱或颠覆了正常的情境或系统，并可能创造出一组不典型的、罕见的情景。在小数量研究中，这种冲击的例子包括战争、自然灾害以及能够改变广泛情境特征的干预措施。从定义上讲，外生冲击是一种内生原因视角下的意外事件。冲击不一定是真正随机的，人们在特定研究中定义系统原因时具有一定的导向，冲击能对这种导向保持相对随机即可。这些系统原因的性质因学科和理论框架而异。比方说，社会科学家有理由认为，作为 1979 年尼加拉瓜革命的重要原因，1972 年发生在马那瓜（Managua）附近的地震是一种外生性冲击。虽然这次地震并不是真正的随机事件，但从社会科学的革命理论的角度看，将其构建为一个随机事件是很合理的。

在这种**超出范围的偶然性**中还包含着小尺度的、个别化的事件，这些事件躲开了理论力的辨识。它们可能是一些具体情况，比如某人死亡或某场战斗的结果，这些情况对于一个案例来说太微观或太特殊了，以致无法纳入相关理论框架的范围中。比方说，人们似乎都同意 QWERTY 键盘最初之所以被采用的特定历史因素（比如早期打印机中的打字杆会卡住），但这类过于具体的历史细节是新古典经济学以及其他一般化理论无法容纳的，因此这些因素是偶然的（有学者持不同意见，见 Liebowitz and Margolis 1990）。

方程 10.1 中的测量也适用于超出理论范围的偶然性。然而这里的问题在于，面对范围外的偶然性，研究者缺少一个理论基础来对可能案例进行定位。如果研究者真的不了解分布情况，那么标准的解决方案是让可能案例在 X 和～ X 中均匀分布。因此，在不确定性达到 100% 时，X 和～ X 出现的可能性是相等的。在这种情况下，方程 10.1 仍然适用。当然，如果有人能够有根据地形成事件 X 发生的期望，这个等式会更有用。

因果偶然性的规则

对于偶然结果 Y 来说，任何**单独重要**（individually important）的原因事件 X 也是偶然的。对于这种关系，我们可以这么理解：在解释稀疏（sparsely occupied）范畴 Y 中的成员资格时，因素 X 如果是拥挤（heavily occupied）范畴，它就不可能具有因果重要性，因为在这种情况下 X 对 Y 只有弱覆盖。如果事件 X 对偶然结果 Y 起主要的因果作用，那么 X 的发生也必须是偶然的。

将上述想法加以概括，我们能得到以下规则：

> 因果偶然性规则：单独重要原因的偶然性水平总是接近于其所解释的结果的偶然性水平。

偶然性试图解释预期不会发生的结果，因此这种分析模式需要被纳入关键事件分析中。然而，对于预期会发生的结果，单独重要的原因就不会是偶然的。对于非偶然结果来说，偶然事件充其量是次要原因。

理解因果偶然性规则的另一种方法是分别考虑单独充分原因和单独必要原因（见图 10.3）。Y 的充分原因必须总是比 Y 本身更偶然，因为充分原因（图中的 X_3）是其结果的子集。只有当案例在关键事件补集中的比重大于其在结果补集中的比重时，关键事件才可能是结果的充分原因。相比之下，必要原因（图中的 X_2）的偶然性总是弱于结果的偶然性。如果结果的偶然性只是擦边的，那么导致结果的必要原因可能就不是偶然的了。然而如果结果的偶然性非常分明，那么任何**重要的**必要原因也将是偶然的，只不过它的偶然性会比结果略小一些。

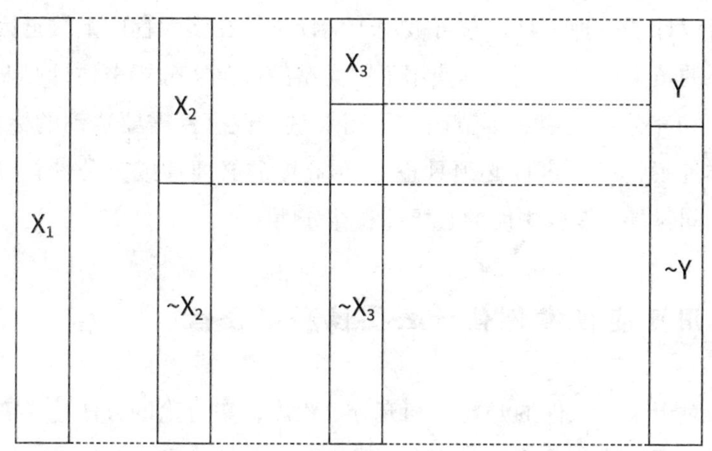

图 10.3　因果偶然性规则图解

注：X_1 是必要的，但它既不重要也不偶然；X_2 是必要的、偶然的和重要的；X_3 是充分的、偶然的和重要的。

借助因果偶然性规则，人们可以用关于结果偶然性的知识来判定一个关键事件是否是偶然的。以表 10.1 中的 10 个因果性重要事件为例，当这些研究中的结果是偶然事件时，作为单独重要原因的关键事件**也必须是**偶然的。而当相关理论能很好地解释分析结果时，作为单独重要原因的关键事件就**不可能**是偶然的。之所以我们将表中的这些原因事件划入偶然事件，是因为作者们在试图解释令人困惑的结果。

因果重要性

在因果关系的规则模型中，充要事件是结果的极致重要原因（maximally important cause）。对一个具有因果重要性的事件来说，即便它不是极致重要原因，它也必须接近这个黄金标准。本节为研究者设计了一种工具，它可被用于估计事件在多大程度上接近因果关系的黄金标准。此工具使用不同类型的反事实分析来估计必要性效应和充分性效应。本节确定了因果重要性事件需要达到的标杆。具体地说，一个事件必须具备（1）高度的必要性或充分性，以及（2）同时具有至少中度的必要性和充分性。

用可能性案例估计必要性和充分性

对于某个条件的必要性和充分性程度，集合论的方法论学者已经提出了计算公式（如 Ragin 2008: chap.3; Schneider and Wagemann 2012: chap.5）。对于二分集合来说，用编码 1 表示成员，0 表示非成员。因此，必要性和充分性的公式如下：

% 必要（$X \rightarrow Y$）= $X = 1$ 且 $Y = 1$ 的案例数 / $Y = 1$ 的案例数；

方程 10.2

% 充分（$X \rightarrow Y$）= $X = 1$ 且 $Y = 1$ 的案例数 / $X = 1$ 的案例数。

方程 10.3

如果是连续集合，则需要进行简单修改来容纳部分集合成员

（Zadeh 1965；Ragin 2008: 52–53）。但根本的规则仍是一样的：计算符合必要性和充分性的案例百分比。无论是二分集还是连续集，这种测量在集合论中都被称为**一致性**（consistency）测量（Ragin 2000, 2008; Rihoux and Ragin 2009; Schneider and Wagemann 2012）。

如果我们知道一个清晰定义的总体中的所有案例在 X 和 Y 中的成员值，那么方程 10.2 和方程 10.3 就很易用。然而在小数量研究中，要确定这些值就会涉及困难的概念操练，因为人们几乎完全是在处理非实际案例。唯一实际案例的得分通常是与必要性和充分性保持一致的（即 X=1 且 Y=1）。因此，为了能够运用方程，研究者必须估计可能案例这个更大总体中的分布。

在估计这种分布时，研究者只需考虑那些有分析相关性**且**至少具有中等权重的可能案例。**有分析相关性的可能案例**既要改变研究中的主要事件 X（也就是～X 的特定例子），也要改变 X 的运行情境中那些个别偶然性的方面。研究者在头脑中用理论思维建构出这些可能案例的类型，并以最大程度地理解 X 的因果效应为目标。那些改变了事件 X 的可能案例为 X 引入了具体的替代方案，以此彰显 X 的潜在必要性效应。这些反事实案例刚好落入了事件 X 的反向空间中（Garfinkel 1981），使得研究者能将注意力集中在 X 对于情境条件的生产方式上，这些情境条件才使得 Y 的出现成为可能。那些改变了情境的某个偶然方面的可能案例（同时保持 X 不变）针对的则是事件 X 的充分性效应。为了确定要改变情境中的哪些具体内容，研究者需要使用相关理论来识别出重要的具体情境条件。之后研究者就可以改变某些常规的背景事件和过程，依据这些情境中的偶然性内容来建构案例，以此考察事件 X 是否仍然是结果的充分条件。

在所有的可能案例中，中度以上权重案例（at least moderately weighted cases）相对更接近于实际世界。一个给定案例所被分配的权重对应于它与实际世界的距离。之所以要对单个案例进行加权，是因为在任何一个特定的可能案例背后实际上都是一组可能案例，它们在理论相关性方面具有同样的特征，但又存在琐碎的差异。比方说，在阿尔·戈尔当选总统的某个版本的可能案例中，他在召开第一次新闻发布会时天气是晴朗的，而另一个版本中的天气是不一样的。如果一个特定案例接近实际世界，就像阿尔·戈尔的例子一样，那么它其实代表着一大群具有琐碎差异的案例，这些案例加总起来后会在所有可能案例中获得一个高比重。这组案例的整体大小对应的就是该特定案例与实际世界的接近程度。

由于在分析必要性效应和充分性效应时所需使用的可能案例有根本的差异，因此研究者需要分别考察两组相关的、中度以上权重的可能案例。对每一组来说，研究者都需要识别并区分出一致案例和不一致案例。一致案例指的是评估必要性时的（X = 0，Y = 0）以及评估充分性时的（X = 1，Y = 1）的情况。不一致案例指的是评估必要性时的（X = 0，Y = 1）以及评估充分性时的（X = 1，Y = 0）的情况。在实践中，研究人员必须评估一个特定案例究竟更可能是一致的或更可能是不一致的。[①] X 对 Y 的必要性或充分性程度取决于一致案例与不一致案例之间的总权重关系。我们常常能看到，单个高权重的案例会打破一致与不一致案例的整体平衡。

为了做进一步具体说明，我们再回到前面的命题：小布什当选（的成员资格）对入侵伊拉克（的成员资格）来说是一个关键事件。为了估计这一事件的必要性效应，研究者用不同版本的～X 来构建案例，即基于非小布什当选的不同案例。所有这些案例都必须有中度以上权重。研究者会关心在这些案例中是否存在着与反事实相一致的案例。有人可能会觉得以下说法有可信性甚至非常有可能：如

① 如前所述，一个中度以上权重的案例代表了一大群有着细微差异的案例。在这一大群案例中存在着特定比例的一致案例，也存在着特定比例的不一致案例。

果比尔·布拉德利（一个对萨达姆·侯赛因没有特别敌意的鸽派民主党人）赢得了初选和大选，美国就不会入侵伊拉克。由此这个案例所支持的观点是，小布什的当选是入侵伊拉克的必要条件。然而，其他权重更高的案例却与这个假设不一致。比如说下面这种看上去也挺有道理的情况：如果约翰·麦凯恩（共和党鹰派）赢得了共和党初选和大选，美国仍然会入侵伊拉克。最重要的是，哈维（Harvey 2012）通过分析发现：在一个由戈尔而不是小布什当选总统的世界里，入侵伊拉克比不入侵伊拉克更可信。这种既有可信度又有可能性的案例所潜藏的不一致性，对于“小布什的当选是入侵伊拉克的必要条件”这一命题来说，是相当有害的。

在评估充分性效应时，第一要求是研究者构建的可能案例需要让 X 与实际世界保持一致，但要把一些变化引入作为背景情境一部分的事件或过程中。研究者并不需要改变情境的所有方方面面，而只需要改变个别的事件或过程，这些事件或过程（1）是偶然的，（2）是潜在的差异制造者，（3）是理论相关的。对偶然性的要求与对所有反事实案例都具有中度以上权重的要求是重叠的，这保证了只有接近实际世界的情境改变才会被纳入考虑。像美国拥有选举民主和总统制这种非偶然性条件（对入侵伊拉克的例子来说）就保持不变。 第二个要求（事件是一个潜在的差异制造者）让反事实分析聚焦在一些条件上，改变或者取消这些条件会带来结果的改变。这些反事实的变化能够让研究者考察事件 X 是否是 Y 的充分条件，即便是在某个潜在的必要条件缺席的世界里，也能行得通。

第三个要求规定研究者在估计充分性效应时可以使用理论来决定改变哪些特定的情境条件。比如说，结构现实主义强调军事实力在解释战争时的重要性（Waltz 1979; Levy and Thompson 2010）。这些理论可能会引导研究者考虑与伊拉克军事力量相关的背景事件。在这方面有一个条件对结果来说是至关重要的，即美国国防部对伊拉克拥有大规模杀伤性武器的可能性评估是不准确的。如果在这个问题上有更好的情报，美国还会入侵伊拉克吗？萨达姆的战略则是结构现实主义提出的另一个潜在的差异制造者，即萨达姆想让国际社会相信伊拉克拥有大规模杀伤性武器。那么如果萨达姆能更准确地展现伊拉克的军事实力，美国还会入侵伊拉克吗？第三个重要的背景事件是美国国务卿科林·鲍威尔（Colin Powell）的发言，鲍威尔 2003 年时曾在联合国安理会表示伊拉克政府与包括基地组织在内的恐怖组织有行动联系。那么如果没有鲍威尔在联合国的发言，美国还会入侵伊拉克吗？

对于以上三种反事实，有人可能会说第一个场景需要对历史进行大规模修正，因此必须被排除在考虑范围之外（或只赋予少量权重）。他们所持的论点是：情报失败不是意外的或偶然的，而是小布什当选的预期结果（比如政府主动制造了这次情报失败）。从结构现实主义战争理论的角度来看，另外两个反事实场景更易被视为偶然的。第二个场景所提出的萨达姆的战略错误具有相当大的分量，因为个体行动者通常不会以不利于生存的方式来歪曲自己的能力。第三个反事实也很有分量，因为在鲍威尔依照政府的口径来断言萨达姆与恐怖分子有关并且说萨达姆是迫在眉睫的国家安全威胁时，很多专家都感到惊讶。这里我们并不是要对这两个反事实进行实质性评估，然而只要我们能拿出证据表明小布什会在任一反事实的情况下入侵伊拉克，我们就可以得出这样的结论：小布什的当选对入侵伊拉克有着中度以上的充分影响。

实质重要性和实质相关性

任何原因的相对重要性都是其必要性效应和充分性效应的函数。当一个原因越来越接近结果的充要条件时，它的重要性就越来越高。充要原因是独一无二的，它既是结果的促成者，又是结果的生产者，能够涵盖所有具有分析意义的案例。对于这样的原因，最小和最完整的布尔解集是 Y = X。

关键事件分析的一个核心问题是：一个事件需要在必要性和充分性上达到多高的阈值，才能具有因果重要性并由此成为关键事件。为了解决这个问题，我们区分出了因果关系的两个方面：实质重要性和实质相关性。要想成为关键事件，一个事件必须在这两个维度上都达到指定的阈值。①

实质重要性关系是指一个范畴的成员资格在多大程度上能够完全促成和 / 或完全产生另一个范畴的成员资格。相应地，为了估计实质重要性，研究者需要考察条件对于结果的必要性或充分性程度。我们建议，如果要成为因果重要事件，一个条件就必须在必要性维度或充分性维度上尽可能地接近 100%（比如 90%）。因此，研究中的所有关键事件对结果来说要么是近似必要的，要么是近似充分的（或二者皆是）。

实质相关性是指一个范畴的成员资格对于另一个范畴的成员资格来说在多大程度上是相关的而非琐碎的。原因如果对结果来说是相关的，那么一个范畴中的成员资格对于另一个范畴的成员资格来说必须能同时起到一些促成性和生产性的作用。相关性标准从重要原因中排除了所有琐碎的必要条件，这些必要条件几乎存在于所有的可能案例中；相关性标准也排除了所有琐碎的充分条件，这些充分条件几乎从未出现在任何可能案例中。为了测量实质相关性，人们要确定条件对于结果的充要程度。我们建议，如果要成为因果重要事件，一个条件就必须在必要性维度和充分性维度上同时达到一

---

① 实质重要性和实质相关性的分类分别来自QCA研究中对一致性和覆盖度的测量（如Ragin 2008; Schneider and Wagemann 2012）。

个中间值（比如至少50%）。这个阈值的确保没有琐碎条件会被纳入重要原因。

在估计了一个条件的必要性和充分性效应之后，研究者使用布尔法则来测量条件的实质重要性和实质相关性。在实质重要性时，需要使用逻辑“或”来确定条件对结果的必要或充分程度。通过“或”运算，研究者将必要性效应和充分性效应之间较高的值当作实质重要性的取值。这个等式简单来说就是：

实质重要性（X → Y）= 最大值 {[% 必要性（X → Y）],
[% 充分性（X → Y）]}

方程 10.4

我们建议，所有因果重要事件都必须在实质重要性上具有很高的数值，比如90%或更高。这一规则确保了关键事件的促成性或生产性作用，它要么能让结果对事件的依赖适用于几乎所有的反事实，要么能使结果在大多数的合理情境中都跟随着事件。

对实质相关性的考虑是为了确保没有琐碎条件被归入重要的因果事件。在测量实质相关性时，研究者者使用逻辑“与”来同时考察条件对于结果的必要性**和**充分性程度。通过逻辑“与”的运算，研究者将必要性效应和充分性效应之间**较低的数值**作为实质相关性的取值。这个等式简单来说就是：

实质相关性（X → Y）= 最小值 {[% 必要性（X → Y）],
[% 充分性（X → Y）]}

方程 10.5

对实质相关性设置至少50%的门槛有助于剔除琐碎条件。有了这个阈值，如果结果是过度决定的，或者事件是常规存在的标准情境或情景典型集的一部分，那么个别因素就不能成为关键事件。

在大数量研究中，分析者有可能就事件 X 对结果 Y 的必要和充分程度做出精确的数值估计。相比之下，在个案研究和小数量研究中，这种精确的数值估计基本不可能。关于事件 X 对结果 Y 的必要和充分程度，个案研究和小数量研究人员必须做出一般性的估计，在研究者和读者共享的证据和信念系统面前，这些估计必须是有意义的。研究者使用理论和证据来努力得出结论，这些结论在给定的语义情境中在认识论上是有效的。

个案研究和小数量研究人员可以使用证据和理论对事件的必要性和充分性程度做出定序尺度上的打分（如高、中、低）。当使用定序测量时，等级的数量最好少一些，以 3 个到 4 个为宜。超出这个范围，学者们可能就缺少足够的辨别力了，以致无法为自己和读者做出有意义的估计。在使用定序测量时可以设置一个关键事件的阈值，使事件（1）必须具有最高级别的必要性或充分性（或两者兼有），以及（2）不能具有最低级别的必要性或充分性。例如，表 10.1（本章开头）对事件的编码使用了三分测量，事件在必然性和充分性的维度上被分为高、中、低三个等级。我们之所以相信表中事件是关键事件，是因为作者所提出的证据表明了事件具有高必要性或高充分性（或两者兼有），同时也表明了事件具有中等以上的必要性效应和中等以上的充分性效应。

重要 INUS 原因的类型

根据以上关于因果重要性的定义，一个关键事件可以既不是结果的完全必要原因，也可以不是结果的充分原因。相反，关键事件其实是结果的重要 INUS 原因。对于这些能够满足关键事件的因果重要性标准的 INUS 原因，我们来讨论一下它们的三种主要类型。

第一种是几乎完全必要（如 95%）但只是中度充分（如 55%）的 INUS 原因，我们把这种 INUS 原因称为**近似必要原因**（approximately necessary cause）。与必要原因一样，近似必要原因允许一个反事实陈述，尽管这个陈述不是决定性的。如果 X 是 Y 的近似必要原因，那么如果 X 没有发生（或以不同的方式发生），Y 就**很可能**不会发生（或以不同的方式发生）。虽然近似必要原因允许概率性的反事实陈述，但此原因无法对 Y 给出接近完整的解释。按照定义，这种原因只对 Y 具有中度的充分性，因此还需要额外的原因来解释结果的出现。

第二种是几乎完全充分（如 95%）但只是中度必要（如 55%）的重要 INUS 原因，我们把这种 INUS 原因称为**近似充分原因**（approximately sufficient cause）。与充分原因一样，近似充分原因可以对结果提供满意的解释，并不需要再去识别其他因果要素。在确定某个近似充分原因时，研究者会构想一种近乎完全的解释，即该原因在所有的可能案例中都会产生出相应的结果。不过，近似充分原因并不适用于强有力的反事实陈述。我们不能从缺少近似充分原因来推出结果不发生。相反，对于近似充分原因来说，结果很可能是被过度决定的，以至于即便不存在近似充分原因，结果也可能发生。在某些但非全部的可能案例中，人们能看到这种情况。

最后一种是几乎完全必要和几乎完全充分的重要 INUS 条件，我们将其称为**近似充要原因**（approximately necessary and sufficient cause）。这种原因既有近似必要原因的优点，也有近似充分原因的优点。因此，与近似必要原因一样，近似充要原因允许概率性的反事实陈述：如果 X 没有发生，那么 Y 很可能也不会发生。同理，与近似充分原因一样，近似充要原因允许概率性的规则陈述：一旦 X 发生，Y 就很有可能发生。近似充要原因贴近了集合论因果关系的黄金标准。

关键事件的实例

表 10.1 列出的 10 项研究对关键事件进行了识别与考察，这些关键事件造成了实质重要的具体后果。对于每一项研究的关键事件，该表也说明了其是如何符合标准的。我们使用三点定序尺度（高、中、低）来测量每个事件的必要性和充分性程度。下面将重点讨论 10 项研究中的两项。

让我们先来看看雷切尔·里德尔（Rachel Riedl）的《非洲民主党派制度的权威起源》（*Authoritarian Origins of Democracy Party Systems in Africa*，2014）一书中的加纳案例。里德尔试图解释加纳在民主时代的政治变革轨迹，即从 1992 年时任军事领导人杰里·约翰·罗林斯（J. J. Rawlings）开创民主选举到政党制度的高度制度化。这一序列的因果逻辑本身就很有趣，但这里我们关注的是导致这个序列的历史原因。为什么加纳会经历一种有控制的民主转型，并且在过渡中出现了一种有条理的、真正有竞争力的政党制度？

在回答这个问题时，里德尔强调了一个关键事件：加纳领导人在之前的威权政权（1981—1985）下选择采用了里德尔所说的**合并战略**。她认为，加纳的后殖民领导人面临着如何建立政治秩序的选择：采用合并（incorporation）战略、国家替代（state substitution）战略还是革命（revolutionary）战略。里德尔认为，这几个战略到底哪个会被选中是“无法事先预测到的”（p.10）。她发现最终的选择取决于罗林斯的能动性，他依托自己的政治组织，努力通过草根动员和公民参与来统一国家。里德尔（p.109）明确指出这个选择是“偶然的”，一部分原因是它涉及特定领导人的信仰和能动性，还有一部分原因是它被加纳的具体局势所驱动。她清楚地表明，结构性条件和其他一般化的原因并不能锁定这一关键选择中的选项。

虽然里德尔没有讨论必要条件和充分条件，但关键事件分析框架的应用表明，这一事件对于可控的民主转型来说具有高度的充分性和中度的必要性。在充分性方面，里德尔追踪了合并战略带来地方精英支持的过程，这个过程从中长期来讲是自我强化的。反过来，地方精英的支持能克服情境的偶然性，确保了民主转型的政治环境，在这种政治环境中，威权政府获得了大量支持，而反对派既软弱又分裂。里德尔指出，合并战略在塞内加尔这个大不一样的案例中产生了类似的序列和结果。因此，一旦罗林斯在 20 世纪 80 年代初开始诉诸合并战略，加纳就很可能走上了通往可控民主转型的可靠道路，无须对情境的其他非偶然性方面做出重大改变。

在必要性方面，按照里德尔的论证逻辑，如果罗林斯或其他领导人采取了国家替代战略，加纳就不会发生可控的转型。然而，如果加纳走上了革命战略的路径，那么这个国家很可能仍会经历一种可控转型。她在文中并没有讨论这两种反事实选择（国家替代战略还是革命战略）中的哪一个需要对加纳的实际历史进行更彻底的改写。不过这两种反事实场景都是可能的，更关键的是，如果加纳将革命战略当作自己通往后殖民时期稳态国家的道路，它可能同样会出现可控的民主转型。

总而言之，考虑到当时的非偶然性情况（高充分性），选择合并战略或多或少确保了加纳的可控民主转型（高度充分性）。然而即便没有选择这一战略，加纳仍有一定可能实现同样结果（中度必要性）。

理查德·内德·勒博的研究（Richard Ned Lebow, 2010）则提供了另一个截然不同的例子。勒博认为，奥地利的弗朗茨·斐迪南大公（和他的妻子索菲）遇刺是 1914 年夏天欧洲大陆战争的一个重要原因，而欧洲大陆战争又是第一次世界大战和世界史上很多重大后果的重要原因。勒博明确指出，这次刺杀对于大陆战争的发生来说既是偶然条件，也是必要条件。在偶然性方面，他强调要避免弗朗茨·斐迪南遇刺是多么容易，只需要对历史做出一点点合理改变即可（p.60）。比方说，如果斐迪南的车队按照计划的路线行进，刺杀事件很可能就不会发生。在必要性方面，勒博明确地分析了刺杀未发生时的可能案例。他的结论是，如果没有刺杀，“1914 年夏天就不会有战争”（p.87）。

在充分性方面，勒博认为这次遇刺事件对大陆战争起到了重要且独立的因果作用。具体来说，该事件改变了各国当权者看待眼前事件的方式，让他们采取了更具风险性的行为，这就是充分性效应的具体体现（p.96）。如果要考察遇刺的充分性效应到底有多高的程度，就需要分析相关的非实际案例，在这些案例中，遇刺发生了，但情境的偶然性方面也发生了变化。勒博间接地考察了这些可能案例，他关注的是刺杀发生但之前的偶然性事件并没有发生的反事实案例。这种方法使他可以提出这样的问题：如果俄罗斯没有受到那么大的威胁，或者如果奥匈帝国和塞尔维亚人的敌对还没有那么剑拔弩张，遇刺是否还会导致战争？勒博发现，为了让战争发生，背景情境的许多偶然性方面都必须就位。在可能案例中存在着相对合理的类似案例，即遇刺发生了，但随后没有发生大陆战争。因此，虽然遇刺对战争发挥了非琐碎的生产性作用，但它并没有让战争不可避免。

总而言之，按照勒博的说法，刺杀弗朗茨·斐迪南对 1914 年夏天的战争是至关重要的（高度必要性），然而遇刺事件并不一定会带来战争（中度充分）。

里德尔和勒博的研究找到了具有不同因果效应的关键事件。这两个事件都是偶然的，都具有因果重要性，但其因果重要性的性质是不同的。在里德尔的论证中，加纳通过合并来追求稳定的早期做法具有生产性（productive）和创造性(generative)，几乎确保了政治发展的特定路径。相比之下，在勒博的论点中，遇刺主要具有促成性（enabling）和许可性（permissive），其生产性的工作需要其他原因的参与。

以高度充分性和中度必要性为特点的关键事件往往与自我强化的路径依赖（参见第十一章对各种类型的路径依赖的讨论）联系在一起。在这里，关键事件产生的初始结果通过回报递增的过程被放大，并可能随时间的推移而保持稳定。一旦启动序列，即便产生初始结果的关键事件不再出现，初始结果也会得到加强（Stinchcombe 1968）。高度充分性关键事件的生产属性、可以创造历史的一个初始事件触发了一个自我延续的、难以摆脱的结果。

相比之下，具有高度必要性和中度充分性的关键事件则与反应性的路径依赖相关。在这里，一个关键事件会引发一系列不同的事件，每一个事件都是对前一个事件的反应，同时又是后一个事件的重要原因。这个序列以研究所关注的主要结果为终点。反应性路径依赖在研究中的特点是，它展示了最初的小事件或不可预测事件（比如暗杀或某个特定选择）在未来某个时点的重要性，它是结果的重要原因，但看上去又和结果没什么关系。这些引发了我们对于反事实的思考，即在序列开始时的一个小变化会如何改变历史的走向。

直到今天，学者们还未能将通过充分性效应来产生自我强化序列的关键事件与通过必要性效应来启动反应序列的关键事件区分开来。他们也未探索过结合了两种解释模式的关键事件分析。之所以存在这些遗漏，是因为学者们在关于关键事件的工作中未能明确地讨论必要性和充分性问题。而使用集合论方法的一个重要好处是，它要求作者对关键事件在必要性和充分性方面的假定影响进行具体的分析，从而引导分析走向更清晰、更精确和更有趣的命题和发现。

关键事件是用因果的重要性和偶然性来定义的，它是一个案例在历史上的转折点，引导案例走向相应后果。这个后果可能是一个过程的开始，这个过程有着自我复制的逻辑，也可能是一个离散事件，它通过中间事件链与关键事件相连。无论哪种关键事件都属于历史中的一幕，它会随着时间的推移产生出因果效应，这种因果效应可能会持续很长一段时间。

特定结果的关键事件永远不可能是 100% 充分的，总是存在着一些非实际的案例，在这些案例中有着相同的初始事件却没有导致同样的结果。出现这种情况的潜在原因是，连接初始事件和结果的因果链发生了断裂。非实际案例在过程中的某个点上偏离了实际世界的路径，即在初始事件之后、最终结果之前的某个点上发生了偏差。在这些非实际案例中，实际世界中的那些关键事件就不再是关键事件了，原因是结果没有发生。

这里我们能获得一个重要的提示：某些事件有时会在实际世界中发生，但它们并不是关键事件，尽管它们在大多数其他的可能世界中是关键事件。就这些事件对相应结果的影响来说，实际世界与其他的可能世界是一样的（比如 90% 的充分性，70% 的必要性）。然而，由于在事件与结果之间的因果链中出现了一个断裂环节，这个结果就没有在实际世界中出现。我们可以把实际世界中的这种事件称为**微差关键**事件（almost-critical event）：在大多数可能世界中是关键事件，但在实际世界中却不是关键事件，因为相关结果没有在实际世界中出现。一个微差关键事件在历史的年表中可能不为人所注意，如果不是在导致结果的链条中发生了非典型的断裂，历史记录通常不会特别留意那些“应该是”或“通常是”重要原因的偶然事件。正如“未走过的路”会让人发出“可能会发生什么”的疑问，微差关键事件会让人去思考“本应该发生什么”。

如果不是导致结果的典型因果链出现了一个断裂环节，某事件本应是一个关键事件。这种情况说明研究者必须对构成因果链的中介事件予以特别关注。当此链条本身被视为一个过程时，它就变成了一条路径，沿着这条路径，案例从初始事件走向了相应结果。第十一章就将重点讨论这些路径。

第十一章　路径依赖分析

作为一种分析模式，路径依赖与人类用以理解世界的一种最基本的认知结构有关，即**路径**的观念。这个意象图式在社会科学解释中的效用可以用三个关于位置的集合论隐喻来说明。路径图式的第一个隐喻是“位置即状态”，即事情的某种状态就是空间中的某个有界位置，事情的状态构成了集合。路径图式的第二个隐喻是“变化即运动”，运动指的是实体进出空间中的这些有界位置，也就是说，变化就是进入、离开集合的运动。路径图式的第三个隐喻是“因果关系即受力运动”，这里指的是一个实体受外力从一个有界位置移动到另一个位置，因果关系是从一个集合到另一个集合的受力运动（参见 Lakoff and Johnson 1999: 178–180）。

路径依赖的思想在许多学者（和普通人）那里能够产生共鸣，因为它符合我们所共享的“源头—路径—目标”（source-path-goal）图式。这个复杂的意象图式包含了起点和终点的概念以及对时间所做的一种空间理解（Lakoff and Johnson 1999: chap.10）。塞斯洛（Saslaw 1996: 220）对“源头—路径—目标”图式的描述如下：

> [源头—路径—目标]图式以身体体验为基础。当我们移动时，都有一个地方是我们的起点，有一系列连续的位置连接着起点和终点，同时还有一个方向。因此，图式的结构元素包括：（1）源头或起点，（2）目的地或

> 终点（或目标），（3）连接源头和目的地的路径或连续位置序列，（4）通往目的地的方向。图式的基本逻辑是，在沿着一条路径从源头走到目的地的过程中，一个人必须经过路径上的所有中间点。而且，你沿着这条路走得越远，历经的时间就越长。

以上 4 个结构要素对应的是社会科学中路径依赖分析的基本组成部分。路径依赖的工作会研究某案例如何以及为什么从一系列可能性中选择了一个特定路径。路径依赖分析的关键在于要解释为什么案例一开始会走上特定的路径。同样，路径依赖分析重点关注构成路径的连续事件序列，这些事件将起点与最终结果连结起来。在这种分析模式中，因果关系的步骤或过程也是非常重要的，这些步骤和过程确定了路径方向和序列的因果逻辑。

在社会科学中，路径依赖是由初始关键事件和关键事件所启动的持久过程所定义的，这个持久过程通常还包括一个最终结果。在序列的前端，关键事件需要引入一些东西使事情开始运转，这就确保最终结果是不可能在关键事件之前的条件基础上得到充分解释的（Arthur 1994: 17; Haydu 1998: 352; Goldstone 1998: 834–835）。更准确地说，**事前条件**（ex ante conditions）——通常被称为**初始条件**（initial conditions）或**前置条件**（antecedent conditions）——是不能有效预测最终结果的（参见 Slater and Simmons 2010）。[①]“路径依赖是系统的一种属性，一段时间后的结果不是由任何初始条件的特定组合所决定的。相反，在那些表现出路径依赖特征的系统中，结果与初始条件的关系是随机的。”（Goldstone 1998a: 834）路径依赖

① 然而，早期预警信号可能会出现在启动路径依赖序列的关键事件之前（参见Scheffer et al. 2009）。

序列产生的结果是带有理论谜团的，用关键事件发生之前已经存在的条件来解释它们，很难收到好的效果。

由于路径依赖的原因，序列对前期事件是**高度敏感的**（参见 Schelling 1978: 15; Gleick 1987: 8）。正如保罗·皮尔逊（Paul Pierson 2004: 71）所写的："序列的前期部分比后期部分重要得多，一个'太晚'发生的事件可能没有什么影响，尽管它在别的时间发生时可能会带来重大后果。"[①] 虽然初始条件不能预测结果，但启动序列的关键事件能够将案例决定性地推向结果。序列需要以一个关键事件为起点，这个要求将路径依赖与"过去很重要"或"未来依赖于过去"这种一般化的想法区分开来。有了前端的偶然性事件，不可预测性（即结果无法事前预见）迅速转变为可预测性（即序列中的每个事件或片段都促成或产生了下一个事件或片段）。解释的焦点在于关键事件，因为就最终结果的可能性预期来讲，关键事件是一个换挡的节点。

本章分为两节，分别讨论路径依赖研究所分析的两种主要序列：自我强化序列和反应性序列。**自我强化序列**（self-reinforcing sequences）关注的是既有社会规则、制度或其他实体的形成和长期再生产。在这里，路径依赖的"路径"由被分析实体的生命片段组成。自我强化序列不涉及紧随关键事件的总体凝滞和稳定，相反，它们以回报递增过程为标志，在序列的早期阶段尤为如此（参见 Helpman and Krugman 1985; Romer 1986; Arthur 1994; Pierson 2004）。随着回报的不断增加，特定制度（或其他实体）的主导地位越来越高，以至于其他方案越来越难占上风。这种情况甚至不受理论矛盾的影响，即使原本采用的制度或实体不符合解释回报递增

① 更一般地说，由于路径依赖的原因，"事件的顺序会带来差异"（Abbott 1983: 129）。"事件在序列中的哪个时点发生，会影响它们发生的方式"（Tilly 1984: 14）。

过程的理论框架的预测，也还是会导致历史锁定。

从研究者所持的理论框架角度来讲，自我强化的路径依赖会产生令人困惑的结果。最早普及路径依赖概念的经济学家是在理性主义理论框架内工作的，他们认为功利主义的成本–效益分析解释了回报递增过程。对这些学者来说，路径依赖现象是非常有趣的，因为回报递增过程所产生的持久制度结果是“效率”较低的，比不上初始关键事件前的某些可用的替代制度选项。对此，持有其他理论框架的社会科学家（如文化主义和结构主义框架）指出了另一种非功利主义的逻辑，这种逻辑驱动了自我复制过程，并产生了违反理论框架预测的结果。

反应性序列（reactive sequences）是时间上有序且因果相连的事件链（参见 Abbott 1983; Griffin 1992; Sewell 1996）。所谓反应性，指的是序列中的每个事件都是对前一刻事件的直接反应。在反应性序列中，最后的事件是所要考察的结果，因此整个事件链都可以被视为通向结果的路径。对一个遵守特定路径依赖轨迹的反应性序列而非单纯因果联系的事件序列而言，启动因果链的初始事件必须是一个关键事件。这一要求确保了人们无法用关键事件之前的初始条件来预测最终的结果。

在反应性序列中，因果链的逻辑并不是回报递增；相反，序列的路径是由一系列具有因果联系的**离散事件**组成的。这些事件在时间上是分离的，具有截然不同的实质性内容。实际上，一个反应性序列常常以反冲事件（backlash events）为标志，它逆转而非强化了前情。反应性序列的因果逻辑是这样的：每一个事件对于链中的下一个事件来说都是近似必要和 / 或近似充分的。必要性纽带和 / 或充分性纽带随时间推动序列，从而解释了初始事件如何以及为什么导致了一个在时间上和实质上都有着相当距离的最终结果。

自我强化序列

自我强化的路径依赖遵循的是斯廷奇库姆（Stinchcombe 1968）的**历史主义解释**模式（另见 Nagel 1979: 25–26）。历史主义解释寻找两种类型的原因："第一种是造就了某种传统的特定环境。第二种是社会模式自我再生产的一般过程。"（Stinchcombe 1968: 103）在历史主义的解释中，制度产生的原因与制度再生产的原因是不同的。与制度的产生阶段不同，制度再生产是由与理论框架相联系的因果要素来解释的，对这个理论框架来说，制度的产生是偶然的。这两方面的对立构成了所谓**路径依赖悖论**：某个理论框架可以很好地解释制度的连续性，却无法解释制度的开端。

制度再生产的逻辑

在自我强化的路径依赖中，关键事件 X 会导致初始结果 Y_1，我将这一环节视为制度的落地，即从一组备选方案中采纳某种特定的制度安排。在事件 X 发生之前，主要的理论框架并不能很好地预测结果 Y_1；如果根据初始条件和理论框架来进行预测，那么 X 和 Y_1 都是偶然事件。结果 Y_1 随后在一个又一个时期中被不断地再生产，得到一个稳定的序列：Y_2,Y_3,…，Y_n。这种持续的再生产意味着制度的核心社会规则一直在发挥作用。随着时间的推移，制度还会发生各种各样的变化，比如说 Y_1 与 Y_2 就是不一样的。然而某些关键社会规则是延续的，于是观察者可以得出结论：制度是一直存在的。

回报递增过程描述了替代方案的退隐，这些替代方案在序列开始前都是可用的，但之后被采纳的可能性越来越小。举例来讲，在关键事件发生之前，制度 A、B 和 Y 具有同样的可能性。然而最初选择的是制度 Y，这一选择使 Y 获得了优势，它的再生产就逐渐关闭了通往替代选择 A 或 B 的大门（尽管始终会留下一个缝隙）。因此，在自我强化序列开始时的回报递增可以锁定制度 Y，同时排斥制度 A 和 B。在到达某个时点后，制度 Y 的稳定性就会实现前后平衡。此时 Y 的自我强化就不再有回报递增效果。回报递增通常是自我强化序列的早期特征，因为这个时候结果还不够稳固，在曾经可用的历史替代方案面前，它还需要巩固自己的地位。

在自我强化序列中，结果 Y 的再生产过程中的每个片段都是下个片段的重要原因。因此，Y_1 本身就是一个重要原因，即 Y_1 是 Y_2 的非琐碎的、近似必要和 / 或近似充分的原因。这种序列具有一个再生产的反馈循环——从 Y 回到 Y。再生产反馈循环解释了制度、物体和其他实体如何随着时间的推移保持它们的身份（参见 Deutsch and Garbacz 2018）。识别再生产循环本身的性质是分析的挑战所在。结果能够随时间而延续，这到底得益于它在哪些方面的特点，其能力或外力来自何处？正如我们所看到的，学者们使用不同的理论框架、以不同的方式回答了这个问题。

图 11.1 展示了一个路径依赖序列，**必要性纽带**（或**连接**）构成了该序列自我复制的逻辑。在这个例子中，事件 X 是 Y_1 的重要必要原因。相对于初始条件和相应理论框架而言，X 和 Y_1 都是偶然事件，因为我们可以从图中看出，它们的面积比自己的否定域要小（即 X 相对于～X，以及 Y_1 相对于～Y_1）。这个自我强化的序列以 100% 必要的因果链接为特征，前面的链接对后面的链接来说是 100% 的必要条件。每一个因果链接都反事实地依赖于前面所有的因果链接。同样地，Y 的每一个先前事件对于 Y 的所有后续事件来说都是必不可少的。如果没有 Y_1，我们就看不到 Y_2、Y_3 以及后续的 Y_n 了。

图 11.2 也展示了一个路径依赖序列，**充分性纽带**（或**连接**）构

成了该序列自我复制的逻辑。在这个例子中，事件 X 是制度 Y_1 的重要充分原因。制度只要存在，就能保证自己随时间推移进行再生产。因此，无论情境和情景如何变化，Y_1 的存在保证了 Y_2 的存在，Y_2 的存在又保证了 Y_3 的存在，以此类推。在这个例子中，Y_1 本身就决定性地产生了 Y_2 以及 Y 的所有后续版本。然而，在缺乏 X 或任何其他先前步骤的情况下，最终结果也是有可能发生的。在一个充分非必要的关系链中，每个事件都存在着贯穿于整个序列的轻微的过度决定情况。因此，Y_2、Y_3 等偶尔会在缺乏 Y_1 的可能世界中发生。对于任何一个阶段来说，都存在着一小部分的可能世界，这些可能世界最终会带来 Y，可是在之前的阶段中 Y 并不存在。

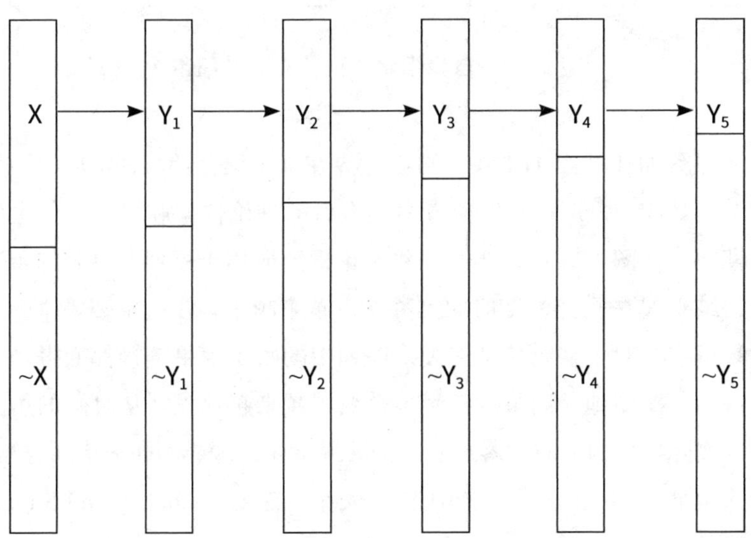

图 11.1　自我强化序列：必要性纽带

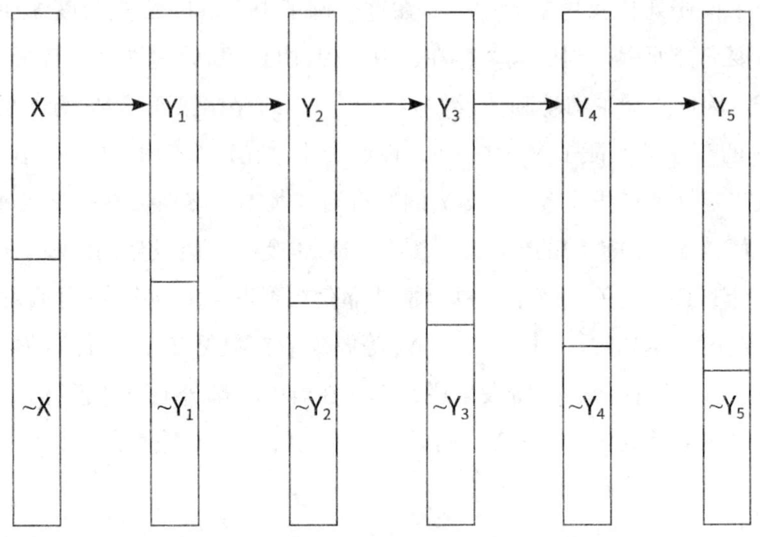

图 11.2　自我强化序列：充分性纽带

在图 11.1 和图 11.2 中，可能世界在某个集合及其否定域中的分布（例如 Y_2 和～ Y_2）对应着由调查者的理论框架和前置条件生成的期望。在图 11.1 中，当我们将理论框架应用于序列开始时的条件时，结果 Y 的可能性随时间推移变得越来越小。在这条必要原因的因果链中，对于初始条件来说，序列中的每个因果链接都变得越来越偶然；类似地，结果的延续也会变得越来越惊人。从时间的角度看，实际世界的范畴Y落入了一个因果漏斗，漏斗的面积不断收缩，越来越接近序列的后一步中 Y 的大小（参见 Mahoney and Snyder 1999）。

相比之下，在图 11.2 中，随着时间的推移，结果 Y 的偶然性越来越弱。从序列开始位置和相关理论框架的角度来看，制度的存在变得越来越平常。根据相关框架和初始条件，人们对 Y_3 的解释比对 Y_2 的解释更好，对 Y_4 的解释比对 Y_3 的解释更好。制度的最终出现可能并不令人意外，但它在序列早期的出现是偶然的、令人惊讶的。对于充分性链接来说，一旦结果产生，它的持续性就是不成问题的。然而人们无法完全确定这种持续是如何具体产生的，在序列中的任何一个时点上都是如此。不过，随着时间的推进，产生结果的特定路径会变得更加明确。因此，图 11.2 中 Y 的因果漏斗随着时间推移不断增大，越来越接近序列最后一步中 Y 的面积。

许多语言和文化范畴的稳定再生产都遵循自我强化序列的逻辑。范畴大部分是基于一组原因才被序列所采纳的，但它们在序列中的持续与原来的这组原因无关，因为采纳就解释了持续（参见 James 1890; Merton 1948; Krishna 1971; Kukla 1994）。也就是说，一旦某个范畴进入社会文化中，那么范畴的存在就是范畴能持续下去的重要原因。对于自我复制所涉及的确切心理机制，在不同理论传统中工作的学者会予以不同方式的理解（参见 Jussim 1986）。不过关键的一点是，自我强化的路径依赖是范畴的一般特征，因此也是大部分人类现实的特征。

对于人类范畴的自我强化性质，我们可能会问，它们主要是通过图 11.1 中的模式（基于必要性纽带）还是主要通过图 11.2 中的模式（基于充分性纽带）来进行自我复制呢？答案在一定程度上取决于社会范畴在所有人类文化中的共享程度。无论理论框架是哪一种，任何特定文化中的专有范畴都更有可能通过必要性链接得到再生产，如图 11.1 所示。相对于初始预期来说，随着时间的推移，范畴的存在会越来越令人惊讶。相比之下，不同文化所广泛共享的范畴更有可能遵循图 11.2 中的充分性模式。对于这些相对普世的范畴而言，我们认为各种文化最终将汇合于此，因此随着时间的推移，它们被采纳的可能性会越来越大。

路径依赖的悖论

当研究者发现（1）制度的**初始采纳**（initial adoption）与所使用的理论框架的预测相矛盾，以及（2）制度的**再生产**能被该理论框架很好地解释时，路径依赖的悖论就出现了。比如在经济史研究中，研究人员展示了某些经济结果是如何“低效”的，从而与新古典理论的预测相矛盾。然而，同样是这些研究人员，在解释意外出现的低效结果的**再生产**时，他们又完全依赖于新古典理论和效率解释。

在路径依赖的论证中，人们通常会注意到初始条件下（即在关键事件发生之前）的某些可能选项，只是这些选项后来不再可行了。举例来说，虽然戴维（David 1985）认可 Dvorak 键盘布局比 QWERTY 布局更高效，但他认为，考虑到技术逆转的巨大成本，对于当代的经济行动者来说，用 Dvorak 键盘取代 QWERTY 键盘是不理性的。同样地，当皮奥雷和萨贝尔（Piore and Sabel 1984: chap.2）认为大规模生产是低效的后果时，他们是在将大规模生产与 19 世纪时的一种可能性（即手工生产）进行比较。但在目前的历史节点上，皮奥雷和萨贝尔并不认为放弃大规模生产来进行手工生产是有效率的做法。因此，就路径依赖的自我强化序列中的固有理论矛盾来说，它关系到初始条件下的可用选项，而不是当前的可用选项。

路径依赖的悖论是相对于特定的理论框架而言的，理论框架解释了结果随时间的自我强化。对大多数经济学家而言，这一理论框架大体上讲就是理性选择理论，新古典经济学也可以被囊括在其中。就理性选择理论来说，在主要经济领域中存在的持久低效结果是令人困惑的，因为理性行动者在开放市场中追求利润最大化，他们应该有助于淘汰低效，特别是当人们看到了低效并且有更好的、可实现的替代方案时。然而，对于其他理论框架来说，比如文化主义和结构主义理论框架，长期的市场无效可能并不那么令人困惑。在这方面，我们需要谨记一点，即事件、序列和结果并不具有能造成困惑和惊讶的、独立于研究者信念的固有性质。路径依赖及其自我强化的悖论，取决于研究者或研究者群体的理论取向。

自我强化路径依赖的类型

表 11.1 总结了制度再生产的不同模式，这些模式来自第八章中讨论的三个理论框架——理性主义、文化主义和结构主义。对于路径依赖制度的理论之谜，每个框架都给出了一种独特理由。同样，如果要逆转自我强化，每种框架也都暗含着不同的手段和过程。

表 11.1　制度再生产的路径依赖框架

	理性主义框架	文化主义框架	结构主义框架
再生产的机制	制度由行动者的理性收益成本评估再生产	制度由行动者相信制度是道德公正的或制度是合适的再生产	制度由精英群体的支持再生产
制度的潜在特征	与之前的可替代选择相比，制度可能是低效的	与之前的可替代选择相比，制度可能与行动者的价值观更不一致	制度也许会赋予之前处于从属地位的精英群体以权力
变革机制	增加的竞争压力；学习过程	行动者的主体信念和价值的变化	精英的弱化和从属群体的强化

在经济史领域，研究者使用理性主义理论框架来解释自我强化过程（Camic 1979; Coleman 1990; Collins 1994: chap.2）。在这个框架下，行动者通过理性选择来进行制度再生产（也可能包括次优制度），因为改变制度的任何潜在收益都会被成本抵销。例如，以技术领域来讲，转型的主要障碍就包括研发的投入、补充投资和消费者的接受度（Arthur 1994）。同样，对于组织制度来说，信息传播、组织相互依赖和用户熟练度等因素可能会锁定现有的安排（Powell 1991）。诺斯（North 1990: 94）从学习效应、协同效应和适应性预期所带来的好处，以及从无法收回的投资所带来的沉没成本等方面概括了制度再生产的理性选择逻辑。

在这类研究中，回报递增的逻辑被用来解释许多低效技术的持续存在，所涉及的事物包括打字机键盘、汽车、录像机、电力供应、核电站、铁道轨距、农药、电视、污染控制系统和计算机编程语言等（Mahoney 2000）。QWERTY 键盘布局的发展和延续大概是最著名的例子（David 1985）。对于 QWERTY 键盘的起源，有着一套清晰的标准描述：行动者最初采用这种布局是因为它帮助解决了早期打字机上打字杆会被卡住的问题。采用 QWERTY 键盘属于偶然事件的范畴，因为它超出了新古典理论的解释范围。这个案例中的主要原因（即不卡住打字杆）是特异性的（idiosyncratic）。即使在卡键问题得到解决之后，QWERTY 键盘仍然占据主导地位。由于不可收回的成本、协同效应和适应性预期的原因，在最初采用 QWERTY 的原因消失后，QWERTY 键盘还是被长期沿用。

相比之下，在**文化主义理论框架**下，制度再生产的基础是行动者在适当性或道德正确性方面的主观取向和信念（Dowling and Pfeffer 1975; Scott 1991; Stryker 1994; Griswold 2012）。当行动者认为一个制度具有正当性并因此自愿选择它的再生产时，制度再生产就发生了。相信一个制度是适当的，这可能意味着从积极的道德认可到面对压倒性现状时的被动默认。无论是哪种支持程度，文化主义者的解释都认为行动者对制度的再生产来自他们自己对正确作为的理解，而不是来自细致的成本-收益分析或由资源衍生出的行动者权力。这种理解反过来又嵌入更大的意义系统和总体规范中，对制度替代的充分解释需要参考制度所嵌入的总体文化。制度的规则只不过是一个环环相扣、相互依赖的更大意义系统的组成部分。

从这个框架的角度来看，一个给定的制度可能是被偶然选择的，随后通过正当性与适当性（appropriateness）的递增过程加以强化，即使之前可选的其他制度在更大的文化体系中更加正当、合适，也是无妨的。正当性递增过程以一个正反馈循环为特征，在这个循环中，关于合适或“正常”（normal）的先例构成了未来用以判断适当或“正常”的决定基础。这时自我强化的循环就出现了：最初得到青睐的制度为正常状态（normalcy）设定了标准。制度之所以能被再生产，是因为它被视为正常的与适当的；而制度的再生产又强化了它的适当性，即使制度与更大的文化规范相冲突，这种强化也不受影响。

凯伦·奥伦的《迟来的封建主义：美国的劳动、法律和自由发展》（*Belated Feudalism: Labor, the Law, and Liberal Development in the United States*）（Karen Orren 1991）就为上述循环提供了一个例子。奥伦重点关注的制度是主仆法（law of master and servant），它是美国从建国之初一直到20世纪的劳动立法的象征。奥伦认为，这部法律将雇员的强制性义务规定为一种身份权内容，这违背了主权个性（sovereign individuality）的自由主义原则。令人惊讶的是，这项法律从中世纪的欧洲传到了美国，这与理论预测就发生了矛盾，因为从理论上看，自由主义的劳工立法本应该盛行开来。然而，主仆法被采用后已经延续了150多年。为了解释这种不同寻常的延续，奥伦强调了美国法院对于该法律的维护与正当化。在她看来，法官执行法律是因为他们觉得法律是适当的。具体来说，“法官们认为，事关重大的并不只是事物的道德秩序”，因此他们维护法律（p.114）。随着时间的推移，每一份为该法案辩护的裁决都确立了一个新的先例，由此强化了主仆就业立法在自由美国的适当性。

文化主义解释将制度转型的源头定位于行动者在主观评价和适当性道德准则方面的变化。对于那些可接受的、正常的事物，这些转变发起了公开的和隐蔽的挑战。基于所讨论的具体制度，主观取向的变化和正当性的下降可能与下列事物有关：理性神话的结构同形（Meyer and Rowan 1977）、制度效能和稳定性的下降（Linz 1978: 19），或者是政治领导人引入了新思想（Fagen 1969）。[①] 在正当性下降的具体原因之外，变化的根本机制是制度再生产所需的信念发生了崩溃。在文化主义框架下，制度转型最终源于行动者的主观信念和取向的变化，而不是行动者之间权力分配的变化或理性行动者的显示性偏好（revealed preferences）的变化。

最后，在**结构主义的理论框架**下，学者们使用权力动态来解释制度的存续性和连续性。对结构主义者来说，在制度再生产的过程中，制度不均衡地分配了资源，构建出与制度再生产有利益冲突的群体（Weber 1978: chap.2; Rueschemeyer 1986; Knight 1992; Mahoney and Thelen 2010）。但即使大多数个人或群体倾向于改变制度，只要在现有安排中有着既得利益的精英有足够的资源来促进制度再生产，这种制度就能持续存在。

在运用结构主义框架的路径依赖分析中，制度的起源也是不可预测的，与初始条件相关的既有权力安排并不能预测到制度的出现。然而一旦制度发展起来，它就会通过可预测的权力动态而得到

---

① 正当性的概念通常区分为不同类型。最著名的区分当然是马克斯·韦伯（Weber 1978）提出的正当性的三种理想类型——克里斯玛型、传统型和法理型。

强化。制度赋予某一群体以权力，同时牺牲了其他群体的利益；优势群体利用这多出来的权力巩固制度；对制度的巩固再次增加了优势群体的权力；而优势群体又利用增加的权力来追求进一步的制度巩固。即使从制度中受益的集体最初从属于另一群支持不同制度的集体行动者，这种赋权序列过程也还是会发生。

威廉·G. 罗伊的《社会化资本：美国大型工业企业的崛起》（*Socializing Capital: The Rise of the Large Industrial Corporation in America*）（William G. Roy 1997）对19世纪40年代之后美国从国有企业主导向大型私营企业主导的经济转型提供了一个结构主义和路径依赖的解释。罗伊认为，大型私营企业经济的崛起依赖于一系列几乎同时发生的事件：1837年的大萧条、各州对运河公司的投资决定、铁路的推广以及杰克逊式的反国家主义的兴起（pp.72–74，pp.280–281）。这些事件中的任何变化（包括这些事件发生的时间）都可能使天平向有利于大型公共企业的方向倾斜。虽然美国并不一定会进入“大型私营企业主导经济”这一范畴，但在19世纪中期，主导的权力动态日益确保了美国能够获得这一结果的成员资格。最重要的是，罗伊认为，一个新的企业阶层从私营公司中受益并对这种结果进行了再生产。尽管在较早的时候，“赢家（即企业家）并不总是处于社会金字塔的顶端”（p.260），但它还是做到了这一点。因此，私营企业带动了美国企业家的形成与赋权，而不是相反。一旦经济精英们联合起来，他们就会努力夯实和确保制度的主导性，以优先保证自己的上层社会经济地位。

结构主义的解释认为，制度再生产可能会造成两类集体行动者之间的潜在冲突，一类人在制度的持存中获得优势地位，一类人则获得劣势地位。这种冲突的存在意味着，即便制度带有自我强化的动力特征，某种潜在变化的动力也会被构建到制度之中。社会结构的自我再生产会到达一个临界值，之后自我强化就会让位于制度固有的内在冲突，最终导致制度变革（参见 Eisenstadt 1964）。举例来说，一些研究者强调，精英支持的制度再生产最终会将从属群体压制到极点，以至这些群体后来成功地挑战了现有安排（例如 Burawoy 1985: 85–86）。同样，一些理论家假定制度赋予精英群体权力的这一过程最终会成为精英群体内部分裂的来源，这反过来又推动了现有局面的转变（例如 Rueschemeyer and Evans 1985; Evans 1995: 229–230）。以上的逻辑构成了一种结构理论的基础，该理论想象出一个多阶段或多步骤的序列，案例沿着序列中的时间前进。每个阶段都表现出制度的稳定性，但它最终会瓦解并让位给一个新阶段，这个新阶段的标志是自身新涌现出的一条群体划分轴线。就这种变迁来说，最著名的例子应该是马克思关于社会进化的观点：特定生产方式携带着自身转型的种子，确保阶级冲突使社会沿着既定的生产方式序列前进。

反应性序列

反应性序列是指由具有时序和因果联系的事件所构成的事件链。在反应性序列中，每个事件既是对前序事件的反应，也是后序事件的原因。在路径依赖的情况下，启动序列的事件是最终结果的关键事件。对这个**关键事件**的微小改变可以带来很大的下游变化。混沌学家用蝴蝶效应的著名例子普及了这种基于初始条件的敏感依赖：“今天北京的一只蝴蝶扇动翅膀，下个月的纽约就将会有一场风暴。”（Gleick 1987: 8）

反应性序列与自我强化序列具有显著差异。自我强化序列的特征是再生产逻辑，而反应性序列的特征是变革性逻辑。在反应性序列中，最初的关键事件之所以能触发后续发展，靠的并不是强化某种既定模式，而是依靠启动一系列紧密相连的反应。正如皮尔逊

（Pierson 1998: 21）所说："最初的扰动之所以重要，并不是因为它们产生了正反馈，而是因为它们触发了强有力的反应……行动和反应将系统推向一个新的方向，而不是去夯实原来的步调。"

序列的前端

如何在历史分析中确定一个序列的起点，这个问题并非总有显而易见的答案。对调查人员来说，不断地回到过去来确定序列中某些原因的原因，这是很常见的做法。这种无限倒退的问题在反应性序列中尤其严重，因为它们没有明显的起点。与反应性序列不同，自我强化序列开始于制度或其他结果，在之后的时间里还能持续。

然而在路径依赖分析中，使一个序列得以启动的初始事件既具有偶然性，也具有因果重要性（即它是一个关键事件）。从理论的角度来看，这样的事件可以被看作案例历史流中的一个重要中断。正如休厄尔（Sewell 1996）所指出的，序列分析通常开始于对不可预测事件的关注，这种事件被他称为"初始断裂"（initial ruptures），标志着理论预期被"意外打破"（surprising break）。通过关注这样的断点，反应性序列的分析者就避免了无限的历史倒退这一问题。他们从一个扰乱了既有状况的事件开始自己的分析。关键事件本身并不能很好地用这些状况来解释，作为一个凸起的断点，它隔断了无缝的历史织锦。

最初的偶然事件解释了反应性序列在理论方面的许多有趣特质。如果关键事件是近似必要条件，那么在初始的低概率事件缺席的情况下，看似与此偶然性事件无关的最终结果很可能就不会发生。如果关键事件是近似充分条件，那么看似不相关的偶然性事件一旦发生，最终结果是几乎注定要发生的。研究者可以向人们展示出以上两种情况是如何出现的。因此，两种类型的偶然事件分别关联于两种类型的路径依赖解释：（1）重要结果几乎完全依赖于某个时间上久远且极不可能发生的历史事件，（2）一旦某个时间上久远且极不可能发生的历史事件发生，重要结果几乎注定会发生。

触发反应性序列的关键事件本身有可能是两个或多个先前序列的交汇点。两个独立序列会在什么时间相交（即**连接**），这往往无法提前预测（Skocpol 1979: 320; Braudel 1980; Abbott 1992: 438–439; Aminzade 1992: 466–467; Quadagno and Knapp 1992: 499; Sewell 1996: 862）。同样，序列的交汇所产生的特定事件也可能超出了常规理论的解释能力。因此，连接（conjuncture）往往是无法预料的、偶然发生的（Zuckerman 1997: 289; Mandelbaum 1987: 156–157; Boudon 1986: 175）。

因果链

在反应性序列中，研究者会构建一个中介事件链，以此将最初的偶然事件与最终结果联系起来。中介事件的数量和性质取决于对紧联结（tight linkages）的需求，在这种联结中，一个事件是后一个事件的重要原因。研究者不需要寻找在事件之间不存在任何时间缝隙的因果链，也无须寻找尽可能多的中介事件。相反，研究者笔下的因果链需要符合的是研究目标，即从核心理论框架的角度来看，每一步都能清楚地促成和 / 或生产出下一个步骤。

某些路径依赖的反应性序列是以高度近似的必要性纽带为特征的。看看下面这段谚语：

失去一颗钉子，丢了一只马掌；
失去一只马掌，丢了一匹战马；
失去一匹战马，丢了一名骑手；

失去一名骑手，丢了一场战斗；
失去一场战斗，丢了一个国家；
这一切都因为失去一颗马蹄钉。

在这个序列中，开场的偶然事件是缺了一颗马蹄钉，这个事件是偶然的，但却是最终导致王国覆灭的必要条件。对这句谚语最直接的解释方式就是把它视为一系列的必要联系。这种解释允许对链条中的每一个环节进行反事实的表述，即对任何事件的否定都会带来对下一事件的否定。它也包含着最后一行的反事实断言，其意思是说，序列中的所有步骤（包括最终结果）都取决于开头的偶然事件。

从可能世界与集合论方法的角度看，研究者需要从链中的每个环节入手，思考该环节中最有可能出现的不一致案例，以此发展必要性纽带。比如“失去骑手”与“丢了战斗”之间的联系，这是一个从表面上看最不令人信服的断言。为什么认为整场战斗的失败是仅仅因为一匹马和一名骑手倒下了呢？我们需要更多的信息和情境来评估这种联系的可信性。集合论方法会提示我们考虑对“失去骑手”的最可信的替代方案。为什么骑手的生存（如果我们假设“失去”意味着“被杀死”）会导致不同的战斗结果？如果马受伤了但没有死掉，会发生什么呢？骑手会不会特别熟练，或者他会不会在国王或王后等范畴中拥有成员资格？总之骑手或战斗必须在某些不同寻常的范畴中拥有成员资格，否则断言就会显得可疑。集合论方法鼓励研究者审视手头案例，考虑相关的反事实以及接近可能世界的场景，以此仔细地建立必要性纽带。

由近似充分性链接构成的因果链与反应性序列也是适配的。对这种序列来说，最初的关键事件几乎可以确保结果的发生。然而，即使不存在关键事件，结果也有可能发生。随着序列逐渐往后推移，每个原因都越来越接近充要条件。这种序列通常处于“注定之路”（destined pathway）的解释中：偶然的历史原因启动了一条路径，它从一开始就注定了会通向那个结果。随着路径的推进，解释变得越来越完备，到序列要结束时，研究者已经对结果做出了近乎全面的历史解释（Fulbrook and Skocpol 1984）。

斯廷奇库姆（Stinchcombe 1968: 101）指出：“我们常常能观察到年复一年保持不变的社会现象。我们常常能做的最佳预测是‘今年将和去年一样’。”这类预测通常是成功的，因为从某种社会现象存在于某一年可以大致充分地推出其存在于下一年。斯廷奇库姆给出了许多依托于充分性链接的路径依赖的例子，比如：

> 现在的新教国家，指的是在宗教改革战争后由新教徒担任国王的国家。在新教徒战败的地方，或者在国王从未转变信仰的地方，天主教继续着它的制度化……相反，在新教徒获胜的地方，新教就被制度化了（p.108）。

对于大多数欧洲新教徒来说，他们能够持有这种信仰是由于 16 世纪发生的潜在偶然事件。然而，一旦这种宗教站稳脚跟，它就被充分性的逻辑锁定，在数百年来塑造着数百万欧洲人的信仰，并一直延续到今天。

在描述和理解反应性序列中的多重步骤时，历史叙事是一种非常有用的方法（例如 Reisch 1991; Mahoney 1999）。在叙事中包含着一种序列陈述（sequential presentation），研究者可以借此从整个因果链中分离出特定的链接。通过叙事，研究者可以对特定因果路径提供“一个场景接一个场景”的描述，该路径开始于最初的断点并通往最终结果（Reisch 1991: 17）。此外，分步走的叙事方式使研究者能够对链条中的特定环节使用反事实分析。叙事可以帮助研究人员在序列中确定阿米扎德（Aminzade 1992: 463）所说的“关键选择点”（key choice points），即“道路上的岔路口……意味着其他可能的路径”。这些选择点促使人们探索“未走过的路”，看一看当反应性序列中的特定事件发生了改变时，会出现何种面貌的别样未来。

反应性序列的叙事陈述会受到内隐和外显的理论假设的影响。因果链中的某些个别链接借鉴了通俗的人类心理学理论。这些理论的概括性极强，甚至会做出定律式的陈述（通常带有等级嵌套）。对特定的文化社群来说，这些陈述显然是正确的。比方说，在许多叙事中都包含着一种通俗归纳，也就是意向立场，即个体的行为乃是基于他们的信念和欲求。从这种归纳概括中还可以带出其他的概括，比如遇到不愉快情况时人们会尝试改变情况，或者受到威胁时人们会力求保护自己的地位和资源。正如霍曼斯（Homans 1967）指出的，在叙事陈述中，研究者大体上会将支撑着诸多联系的准定律概括视为理所当然的（另见 Roberts 1996; Goldstone 1998a）。这些隐性概括在连锁序列中发挥着设想中的作用，叙事陈述的目的并不是要去揭示、说明所有隐性概括；相反，其目的是要在通向结果的这条因果链中突出那些显著的、紧密耦合的事件。

因果链中的其他链接所依赖的概括有可能与特定理论框架有关。这些链接并不是理所当然的，因此对它们的关注和讨论也许会更多。比如这样一种说法：工会罢工会导致工厂老板登广告招聘新员工。对于持某些理论导向的学者来说，这种因果关系可能又明显又琐碎，然而其他理论传统中的学者可能会关心支撑此链接的概括。对于为什么某些事件会通过链接形成连锁序列，理性主义、文化主义和结构主义传统中的学者会持有不同的理解。结构主义者可能会将上述链接视为资产阶级破坏工人阶级团结的一种努力，因为这种团结威胁到了资产阶级的结构地位。相比之下，理性主义者可能会将这种链接视为工厂老板在财务上的审慎决定，因为他必须在竞争市场中实现利益最大化。

实例说明

在对路径依赖的反应性序列所做的实际研究中，罕见结果、异常案例和“例外主义”（exceptionalism）情况常常成为分析焦点。异常案例研究“分析的是那些在理论预测结果中并不会出现的情况”（Emigh 1997: 649）。异常案例往往会偏离理论预期，因为关键事件将它们的发展轨迹导向了不寻常的路径。比方说，研习“美国例外论”的人会强调历史意外、随机事件和初始条件中的微小差异，以此解释为什么美国缺少社会主义（Temin 1991; Voss 1993; Eidlin 2018）。对于美国社会主义组织的罕见案例，学者们会依赖特殊的历史因素来解释这些不寻常的事件（比如 Lipset, Trow and Coleman 1956; Kimeldorf 1988）。其他类似的路径依赖研究案例还包括：美国没能成为欧洲式的福利国家、韩国和中国台湾的持续高增长、意大利的迟误工业化（delayed industrialization）、哥斯达黎加的民主建立、印度的民主建立、博茨瓦纳的繁荣、欧洲的农业革命、中国在 15 世纪晚期的衰落、英国的农业资本主义以及欧洲的世界资本主义系统的发展（Skocpol 1992; Evans 1995; Emigh 1997; Paige 1997; Lange 2009; Tudor 2013; Diamond 1997; Pomeranz 2001; Brenner 1976; Wallerstein 1974）。

就个案研究解释中的序列分析来说，杰克·戈德斯通（Goldstone 1998b）关于工业革命起源的著作是一个很好的例子（见图 11.3）。在这项研究中，**环境序列**（事件 A—E）是一系列带有反事实纽带的反应，其中每个事件对所有后续事件来说都是必要条件。戈德斯通陈述的这一环境序列遵循着马蹄铁谚语中的逻辑，其中每个事件都依赖于先前的事件。虽然戈德斯通没有诉诸可能世界的语义学，

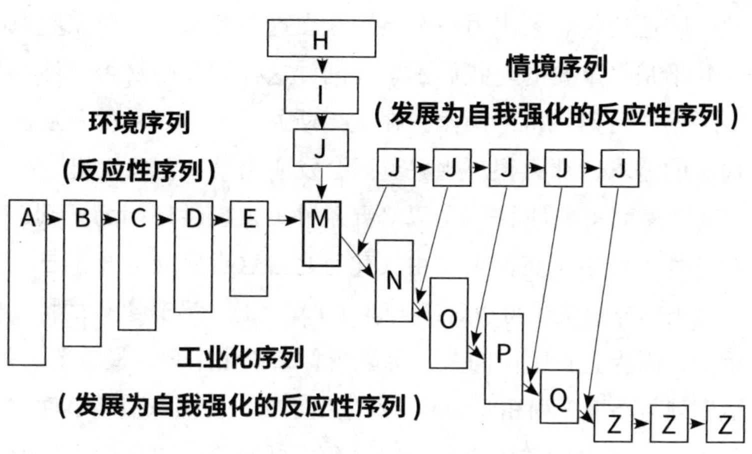

图 例

A：森林面积有限，近海煤炭丰富，气候寒冷。
B：长期严重依赖煤炭取暖。
C：地表的煤已经挖光了。
D：努力挖掘更深的煤。
E：地下水填满矿井。

H：有限君主制。
I：有限的英国国教权威和宽容。
J：自由文化。

M：第一台蒸汽机的研制。

N：蒸汽机的改进。
O：煤价下降。
P：钢铁价格下降。
Q：铁路和船舶的发展。

Z：工业生产和商品的大规模分配。

图 11.3　戈德斯通（Goldstone 1998b）对英国工业革命的解释

但他的陈述让人想象出另一个英国，在这个英国，煤对家庭取暖来说并不是最重要的。我们不禁要问：这样的英国是否仍然会是发明了第一台蒸汽机的国家？在戈德斯通看来，如果没有从矿井中抽水的需求，那么很难想象英国会发明出第一台蒸汽机。

情境序列（事件 H—J）以必要条件的反应性序列为开端，从这些条件中产生了英国的自由文化。之后这个序列形成了自我强化，英国的自由文化得以延续（事件 J）。[1] 这一背景事件的持久性很重要，因为它在不同的节点上影响着**工业化序列**。最重要的是，情境序列与环境序列相互交叉，产生出了第一台蒸汽机（事件 M），这是整个论证中的关键事件。1712 年，托马斯·纽可门（Thomas Newcomen）成功地制造了一台用于深立井矿井的抽水机，在此过程中他发明了一种笨重、嘈杂的设备，用以把矿井口发现的水和煤生成蒸汽。根据戈德斯通的说法，“这只是一个偶然的机会，英国已经使用了几百年的煤，现在需要一种方法来抽清深矿井，这种要求恰好刺激了笨拙的纽可门抽水机的诞生”（p.273）。的确，在戈德斯通看来，导致蒸汽机出现的那些不太可能发生的事件“也许是百万分之一”的概率（p.271）。

蒸汽机一经发明，就引发了一系列可预见的反应，带来了进一步的创新和改进。工业化序列的早期步骤（事件 M—Z）具有充分性的逻辑：在情境 J 中，效率低下的纽可门蒸汽机本身就足以引发后续发明家的改进，如詹姆斯·瓦特（James Watt）（事件 N）。这些更高效的蒸汽机极大地改善了煤炭的开采，这在情境 J 中确保了煤炭价格的下降（事件 O)，之后：

① 戈德斯通的分析并没有探究支撑英国自由文化再生产的因果过程。因此，相对于图中其他集合的大小来说，事件J的多个重复集合的大小是随意的。

> 廉价的煤炭使钢铁更加便宜。廉价的煤加上廉价的铁使得由铁建造的铁路和轮船成为可能，它们以煤为燃料，由蒸汽发动机提供动力。铁路和船舶使金属工具、纺织品和其他产品在国内和国际上的大规模分配成为可能。蒸汽动力的金属强化机械还可以让这些产品变得更便宜 [事件 O, P, Q，和 Z]（p.275）。

后面的这些步骤（事件 O—Z）遵循着必要性逻辑，就像戈德斯通在这段话中所使用的表达："成为可能"（made possible）。工业化序列（事件 M—Z）开始时是一个兼具充分成分和必要成分的反应性序列。如图所示，整个序列都在英国自由文化（事件 J）的情境下运作。戈德斯通认为这种文化情境提供了一种许可，使得工业化序列的每一步得以展开。

总而言之，在戈德斯通看来，英国对现代工业主义的突破"不是必然的或不可避免的"（p.275）。相反，这一结果取决于蒸汽动力的发展——这是一种偶然事件，它是从本来极不可能一起发生的前序事件中生长出来的，引发了一个相当确定的反应性序列。集合论分析有助于澄清这类论证的逻辑，在澄清这种叙事论证的成分和结构时，集合图格外好用。

本章为宏观社会科学中的路径依赖分析提供了一种新的、集合论的方法。该方法运用了基本的认知结构来创造理论构建工具，并用此工具来表示和解释案例的历史轨迹。具体来说，该方法借助人们在婴儿期习得的"源头—路径—目标"意象图式来理解运动中的物体。面对着沿着特定路径通往特定结果的特定案例，集合论方法稍加修改了上述普遍的、抽象的和内隐的感觉形成认知结构，旨在为案例做出实质性的可靠说明。这些实质性的说明可以让社会科学家（以及其他人群）产生共鸣，因为它们植根的意象图式属于全人类，人们在理解周遭世界时都会调用这一图式。

我们在讨论中提出了两种类型的路径依赖序列：自我强化序列和反应性序列。自我强化序列以关键事件为特征，这一事件产生了特定的社会规则、制度或其他实体。这些规则、制度或实体可以随着时间的推移实现再生产，其通常表现为早期阶段的回报递增过程。相比之下，反应性序列具有反应和逆反应的动态特征，其中一个初始事件触发了一个不同的，甚至可能是矛盾的事件，这并不属于扩展、延续或再生产的过程。两种序列的共同之处在于，它们都以关键事件为开端，随后促成和/或生产出了以紧密因果联结为标志的序列。在路径依赖中，组成连锁序列的事件或片段通过近似必要性和/或充分性的纽带连接起来。最终后果要么属于整体序列的设定内容（自我强化序列），要么属于整体序列的全面完结（反应性序列）。

最后，本书的建构主义方法消除了一个与路径依赖有关的问题，这个问题是本质主义式研究容易犯的。在本质主义社会科学看来，对路径依赖的认定是不客观的，因为它取决于研究者或研究集体的信念和期望：将序列前端的事件确定为偶然事件，这取决于信念和期望，将结果确定为费解的事件也取决于信念和期望。不过，虽然人的主体性令本质主义社会科学感到不安，但建构主义社会科学却并非如此。从建构主义的角度来看，路径依赖分析中使用的所有范畴都依赖于共同的假设和信念，在这一点上路径依赖分析与一般化的社会科学分析是一样的。路径依赖的研究并不比其他类型的分析更多或更少地依赖于人的主体性。就信念依赖来讲，路径依赖分析并不需要借助任何超出其他社会科学研究模式的特定假设，建构主义向我们展示了这一点，从而保证了路径依赖的应用可以不受束缚。

结 论

本书倡导在社会科学中开展科学建构主义研究，我在书中展示了服务于这一目标的理论工具和方法工具。本书最基本和最重要的观点是：将社会科学中的范畴作为集合来分析，并考察其他范畴在此集合中的成员资格或部分成员资格。提出这种主张不难，但执行起来却并非那么简单，对此我提供了广泛的、多样的工具，以此在具体研究中贯彻这种分析。在这些集合论工具中，某些工具已经颇为成熟了，其他工具则属于新方法，比如使用理论框架和规范原则时要遵循的新步骤。整套工具箱旨在为未来的科学建构主义研究提供指导。

本书介绍的集合论分析将社会科学安置在建构主义的基础上。由于集合论分析并非天生的建构主义方法，因此为了使其适用于研究心智依赖的范畴，本书对集合论分析进行了重新配置。要实现这一点，关键是要对“**集合**”这个范畴的意义进行重新概念化。按照传统定义，集合是一些具备若干属性的实体的聚集，然而在本书中，集合被定义为空间中的有界位置，其他集合可以隶属于它，也可以部分隶属于它。在集合的标准定义中，实体的相似性和差异性先于它的集合成员资格而存在，而在本书看来，正是集合成员资格才带来了实体的相似性或差异性。

当我们将社会科学范畴理解为大脑表征性装置中的概念空间时，我们就完成了向建构主义的切换。根据这一构想，社会科学范畴这种集合具有人脑机制的基础，并在本体论上依赖于人类的心智。社会科学范畴指向由自然类丛组成的实体，但它们与这些自然类丛在任何抽象层次上都不存在所谓一一对应。范畴中的每个成员都是由自然类丛构成的，但如果想用这些异质性的自然类丛来定义社会科学范畴，那必然是徒劳无功的。

我对建构主义社会科学的呼吁，建立在心理学、认知科学、哲学、认知语言学和神经科学等领域数十年的研究基础上，这些研究向目前主流社会科学的本质主义取向发出了质疑。按照本质主义的理解（有时明确、有时隐蔽），我们周围的对象和实体都带有潜藏的属性，而它们的身份和本质就取决于这种属性。这些属性的获得方式也许是社会性的，但它们仍然会被视作范畴的稳固核心，并且发挥相应作用。就人类的思考来看，本质主义思维是如此的基本，以致于我们很难断言它只不过是幻象。然而对于这个问题是有科学回答的：范畴中的实例并不具有能赋予它们以成员资格的、相似的内在本质或属性。我们所使用的范畴即使没有凸显出任何自然类丛，也能很好地推进研究。我们从科学证据看到的东西与我们体验的真实是不一样的，二者之间存在着紧张关系，这就意味着建构主义社会科学家必须生活在某种程度的矛盾中。这同时也意味着，如果把直觉当成判断真理的基础，那么建构主义社会科学家永远都不可能驳倒本质主义社会科学家。

科学是不是认识自然世界和社会世界的合适手段？对于这个问题，本书持肯定回答。科学涉及系统地运用逻辑和证据，以此得出关于命题真假的结论。对于构成客观现实和经验现实的实体、属性和过程，科学为发现它们的工作提供了可靠的认识论。对于自然世界来说，科学家可以把现实当成独立于人类心智的事物来寻求了解和描述，这么做是很恰当的。对逻辑的运用使得他们能在推导真理的过程中保持客观性，对数学的运用则为他们描述现实的结构提供了不可或缺的工具。

对于社会世界来说，社会科学家同样关注认识论上客观的命题判断。然而，社会科学的范畴并没有映射着一个独立于心灵的外部现实，它们实际产生于心灵与外部现实的相互作用。社会科学范畴意义的稳定性，乃至包含着社会科学范畴的命题的真理稳定性，都依赖于共同理解和背景信念的持续性。准确地说，正因为这种持续性对于社群来说是很常见的，社会科学家才能科学地评价命题。他们使用证据和具有保真性的方法来描述社会现实的结构，社群有时能在相当长的时间内体验到这种现实。在特定的语义情境中，社会科学家能够以近似正确的方式来解释过程是如何展开的，以及结果为何发生。他们可以使用理论工具和人的想象力来构建有效的甚至是巧妙的解释，他们可以使用方法论工具来理性地评估那些解释的效度。研究社会世界的科学家们可以用自己的研究发现来帮助个人和集体更有效地与经验现实打交道，包括以期望的方式来推进继承与变迁。

因此，之所以社会科学能够成为一门科学，原因在于人类现实具有一种实质性的稳定，这种稳定表现在范畴所依赖的集体信念和语义理解上。社会现实的大部分内容会毫无疑问地得到再生产，即便是争议性更强的某些内容也常常表现出极大的稳定性。这种持续性是理所当然的，以至于当我们就范畴展开交流时，就仿佛它们真的挑选出了一些自然地存在于外部世界的、独立于心智的实体。

人类倾向于无意识地、自动地将属人类丛予以本质化理解，这种情况有助于解释范畴的稳定性。如果我们按照日常的做法，通过无意识的本质主义透镜来感知社会现实，我们就很难看到一点，即几乎所有的社会现实都依赖于隐性的集体理解。通过向我们展示仿佛自然存在的对象、属性和过程，本质主义掩盖了社会现实被建构的本质。在这个过程中，本质主义将那些型构了经验现实的规则和制度也予以稳定化了。如果我们失去了置身于本质主义的能力，社会所依赖的集体信念肯定就会动摇，社会本身也将不复存在。从这个意义上说，本质主义是人类文明发展和存续的一种必要的、相当实用的幻觉。我们需要本质主义来维持我们的经验现实所依赖的集体信念。

虽然本质主义的幻觉可能对人类社会有用，但科学的使命是揭露心理幻觉而非再现它们。本着这种精神，我提出并发展了一种科学建构主义方法，旨在避免社会科学知识生产中的本质主义偏见。具体地说，我倡导一种集合论的社会科学，它需要研究范畴之间的关系，这些范畴被概念化为头脑中的集合，以便将异质实体分类划归到给定范畴中。有人认为变量能够追踪世界中的客观属性，并在这种假定下开展社会科学研究，我反对这种做法。

让研究者不要再把本质主义当作社会科学的本体论，光有建议是不行的。我认为，如果我们社会建构主义者坚持使用非本质主义方法来科学地进行社会研究，我们就需要对那些持怀疑态度的同行们确切地说明，这种方法是如何开展具体研究的。带着这一信念，我在本书中不仅解释了为什么社会科学必须放弃本质主义并全面拥抱建构主义，而且努力为科学建构主义的研究提供了具体的方法论工具和理论工具。

术语表

下面的术语表为本书中出现的许多专业术语提供了一个简短的定义，这些定义与书中的用法一致。

抽象对象（abstract object）：一个缺乏时空存在的假定实体。参见不可观察对象。

附带属性（accidental property）：自然类丛的一种特征，该特征在一般性的所有层级上都不是必不可少的。参见本质属性、偶然属性。

行动者（actor）：一种个体或群体，它们的行为由信念和欲求所引导。参见意向性立场。

实际案例（actual case）：包含着实际世界的案例。

实际因果（actual causality）：参见个例因果。

实际事件（actual event）：至少包含着一个实际案例的事件。

实际世界（actual world）：我们栖居的具体世界。

微差关键事件（almost-critical event）：在大多数的可能世界中是关键事件，但在实际世界中不是。

近似充要条件（approximately necessary and sufficient condition）：一种接近充要条件的 INUS 条件。

近似必要条件（approximately necessary condition）：一种接近必要条件的 INUS 条件。

近似充分条件（approximately sufficient condition）：一种接近充分条件的 INUS 条件。

近似真命题（approximately true proposition）：一种有着很高确定性的真命题陈述。

器物本质主义（artifact essentialism）：本质主义的一种表现方式，其中物体的本质与它的设计历史相关。

贝叶斯分析（Bayesian analysis）：一种逻辑方法，该方法根据证据来更新对一个命题是否为真命题的信念度。

案例（case）：在给定研究中作为主要分析单位的范畴。参见实际案例、非实际案例、可能案例。

个案研究（case study）：对单个实际案例的集中分析。

范畴（category）：（1）在头脑中用于实体分类的概念空间之间的关系，（2）被分类的实体本身之间的关系。

因果重要性（causal importance）：原因接近充要条件的程度。

因果推断（causal inference）：从逻辑和证据中得出的关于因果关系的信念。

因果力（causal power）：自然类丛的一种动态倾向。

因果关系（causality）：原因与其效应之间的关系。

因果性（causation）：参见因果关系。

原因（cause）：一个结果的前置的、非假的必要条件、充分条件、充要条件、INUS 条件或 SUIN 条件。

极致重要原因（cause, maximally important）：一种结果的前置的、非假的充要条件。

确定性（certainty）：参见确信度。

确定度（certitude）：一个人对某个信念的相信程度。

认知模型（cognitive model）：对构成反复出现的社会情形的实体和关系所做的程式化描述。参见脚本。

集体依赖性资源（collectively dependent resource）：一种资源，该资源对行动者的价值取决于社会认可和集体理解。

复杂性（complexity）：为了具体说明一个规则或规则系统而在逻辑系统中所需使用的最短算法的长度。

概念（concept）：参见范畴。

概念空间（conceptual space）：与一个范畴相对应的、存在于头脑超空间中的有界区域。

效果性（consequentialness）：在贝叶斯分析中，证据改变初始信念的程度。

构成规则（constitutive rule）：某个实体为什么是某类实体的具体说明。

建构主义（constructivism）：一种本体论路径，该方法将范畴视为依赖于心灵的、通过集体理解而存在的实体。参见属人类丛、激进建构主义、科学建构主义。

情境（context）：作为非主要分析范畴的背景范畴。

偶然性（contingency）：一个现象在多大程度上未被一个或多个理论所预期。

偶然事件（contingent event）：一个未被预期发生的事件。

或然命题（contingent proposition）：一个命题在至少一个可能世界中为真，在至少一个可能世界中为假，这些可能世界有可能成为实际世界。参见假命题、真命题。

连续集分析（continuous-set analysis）：集合论的分析方式之一，在该分析方式中，一个集合可以在部分程度上是另一个集合的成员。参见二分集分析。

连续集测量（continuous-set measurement）：对一个范畴在多大程度

上是另一个范畴的成员的评估。

反事实陈述（counterfactual statement）：一个以非实际事件作为前提条件的虚拟条件陈述。

清晰集分析（crisp-set analysis）：参见二分集分析。

关键事件（critical event）：在特定案例中，对结果具有偶然性和因果重要性的事件。参见微差关键事件。

关键性观察（critical observation）：一个具有高度重要性和低度预期性的集合成员观察。参见贝叶斯分析。

批判实在论（critical realism）：一种本体论路径，该方法认为社会机制是具有因果力量的真实实体。参见实在论。

关键证据叙事（critical-evidence narrative）：一种围绕至少一个关键性观察而被构建起来的叙事。

累积性观察（cumulative observation）：一个具有低度重要性和高度预期性的集合成员观察。参见贝叶斯分析。

累积证据叙事（cumulative-evidence narrative）：一种围绕几个累积性观察而被构建起来的叙事。

演绎（deduction）：参见经验演绎、逻辑演绎。

深层规则（deep rule）：一种规则，它对于许多其他规则的含义来说是必要的，但其本身的含义却不依赖于其他规则。

描述性推断（descriptive inference）：从逻辑和证据中得出的关于描述性命题为真的信念。

确定性关系（deterministic relationship）：范畴之间的一种关联，其中一个范畴中的成员资格对于另一个范畴中的成员资格而言是完全必要和/或完全充分的。

二分集分析（dichotomous-set analysis）：集合论分析的方式之一，其中集合成员资格以二分的方式被测量。参见连续集分析。

倾向性机制（dispositional mechanism）：自然类丛的一种基本属性，

可以赋予它因果力量。参见中介机制、理论机制。

详析模式（elaboration model）：通过引入控制变量（中介变量或前导变量）对二元关系进行的统计分析。参见序列详析。

经验演绎（empirical deduction）：命题和理论的构建先于证据的分析。参见逻辑演绎。

经验归纳（empirical induction）：根据证据分析来构建命题和理论。参见逻辑归纳。

本质属性（essential property）：某一给定类丛的成员所拥有的一种内在特征，该特征是成员资格的重要构成部分。参见附带属性、偶然属性。

本质主义（essentialism）：一种认知取向，在该取向中，实体被认为是独立于人类的，拥有着内在本质和真实本性。参见器物本质主义、先天本质主义、社会本质主义。

事件（event）：一种范畴，这类范畴在时间上有边界，由行动者和对象组成，并由规则和资源系统地组织在一起。

证据（evidence）：来源于实际世界的感官输入，由头脑处理，被用于评估命题和理论。参见集合成员观察。

预期性（expectedness）：在贝叶斯分析中，在给定的初始信念度下，证据在多大程度上被预计观察到。

经验现实（experiential reality）：在一个共同体内，该范畴作为真实的实体、属性和过程而被感受到。参见客观现实。

事实（fact）：参见社会事实。

假命题（false proposition）：在实际世界中为假的命题。参见附带命题。

力动态（force dynamics）：使用空间实体、力和运动来描述和理解语言和现实。参见意象图式。

正式规则（formal rule）：由合法权威维护的、公开的成文规则。

模糊集分析（fuzzy-set analysis）：参见连续集分析。

渐进变化（gradual change）：在很长一段时间内发生的变化。参见间断变化。

属人类丛（human kind）：依赖人类心灵存在的实体的集合，因共享信念而相似。参见自然类丛、偏自然类从。

假设（hypothesis）：参见命题。

理想类型（ideal type）：一种非真实的情况，是范畴的最佳示例。参见原型。

非逻辑关系（illogical relationship）：违反了一阶逻辑原则的范畴关联。

意象图式（image schema）：一种容易理解的、反复出现的模式，大脑使用它构建更复杂的认知结构。

不可能观察（impossible observation）：一种在贝叶斯分析中 100% 确定或 100% 意料之外的观察。

不可能世界（impossible world）：一个想象的时空领域，在其中至少存在一个假的先验真理。

偶然属性（incidental property）：一个自然类丛的实例的特征，它可以把该实例与同一类丛的其他实例区分开来。参见附带属性、本质属性。

归纳（induction）：参见经验归纳、逻辑归纳。

非正式规则（informal rule）：一种非成文的和/或没有被合法权威维护的规则。参见规范。

先天本质主义（innate essentialism）：本质主义的一种表现方式，其中个体和其他生命形式的本质与其遗传的生物属性相关。

制度（institution）：一种影响重要资源分配的、持久的社会规则系统。

意向性立场（intentional stance）：一种观点，认为行为是由行动者的信念和欲求所激发的。

中介机制（intervening mechanism）：由三个或更多事件组成的因果链的中间阶段。参见倾向性机制、理论机制。

INUS 条件（INUS condition ）：一种范畴，其成员资格对于另一个范畴的成员资格是不充分但必要的，而后一个范畴对于目标范畴的成员资格是不必要但充分的。参见近似必要条件、近似充分条件、近似充要条件。

无关观察（irrelevant observation）：一种不会导致命题为真的信念度改变的集合成员观察。

一般性层级（ladder of generality）：一组范畴，作为集合论层级或部分–整体层级被系统地相互关联。

分析层次（level of analysis）：一个范畴与语义场内其他范畴相比时呈现出的一般性。

逻辑（logic）：一种由必然为真的陈述构成的系统，它以形式语言的方式被表达，并且为合理推理提供基础。

逻辑演绎（logical deduction）：推理的一种类型，其中论据的前提的真实性对于论述的结论的真实性是充分的。参见经验演绎。

逻辑重要性（logical importance）：一个条件对另一个条件的必要性程度和一个条件对另一个条件的充分性程度之中的较高值。参见逻辑相关性。

逻辑归纳（logical induction）：一种推理类型，其中论据的前提的真实性对于论证的结论的真实性不是充分的。参见经验归纳。

逻辑相关性（logical relevance）：一个条件对另一个条件的必要性程度和一个条件对另一个条件的充分性程度之间的较低值。参见逻辑重要性。

最大真命题（maximally true proposition）：真实命题（范畴）的理想类型。

机制（mechanism）：参见倾向性机制、中介机制、理论机制。

分体学（mereology）：关于部分–整体关系的研究。

隐喻（metaphor）：一个术语从一个领域（源领域）到另一个领域（目标领域）的语义扩展。

最小重写规则（minimal-rewrite rule）：一种原则，其中最有用的反事实陈述具有与实际世界相似的非实际前提。

道德实在论（moral realism）：一种论点，即规范性陈述在客观上是真的或假的。

叙事（narrative）：围绕事件、过程、行动者、对象、规则和资源对案例进行的描述。

自然类丛（natural kind）：一组独立于人类心灵而存在的实体的集合，它们具有共同的本质属性，具有特定的因果力，它们是客观现实的一部分。参见属人类丛、偏自然类丛。

自然科学（natural science）：科学在偏自然类丛和自然类丛研究方面的应用。

自然化（naturalization）：将属人类丛视为自然类丛的实践。参见具象化。

充要条件（necessary and sufficient condition）：一个范畴，其中（1）成员资格以另一个范畴（目标范畴）的成员资格为前提；并且（2）目标范畴的成员资格能导出其成员资格。参见近似必要充分条件。

必要条件（necessary condition）：一个范畴，目标范畴的成员资格能导出其成员资格。参见近似必要条件。

必要条件反事实（necessary condition counterfactual）：从一个命题中得出的反事实陈述，其中真实的前提被视为结果的必要条件。

必要性检验（necessity test）：一种集合论检验，其中集合成员观察对或然命题的真实性而言是必要的。参见充分性检验。

非实际案例（non-actual case）：只包含着非实际世界的案例。

非实际事件（non-actual event）：只包含着非实际案例的事件。

非实际世界（non-actual world）：一种可能世界，我们不居住在其中。参见实际世界。

规范（norm）：在人类大脑中被编码的、关于人们应如何行为的共享期望。

规范性推断（normative inference）：从逻辑和证据中推导出的关于规范性陈述真实性的信念。

规范性陈述（normative statement）：评价性或具有价值取向的陈述。

规范传统（normative tradition）：规范性信念的总体系统，这些信念植根于一般性的原则和假设。

对象（object）：一种无感知能力的实体。

认识论上的客观事实（objective fact, epistemologically）：在特定语义情境中的一个真实命题。参见社会事实、经验现实。

本体论上的客观事实（objective fact, ontologically）：在所有可能世界中都为真的命题。

客观现实（objective reality）：在所有可能世界中的所有自然类丛的总和。参见经验现实。

观察（observation）：用概念空间来理解实际世界时的感官输入。参见集合成员观察。

过度决定（overdetermination）：对于一个特定案例中的结果而言，存在两个或多个充分条件或充分性组合。

部分–整体层级（part-whole hierarchy）：一种等级体系，其中较高级别的实体由较低级别的实体组成。

偏自然类丛（partial natural kind）：一组在自然类丛中具有重要但不完全成员资格的实体。

路径依赖（path dependence）：一种因果过程，其中一个关键事件启动了一个自我强化序列或反应性序列。

可能案例（possible case）：一种案例，实际世界可能是或可能曾经是其成员。

可能世界（possible world）：一种世界，在其中没有一个先验真理是假的。

可能世界语义学（possible world semantics）：通过可能世界来理解和使用逻辑系统，包括模态逻辑和贝叶斯分析。

权力（power）：行动者从资源中获得的能力。

过程（process）：一种变化模式的范畴，该变化模式以统一原则为标记，而且在一段松散边界的时间内发生。参见事件、渐进变化。

属性集（property set）：所有共享一个或多个属性的不同元素的集合。

属性存有假定（property-possession assumption）：一种信念，认为范畴的实例拥有共有的本质属性。

命题（proposition）：关于可能世界的描述性、因果性或规范性陈述，该陈述可能是真的，也可能是假的。

原型（prototype）：概念空间中的一个点，与范畴的理想化最佳示例相关联。

间断变化（punctuated change）：在短时间内发生的大变化，而其前后都是一段稳定期。参见渐进变化。

定性比较分析（qualitative comparative analysis，QCA）：一种使用布尔代数来表达范畴关系并生成解集的集合论方法。

激进建构主义（radical constructivism）：建构主义的一种类型，它摈弃了科学可以建立近似真命题的观念。参见科学建构主义。

反应性序列（reactive sequence）：一条由离散的、时间上有序的、因果上相互关联的事件构成的链，这些事件最终产生了相关的结果。

真实世界（real world）：一种世界，其中没有任何先验真理是假的。

实在论（realism）：一种本体论路径，它认为存在着一个独立于所有人类的结构化的世界。参见批判实在论。

现实（reality）：参见经验现实、客观现实。

规律、规则（regularity）：一种关系，其中一个范畴或多个范畴的组合是后续目标范畴的充分条件。

因果关系的规则模型（regularity model of causality）：一种方法，如果满足三个条件，事件之间就存在因果关系：（1）时间次序，（2）时空连续性，（3）恒定连接。

监管规则（regulatory rule）：一种行为指示，它不仅规定了适当的行动，而且具体说明了对违规行为的处罚。

物化（reification）：一种明确或隐含的信念，相信属人类丛是具有本位身份和趋向的、独立于心智的实体。

资源（resource）：对行动者形成、追求和实现目标而言有价值的实体。参见集体依赖性资源、自我效能性资源。

规则（rule）：一种可以用形式语言表达的算法程序。参见社会规则。

因果偶然性规则（Rule of Causal Contingency）：一种原则，因果上重要的单独范畴的偶然性水平接近于它要解释的目标范畴的偶然性水平。

科学（science）：一种认识论路径，该路径系统地使用逻辑和证据来评估关于实际世界中的或然命题的真实性。参见自然科学、社会科学。

科学建构主义（scientific constructivism）：结合了建构主义和科学来研究属人类丛的一种方法。

脚本（script）：通过将日常情境作为互联插槽和填充插槽的要求，来对日常情境进行程式化的描述。参见认知模型。

自我效能性资源（self-efficacious resource）：一种资源，其对行动者的价值不取决于社会认可和集体理解。

自我强化序列（self-reinforcing sequence）：在因果上相互连结的时间段里，随着时间的推移，初始结果被重复、增强和/或变得稳定。

语义情境（semantic context）：一种背景设定，在其中一群个体对一系列范畴的含义有着共同的信念。

语义场（semantic field）：一组相互关联的范畴，它们构建了集合论层级或部分–整体层级。

序列详析（sequence elaboration）：在考虑第三个事件（中介的或前置的）的情形下，对两个事件之间的关系进行集合论分析。参见详析模式。

集合（set）：空间中的一个有界位置，实体可以在其中具有成员资格。参见属性集。

集合成员观察（set-membership observation）：一种根植于高确信度信念的观察，该信念认为实际世界在特定范畴中具有成员资格。参见证据、社会事实。

集合论分析（set-theoretic analysis）：一种将范畴作为集合来分析的科学方法。

集合论概括（set-theoretic generalization）：以集合论方式表达的两个或多个范畴之间的关系。

集合论层级（set-theoretic hierarchy）：一个遗传集系统，其中较低层级是较高层级的严格意义上的成员。

集合论检验（set-theoretic test）：使用集合成员观察和集合论概括对或然命题进行逻辑评估。参见必要性检验、充分性检验。

小数量分析（small-N analysis）：对大约 2 个到 20 个案例的研究。

社会本质主义（social essentialism）：本质主义的一种表现方式，其中实体的本质被认为是在社会和历史中获得的。

社会角色（social role）：构成身份的规则系统。

社会规则（social rule）：构成和控制行为的算法指导。参见构成性规则、深层规则、正式规则、非正式规则、监管规则、表层规则。

社会科学（social science）：科学在研究属人类丛时的一种应用。

社会事实（societal fact）：在社会内部，认可某一命题为真的、深信不疑的共享信念。参见客观事实、集合成员观察。

空间集（spatial set）：一种集合，其中具有成员资格的实体并不共有任何本质属性。参见属性集。

空间集假设（spatial-set assumption）：一种信念，相信范畴的实例是由于它们在心灵中的集合的成员资格而获得相似性。

谱性质（spectral property）：自然类丛的一种本质属性，在类丛的特定实例中表现出的一系列数量上的轻微差别。参见变量。

结构（structure）：构成和控制非对称社会角色的一种制度。

本体论上的主观性（subjective, ontologically）：依赖于人类心灵而存在的状态。

充分性组合（sufficiency combination）：两个或多个非充分条件联合在一起，对另一个条件构成充分原因。

充分性检验（sufficiency test）：一种集合论检验，其中集合成员观察对命题的真实性是充分的。参见必要性检验。

充分条件（sufficient condition）：一种范畴，其成员资格以另一个范畴（目标范畴）的成员资格为前提。参见近似充分条件。

SUIN 条件（SUIN condition ）：一种范畴，该范畴的成员资格对于另一个范畴的成员资格是充分但不必要的，而后一个范畴对于目标范畴的成员资格是非充分但必要的。

SUIN 反事实（SUIN condition counterfactual）：从一个命题中产生出的反事实陈述，在该命题中，真实的前提被认为是结果的 SUIN 条件。

表层规则（surface-level rule）：一种依赖于许多其他规则来获得自身含义的规则，但它对于许多其他规则的含义并不必要。

理论机制（theoretical mechanism）：一种包括其他范畴关系的一般

化范畴。参见倾向性机制、中介机制。

理论化（theorizing）：构建假设、范畴和命题以解释现象的过程。

理论（theory）：用于解释现象的一组相互关联的假设、范畴和命题。

理论框架（theory frame）：学者用来理解社会及其基本组成部分的背景范畴和假设。

个例因果（token causality）：适用于某种特定情况的因果关系。参见类型因果。

真命题（true proposition）：一种陈述，它是对经验现实或客观现实的正确描述。参见近似真命题。

真理（truth）：一个真命题或一个真命题具有的性质。

类型因果（type causality）：一般范畴之间的因果关系，它在特定案例中得以实例化。参见个例因果。

分析单位（unit of analysis）：该自然类丛被理解为是在某个范畴中具有成员资格的融贯实体，代表着特定类型的时空实体。参见案例；世界。

普遍性、共相（universal）：一组特殊性的属性集（即内在共相）；或者是作为一个抽象对象而存在的集合，它独立于任何殊相（即超验共相）。

不可观察对象（unobservable object）：人类在既定时间内无法感知到的假想实体。参见抽象对象。

变量（variable）：对案例的某个属性的相似性和差异性所做的系统概念化。

案例内分析（within-case analysis）：对特定案例的各个方面的详细分析。

世界（world）：一个封闭的、最大的、包含所有实体的时空领域，这些实体与其他实体有因果关系、空间关系和/或时间关系。

参考文献

Abbott, Andrew. 1983. "Sequences of Social Events: Concepts and Methods for the Analysis of Order in Social Processes."*Historical Methods* 16: 129–147.

———.1992. "From Causesto Events: Notes on Narrative Positivism." *Sociological Methods and Research* 20: 428–455.

———.2001. *Time Matters:On Theory and Method*. Chicago: University of Chicago Press.

———.2016. *Processual Sociology*. Chicago: University of Chicago Press.

Abel, Theodore. 1948. "The Operation Called Verstehen." *American Journal of Sociology* 54: 211–218.

———.1975. "Verstehen I and Verstehen II." *Theory and Decision* 6: 99–102.

Abell, Peter. 2009. "A Case for Cases: Comparative Narratives in Sociological Research." *Sociological Methods and Research* 38: 38–70.

Abend, Gabriel. 2008. "Two Main Problems in the Sociology of Morality." *Theory and Society* 37: 87–125.

———.Forthcoming. "Making ThingsPossible."*Sociological Methods and Research*.

Abu-Lughod, Lila. 1993. *Writing Women's Worlds: Bedouin Stories*. Berkeley: University of California Press.

Acemoglu, Daron, and James Robinson. 2008. "Persistence of Power, Elites, and Institutions." *American Economic Review* 98: 267–93.

Acker, Joan. 2006. "Inequality Regimes: Gender, Class, and Race in Organizations. *Gender and Society* 20: 441–464.

Ahn, Woo-kyoung, Charles W. Kalish, Susan A. Gelman, Douglas L. Medin, Christian Luhmann, Scott Atran, John D. Coley, and Patrick Shafto. 2001. "Why Essences Are Essential in the Psychology of Concepts." *Cognition* 82: 59–69.

Ahn, Woo-kyoung, Charles W. Kalish, Douglas L. Medin, and Susan A. Gelman. 1995. "The Role of Covariation versus Mechanism Information in Causal Attribution." *Cognition* 54:

299–352.

Allwein, Gerard, and Jon Barwise, eds. 1996. *Logical Reasoning with Diagrams*. New York: Oxford University Press.

Aminzade, Ronald. 1992. "Historical Sociology and Time." *Sociological Methods and Research* 20: 456–480.

Anderson, Elizabeth S. 1999. "What Is the Point of Equality?" *Ethics* 109: 287–337.

Anscombe, G. E. M. 1958. "On Brute Facts." *Analysis* 18: 69–72.

———.1971. *Causality and Determination*. Cambridge: Cambridge University Press.

Arabatzis, Theodore. 2006. *Representing Electrons: A Biographical Approach to Theoretical Entities*. Chicago: University of Chicago Press.

Archer, Margaret S. 1995. *Realist Social Theory: The Morphogenetic Approach*. Cambridge: Cambridge University Press.

Arfi, Badredine. 2010. *Linguistic Fuzzy Set Methods in Social Sciences*. Berlin: Springer.

Armstrong, David M. 1983. *What Is a Law of Nature?* Cambridge: Cambridge University Press.

———.1989. *Universals: An Opinionated Introduction*. Boulder, CO: Westview Press.

———.1997. *A World of States of Affairs*. Cambridge: Cambridge University Press.

Aronowitz, Robert A. 1991. "Lyme Disease: The Social Construction of a New Disease and Its Social Consequences." *Milbank Quarterly* 69: 79–112.

Aronson, Jerrold L. 1990. "Verisimilitude and Type Hierarchies." *Philosophical Topics* 18: 5–28.

Arrow, Kenneth J. 1983. *Collected Papers of Kenneth J. Arrow: General Equilibrium*. Cambridge, MA: Harvard University Press.

Arthur, W. Brian. 1994. *Increasing Returns and Path Dependence in the Economy*. Ann Arbor: University of Michigan Press.

Atran, Scott. 1998."Folk Biology and the Anthropology of Science: Cognitive Universals and Cultural Particulars." *Behavioral and Brain Sciences* 21: 547–609.

Atran, Scott, and Douglas Medin. 2008. *The Native Mind and the Cultural Construction of Nature*. Cambridge, MA: MIT Press.

Axelrod, Robert. 1984. *The Evolution of Cooperation*. New York: Basic Books.

Ayer, Alfred Jules. 1952. *Language, Truth and Logic*. New York: Dover.

Ayers, Michael R. 1981. "Locke versus Aristotle on Natural Kinds." *Journal of Philosophy* 78: 247–272.

Bagaria, Joan. 2019. "Set Theory." *Stanford Encyclopedia of Philosophy*, Fall edition.

Balaguer, Mark. 1998. *Platonism and Anti-Platonism in Mathematics*. Oxford: Oxford University Press.

Balkenius, Christian, and Peter Gardenfors. 2016. "Spaces in the Brain: From Neurons to Meanings." *Frontiers in Psychology* 7: 1–12.

Ball, Terrence. 1993. "Power." pp. 548–557 in *A Companion to Contemporary Political Philosophy*, edited by Robert E. Goodin and Philip Pettit. Oxford: Blackwell.

Barbier, Jacques A. 1980. *Reform and Politics in Bourbon Chile, 1755–1796*. Ottawa: University of Ottawa Press.

Barnes, Barry. 1974. *Scientific Knowledge and Sociological Theory*. London: Routledge.

Barnett, Michael, and Raymond Duvall. 2005. "Power in Global Governance." pp. 1–32 in *Power in Global Governance*, edited by Michael Barnett and Raymond Duvall. Cambridge: Cambridge University Press.

Baron, Margaret E. 1969. "A Note on the Historical Development of Logic Diagrams: Leibniz, Euler and Venn." *Mathematical Gazette* 53: 113–125.

Barrenechea, Rodrigo, and Isabel Castillo. 2019. "The Many Roads to Rome: Family Resemblance Concepts in the Social Sciences." *Quality and Quantity* 53: 107–130.

Barrett, Lisa Feldman. 2006. "Are Emotions Natural Kinds?" *Perspectives on Psychological Science* 1: 28–58.

———.2017. *How Emotions Are Made: The Secret Life of the Brain*. Boston: Houghton Mifflin Harcourt.

Barsalou, Lawrence W. 1983. "Ad Hoc Categories." *Memory and Cognition* 11: 211–227.

———.1999. "Perceptual Symbol Systems" (with comments). *Behavioral and Brain Sciences* 22: 577–660.

———.2004. "Abstraction as a Dynamic Construal in Perceptual Symbol Systems." pp. 389–431 in *Building Object Categories*, edited by L. Gershkoff-Stowe and D. Rakison. Mahwah, NJ: Lawrence Erlbaum.

———.2016. "Situated Conceptualization: Theory and Application." pp. 11–37 in *Foundations of Embodied Cognition: Perceptual and Emotional Embodiment*, edited by Yann Coelle and Martin H. Fisher. London: Routledge.

Bartha, Paul. 2019. "Analogy and Analogical Reasoning." *Stanford Encyclopedia of Philosophy*, Spring edition.

Bates, Robert. 1981. *States and Markets in Tropical Africa: The Political Basis of Agricultural Policies*. Berkeley: University of California Press.

Baumgartner, Michael. 2008. "Regularity Theories Reassessed." *Philosophia* 36: 327–354.

———.2013. "A Regularity Theoretic Approach to Actual Causation." *Erkenntnis* 78: 85–109.

Beach, Derek, and Rasmus Brun Pedersen. 2013. *Process-Tracing Methods: Foundations and Guidelines*. Ann Arbor: University of Michigan.

Beach, Derek, and Ingo Rohlfing. Forthcoming. "Integrating Cross-Case Analyses and Process Tracing in Set-Theoretic Research: Strategies and Parameters of Debate." *Sociological Methods and Research*.

Bechberger, Lucas, and Kai-Uwe Kuhnberger. 2019. "Formalized Conceptual Spaces with a Geometric Representation of Correlations." pp. 29–58 in *Conceptual Spaces: Elaborations and Applications*, edited by Mauri Kaipainen, Frank Zenker, Antti Hautamaki, and Peter Gardenfors. Cham, Switzerland: Springer.

Becker, Adam. 2018. *What Is Real? The Unfinished Quest for the Meaning of Quantum Physics*. New York: Basic Books.

Becker, Howard. 1953. "Becoming a Marihuana User." *American Journal of Sociology* 59: 235–242.

Beebee, Helen, Christopher Hitchcock, and Peter Menzies, eds. 2009. *The Oxford Handbook of Causation*. Oxford: Oxford University Press.

Bennett, Andrew. 2008. "Process Tracing: A Bayesian Perspective." pp. 702–721 in Box-Steffensmeier, Brady, and Collier, *Oxford Handbook of Political Methodology*.

———.2010. "Process Tracing and Causal Inference." pp. 207–236 in Brady and Collier, *Rethinking Social Inquiry*.

———.2015. "Appendix: Disciplining Our Conjectures: Systematizing Process Tracing with Bayesian Analysis." pp. 276–298 in Bennett and Checkel, *Process Tracing*.

Bennett, Andrew, and Jeffrey T. Checkel, eds. 2015. *Process Tracing: From Metaphor to Analytic Tool*. Cambridge: Cambridge University Press.

Bentham, Jeremy. 1789/1907. *An Introduction to the Principles of Morals and Legislation*. Oxford: Clarendon Press.

Benton, T. 1981. " 'Objective' Interests and the Sociology of Power." *Sociology* 15: 161–184.

Berent, Iris, and Gary Marcus. 2019. "No Integration without Structured Representations: Response to Pater." *Language* 95: e75–e86.

Berger, Peter L., and Thomas Luckmann. 1966. *The Social Construction of Reality: A Treatise in the Sociology of Knowledge*. New York: Doubleday.

Berman, Sheri. 1998. "Path Dependency and Political Action: Reexamining Responses to the Depression." *Comparative Politics* 30: 379–400.

Bernhard, Michael. 2015. "Chronic Instability and the Limits of Path Dependence." *Perspectives on Politics* 13: 976–991.

Bevir, Mark, and Jason Blakely. 2018. *Interpretive Social Science: An Anti-Naturalist Approach*. Oxford: Oxford University Press.

Bhaskar, Roy. 1975. *A Realist Theory of Science*. Leeds, UK: Leeds Books.

———.1979/1998. *The Possibility of Naturalism: A Philosophical Critique of the Contemporary Human Sciences*. 3rd ed. London: Routledge.

Blalock, Hubert M. 1982. *Conceptualization and Measurement in the Social Sciences*. Beverly Hills, CA: Sage.

Block, Fred, and Margaret R. Somers. 2014. *The Power of Market Fundamentalism: Karl Polanyi's Critique*. Cambridge, MA: Harvard University Press.

Bloom, Paul. 1996. "Intention, History, and Artifact Concepts." *Cognition* 60: 1–29.

———.1998. "Theories of Artifact Categorization." *Cognition* 66: 87–93.

———.2000. *How Children Learn the Meanings of Words*. Cambridge, MA: MIT Press.

———.2010. *How Pleasure Works: The New Science of Why We Like What We Like*. New York: Random House.

Bollen, Kenneth A. 2002. "Latent Variables in Psychology and the Social Sciences." *Annual Review of Psychology* 53: 605–634.

Bonilla-Silva, Eduardo. 1997. "Rethinking Racism: Toward a Structural Interpretation." *American Sociological Review* 62: 465–480.

———.2006. *Racism without Racists: Color-Blind Racism and the Persistence of Racial Inequality in the United States*. Lanham, MD: Rowman and Littlefield.

Bostrom, Nick. 2003. "Are We Living in a Computer Simulation?" *Philosophical Quarterly* 53: 243–255.

Boudon, Raymond. 1986. *Theories of Social Change: A Critical Appraisal*. Berkeley: University of California Press.

Bourdieu, Pierre. 1977. *Outline of a Theory of Practice*. Cambridge: Cambridge University Press.

———.1984. *Distinction: A Social Critique of the Judgment of Taste*. Cambridge, MA: Harvard University Press.

———.1989. "Social Space and Symbolic Power." *Sociological Theory* 7: 14–25.

———.1990. *The Logic of Practice*. Stanford, CA: Stanford University Press.

———.1991. *Language and Symbolic Power*. Malden, MA: Polity Press.

Bourgois, Philippe. 2003. *In Search of Respect: Selling Crack in El Barrio*. 2nd ed. Cambridge: Cambridge University Press.

Bowman, Kirk, Fabrice Lehoucq, and James Mahoney. 2005. "Measuring Political

Democracy: Case Expertise, Data Adequacy, and Central America." *Comparative Political Studies* 38: 939–970.

Box-Steffensmeier, Janet M., Henry E. Brady, and David Collier, eds. 2008. *The Oxford Handbook of Political Methodology*. Oxford: Oxford University Press.

Boyd, Richard. 1990. "Realism, Approximate Truth, and Philosophical Method." pp. 355–391 in *Scientific Theories*, edited by C. Wade Savage. Minneapolis: University of Minnesota Press.

———.1991. "Realism, Anti-Foundationalism and the Enthusiasm for Natural Kinds." *Philosophical Studies* 61: 127–148.

———.2010. "Homeostasis, Higher Taxa, and Monophyly." *Philosophy of Science* 77: 686–701.

Bradley, Francis H. 1897. *Appearance and Reality*. Oxford: Clarendon Press.

Bradley, Raymond, and Norman Swartz. 1979. *Possible Worlds: An Introduction to Logic and Its Philosophy*. Indianapolis, IN: Hackett.

Brady, Henry E., and David Collier, eds. 2010. *Rethinking Social Inquiry: Diverse Tools, Shared Standards*. 2nd ed. Lanham, MD: Rowman and Littlefield.

Braudel, Fernand. 1980. *On History*. Chicago: University of Chicago Press.

Braumoeller, Bear F., and Gary Goertz. 2000. "The Methodology of Necessary Conditions." *American Journal of Political Science* 44: 844–858.

———.2002. "Watching Your Posterior." *Political Analysis* 10: 198–203.

Brennan, Andrew. 2014. *Thinking about Nature: An Investigation of Nature, Value, and Ecology*. London: Routledge.

Brenner, Robert. 1976. "Agrarian Class Structure and Economic Development in Pre-industrial Europe." *Past and Present* 70: 30–75.

Briggs, Charles L., and Clara Mantini-Briggs. 2003. *Stories in the Time of Cholera: Racial Profiling during a Medical Emergency*. Berkeley: University of California Press.

Brooks, Clem, and Jeff Manza. 2007. *Why Welfare States Persist: The Importance of Public Opinion in Democracies*. Chicago: University of Chicago Press.

Brooks, Stephen G., and William C. Wohlforth. 2007a. "New versus Old Thinking in Qualitative Research." pp. 261–280 in Goertz and Levy, *Explaining War and Peace*.

———.2007b. "Power, Globalization, and the End of the Cold War: Reevaluating a Landmark

Case for Ideas." pp. 195–236 in Goertz and Levy, *Explaining War and Peace*.

Brown, Phil. 1995. "Naming and Framing: The Social Construction of Diagnosis and Illness." *Journal of Health and Social Behavior*, extra issue, 34–52.

Brown, Roger. 1958. "How Shall a Thing Be Called?" *Psychological Review* 65: 14–21.

———.1965. *Social Psychology*.New York: FreePress.

Browning, Douglas. 1978. "Presidential Address: Believing in Natural Kinds." *Southwestern Journal of Philosophy* 9 (1): 135–148.

Brubaker, Rogers, Mara Loveman, and Peter Stamatov. 2004. "Ethnicity as Cognition." *Theory and Society* 33: 31–64.

Buchanan, James M. 1975. *The Limits of Liberty: Between Anarchy and Leviathan*. Chicago: University of Chicago Press.

Bunge, Mario. 1959. *Causality: The Place of Causal Principle in Modern Science*. Cambridge, MA: Harvard University Press.

———.1997. "Mechanisms and Explanation." *Philosophy of the Social Sciences* 27: 410–65.

Burawoy, Michael. 1982. *Manufacturing Consent: Changes in the Labor Process under Monopoly Capitalism*. Chicago: University of Chicago Press.

———.1985. *The Politics of Production: Factory Regimes under Capitalism and Socialism*. London: Verso.

Butler, Judith. 1990. *Gender Trouble: Feminism and the Subversion of Identity*. London: Routledge.

Caduff, Carlo. 2011. "Anthropology's Ethics: Moral Positionalism, Cultural Relativism, and Critical Analysis." *Anthropological Theory* 11: 465–80.

Camic, Charles. 1979. "The Utilitarians Revisited." *American Journal of Sociology* 85: 516–550.

Camic, Charles, and Neil Gross. 1998. "Contemporary Developments in Sociological

Theory: Current Projects and Conditions of Possibility." *Annual Review of Sociology* 24: 453–476.

Campbell, Donald T. 1958. "Common Fate, Similarity, and Other Indices of the Status of Aggregates of Persons as Social Entities." *Behavioral Science* 3: 14–25.

———.1975. " 'Degrees of Freedom' and the Case Study." *Comparative Political Studies* 8: 178–193.

Campbell, Donald T., and Julian C. Stanley. 1963. *Experimental and Quasi-Experimental Designs for Research*. Chicago: Rand McNally.

Campbell, Mildred. 1942. *The English Yeoman under Elizabeth and the Early Stuarts*. New Haven, CT: Yale University Press.

Campbell, N. R. 1920. *Physics: The Elements*. New York: Cambridge University Press.

Cantor, Georg. 1915. *Contributions to the Founding of the Theory of Transfinite Numbers*. Translated by Philip E. B. Jourdain. Chicago: Open Court.

Capoccia, Giovanni. 2015. "Critical Junctures and Institutional Change." pp. 147–179 in Mahoney and Thelen, *Advances in Comparative-Historical Analysis*.

Capoccia, Giovanni, and R. D. Keleman. 2007. "The Study of Critical Junctures: Theory, Narrative, and Counterfactuals in Institutional Analysis." *World Politics* 59: 341–369.

Carey, Susan. 2009. *The Origin of Concepts*. Oxford: Oxford University Press.

Carroll, John W. 1991. "Property-Level Causation?" *Philosophical Studies* 63: 245–270.

———.2009. "Anti-Reductionism." pp. 279–298 in Beebee, Hitchcock, and Menzies, *Oxford Handbook of Causation*.

Carroll, Sean. 2017. "Why Boltzmann Brains Are Bad." Manuscript, Walter Burke Institute forTheoretical Physics, California Institute of Technology, Pasadena, CA, February 6.

———.2019. *Something Deeply Hidden: Quantum Worlds and the Emergence of Spacetime*. New York: Penguin.

Cartwright, Nancy. 1989. *Nature's Capacities and Their Measurement*. Oxford: Clarendon.

———.2004. "Causation: One Word, Many Things." *Philosophy of Science* 71: 805–19.

Casasanto, Daniel. 2010. "Space for Thinking." pp. 453–478 in *Cognition and Space: The State of the Art and New Directions*, edited by Vyvyan Evans and Paul Chilton. London: Equinox.

Casati, Roberto, and Achille C. Varzi. 1999. *Parts and Places: The Structures of Spatial Representation*. Cambridge, MA: MIT Press.

Casati, Roberto, and Achille C. Varzi. 2015. "Events." *The Stanford Encyclopedia of Philosophy*, Spring edition.

Cavieres, Eduardo. 1996. *El comercio chileno en la economía colonial*. Valparaiso, Chile: Ediciones Universitarias de Valparaiso.

Chalmers, David J. 2010. *The Character of Consciousness*. Oxford: Oxford University Press.

Chater, Nick. 2018. *The Mind Is Flat: The Illusion of Mental Depth and the Impoverished Mind*. London: Random House.

Chibber, Vivek. 2003. *Locked in Place: State-Building and Late Industrialization in India*. Princeton, NJ: Princeton University Press.

Childers, Timothy. 2013. *Philosophy and Probability*. Oxford: Oxford University Press.

Chisholm, Roderick M. 1996. *A Realistic Theory of Categories: An Essay on Ontology*. Cambridge: Cambridge University Press.

Chomsky, Noam. 1975. *Reflections on Language*. New York: Pantheon.

Churchland, Patricia. 1986. *Neurophilosophy*. Cambridge, MA: MIT Press.

Churchland, Paul M. 1981. "Eliminative Materialism and the Propositional Attitudes." *Journal of Philosophy* 78: 67–90.

———.1985. "Conceptual Progress and Word/World Relations: In Search of the Essence of Natural Kinds." *Canadian Journal of Philosophy* 15: 1–17.

———.1988. "Perceptual Plasticity and Theoretical Neutrality: A Reply to Jerry Fodor." *Philosophy of Science* 55: 167–187.

———.1989. *A Neurocomputational Perspective: The Nature of Mind and the Structure of Science*. Cambridge, MA: MIT Press.

———.1998. "Conceptual Similarity across Sensory and Neural Diversity: The Fodor/Lepore Challenge Answered." *Journal of Philosophy* 95: 5–32.

———.2012. *Plato's Camera: How the Physical Brain Captures a Landscape of Abstract Universals*. Cambridge, MA: MIT Press.

Cienki, Alan. 2007. "Frames, Idealized Cognitive Models, and Domains." pp. 170–87 in *The*

Oxford Handbook of Cognitive Linguistics, edited by Dirk Geeraerts and Hubert Cuyckens. Oxford: Oxford University Press.

Cimpian, Andrel, and Erika Salomon. 2014. "The Inherence Heuristic: An Intuitive Means of Making Sense of the World, and a Potential Precursor to Psychological Essentialism." *Behavioral and Brain Sciences* 37: 461–527.

Clark, Andy. 2008. *Supersizing the Mind: Embodiment, Action, and Cognitive Extension*. Oxford: Oxford University Press.

———.2013. "Whatever Next? Predictive Brains, Situated Agents, and the Future of Cognitive Science" (with comments). *Behavioral and Brain Sciences* 36: 181–253.

———.2016. *Surfing Uncertainty: Prediction, Action, and the Embodied Mind*. Oxford: Oxford University Press.

Clark, Andy, and David Chalmers. 1998. "The Extended Mind." *Analysis* 58: 7–19.

Clark, William Roberts, Michael J. Gilligan, and Matt Golder. 2006. "A Simple Multivariate Test for Asymmetric Hypotheses." *Political Analysis* 14: 311–331.

Clarke, Kevin A. 2002. "The Reverend and the Ravens: Comment on Seawright." *Political Analysis* 10: 194–197.

Cleland, Carol E. 2002. "Differences between Historical Science and Experimental Science." *Philosophy of Science* 69: 474–496.

———.2013. "Is a General Theory of Life Possible? Seeking the Nature of Life in the Context of a Single Example." *Biological Theory* 7: 368–379.

Clemens, Elisabeth S., and James M. Cook. 1999. "Politics and Institutionalism: Explaining Durability and Change." *Annual Review of Sociology* 25: 441–466.

Cohen, G. A. 1995. *Self-Ownership, Freedom, and Equality*. New York: Cambridge University Press.

Coleman, James. 1982. *The Asymmetric Society*. Syracuse, NY: Syracuse University Press.

———.1990. *Foundations of Social Theory*. Cambridge, MA: Belknap Press.

Coley, John D., Douglas L. Medin, and Scott Atran. 1997. "Does Rank Have Its Privilege? Inductive Inference within Folkbiological Taxonomies." *Cognition* 64: 73–112.

Coley, John D., and Kimberly D. Tanner. 2012. "Common Origins of Diverse Misconceptions: Cognitive Principles and the Development of Biology Thinking." *CBE: Life Sciences Education* 11: 209–215.

Collier, Andrew. 1994. *Critical Realism: An Introduction to Roy Bhaskar's Philosophy*. London: Verso.

Collier, David. 2011. "Understanding Process Tracing." *PS: Political Science and Politics* 44: 823–830.

Collier, David, Henry E. Brady, and Jason Seawright. 2010. "Sources of Leverage in Causal Inference: Toward an Alternative View of Methodology." pp. 161–99 in Brady and Collier, *Rethinking Social Inquiry*.

Collier, David, and John Gerring, eds. 2009. *Concepts and Method in Social Science: The Tradition of Giovanni Sartori*. London: Routledge.

Collier, David, and Steven Levitsky. 1997. "Democracy with Adjectives: Conceptual Innovation in Comparative Research." *World Politics* 49: 430–451.

Collier, David, and James Mahon. 1993. "Conceptual 'Stretching' Revisited: Adapting Categories in Comparative Research." *American Political Science Review* 87: 845–855.

Collins, Harry. 1981. "Stages in the Empirical Programme of Relativism." *Social Studies of Science* 11: 3–10.

Collins, John, Ned Hall, and L. A. Paul, eds. 2004. *Causation and Counterfactuals*. Cambridge, MA: MIT Press.

Collins, Patricia Hill. 2019. *Intersectionality as Critical Social Theory*. Durham, NC: Duke University Press.

Collins, Randall. 1994. *Four Sociological Traditions*. New York: Oxford University Press.

Colyvan, Mark. 2001. *The Indispensability of Mathematics*. Oxford: Oxford University Press.

Connolly, William E. 1974. *The Terms of Political Discourse*. Princeton, NJ: Princeton University Press.

Copi, Irving M. 1954. "Essence and Accident." *Journal of Philosophy* 51: 706–19.

Copi, Irving M., and Carl Cohen. 1994. *Introduction to Logic*. 9th ed. London: Macmillan.

Copley, Bridget, and Heidi Harley. 2015. "A Force-Theoretic Framework for Event Structure." *Linguistics and Philosophy* 38: 103–58.

Cosmides, Leda. 1989. "The Logic of Social Exchange: Has Natural Selection Shaped How Humans Reason? Studies with the Watson Selection Task." *Cognition* 31: 187–276.

Costner, Herbert L., and Robert K. Leik. 1964. "Deductions from 'Axiomatic Theory.' " *American Sociological Review* 29: 819–835.

Cox, R. T. 1946. "Probability, Frequency and Reasonable Expectation." *American Journal of Physics* 14: 1–13.

Crane, Tim, and D. H. Mellor. 1990. "There Is No Question of Physicalism." *Mind* 99: 185–206.

Crick, Francis, and Christof Koch. 2003. "A Framework for Consciousness." *Nature and Neuroscience* 6: 119–126.

Crocker, David A. 2008. *Ethics of Global Development: Agency, Capability, and Deliberative Democracy*. Cambridge: Cambridge University Press.

Cyr, Jennifer. 2019. *Focus Groups for the Social Science Researcher*. Cambridge: Cambridge University Press.

Dahl, Robert A. 1957. "The Concept of Power." *Behavioral Science* 2: 201–215.

———.1971. *Polyarchy: Participation and Opposition*. New Haven, CT: Yale University Press.

D'Andrade, Roy. 1995. "Moral Models in Anthropology." *Current Anthropology* 36: 399–408.

Danks, David. 2009. "The Psychology of Causal Perception and Reasoning." pp. 448–70 in Beebee, Hitchcock, and Menzies, *Oxford Handbook of Causation*.

David, Marian. 2016. "The Correspondence Theory of Truth." *Stanford Encyclopedia of Philosophy*, Fall edition.

David, Paul A. 1985. "Clio and the Economics of QWERTY." *American Economic Review* 75: 332–337.

Davidson, Donald. 1967. "Causal Relations." *Journal of Philosophy* 64: 691–703.

Davis, Kingsley, and Wilbert E. Moore. 1945. "Some Principles of Stratification." *American*

Sociological Review 10: 242–249.

Dawkins, Richard. 1986. *The Blind Watchmaker: Why the Evidence of Evolution Reveals a Universe without Design*. New York: Norton.

De Freitas, Julian, Kevin P. Tobia, George E. Newman, and Joshua Knobe. 2017. "Normative Judgments and Individual Essence." *Cognitive Science* 41 (S3): 382–402.

De Leon, Jason. 2015. *The Land of Open Graves: Living and Dying on the Migrant Trail*. Berkeley: University of California Press.

Demey, Lorenz, Barteld Kooi, and Joshua Sack. 2013. "Logic and Probability." *Stanford Encyclopedia of Philosophy*, Fall edition.

Dennett, Daniel C. 1987. *The Intentional Stance*. Cambridge, MA: MIT Press.

———.1990. "The Interpretation of Texts, People and Other Artifacts." *Philosophy and Phenomenological Research* 1: 177–194.

Derrida, Jacques. 1982. *Margins of Philosophy*. Brighton, UK: Harvester Press.

Dessler, David. 1991. "Beyond Correlations: Toward a Causal Theory of War." *International Studies Quarterly* 35: 337–355.

Deutsch, Harry, and Pawel Garbacz. 2018. "Relative Identity." *Stanford Encyclopedia of Philosophy*, Fall edition.

DeWitt, Bryce S., and Neill Graham, eds. 1973. *The Many-Worlds Interpretation of Quantum Mechanics*. Princeton, NJ: Princeton University Press.

Diamond, Jared. 1997. *Guns, Germs, and Steel: The Fates of Human Societies*. New York: Norton.

Diesendruck, Gil, Rebecca Goldfein-Elbaz, Marjorie Rhodes, Susan Gelman, and Noam Neumark. 2013. "Cross-Cultural Differences in Children's Beliefs about the Objectivity of Social Categories." *Child Development* 84: 1906–1917.

Dion, Douglas. 1998. "Evidence and Inference in the Comparative Case Study." *Comparative Politics* 30: 127–145.

Divers, John. 2002. *Possible Worlds*. London: Routledge.

Dodge, Ellen, and George Lakoff. 2005. "Image Schemas: From Linguistic Analysis to Neural Grounding." pp. 57–92 in *From Perception to Meaning: Image Schemas in Cognitive Linguistics*, edited by Beate Hampe. Berlin: Walter de Gruyter.

Douglas, Mary. 1966. *Purity and Danger: An Analysis of the Concepts of Pollution and Taboo*. London: Routledge.

Dowding, Keith. 1991. *Rational Choice and Political Power*. Bristol, UK: Bristol University Press.

———.2006. "Three-Dimensional Power: A Discussion of Steven Luke's *Power: A Radical View*." *Political Studies Review* 4: 136–145.

———.2019. *Rational Choice and Political Power*. Rev. ed. Bristol, UK: Bristol University Press.

Dowe, Phil. 2000. *Physical Causation*. New York: Cambridge University Press.

———.2009. "Causal Process Theories." pp. 213–233 in Beebee, Hitchcock, and Menzies, *Oxford Handbook of Causation*.

Dowling, John, and Jeffrey Pfeffer. 1975. "Organizational Legitimacy: Social Values and Organizational Behavior." *Pacific Sociological Review* 18: 122–136.

Downing, Brian M. 1992. *The Military Revolution and Political Change: Origins of Democracy and Autocracy in Early Modern Europe*. Princeton, NJ: Princeton University Press.

Dreze, Jean, and Amartya Sen. 1989. *Hunger and Public Action*. Oxford: Oxford University Press.

Driver, Julia. 2014. "The History of Utilitarianism." *Stanford Encyclopedia of Philosophy*, Winter edition.

Du Bois, W. E. B. 1995. *W. E. B. Du Bois: A Reader*. Edited by David Levering Lewis. New York: Henry Holt.

Dul, Jan. 2016. "Necessary Condition Analysis (NCA): Logic and Methodology of Necessary but Not Sufficient Causality." *Organizational Research Methods* 19: 10–52.

Dupre, John. 1981. "Natural Kinds and Biological Taxa." *Philosophical Review* 90: 66–90.

———.1993. *The Disorder of Things*. Cambridge, MA: Harvard University Press.

———.2002. "Is 'Natural Kind' a Natural Kind Term?" *Monist* 85: 29–49.

Durkheim, Emile. 1893/1964. *The Division of Labor in Society*. New York: Free Press.

———.1895/1982. *Durkheim: The Rules of the Sociological Method and Selected Texts on Sociology and Its Method*. Edited by Steven Lukes. Translated by W. D. Halls. New York: Free Press.

———.1912/1961. *The Elementary Forms of Religious Life*. New York: Collier. Duster, Troy. 2001. "The 'Morphing' Properties of Whiteness." pp. 113–137 in *The Making and Unmaking of Whiteness*, edited by Birgit Brander Rasmussen, Eric Klinenberg, Irene J. Nexica, and Matt Wray. Durham, NC: Duke University Press.

Dweck, Carol S. 1998. "The Development of Early Self-Conceptions: Their Relevance for Motivational Processes." pp. 257–80 in *Motivation and Self-Regulation across the Life Span*, edited by Jutta Heckhausen and Carol S. Dweck. Cambridge: Cambridge University Press.

Dweck, Carol S., and Ellen L. Leggett. 1988. "A Social-Cognitive Approach to Motivation and Personality." *Psychological Review* 95: 256–273.

Dworkin, Ronald. 2000. *Sovereign Virtue*. Cambridge, MA: Harvard University Press.

Earman, John. 1992. *Bayes or Bust? A Critical Examination of Bayesian Confirmation Theory*. Cambridge, MA: MIT Press.

Edelman, Gerald M., and Giulio Tononi. 2000. *A Universe of Consciousness: How Matter Becomes Imagination*. New York: Basic Books.

Edwards, A. W. F. 2004. *Cogwheels of the Mind: The Story of Venn Diagrams*. Baltimore: Johns Hopkins University Press.

Eickmeier, Sandra, and Christina Ziegler. 2008. "How Successful Are Dynamic Factor Models at Forecasting Output and Inflation?" *Journal of Forecasting* 27: 237–65.

Eidlin, Barry. 2018. *Labor and the Class Idea in the United States and Canada*. Cambridge: Cambridge University Press.

Eisenstadt, S. N. 1964. "Institutionalization and Change." *American Sociological Review* 29: 235–247.

Elder-Vass, Dave. 2012. *The Reality of Social Construction*. Cambridge: Cambridge University Press.

Elga, Adam. 2007. "Isolation and Folk Physics." pp. 106–19 in *Causation, Physics, and the Constitution of Reality: Russell's Republic Revisited*, edited by Huw Price and Richard Corry. Oxford: Oxford University Press.

Eliason, Scott R., and Robyn Stryker. 2009. "Goodness-of-Fit Tests and Descriptive Measures in Fuzzy-Set Analysis." *Sociological Methods and Research* 38: 102–46.

Ellis, Brian. 1996. "Natural Kinds and Natural Kind Reasoning." pp. 11–28 in *Natural Kinds, Laws of Nature and Scientific Methodology*, edited by Peter J. Riggs. Dordrecht, the Netherlands: Kluwer.

———.2001. *Scientific Essentialism*. Cambridge: Cambridge University Press.

———.2009. *The Metaphysics of Scientific Realism*. Montreal: McGill-Queen's University Press.

Elman, Colin, John Gerring, and James Mahoney, eds. 2020. *The Production of Knowledge: Enhancing Progress in Social Science*. Cambridge: Cambridge University Press.

Elster, Jon. 1978. *Logic and Society: Contradictions and Possiblem Worlds*. Chichester, UK: Wiley.

———.1983. *Sour Grapes*. Cambridge: Cambridge University Press.

———.1985. *Making Sense of Marx*. Cambridge: Cambridge University Press.

———,ed. 1986a. *The Multiple Self*. Cambridge: Cambridge University Press.

———,ed. 1986b. *Rational Choice*. New York: New York University Press.

———.1998. "A Plea for Mechanisms." pp. 45–73 in *Social Mechanisms: An Analytical Approach to Social Theory*, edited by Peter Hedstrom and Richard Swedberg. Cambridge: Cambridge University Press.

———.1999. *Alchemies of the Mind: Rationality and the Emotions*. Cambridge: Cambridge University Press.

Emigh, Rebecca. 1997. "The Power of Negative Thinking: The Use of Negative Case Methodology in the Development of Sociological Theory." *Theory and Society* 26: 649–84.

Emirbayer, Mustafa. 1997. "Manifesto for a Relational Sociology." *American Journal of Sociology* 103: 281–317.

Emirbayer, Mustafa, and Ann Mische. 1998. "What Is Agency?" *American Journal of Sociology* 103: 962–1023.

English, Robert. 2007. "Perestroika without Politics: How Realism Misunderstands the Cold War's End." pp. 237–60 in Goertz and Levy, *Explaining War and Peace*.

Epstein, Steven. 1996. *Impure Science: AIDS, Activism, and the Politics of Knowledge*. Berkeley: University of California Press.

———.2007. *Inclusion: The Politics of Difference in Medical Research*. Chicago: University of Chicago Press.

Escobar, Arturo. 1995. *Encountering Development: The Making and Unmaking of the Third World*. Princeton, NJ: Princeton University Press.

Esteva, Gustavo. 1992. "Development." pp. 6–25 in *The Development Dictionary: A Guide to*

Knowledge as Power, edited by Wolfgang Sachs. London: ZED Books.

Evans, Peter. 1995. *Embedded Autonomy: States and Industrial Transformation*. Princeton, NJ: Princeton University Press.

Evans, Vyvyan. 2006. "Lexical Concepts, Cognitive Models, and Meaning-Construction." *Cognitive Linguistics* 17: 491–534.

———.2013. *Language and Time: A Cognitive Linguistics Approach*. Cambridge: Cambridge University Press.

Fagen, Richard R. 1969. *The Transformation of Political Culture in Cuba*. Stanford, CA: Stanford University Press.

Fair, David. 1979. "Causation and the Flow of Energy." *Erkenntnis* 14: 219–250.

Fairfield, Tasha. 2013. "Going Where the Money Is: Strategies for Taxing Economic Elites in Unequal Democracies." *World Development* 47: 42–57.

Fairfield, Tasha, and Andrew Charman. 2017. "Explicit Bayesian Analysis for Process Tracing: Guidelines, Opportunities, and Caveats." *Political Analysis* 25: 363–80.

———.Forthcoming. *Social Inquiry and Bayesian Inference: Rethinking Qualitative Research*. Cambridge: Cambridge University Press.

Falleti, Tulia G. 2006. "Theory-Guided Process-Tracing: Something Old, Something New." *APSA- CP: Newsletter of the Organized Section in Comparative Politics of the APSA* 17: 9–14.

Falleti, Tulia G., and Julia H. Lynch. 2009. "Context and Causal Mechanisms in Political Analysis." *Comparative Political Studies* 42: 1143–1166.

Falleti, Tulia G., and James Mahoney. 2015. "The Comparative Sequential Method." pp. 211–39 in Mahoney and Thelen, *Advances in Comparative-Historical Analysis*.

Fanon, Frantz. 1963/2004. *The Wretched of the Earth*. Translated by Richard Philcox. New York: Grove.

Fassin, Didier. 2008. "Beyond Good and Evil? Questioning the Anthropological Discomfort with Morals." *Anthropological Theory* 8: 333–344.

Fauconnier, Gilles. 1994. *Mental Spaces: Aspects of Meaning Construction in Natural Language*. Cambridge: Cambridge University Press.

Fauconnier, Gilles, and Mark Turner. 2002. *The Way We Think: Conceptual Blending and the Mind's Hidden Complexities*. New York: Basic Books.

Fay, Brian. 1975. *Social Theory and Political Practice*. New York: Routledge.

Feagin, Joe R. 2009. *The White Racial Frame: Centuries of Racial Framing and Counter-Framing*. London: Routledge.

Fearon, James. 1991. "Counterfactuals and Hypothesis Testing in Political Science." *World Politics* 43: 169–195.

———.1996. "Causes and Counterfactuals in Social Science: Exploring an Analogy between Cellular Automata and Historical Processes." In *Counterfactual Analysis in World Politics*, edited by P. Tetlock and A. Belkin. Princeton, NJ: Princeton University Press.

Fearon, James, and David Laitin. 2008. "Integrating Qualitative and Quantitative Methods: Putting It Together Again." pp. 1166–1185 in *The Oxford Handbook of Political Science*, edited by Robert E. Goodin. Oxford: Oxford University Press.

Feyerabend, P. K. 1958. "An Attempt at a Realistic Interpretation of Experience." *Meeting of the Aristotelian Society* 58: 143–170.

Field, Hartry. 2016. *Science without Numbers: A Defense of Nominalism*. 2nd ed. Oxford: Oxford University Press.

Fillmore, Charles J. 1975. "An Alternative to Checklist Theories of Meaning." pp. 123–131 in *Proceeding of the First Annual Meeting of the Berkeley Linguistics Society*. Berkeley, CA: Berkeley Linguistics Society.

Firth, Roderick. 1967. "The Anatomy of Certitude." *Philosophical Review* 76: 3–27.

Fligstein, Neil, and Douglas McAdam. 2012. *A Theory of Fields*. Oxford: Oxford University Press.

Flusberg, Stephen J., and James A. McClelland. 2017. "Connectionism and the Emergence of the Mind." pp. 69–90 in *The Oxford Handbook of Cognitive Science*, edited by Susan E. F. Chipman. Oxford: Oxford University Press.

Fodor, Jerry A. 1975. *The Language of Thought*. Cambridge, MA: Harvard University Press.

———.1983. *The Modularity of the Mind*. Cambridge, MA: MIT Press.

———.1984. "Observation Reconsidered." *Philosophy of Science* 51: 23–43.

———.1988. "A Reply to Churchland's 'Perceptual Plasticity and Theoretical Neutrality.'" *Philosophy of Science* 55: 188–98.

———.1998. *Concepts: Where Cognitive Science Went Wrong*. New York: Oxford University Press.

Foucault, Michel. 1975/1995. *Discipline and Punish: The Birth of the Prison*. 2nd ed. Translated by Alan Sheridan. New York: Vintage.

———.1982. "The Subject and Power." *Critical Inquiry* 8: 777–795.

Fraser, Nancy. 1989. *Unruly Practices: Power, Discourse, and Gender in Contemporary Social Theory*. Minneapolis: University of Minnesota Press.

Freedman, David. 1999. "From Association to Causation: Some Remarks on the History of Statistics." *Statistical Science* 14: 243–258.

———.2008. "On Types of Scientific Enquiry: The Role of Qualitative Reasoning." pp. 300–318 in Box-Steffensmeier, Brady, and Collier, *Oxford Handbook of Political Methodology*.

———.2010. *Statistical Models and Causal Inference*. New York: Cambridge University Press.

Freeman, Samuel. 2019. "Original Position." *Stanford Encyclopedia of Philosophy*, Summer edition.

Frege, Gottlob. 1884/1960. *The Foundations of Arithmetic: A Logico-Mathematic Enquiry into the Concept of Number*. Translated by J. L. Austin. New York: Harper.

Fuchs, Stephen. 2001. *Against Essentialism: A Theory of Culture and Society*. Cambridge, MA: Harvard University Press.

Fulbrook, Mary, and Theda Skocpol. 1984. "Destined Pathways: The Historical Sociology of Perry Anderson." pp. 170–210 in *Vision and Method in Historical Sociology*, edited by Theda Skocpol. Cambridge: Cambridge University Press.

Furniss, Norman, and Timothy Tilton. 1977. *The Case for the Welfare State: From Social*

Security to Social Equality. Bloomington: Indiana University Press.

Gadenne, Volker. 2015. "Critical Rationalism." pp. 271–276 in *International Encyclopedia of the Social and Behavioral Sciences*, 2nd ed., edited by James D. Wright. Amsterdam: Elsevier.

Gagnon, John H., and William Simon. 1973. *Sexual Conduct: The Social Sources of Human Sexuality*. Chicago: Aldine.

Galavotti, Maria Carla. 2005. *Philosophical Introduction to Probability*. Stanford, CA: CSLI Publications.

Galluzzo, Gabriele. 2015. "A Kind Farewell to Platonism: For an Aristotelian Understanding of Kinds and Properties." pp. 85–113 in Galluzzo and Loux, *The Problem of Universals*.

Galluzzo, Gabriele, and Michael J. Loux, eds. 2015. *The Problem of Universals in Contemporary Philosophy*. Cambridge: Cambridge University Press.

Gandhi, Jennifer. 2008. *Political Institutions under Dictatorship*. New York: Cambridge University Press.

Gardenfors, Peter. 2000. *Conceptual Spaces: The Geometry of Thought*. Cambridge, MA: MIT Press.

———.2007. "Representing Actions and Functional Properties in Conceptual Spaces." pp. 241–269 in *Body, Language, and Mind*, vol. 1, *Embodiment*, edited by Tom Ziemke, Jordan Zlatev, and Roslyn M. Frank. Berlin: Mouton de Gruyter.

———.2014. *The Geometry of Meaning: Semantics Based on Conceptual Spaces*. Cambridge, MA:MIT Press.

Gardina Pestana, Carla. 2006. "Nineteenth-Century British Imperialism Undone with a Single Shell Fragment." pp. 197–202 in Tetlock, Lebow, and Parker, *Unmaking the West*.

Garfinkel, Alan. 1981. *Forms of Explanation: Rethinking the Questions of Social Theory*. New Haven, CT: Yale University Press.

Garfinkel, Harold. 1967. *Studies in Ethnomethodology*. Englewood Cliffs, NJ: Prentice Hall.

Gaventa, John. 1980. *Power and Powerlessness: Quiescence and Rebellion in an Appalachian Valley*. Urbana: University of Illinois Press.

Geddes, Barbara. 2003. *Paradigms and Sandcastles: Theory Building and Research Design in Comparative Politics*. Ann Arbor: University of Michigan Press.

Geertz, Clifford. 1973. *The Interpretation of Cultures: Selected Essays*. New York: Basic Books.

———.1974. "'From the Native's Point of View': On the Nature of Anthropological Understanding." *Bulletin of the American Academy of Arts and Sciences* 28: 26–45.

———.1988. *Works and Lives: The Anthropologist as Author*. Stanford, CA: Stanford University Press.

Gelman, Susan A. 2003. *The Essential Child: Origins of Essentialism in Everyday Thought*. Oxford: Oxford University Press.

———.2013. "Artifacts and Essentialism." *Review of Philosophy and Psychology* 4 (3): 449–463.

Gelman, Susan A., and Gil Diesendruck. 1999. "A Reconsideration of Concepts: On the Compatibility of Psychological Essentialism and Context Sensitivity." pp. 79–102 in *Conceptual Development: Piaget's Legacy*, edited by Ellin Kofsky Scholnick, Katherine

Nelson, Susan A. Gelman, and Patricia H. Miller. Mahwah, NJ: Lawrence Erlbaum.

Gelman, Susan A., and Lawrence A. Hirschfeld. 1999. "How Biological Is Essentialism?" pp. 403–446 in *Folkbiology*, edited by Douglas L. Medin and Scott Atran. Cambridge, MA: MIT Press.

Gelman, Susan A., and Steven O. Roberts. 2017. "How Language Shapes the Cultural Inheritance of Categories." *PNAS* 114: 7900–7907.

Gentner, Dedre, Brian F. Bowdle, Phillip Wolfe, and Consuelo Boronat. 2001. "Metaphor Is Like Analogy." pp. 199–253 in *The Analogical Mind: Perspectives from Cognitive Science*, edited by Dedre Gentner, Keith J. Holyoak, and Biocho N. Kokinov. Cambridge, MA: MIT Press.

Gentner, Dedre, and Francisco Maravilla. 2018. "Analogical Reasoning." pp. 186–203 in *International Handbook of Thinking and Reasoning*, edited by Linden J. Ball and Valerie A. Thompson. New York: Psychology Press.

George, Alexander L., and Andrew Bennett. 2005. *Case Studies and Theory Development in the Social Sciences*. Cambridge, MA: MIT Press.

Gerring, John. 2012. *Social Science Methodology: A Unified Framework*. Cambridge: Cambridge University Press.

———.2017. *Case Study Research: Principles and Practices*. 2nd ed. Cambridge: Cambridge University Press.

Geser, Hans. 1992. "Towards an Interaction Theory of Organizational Actors." *Organizational Studies* 13: 429–451.

Gibbs, Jack. 1965. "Norms: The Problem of Definition and Classification." *American Journal of Sociology* 70: 586–594.

Giddens, Anthony. 1979. *Central Problems in Social Theory: Action, Structure and Contradiction in Social Analysis*. Berkeley: University of California Press.

———.1984. *The Constitution of Society*. Berkeley: University of California Press.

———.1991. *Modernity and Self-Identity*. New York: Polity.

Giere, Ronald N. 2006. *Scientific Perspectivism*. Chicago: University of Chicago Press.

Gilbert, Margaret. 1987. "Modelling Collective Belief." *Synthese* 73: 185–204.

———.1992. *On Social Facts*. Princeton, NJ: Princeton University Press.

Gil-White, Francisco J. 2001. "Are Ethnic Groups Biological 'Species' to the Human Brain?" *Current Anthropology* 42: 515–554.

Girle, Rod. 2003. *Possible Worlds*. Montreal: McGill-Queen's University Press.

Glanzberg, Michael G., ed. 2018a. *Oxford Handbook of Truth*. Oxford: Oxford University Press.

———.2018b. "Truth." *Stanford Encyclopedia of Philosophy*, Fall edition.

Gleick, James. 1987. *Chaos: Making a New Science*. New York: Penguin.

Glennan, Stuart S. 1996. "Mechanisms and the Nature of Causation." *Erkenntnis* 44: 49–71.

———.2009. "Mechanisms." pp. 315–325 in Beebee, Hitchcock, and Menzies, *Oxford Handbook of Causation*.

Glymour, Clark. 2001. *The Mind's Arrows: Bayes Nets and Graphical Causal Models in Psychology*. Cambridge, MA: MIT Press.

Glymour, Clark, David Danks, Bruce Glymour, Frederick Eberhardt, Joseph Ramsey, Richard

Scheines, Peter Spirtes, Choh Man Teng, and Jiji Zhang. 2010. "Actual Causation: A Stone Soup Essay." *Synthese* 175: 169–192.

Glymour, Clark, and Frank Wimberly. 2007. "Actual Causes and Thought Experiments." pp. 43–68 in *Causation and Explanation*, edited by Joseph Keim Campbell, Michael O'Rourke, and Harry Silverstein. Cambridge, MA: MIT Press.

Go, Julian. 2011. *Patterns of Empire: The British and American Empires, 1688 to the Present*. Cambridge: Cambridge University Press.

Godel, Kurt. 1947. "What Is Cantor's Continuum Problem?" *American Mathematical Monthly* 54: 515–525.

Godfrey-Smith, Peter. 2009. "Causal Pluralism." pp. 326–337 in Beebee, Hitchcock, and Menzies, *Oxford Handbook of Causation*.

Goertz, Gary. 2003a. "Cause, Correlation, and Necessary Conditions." pp. 47–64 in Goertz and Starr, *Necessary Conditions*.

———.2003b. "The Substantive Importance of Necessary Condition Hypotheses." pp. 65–94 in Goertz and Starr, *Necessary Conditions*.

———.2006a. "Assessing the Trivialness, Relevance, and Relative Importance of Necessary or Sufficient Conditions in Social Science." *Studies in Comparative International Development* 41: 88–109.

———.2006b. *Social Science Concepts: A User's Guide*. Princeton, NJ: Princeton University Press.

———.2020. *Social Science Concepts and Measurement*. New and revised ed. Princeton, NJ: Princeton University Press.

Goertz, Gary, and Jack S. Levy. 2007a. "Causal Explanation, Necessary Conditions, and Case Studies." pp. 9–45 in Goertz and Levy, *Explaining War and Peace*.

———,eds. 2007b. *Explaining War and Peace: Case Studies and Necessary Condition Counterfactuals*. London: Routledge.

Goertz, Gary, and James Mahoney. 2005. "Two-Level Theories and Fuzzy-Set Analysis." *Sociological Methods and Research* 33: 497–538.

———.2012. *A Tale of Two Cultures: Qualitative and Quantitative Research in the Social Sciences*. Princeton, NJ: Princeton University Press.

Goertz, Gary, and Harvey Starr, eds. 2003. *Necessary Conditions: Theory, Methodology, and Applications*. Lanham, MD: Rowman and Littlefield.

Goffman, Erving. 1969. *The Presentation of Self in Everyday Life*. London: Allen Lane.

Goldhagen, Daniel Jonah. 1996. *Hitler's Willing Executioners: Ordinary Germans and the Holocaust*. New York: Knopf.

Goldstone, Jack A. 1991. *Revolution and Rebellion in the Early Modern World*. Berkeley: University of California Press.

———.1998a. "Initial Conditions, General Laws, Path Dependence, and Explanation in Historical Sociology." *American Journal of Sociology* 104: 829–845.

———.1998b. "The Problem of the 'Early Modern World.' " *Journal of Economic and Social History of the Orient* 41: 249–284.

———.2006. "Europe's Peculiar Path: Would the World Be 'Modern' if William III's Invasion of England in 1688 Had Failed?" pp. 168–96 in Tetlock, Lebow, and Parker, *Unmaking the West*.

Goldthorpe, John H. 1991. "The Uses of History in Sociology: Reflections on Some Recent Tendencies." *British Journal of Sociology* 42: 211–230.

———.1997. "Current Issues in Comparative Macrosociology: A Debate on Methodological Issues." *Comparative Social Research* 16: 1–26.

Gomez-Torrente, Mario. 2019. *Roads to Reference: An Essay on Reference Fixing in Natural Language*. Oxford: Oxford University Press.

Gonzalez-Ocantos, Ezequiel, and Jody LaPorte. Forthcoming. "Process Tracing and the Problem of Missing Data." *Sociological Methods and Research*.

Goodman, Nelson. 1947. "The Problem of Counterfactual Conditionals." *Journal of Philosophy* 44: 113–128.

———.1951. *The Structure of Appearance*. Cambridge, MA: Harvard University Press.

———.1978. *Ways of Worldmaking*. Indianapolis, IN: Hackett.

Goodman, Nelson, and W. V. Quine. 1947. "Steps toward a Constructive Nominalism." *Journal of Symbolic Logic* 12: 105–122.

Gopnik, Alison, Clark Glymour, David M. Sobel, Laura E. Schulz, Tamar Kushnir, and David Danks. 2004. "A Theory of Causal Learning in Children: Causal Maps and Bayes Nets." *Psychological Review* 111: 3–32.

Gorski, Philip S. 2013. "What Is Critical Realism and Why Should You Care?" *Contemporary Sociology* 42: 658–70.

Gould, Stephen J., and Niles Eldredge. 1977. "Punctuated Equilibria—The Tempo and Mode of Evolution Reconsidered." *Paleobiology* 3: 115–151.

Gouldner, Alvin W. 1962. "Anti-Minotaur: The Myth of a Value-Free Sociology." *Social Problems* 9: 199–213.

Gourevitch, Peter. 1986. *Politics in Hard Times: Comparative Responses to International Economic Crises*. Ithaca, NY: Cornell University Press.

Gowans, Chris. 2018. "Moral Relativism." *Stanford Encyclopedia of Philosophy*, Winter edition.

Grady, Joseph E. 2005. "Image Schemas and Perception: Refining a Definition." pp. 35–56 in *From Perception to Meaning: Image Schemas in Cognitive Linguistics*, edited by Beate Hampe. Berlin: Walter de Gruyter.

Grandy, Richard E. 2007. "Artifacts: Parts and Principles." pp. 18–32 in Margolis and Laurence, *Creations of the Mind*.

Granovetter, Mark. 1978. "Threshold Models of Collective Behavior." *American Journal of Sociology* 83: 1420–1443.

Grashoff, Gerd, and Michael May. 2001. "Causal Regularities." pp. 85–114 in *Current Issues in Causation*, edited by Wolfgang Spohn, Marion Ledwig, and Michael Esfeld. Munster: Mentis.

Graziano, Michael S. A. 2019. *Rethinking Consciousness: A Scientific Theory of Subjective Experience*. New York: Norton.

Green, Christopher G., and John Vervaeke. 1997. "The Experience of Objects and the Objects of Experience." *Metaphor and Symbol* 12: 3–17.

Green, Donald P., Shang E. Ha, and John G. Bullock. 2010. "Enough Already about 'Black Box' Experiments: Studying Mediators Is More Difficult than Most Suppose." *Annals of the American Academy of Political and Social Science* 628: 200–208.

Greene, Brian. 2004. *The Fabric of the Cosmos*. New York: Knopf.

———.2011. *The Hidden Reality: Parallel Universes and the Deep Laws of the Cosmos*. New York: Knopf.

Greene, Joshua. 2013. *Moral Tribes: Emotion, Reason, and the Gap between Us and Them*. New York: Penguin.

Griffin, Larry J. 1992. "Temporality, Events, and Explanation in Historical Sociology: An Introduction." *Sociological Methods and Research* 20: 403–427.

———.1993. "Narrative, Event-Structure, and Causal Interpretation in Historical Sociology." *American Journal of Sociology* 98: 1094–1133.

Griswold, Wendy. 2012. *Cultures and Societies in a Changing World*. 4th ed. Thousand Oaks, CA: Sage.

Grosholz, E. R. 1985. "Two Episodes in the Unification of Logic and Topology." *British Journal for the Philosophy of Science* 36: 147–157.

Gross, Neil, and Zachary Hyde. 2017. "Norms and Mental Imagery." pp. 361–91 in *Social Theory Now*, edited by Claudio E. Benzecry, Monika Krause, and Isaac Ariail Reed. Chicago: University of Chicago Press.

Grusky, David, ed. 2001. *Stratification in Sociological Perspective*. Boulder, CO: Westview Press.

Grzymala-Busse, Anna. 2011. "Time Will Tell? Temporality and the Analysis of Causal Mechanisms and Processes." *Comparative Political Studies* 44: 1267–1297.

Hackett, Edward J., Olga Amsterdamska, Michael Lynch, and Judy Wajcman, eds. 2008. *The Handbook of Science and Technology Studies*. Cambridge, MA: MIT Press.

Hacking, Ian. 1979. "What Is Logic?" *Journal of Philosophy* 6: 285–319.

———.1981. "The Archaeology of Foucault." *New York Review of Books*, May 14, 27–40.

———.1991. "A Tradition of Natural Kinds." *Philosophical Studies* 61: 109–126.

Hacking, Ian. 1995a. "The Looping Effects of Human Kinds." pp. 351–383 in *Causal Cognition: A Multidisciplinary Approach*, edited by Dan Sperber, David Premack, and Ann J. Premack. Oxford: Clarendon Press.

———.1995b. *Rewriting the Soul: Multiple Personality and the Sciences of Memory*. Princeton, NJ: Princeton University Press.

———.1999. *The Social Construction of What?* Cambridge, MA: Harvard University Press.

———.2001. *An Introduction to Probability and Inductive Logic*. Cambridge: Cambridge University Press.

———.2007. "Natural Kinds: Rosy Dawn, Scholastic Twilight." *Royal Institute of Philosophy Supplements* 61: 203–239.

———.2014. *Why Is There a Philosophy of Mathematics at All?* Cambridge: Cambridge

University Press.

Hajek, Alan. 2012. " Interpretations of Probability." *Stanford Encyclopedia of Philosophy*, Winter edition.

Hale, Bob. 1987. *Abstract Objects*. Oxford: Blackwell.

———.2013. *Necessary Beings: An Essay on Ontology, Modality, and the Relations between Them*. Oxford: Oxford University Press.

Hall, Ned. 2004. "Two Concepts of Causation." pp. 181–203 in Collins, Hall, and Paul, *Causation and Counterfactuals*.

Hall, Peter A. 2006. "Systematic Process Analysis: When and How to Use It." *European Management Review* 3: 24–31.

Hall, Peter A., and Rosemary C. R. Taylor. 1996. "Political Science and the Three New Institutionalisms." *Political Studies* 44: 936–957.

Hallam, A., and P. B. Wignall. 1997. *Mass Extinctions and Their Aftermath*. New York: Oxford University Press.

Halpern, Joseph Y. 2016. *Actual Causality*. Cambridge, MA: MIT Press.

Halpern, Joseph Y., and Christopher Hitchcock. 2010. "Actual Causation and the Art of Modeling." pp. 383–406 in *Heuristics, Probability, and Causality*, edited by R. Dechter, H. H. Geffner, and J. Y. Halpern. London: College Publishers.

Halpern, Joseph Y., and Judea Pearl. 2005. "Causes and Explanation: A Structural-Model Approach. Part I: Causes." *British Journal for the Philosophy of Science* 56: 843–887.

Hanna, Robert. 2006. *Rationality and Logic*. Cambridge, MA: MIT Press.

Hardin, Garrett. 1968. "The Tragedy of the Commons." *Science* 162: 1243–1248.

Harman, Gilbert. 1996. "Moral Relativism." pp. 3–64 in *Moral Relativism and Moral Objectivity*, edited by Gilbert Harman and Judith Jarvis Thompson. Cambridge, MA: Blackwell Publishers.

Harre, Rom. 1974. "Some Remarks on 'Rule' as a Scientific Concept." pp. 143–84 in *Understanding Other Persons*, edited by Theodore Mischel. Oxford: Blackwell.

———.2002. "Social Reality and the Myth of Social Structure." *European Journal of Social Theory* 5: 111–123.

Harre, Rom, and Michael Krausz. 1996. *Varieties of Relativism*. Oxford: Blackwell.

Harre, Rom, and E. H. Madden. 1975. *Causal Powers: A Theory of Natural Necessity*. Oxford: Blackwell.

Harre, Rom, and Secord, P. F. 1972. *The Explanation of Social Behavior*. Lanham, MD: Rowman and Littlefield.

Hart, H. L. A., and A. M. Honore. 1959. *Causation in the Law*. Oxford: Oxford University Press.

Hart, H. L. A., and Tony Honore. 1985. *Causation in the Law*. 2nd ed. Oxford: Oxford University Press.

Harvey, Frank P. 2012. *Explaining the Iraq War: Counterfactual Theory, Logic, and Evidence*. Cambridge: Cambridge University Press.

———.2015. " 'What If ' History Matters: Comparative Counterfactual Analysis and Policy Relevance." *Security Studies* 24: 413–424.

Haslam, Nick. 1998. "Natural Kinds, Human Kinds, and Essentialism." *Social Research* 65: 291–314.

Haslam, Nick, and Donald Ernst. 2002. "Essentialist Beliefs about Mental Disorders." *Journal of Social and Clinical Psychology* 21: 628–644.

Haslam, Nick, Elise Holland, and Minoru Karasawa. 2013. "Essentialism and Entitativity across Cultures." pp. 17–37 in *Culture and Group Processes*, edited by Masaki Yuki and Marilynn Brewer. Oxford: Oxford University Press.

Haslam, Nick, and Sheri R. Levy. 2006. "Essentialist Beliefs about Homosexuality: Structure and Implications for Prejudice." *Personality and Social Psychology Bulletin* 32: 471–485.

Haslam, Nick, Louis Rothschild, and Donald Ernst. 2000. "Essentialist Beliefs about Social Categories." *British Journal of Social Psychology* 39: 113–127.

———.2004. "Essentialism and Entitativity: Structures of Beliefs about the Ontology of Social Categories." pp. 61–78 in *The Psychology of Group Perception: Perceived Variability, Entitativity, and Essentialism*, edited by Vincent Yzerbyt, Charles M. Judd, and Olivier Corneille. Washington, D.C.: Psychology Press.

Haward, Paul, Laura Wagner, Susan Carey, and Sandeep Prasada. 2018. "The Development of Principled Connections and Kind Representations." *Cognition* 176: 255–268.

Haydu, Jeffrey. 1998. "Making Use of the Past: Time Periods as Cases to Compare and as Sequences of Problem Solving." *American Journal of Sociology* 104: 339–371.

Hechter, Michael, and Karl-Dieter Opp, eds. 2001. *Social Norms*. New York: Russell Sage Foundation.

Hedstrom, Peter, and Richard Swedberg, eds. 1998. *Social Mechanisms: An Analytical Approach to Social Theory*. Cambridge: Cambridge University Press.

Helmke, Gretchen, and Steven Levitsky. 2004. "Informal Institutions and Comparative Politics: A Research Agenda." *Perspectives on Politics* 2: 725–40.

Helpman, Elhanan, and Paul Krugman. 1985. *Market Structure and Foreign Trade*. Cambridge, MA: MIT Press.

Hempel, Carl G. 1942. *Aspects of Scientific Explanation and Other Essays in the Philosophy of Science*. New York: Free Press.

———.1965. *Aspects of Scientific Explanation and Other Essays in the Philosophy of Science*. 2nd ed. New York: Free Press.

———.1980. "Comments on Goodman's *Ways of Worldmaking*." *Synthese* 45: 193–99.

Hempel, Carl G., and Paul Oppenheim. 1948. "Studies in the Logic of Explanation." *Philosophy of Science* 15: 135–175.

Hendry, Robin Findlay. 2006. "Elements, Compounds, and Other Chemical Kinds." *Philosophy of Science* 73: 864–875.

Hernandez-Conde, Jose V. 2017. "A Case against Convexity in Conceptual Spaces." *Synthese* 194: 4011–4037.

Hexter, J. H. 1979. *On Historians*. Cambridge, MA: Harvard University Press.

Hicks, Alexander M. 1999. *Social Democracy and Welfare Capitalism: A Century of Income Security Politics*. Ithaca, NY: Cornell University Press.

Hirschfeld, Lawrence A. 1996. *Race in the Making: Cognition, Culture, and the Child's Construction of Human Kinds*. Cambridge, MA: MIT Press.

Hirschman, Albert O. 2013. "Morality and the Social Sciences: A Durable Tension." pp. 331–344 in *The Essential Hirschman*, edited by Jeremy Adelman. Princeton, NJ: Princeton University Press.

Hitchcock, Christopher. 2018. "Probabilistic Causation." *Stanford Encyclopedia of Philosophy*, Fall edition.

Hobbes, Thomas. 1651/2012. *Leviathan*. Edited by Noel Malcolm. 3 vols. Oxford: Oxford University Press.

Hodges, Wilfrid. 2018. "Tarski's Truth Definitions." *Stanford Encyclopedia of Philosophy*, Fall edition.

Hoffman, Donald. 2019. *The Case against Reality: Why Evolution Hid the Truth from Our Eyes*. New York: Norton.

Hoffman, Donald, Manish Singh, and Chetan Prakash. 2015. "The Interface Theory of Perception." *Psychonomic Bulletin and Review* 22: 1480–1506.

Holland, Paul W. 1986. "Statistics and Causal Inference." *Journal of the American Statistical Association* 81: 945–960.

Holt, Jim. 2018. *When Einstein Walked with G□el: Excursions to the Edge of Thought*. New York: Farrar, Straus and Giroux.

Homans, George C. 1967. *The Nature of Social Science*. New York: Harcourt, Brace and World.

Hood, Bruce. 2012. *The Self Illusion: How the Social Brain Creates Identity*. Oxford: Oxford University Press.

Hoover, Kenneth R. 1984. *Elements of Social Scientific Thinking*. 3rd ed. New York: St. Martin's.

Hudson, Robert G. 1994. "Background Independence and the Causation of Observations." *Studies in History and Philosophy of Science* 25: 595–612.

Hume, David. 1777/1975. *Enquiries concerning Human Understanding and concerning the Principles of Morals*. Oxford: Oxford University Press.

Humphreys, Macartan, and Alan Jacobs. 2015. "Mixing Methods: A Bayesian Approach." *American Political Science Review* 109: 653–673.

———.Forthcoming. *Integrated Inferences*. Cambridge: Cambridge University Press.

Hunt, Shelby D. 1994. "A Realist Theory of Empirical Testing: Resolving the Theory-Ladenness/Objectivity Debate." *Philosophy of the Social Sciences* 24: 133–58.

Huntington, Samuel P. 1968. *Political Order in Changing Societies*. New Haven, CT: Yale University Press.

Hurvich, Leo. 1981. *Color Vision*. Sunderland, MA: Sinauer Associates.

Immergut, Ellen M. 1998. "The Theoretical Core of the New Institutionalism." *Politics and Society* 26: 5–34.

Isaac, Jeffrey C. 1987a. "Beyond the Three Faces of Power: A Realist Critique." *Polity* 20: 4–31.

———.1987b. *Power and Marxist Theory: A Realist View*. Ithaca, NY: Cornell University Press.

Isaac, Larry W., Debra A. Street, and Stan J. Knapp. 1994. "Analyzing Historical Contingency with Formal Methods: The Case of the 'Relief Explosion' and 1968." *Sociological Methods and Research* 23: 114–141.

Itzigsohn, Jose, and Karida L. Brown. 2020. *The Sociology of W. E. B. Du Bois: Racialized Modernity and the Global Color Line*. New York: NYU Press.

Izard, Carroll E. 2007. "Basic Emotions, Natural Kinds, Emotion Schemas, and a New Paradigm." *Perspectives on Psychological Science* 2: 260–80.

Jackendoff, Ray. 1983. *Semantics and Cognition*. Cambridge, MA: MIT Press.

———.1987. *Consciousness and the Computational Mind*. Cambridge, MA: MIT Press.

———.1990. *Semantic Structures*. Cambridge, MA: MIT Press.

———.1992. *Languages of the Mind: Essays on Mental Representation*. Cambridge, MA: MIT Press.

———.2002. *Foundations of Language: Brain, Meaning, Grammar, Evolution*. Oxford: Oxford University Press.

Jackson, Patrick Thaddeus. 2020. "The Dangers of Interpretation: C. A. W. Manning and the 'Going Concern' of International Society." *Journal of International Political Theory* 16: 133–152.

James, William. 1890. *The Principles of Psychology*. New York: Henry Holt.

Jasso, Guillermina. 1988. "Principles of Theoretical Analysis." *Sociological Theory* 6: 1–20.

Jaynes, E. T. 2003. *Probability Theory: The Logic of Science*. Cambridge: Cambridge University Press.

Jech, Thomas. 2011. "Set Theory." *Stanford Encyclopedia of Philosophy*, Winter edition.

Jepperson, Ronald L. 1991. "Institutions, Institutional Effects, and Institutionalism." pp. 143–163 in Powell and DiMaggio, *New Institutionalism*.

Johnson, Chalmers. 1966. *Revolutionary Change*. Boston: Little, Brown.

Johnson, Mark. 1987. *The Body in the Mind: The Bodily Basis of Meaning, Imagination, and Reason*. Chicago: University of Chicago Press.

Jussim, Lee. 1986. "Self-Fulfilling Prophecies: A Theoretical and Integrative Review." *Psychological Review* 93: 429–445.

Kant, Immanuel. 1781/1998. *Critique of Pure Reason*. Edited by Paul Guyer and Allen W. Wood. Cambridge: Cambridge University Press.

Kapiszewski, Diana, Lauren M. MacLean, and Benjamin I. Read. 2015. *Field Research in Political Science: Practices and Principles*. Cambridge: Cambridge University Press.

Karasawa, Minoru, Nobuko Asai, and Koichi Hioki. 2019. "Psychological Essentialism at the Explicit and Implicit Levels: The Unique Status of Social Categories." *Japanese Psychological Research* 61: 107–122.

Karl, Terry Lynn. 1997. *The Paradox of Plenty: Oil Booms and Petro-States*. Berkeley: University of California Press.

Kashima, Yoshihisa, Emiko Kashima, Chi-Yue Chiu, Thomas Farsides, Michele Gelfand, Ying-Yi Hong, Uichol Kim, Fritz Strack, Lioba Werth, Masaki Yuki, and Vincent Yzerbyt. 2005."Culture, Essentialism, and Agency: Are Individuals Universally Believed to Be More Real Entities than Groups?" *European Journal of Social Psychology* 35: 147–169.

Katznelson, Ira. 2003. "Periodization and Preferences: Reflections on Purposive Action in Comparative Historical Social Science." pp. 270–301 in Mahoney and Rueschemeyer, *Comparative Historical Analysis*.

Kay, Paul, and Chad McDaniel. 1978. "The Linguistic Significance of the Meanings of Basic Color Terms." *Language* 54: 610–646.

Keet, C. Maria, and Alessandro Artale. 2008. "Representing and Reasoning over a Taxonomy of Part-Whole Relations." *Applied Ontology* 3: 91–110.

Keil, Frank C. 1989. *Concepts, Kinds, and Cognitive Development*. Cambridge, MA: MIT Press.

Keleman, Deborah, and Susan Carey. 2007. "The Essence of Artifacts: Developing a Design Stance." pp. 212–30 in Margolis and Laurence, *Creations of the Mind*.

Kelley, Harold H. 1973. "The Processes of Causal Attribution." *American Psychologist* 28: 107–128.

Kendall, Patricia L., ed. 1982. *The Varied Sociology of Paul F. Lazarsfeld*. New York: Columbia University Press.

Kim, Jaegwon. 1974. "Noncausal Connections." *No□* 8: 41–52.

Kimeldorf, Howard. 1988. *Reds or Rackets? The Making of Radical and Conservative Unions on the Waterfront*. Berkeley: University of California.

King, Gary, Robert O. Keohane, and Sidney Verba. 1994. *Designing Social Inquiry: Scientific Inference in Qualitative Research*. Princeton, NJ: Princeton University Press.

Kirksey, S. Eben, and Stefan Helmreich. 2010. "The Emergence of Multispecies Ethnography." *Cultural Anthropology* 25: 545–76.

Kitcher, Philip. 1989. "Explanatory Unification and the Causal Structure of the World." pp. 410–505 in *Scientific Explanation*, edited by Philip Kitcher and Wesley C. Salmon. Minneapolis: University of Minnesota Press.

Knight, Jack. 1992. *Institutions and Social Conflict*. Cambridge: Cambridge University Press.

Knobe, Joshua, Sandeep Prasada, and George E. Newman. 2013. "Dual Character Concepts and the Normative Dimension of Conceptual Representation." *Cognition* 127: 242–257.

Knorr Cetina, Karin. 1999. *Epistemic Cultures: How the Sciences Make Knowledge*. Cambridge, MA: Harvard University Press.

Kohli, Atul. 2012. *State-Directed Development: Political Power and Industrialization in the Global Periphery*. New York: Cambridge University Press.

Koivu, Kendra L. 2016. "The Sufficiency of Offensive Doctrine: Counterfactual Analysis and the New History of World War I." Manuscript, University of New Mexico.

Kornblith, Hilary. 1993. *Inductive Inference and Its Natural Ground: An Essay in Naturalistic Epistemology*. Cambridge, MA: MIT Press.

Koslicki, Kathrin. 2008. *The Structure of Objects*. Oxford: Oxford University Press.

Kripke, Saul A. 1980. *Naming and Necessity*. Cambridge, MA: Harvard University Press.

Krishna, Daya. 1971. " 'The Self-Fulfilling Prophecy' and the Nature of Society." *American Sociological Review* 36: 1104–1107.

Kuhn, Thomas. 1970. *The Structure of Scientific Revolutions*. Chicago: University of Chicago Press.

Kukla, Andre. 1994. "The Structure of Self-Fulfilling and Self-Negating Prophecies." *Theory & Psychology* 4: 5–33.

Kurtz, Marcus J. 2013. *Latin American State Building in Comparative Perspective: Social Foundations of Institutional Order*. Cambridge: Cambridge University Press.

Laakso, Aarre, and Garrison Cottrell. 2000. "Content and Cluster Analysis: Assessing Representational Similarity in Neural Systems." *Philosophical Psychology* 13: 47–76.

Lakoff, George. 1987. *Women, Fire, and Dangerous Things: What Categories Reveal about the Mind*. Chicago: University of Chicago Press.

Lakoff, George, and Mark Johnson. 1980. *Metaphors We Live By*. Chicago: University of Chicago Press.

———.1999. *Philosophy in the Flesh: The Embodied Mind and Its Challenge to Western Thought*. New York: Basic Books.

Lakoff, George, and Rafael E. Nunez. 2000. *Where Mathematics Comes From: How the Embodied Mind Brings Mathematics into Being*. New York: Basic Books.

Lamont, Michele, and Virag Molnar. 2002. "The Study of Boundaries in the Social Sciences."*Annual Review of Sociology* 28: 167–195.

Lange, Marc. 2002. *Introduction to the Philosophy of Physics: Locality, Fields, Energy, and Mass*. Oxford: Blackwell.

Lange, Matthew. 2009. *Lineages of Despotism and Development: British Colonialism and State Power*. Chicago: University of Chicago Press.

Laplace, Pierre-Simon, Marquis de. 1814/1952. *Philosophical Essay on Probabilities*. Translated by E. T. Bell. New York: Dover.

LaPorte, Joseph. 2004. *Natural Kinds and Conceptual Change*. Cambridge: Cambridge University Press.

Lasswell, Harold D., and Abraham Kaplan. 1950. *Power and Society: A Framework for Political Inquiry*. New Haven, CT: Yale University Press.

Latour, Bruno, and Steve Woolgar. 1986. *Laboratory Life: The Construction of Scientific Facts*. Princeton, NJ: Princeton University Press.

Lauria-Santiago, Aldo A. 1999. *An Agrarian Republic: Commercial Agriculture and the Politics of Peasant Communities in El Salvador, 1823–1914*. Durham, NC: Duke University Press.

Lawler, Janet, and David Waldner. Forthcoming. "Interpretivism versus Positivism in an Age of Causal Inference." In *Oxford Handbook of the Philosophy of Political Science*, edited by Harold Kincaid and Jeroen Van Bouwel. Oxford: Oxford University Press.

Lebow, Richard Ned. 2007. "Contingency, Catalysts and Nonlinear Change: The Origins of World War I." pp. 85–111 in Goertz and Levy, *Explaining War and Peace*.

———.2010. *Forbidden Fruit: Counterfactuals and International Relations*. Princeton, NJ: Princeton University Press.

Leng, Mary. 2010. *Mathematics and Reality*. Oxford: Oxford University Press.

Leslie, Alan M., and Stephanie Keeble. 1987. "Do Six-Month-Old Infants Perceive Causality?"*Cognition* 25: 265–88.

Leslie, Alan, Fei Xu, Patrice D. Tremoulet, and Brian J. Scholl. 1998. "Indexing and the Object

Concept: Developing 'What' and 'Where' Systems." *Trends in Cognitive Sciences* 2: 10–18.

Levi, Margaret. 1988. *Of Rule and Revenue*. Berkeley: University of California Press.

Levi-Strauss, Claude. 1949/1969. *The Elementary Structures of Kinship*. Boston: Beacon Press.

Levy, Jack S. 2008. "Counterfactuals and Case Studies." pp. 627–44 in Box-Steffensmeier, Brady, and Collier, *Oxford Handbook of Political Methodology*.

———.2015. "Counterfactuals, Causal Inference, and Historical Analysis. *Security Studies* 24: 378–402.

Levy, Jack S., and William R. Thompson. 2010. *Causes of War*. Oxford: Wiley-Blackwell

Lewis, David. 1973. *Counterfactuals*. Oxford: Blackwell.

———.1979. "Counterfactual Dependence and Time's Arrow." *Noûs* 13: 455–476.

———.1983. "New Work for a Theory of Universals." *Australasian Journal of Philosophy* 61: 343–77.

———.1984. "Putnam's Paradox." *Australasian Journal of Philosophy* 62: 221–36.

———.1986a. *On the Plurality of Worlds*. Oxford: Blackwell.

———.1986b. *Philosophical Papers*. Oxford: Oxford University Press.

———.1990. "Noneism or Allism?" *Mind* 99: 23–31.

———.2000. "Causation as Influence." *Journal of Philosophy* 97: 182–97.

Li, Ming, and Paul Vitanyi. 1997. *An Introduction to Kolmogorov Complexity and Its Applications*. New York: Springer.

Libet, Benjamin. 1985. "Unconscious Cerebral Initiative and the Role of Conscious Will in Voluntary Action." *Behavioral and Brain Sciences* 8: 529–566.

Lichbach, Mark Irving, and Alan S. Zuckerman, eds. 1997. *Comparative Politics: Rationality, Culture, and Structure*. New York: Cambridge University Press.

———,eds. 2009. *Comparative Politics: Rationality, Culture, and Structure*. 2nd ed. New York: Cambridge University Press.

Liebowitz, S. J., and Stephen E. Margolis. 1990. "The Fable of the Keys." *Journal of Law and Economics* 33: 1–25.

Lijphart, Arend. 1971. "Comparative Politics and the Comparative Method." *American Political Science Review* 65: 682–693.

Linsky, Bernard, and Edward N. Zalta. 1991. "Is Lewis a Meinongian?" *Australasian Journal of Philosophy* 69: 438–453.

Linz, Juan J. 1978. *The Breakdown of Democratic Regimes: Crisis, Breakdown, and Reequilibration*. Baltimore: Johns Hopkins University Press.

Lipset, Seymour Martin, Martin Trow, and James Coleman. 1956. *Union Democracy: The Inside Politics of the International Typographical Union*. New York: Free Press.

Little, Daniel. 2009. *Microfoundations, Method, and Causation*. New Brunswick, NJ: Transaction Publishing.

Livio, Mario. 2009. *Is God a Mathematician?* New York: Simon and Schuster.

Locke, John. 1690/1975. *An Essay concerning Human Understanding*. Edited by Peter H. Nidditch. Oxford: Clarendon.

———.1690/1980. *Second Treatise of Government*. Edited by C. B. MacPherson. Indianapolis,

IN: Hackett.

Lowe, E. J. 2006. *The Four-Category Ontology: A Metaphysical Foundation for Natural Science*. Oxford: Clarendon Press.

Luebbert, Gregory M. 1991. *Liberalism, Fascism, or Social Democracy: Social Classes and the Political Origins of Regimes in Interwar Europe*. New York: Oxford University Press.

Lukes, Steven. 1974. *Power: A Radical View*. London: Macmillan.

Lustick, Ian. 1996. "History, Historiography, and Political Science: Multiple Historical Records and the Problem of Selection Bias." *American Political Science Review* 90: 605–18.

Lyotard, Jean-Francois. 1979. *The Postmodern Condition*. Manchester, UK: Manchester University Press.

Mackie, John L. 1965. "Causes and Conditions." *American Philosophical Quarterly* 2: 245–264.

———.1977. *Ethics: Inventing Right and Wrong*. London: Penguin.

———.1980. *Cement of the Universe: A Study of Causation*. Oxford: Oxford University Press.

MacKinnon, Catherine A. 2001. *Sex Equality*. New York: Foundation Press.

Maddy, Penelope. 1990. *Realism in Mathematics*. Oxford: Clarendon Press.

Maeyer, Jenine, and Vicente Talanquer. 2010. "The Role of Intuitive Heuristics in Students' Thinking: Ranking Chemical Substances." In section "Learning," edited by Michael Ford and Maria Varelas. *Science Education* 94: 963–984.

Mahoney, James. 1999. "Nominal, Ordinal, and Narrative Appraisal in Macrocausal Analysis." *American Journal of Sociology* 104: 1154–1196.

———.2000. "Path Dependence in Historical Sociology." *Theory and Society* 29: 507–548.

———.2001. *The Legacies of Liberalism: Path Dependence and Political Regimes in Central America*. Baltimore: Johns Hopkins University Press.

———.2003. "Long-Run Development and the Legacy of Colonialism in Spanish America." *American Journal of Sociology* 109: 51–106.

———.2004. "Revisiting General Theory in Historical Sociology." *Social Forces* 83: 459–490.

———.2010. *Colonialism and Postcolonial Development: Spanish America in Comparative Perspective*. New York: Cambridge University Press.

———.2012. "The Logic of Process Tracing Tests in the Social Sciences." *Sociological Methods and Research* 41: 566–590.

Mahoney, James, and Laura Acosta. Forthcoming. "A Regularity Theory of Causality for the Social Sciences." *Quality and Quantity*.

Mahoney, James, and Gary Goertz. 2004. "The Possibility Principle: Choosing Negative Cases in Comparative Research." *American Political Science Review* 4: 653–669.

Mahoney, James, Erin Kimball, and Kendra Koivu. 2009. "The Logic of Historical Explanation in the Social Sciences." *Comparative Political Studies* 42: 114–146.

Mahoney, James, and Dietrich Rueschemeyer, eds. 2003. *Comparative Historical Analysis in the Social Sciences*. Cambridge: Cambridge University Press.

Mahoney, James, and Richard Snyder. 1999. "Rethinking Agency and Structure in the Study of Regime Change." *Studies in Comparative International Development* 34: 3–32.

Mahoney, James, and Kathleen Thelen, eds. 2010. *Explaining Institutional Change: Ambiguity,*

Agency, and Power. New York: Cambridge University Press.

———,eds. 2015. *Advances in Comparative-Historical Analysis*. Cambridge: Cambridge University Press.

Mamdani, Mahmood. 1996. *Citizen and Subject: Contemporary Africa and the Legacy of Late Colonialism*. Princeton, NJ: Princeton University Press.

Mandalaywala, Tara M., David M. Amodio, and Marjorie Rhodes. 2018. "Essentialism Promotes Racial Prejudice by Increasing Endorsement of Social Hierarchies." *Social Psychology and Personality Science* 9: 461–469.

Mandelbaum, Maurice. 1955. "Societal Facts." *British Journal of Sociology* 6: 305–317.

———.1987. *Purpose and Necessity in Social Theory*. Baltimore: Johns Hopkins University Press.

Mandler, Jean Matter. 1984. *Stories, Scripts, and Scenes: Aspects of Schema Theory*. Hillsdale, NJ: Lawrence Erlbaum.

———.1992. "How to Build a Baby II: Conceptual Primitives." *Psychological Review* 99: 587–604.

———.2004. *The Foundations of Mind: Origins of Conceptual Thought*. Oxford: Oxford University Press.

———.2012. "On the Spatial Foundations of the Conceptual System and Its Enrichment." *Cognitive Science* 36: 421–451.

Mandler, Jean M., and Cristobal Pagan Canovas. 2014. "On Defining Image Schemas." *Language and Cognition* 6: 510–532.

Manicas, Peter T. 1981. "Review of *States and Social Revolutions: A Comparative Analysis of France, Russia, and China*, by Theda Skocpol." *History and Theory* 20: 204–218.

Mann, Michael. 1986. *The Sources of Social Power*. Vol. 1, *A History of Power from the Beginning to A.D. 1760*. Cambridge: Cambridge University Press.

Marcus, Gary F. 2001. *The Algebraic Mind: Integrating Connectionism and Cognitive Science*. Cambridge, MA: MIT Press.

Margolis, Eric, and Stephen Laurence, eds. 1999. *Concepts: Core Readings*. Cambridge, MA: MIT Press.

———,eds. 2007a. *Creations of the Mind: Theories of Artifacts and Their Representation*. Oxford: Oxford University Press.

———.2007b. "The Ontology of Concepts—Abstract Objects or Mental Representations?" Noûs 41: 561–93.

Markman, Ellen M., and Jeffrey Seibert. 1976. "Classes and Collections: Internal Organization and Resulting Holistic Properties." *Cognitive Psychology* 8: 561–577.

Martin, John Levi. 2003. "What Is Field Theory?" *American Journal of Sociology* 109: 1–49.

Marx, Karl. 1972. "Revolutionary Program and Strategy." Part 3 of *The Marx-Engels Reader*, edited by Robert C. Tucker. New York: Norton.

Marx, Karl, and Friedrich Engels. 1848/2012. *The Communist Manifesto*. New Haven, CT: Yale University Press.

Mayntz, Renate. 2004. "Mechanisms in the Analysis of Social Macro-Phenomena." *Philosophy of the Social Sciences* 34: 237–254.

Mayr, Ernst. 1982. *The Growth of Biological Thought: Diversity, Evolution, and Inheritance*. Cambridge, MA: Harvard University Press.

———.1988. *Toward a New Philosophy of Biology: Observations of an Evolutionist*. Cambridge, MA: Harvard University Press.

McAdam, Doug. 1982. *Political Process and the Development of Black Insurgency*, 1930–1970. Chicago: University of Chicago Press.

McAdam, Douglas, Sidney Tarrow, and Charles Tilly. 2001. *Dynamics of Contention*. New York: Cambridge University Press.

McCall, Leslie. 2005. "The Complexity of Intersectionality." *Signs* 30: 1771–1800.

McCloskey, Michael. 1983. "Intuitive Physics." *Scientific American* 248 (4): 122–130.

McDermott, Michael. 2002. "Influence versus Sufficiency." *Journal of Philosophy* 99: 84–101.

McDonnell, Erin Metz. 2017. "Patchwork Leviathan: How Pockets of Bureaucratic Governance Flourish within Institutionally Diverse Developing States." *American Sociological Review* 82: 476–510.

———.2020. *Patchwork Leviathan: Pockets of Bureaucratic Effectiveness in Developing States*. Princeton, NJ: Princeton University Press.

McGinn, Colin. 1983. *The Subjective View: Secondary Qualities and Indexical Thoughts*. Oxford: Clarendon Press.

McGinn, Colin. 1999. *The Mysterious Flame: Conscious Minds in a Material World*. New York: Basic Books.

McKeown, Timothy J. 1999. "Case Studies and the Statistical Worldview: Review of King, Keohane, and Verba's *Designing Social Inquiry*." *International Organization* 53: 161–190.

McMullin, Ernan. 1984. "Two Ideals of Explanation in Natural Science." *Midwest Studies in Philosophy* 9: 205–220.

McShane, Blakeley B., David Gal, Andrew Gelman, Christian Robert, and Jennifer L. Tackett. 2019. "Abandon Statistical Significance." *American Statistician* 73 (supplement 1): 235–245.

Mead, George Herbert. 1934. *Mind, Self, and Society*. Chicago: University of Chicago Press.

Medin, Douglas. 1989. "Concepts and Conceptual Structure." *American Psychologist* 44: 1469–1481.

Medin, Douglas, and Andrew Ortony. 1989. "Psychological Essentialism." pp. 183–196 in *Similarity and Analogical Reasoning*, edited by Stella Vosniadou and Andrew Ortony. Cambridge: Cambridge University Press.

Melamed, Yitzhak Y., and Martin Lin. 2020. "Principle of Sufficient Reason." *Stanford Encyclopedia of Philosophy*, Spring edition.

Mellor, D. H. 1977. "Natural Kinds." *British Journal for the Philosophy of Science* 28: 299–312.

Menzel, Christopher. 2015. "Possible Worlds." *Stanford Encyclopedia of Philosophy*, Spring edition.

Menzies, Peter. 2004. "Difference Making in Context." pp. 139–180 in Collins, Hall, and Paul, *Causation and Counterfactuals*.

———.2009. "Platitudes and Counterexamples." pp. 341–367 in Beebee, Hitchcock, and

Menzies, *Oxford Handbook of Causation*.

———.2011. "The Role of Counterfactual Dependence in Causal Judgments." pp. 186–207 in *Understanding Counterfactuals, Understanding Causation: Issues in Philosophy and Psychology*, edited by Christoph Hoerl, Teresa McCormack, and Sarah R. Beck. Oxford: Oxford University Press.

Merrill, G. H. 1980. "The Model-Theoretic Argument against Realism." *Philosophy of Science* 47: 69–81.

Merton, Robert K. 1945. "What Is Sociological Theory?" *American Journal of Sociology* 50: 462–473.

———.1948. "The Self-Fulfilling Prophecy." *Antioch Review* 8: 193–210.

Metzinger, Thomas. 2009. *The Ego Tunnel: The Science of the Mind and the Myth of Self.* New York: Basic Books.

Meyer, John W., and Brian Rowan. 1977. "Institutionalized Organizations: Formal Structure as Myth and Ceremony." *American Journal of Sociology* 83: 340–63.

Mill, John Stuart. 1843/1911. *A System of Logic: Ratiocinative and Inductive*. London: Longmans, Green.

———.1861/1998. *Utilitarianism.* Edited by Roger Crisp. Oxford: Oxford University Press.

Miller, Richard W. 2000. "Half-Naturalized Social Kinds." *Philosophy of Science* 67 (supplement): S640–S652.

Millikan, Ruth Garrett. 1999. "Historical Kinds and the 'Special Sciences.' " *Philosophical Studies* 95: 45–65.

Minsky, Marvin. 1975. "A Framework for Representing Knowledge." pp. 211–277 in *The Psychology of Computer Vision*, edited by Patrick Henry Winston. New York: McGraw-Hill.

Moore, Barrington, Jr. 1966. *Social Origins of Dictatorship and Democracy: Lord and Peasant in the Making of the Modern World*. Boston: Beacon Press.

Moore, G. E. 1922. *Philosophical Studies*. London: Routledge.

Moore, K. E. 2006. "Space-to-Time Mappings and Temporal Concepts." *Cognitive Linguistics* 17: 199–244.

Morgan, Stephen L., and Christopher Winship. 2007. *Counterfactuals and Causal Inference: Methods and Principles for Social Research*. Cambridge: Cambridge University Press.

———.2015. *Counterfactuals and Causal Inference: Methods and Principles for Social Research*. 2nd ed. Cambridge: Cambridge University Press.

Morning, Ann. 2009. "Toward a Sociology of Racial Conceptualization for the 21st Century." *Social Forces* 87: 1167–1192.

Morris, Aldon D. 1984. *The Origins of the Civil Rights Movement: Black Communities Organizing for Change*. New York: Free Press.

Morriss, Peter. 2002. *Power: A Philosophical Analysis*. 2nd ed. Manchester, UK: Manchester University Press.

Mukherjee, Siddhartha. 2016. *The Gene: An Intimate History*. New York: Scribner.

Mumford, Stephen. 1998. *Dispositions*. Oxford: Clarendon.

———.2009. "Causal Powers and Capacities." pp. 265–278 in Beebee, Hitchcock, and Menzies,

Oxford Handbook of Causation.

Mumford, Stephen, and Rani Lill Anjum. 2011. *Getting Causes from Powers*. Oxford: Oxford University Press.

Nagel, Ernst. 1961. *The Structure of Science: Problems in the Logic of Scientific Explanation*. New York: Harcourt, Brace and World.

———.1979. *The Structure of Science: Problems in the Logic of Scientific Explanation*. 2nd ed. Indianapolis, IN: Hackett.

Nagel, Thomas. 1974. "What Is It Like to Be a Bat?" *Philosophical Review* 83: 435–450.

———.1986. *The View from Nowhere*. Oxford: Oxford University Press.

———.1991. *Equality and Partiality*. Oxford: Oxford University Press.

———.1997. *The Last Word*. New York: Oxford University Press.

Nash, John. 1997. *Essays on Game Theory*. Cheltenham, UK: Edward Elgar.

Nelson, Alan. 1994. "How Could Scientific Facts Be Socially Constructed?" *Studies in History and Philosophy of Science* 25: 535–547.

Nersessian, Nancy J. 2010. *Creating Scientific Concepts*. Cambridge, MA: MIT Press.

Newman, George E., and Joshua Knobe. 2019. "The Essence of Essentialism." *Mind and Language* 34: 585–605.

Nietzsche, Friedrich. 1886/1966. *Beyond Good and Evil: Prelude to a Philosophy of the Future*. Translated by Walter Kaufman. New York: Vintage.

Niiniluoto, Ilkka. 1998. "Verisimilitude: The Third Period." *British Journal for the Philosophy of Science* 49: 1–29.

Nobles, Melissa. 2000. *Shades of Citizenship: Race and Census in Modern Politics*. Stanford, CA: Stanford University Press.

North, Douglass C. 1981. *Structure and Change in Economic History*. New York: Norton.

———.1990. *Institutions, Institutional Change, and Economic Performance*. Cambridge: Cambridge University Press.

Nozick, Robert. 1974. *Anarchy, State, and Utopia*. New York: Basic Books.

Nussbaum, Martha. 1992. "Human Functionary and Social Justice: In Defense of Aristotelian Essentialism." *Political Theory* 20: 202–246.

———.1999. *Sex and Social Justice*. Oxford: Oxford University Press.

———.2000. *Women and Human Development: The Capabilities Approach*. Cambridge: Cambridge University Press.

———.2011. *Creating Capabilities*. Cambridge, MA: Harvard University Press.

Oana, Ioana-Elena, Carsten Q. Schneider, and Eva Thomann. Forthcoming. *Qualitative Comparative Analysis (QCA) with* R. Cambridge: Cambridge University Press.

O'Brien, Gerard, and Jon Opie. 2006. "How Do Connectionist Networks Compute?" *Cognitive Processes* 7: 30–41.

Oddie, Graham. 1981. "Verisimilitude Reviewed." *British Journal for the Philosophy of Science* 32: 237–265.

———.1986. "The Poverty of the Popperian Program for Truthlikeness." *Philosophy of Science* 53: 163–178.

Odell, James J. 1998. *Advanced Object-Oriented Analysis and Design Using UML*. Cambridge: Cambridge University Press.

Oderberg, David S. 2007. *Real Essentialism*. New York: Routledge.

O'Donnell, Guillermo. 1973. *Modernization and Bureaucratic-Authoritarianism: Studies in South American Politics*. Berkeley: Institute of International Studies, University of California.

O'Donnell, Guillermo, and Philippe Schmitter. 1986. *Tentative Conclusions about Uncertain Democracies*. Baltimore: Johns Hopkins University Press.

Ogden, C. K., and I. A. Richards. 1923. *The Meaning of Meaning*. London: Kegan Paul.

Olson, Mancur. 1965. *The Logic of Collective Action: Public Goods and the Theory of Groups*. Cambridge, MA: Harvard University Press.

Orren, Karen. 1991. *Belated Feudalism: Labor, the Law, and Liberal Development in the United States*. Cambridge: Cambridge University Press.

Ortner, Sherry B., and Harriet Whitehead, eds. 1981. *Sexual Meanings: The Cultural Construction of Gender and Sexuality*. Cambridge: Cambridge University Press.

Ostrom, Elinor. 1986. "An Agenda for the Study of Institutions." *Public Choice* 48: 3–25.

———.1990. *Governing the Commons: The Evolution of Institutions for Collective Action*. New York: Cambridge University Press.

———.2009. *Understanding Institutional Diversity*. Princeton, NJ: Princeton University Press.

Paige, Jeffery M. 1997. *Coffee and Power: Revolution and the Rise of Democracy in Central America*. Cambridge, MA: Harvard University Press.

Palmer, Stephen E. 1999. *Vision Science: Photons to Phenomenology*. Cambridge, MA: MIT Press.

Palmer, Trevor. 1999. *Controversy: Catastrophism and Evolution—The Ongoing Debate*. New York: Kluwer Academic.

Panksepp, Jaak. 2000. "Emotions as Natural Kinds within the Mammalian Brain." pp. 137–156 in *Handbook of Emotions*, 2nd ed., edited by M. Lewis and J. M. Haviland-Jones. New York: Guilford.

Parsons, Talcott. 1937. *The Structure of Social Action*. New York: McGraw-Hill.

———.1951. *The Social System*. Glencoe, IL: Free Press.

Pater, Joe. 2019. "Generative Linguistics and Neural Networks at 60: Foundation, Friction, and Fusion." *Language* 95: 41–74.

Pattillo, Mary. 2013. *Black Picket Fences: Privilege and Peril among the Black Middle Class*. 2nd ed. Chicago: University of Chicago Press.

Paul, L. A., and Ned Hall. 2013. *Causation: A User's Guide*. Oxford: Oxford University Press.

Pearl, Judea. 2000. *Causality: Models, Reasoning, and Inference*. Cambridge: Cambridge University Press.

———.2009. *Causality: Models, Reasoning, and Inference*. 2nd ed. Cambridge: Cambridge University Press.

———.2018. *The Book of Why: The New Science of Cause and Effect*. New York: Basic Books.

Pickering, Andrew. 1984. *Constructing Quarks: A Sociological History of Particle Physics*.

Chicago: University of Chicago Press.

Pierson, Paul. 1998. "Not Just What, but When: Issues of Timing and Sequence in Comparative Politics." Paper prepared for presentation at the Annual Meeting of the American Political Science Association, September, Boston.

———.2004. *Politics in Time: History, Institutions, and Social Analysis*. Princeton, NJ: Princeton University Press.

Pierson, Paul, and Theda Skocpol. 2002. "Historical Institutionalism in Contemporary Political Science." pp. 693–721 in *Political Science: State of the Discipline*, edited by Ira Katznelson and Helen V. Milner. New York: Norton.

Pinch, Trevor J., and Wiebe E. Bijker. 1989. "The Social Construction of Facts and Artifacts: Or How the Sociology of Science and the Sociology of Technology Might Benefit Each Other." pp. 17–47 in *The Social Construction of Technological Systems: New Directions in the Sociology of Technology and History*, edited by Wiebe E. Bijker, Thomas P. Hughes, and Trevor J. Pinch. Cambridge, MA: MIT Press.

Pinker, Steven. 1994. *The Language Instinct*. New York: W. Morrow.

———.1997. *How the Mind Works*. New York: Norton.

———.2002. *The Blank Slate: The Denial of Human Nature in Modern Intellectual Life*. New York: Viking.

———.2007. *The Stuff of Thought: Language as a Window into Human Nature*. New York: Viking.

———.2011. *The Better Angels of Our Nature: Why Violence Has Declined*. New York: Viking.

———.2018. *Enlightenment Now: The Case for Reason, Science, Humanism, and Progress*. New York: Viking.

Piore, Michael J., and Charles Sabel. 1984. *The Second Divide: Possibilities for Prosperity*. New York: Basic Books.

Plummer, David. 1999. *One of the Boys: Masculinity, Homophobia, and Modern Manhood*. New York: Hawthorn Press.

Pomeranz, Kenneth. 2001. *China, Europe, and the Making of the Modern World Economy*. Princeton, NJ: Princeton University Press.

Popper, Karl. 1934/1968. *The Logic of Scientific Discovery*. New York: Harper and Row.

———.1945/2013. *The Open Society and Its Enemies*. Princeton, NJ: Princeton University Press.

———.1963. *Conjectures and Refutations*. London: Routledge.

———.1976. "A Note on Verisimilitude." *British Journal for the Philosophy of Science* 27: 147–159.

Potter, Jonathan. 1996. *Representing Reality: Discourse, Rhetoric, and Social Construction*. London: Sage.

Potter, Michael. 2004. *Set Theory and Its Philosophy*. Oxford: Oxford University Press.

Poulantzas, Nicos. 1975. *Political Power and Social Classes*. London: NLB.

Powell, Walter W. 1991. "Expanding the Scope of Institutional Analysis." pp. 183–203 in Powell and DiMaggio, *New Institutionalism*.

Powell, Walter W., and Paul J. DiMaggio, eds. 1991. *The New Institutionalism in Organizational Analysis*. Chicago: University of Chicago Press.

Prentice, Deborah A., and Dale T. Miller. 2007. "Psychological Essentialism of Human Categories." *Current Directions in Psychological Science* 16: 202–206.

Presnell, Jenny L. 2013. *The Information-Literate Historian: A Guide to Research for History Students*. 2nd ed. New York: Oxford University Press.

Prinz, Jesse J. 2002. *Furnishing the Mind: Concepts and Their Perceptual Basis*. Cambridge, MA: MIT Press.

———.2014. *Beyond Human Nature: How Culture and Experience Shape the Human Mind*. New York: Penguin.

———.2015. "The Return of Concept Empiricism." pp. 931–950 in *Categorization and Cognitive Science*, 2nd ed., edited by Henri Cohen and Claire Lefebvre. Amsterdam: Elsevier.

Przeworski, Adam. 1985. *Capitalism and Social Democracy*. Cambridge: Cambridge University Press.

Przeworski, Adam, and Henry Teune. 1970. *The Logic of Comparative Social Inquiry*. New York: John Wiley.

Psillos, Stathis. 2002. *Causation and Explanation*. Montreal: McGill-Queen's University Press.

Psillos, Stathis. 2009. "Regularity Theories." pp. 131–58 in Beebee, Hitchcock, and Menzies, *Oxford Handbook of Causation*.

Putnam, Hilary. 1970. "Is Semantics Possible?" *Metaphilosophy* 1: 187–201.

———.1975. *Mind, Language, and Reality*. New York: Cambridge University Press.

———.1979. "What Is Mathematical Truth?" pp. 60–78 in *Mathematics, Matter and Method*, vol.1, 2nd ed. Cambridge: Cambridge University Press.

———.1981. *Reason, Truth, and History*. Cambridge: Cambridge University Press.

Putnam, Robert. 2000. *Bowling Alone: The Collapse and Revival of American Community*. New York: Simon and Schuster.

Quadagno, Jill, and Stan J. Knapp. 1992. "Have Historical Sociologists Forsaken Theory? Thoughts on the History/Theory Relationship." *Sociological Methods and Research* 20: 481–507.

Quillien, Tadeg. 2018. "Psychological Essentialism from First Principles."*Evolution and Human Behavior* 39: 692–699.

Quine, W. V. 1943. "Notes on Existence and Necessity." *Journal of Philosophy* 40: 113–127.

Quinn, Naomi. 1991. "The Cultural Basis of Metaphor." pp. 56–93 in *Beyond Metaphor: The Theory of Tropes in Anthropology*, edited by J. W. Fernandez. Stanford, CA: Stanford University Press.

Rabinow, Paul, and William M. Sullivan, eds. 1987. *Interpretive Social Science: A Second Look*. Berkeley: University of California Press.

Radcliffe-Brown, A. R. 1952. *Structure and Function in Primitive Societies*. London: Cohen and West.

Ragin, Charles C. 1987. *The Comparative Method: Moving beyond Qualitative and Quantitative Strategies*. Berkeley: University of California Press.

———.1992. "Introduction: Cases of 'What Is a Case?' " pp. 1–18 in *What Is a Case? Exploring the Foundations of Social Inquiry*, edited by Howard S. Becker and Charles C. Ragin. Chicago: University of Chicago Press.

———.2000. *Fuzzy-SetSocial Science*. Chicago: University of Chicago Press.

———.2008. *Redesigning Social Inquiry: Fuzzy Sets and Beyond*. Chicago: University of Chicago Press.

Ragin, Charles C., and Peer C. Fiss. 2017. *Intersectional Inequality: Race, Class, Test Scores, and Poverty*. Chicago: University of Chicago Press.

Railton, Peter. 1978. "A Deductive-Nomological Model of Probabilistic Explanation." *Philosophy of Science* 45: 206–226.

Rawls, John. 1971/1999. *A Theory of Justice*. Rev. ed. Cambridge, MA: Harvard University Press.

Reed, Baron. 2011. "Certainty." *Stanford Encyclopedia of Philosophy*, Winter edition.

Reed, Isaac. 2008. "Justifying Sociological Knowledge: From Realism to Interpretation." *Sociological Theory* 26: 101–29.

———.2011. *Interpretation and Social Knowledge: On the Use of Theory in the Human Sciences*. Chicago: University of Chicago Press.

Reisch, George. 1991. "Chaos, History, and Narrative." *History and Theory* 30: 1–20.

Resnik, Michael D. 1997. *Mathematics as a Science of Patterns*. Oxford: Oxford University Press.

Rhodes, Marjorie, and Susan A. Gelman. 2009. "A Developmental Examination of the Conceptual Structure of Animal, Artifact, and Human Social Categories across Two Cultural Contexts." *Cognitive Psychology* 59: 244–274.

Rhodes, Marjorie, Sarah-Jane Leslie, and Christina M. Tworek. 2012. "Cultural Transmission of Social Essentialism." *Proceedings of the National Academy of Sciences* 109: 13526–13531.

Rhodes, Marjorie, and Tara Mandalaywala. 2017. "The Development and Developmental Consequences of Social Essentialism." *WIREs Cognitive Science* 8 (4): e1435.

Ridgeway, Cecilia L., and Shelley J. Correll. 2004. "Unpacking the Gender System: A Theoretical Perspective on Gender Beliefs and Social Relations." *Gender and Society* 18: 510–531.

Riedl, Rachel Beatty. 2014. *Authoritarian Origins of Democratic Party Systems in Africa*. New York: Cambridge University Press.

Rigney, Daniel. 2001. *The Metaphorical Society: An Invitation to Social Theory*. Lanham, MD: Rowman and Littlefield.

Rihoux, Benoit, and Charles C. Ragin, eds. 2009. *Configurational Comparative Methods: Qualitative Comparative Analysis (QCA) and Related Techniques*. Thousand Oaks, CA: Sage.

Rips, Lance J. 1989. "Similarity, Typicality and Categorization." pp. 21–59 in *Similarity and Analogical Reasoning*, edited by Stella Vosniadou and Andrew Ortony. Cambridge: Cambridge University Press.

Rips, Lance J., Sergey Blok, and George Newman. 2006. "Tracing the Identity of Objects."

Psychological Review 113: 1–30.

Roberts, Clayton. 1996. *The Logic of Historical Explanation*. University Park: Penn State University Press.

Roberts, Kenneth M. 2014. *Changing Course in Latin America: Party Systems in the Neoliberal Era*. New York: Cambridge University Press.

Robertson, Teresa. 2009. "Essential vs. Accidental Properties." *Stanford Encyclopedia of Philosophy*, Spring edition.

Robeyns, Ingrid. 2016. "The Capability Approach." *Stanford Encyclopedia of Philosophy*, Winter edition.

Rodney, Walter. 1972. *How Europe Underdeveloped Africa*. London: Bogle-L'Ouverture Publications.

Roemer, John E. 1996. *Theories of Distributive Justice*. Cambridge, MA: Harvard University Press.

Rohlfing, Ingo. 2012. *Case Studies and Causal Inference: An Integrative Approach*. Basingstoke, UK: Palgrave Macmillan.

———.2013. "Bayesian Causal Inference in Process Tracing: The Importance of Probably Being Wrong." Paper presented at the Annual Meeting of the American Political Science Association, August 29–September 1, Chicago.

Romer, Paul M. 1986. "Increasing Returns and Long-Run Growth." *Journal of Political Economy* 94: 1002–1037.

Rorty, Richard. 1979. *Philosophy and the Mirror of Nature*. Princeton, NJ: Princeton University Press.

———.1991. *Objectivity, Relativism, and Truth*. Philosophical Papers, vol. 1. Cambridge: Cambridge University Press.

Rosch, Eleanor. 1973. "Natural Categories." *Cognitive Psychology* 4: 328–350.

———.1978. "Principles of Categorization." pp. 27–48 in *Cognition and Categorization*, edited by Eleanor Rosch and B. B. Lloyd. Hillsdale, NJ: Lawrence Erlbaum.

———.1999. "Reclaiming Concepts." *Journal of Consciousness Studies* 6 (11–12): 61–77.

———.2011. " 'Slow Lettuce': Categories, Concepts, Fuzzy Sets, and Logical Deduction." pp. 89–120 in *Concepts and Fuzzy Logic*, edited by Radim Belohlavek and George J. Klir. Cambridge, MA: MIT Press.

Rose, David. 2015. "Persistence through Function Preservation." *Synthese* 192: 97–146.

Rose, David, and Shaun Nichols. 2019. "Teleological Essentialism." *Cognitive Science* 43: 1–19.

Rose, David, and Jonathan Schaffer. 2017. "Folk Mereology Is Teleological." *Noûs* 51: 238–70.

Rosenfeld, Gavriel D. 2005. *The World Hitler Never Made: Alternative History and the Memory of Nazism*. Cambridge: Cambridge University Press.

Rothbart, Myron, and Marjorie Taylor. 1992. "Category Labels and Social Reality: Do We View Social Categories as Natural Kinds?" pp. 11–36 in *Language, Interaction and Social Cognition*, edited by Gun R. Semin and Klaus Fiedler. London: Sage.

Roy, William G. 1997. *Socializing Capital: The Rise of the Large Industrial Corporation in America*. Princeton, NJ: Princeton University Press.

Rozenblit, Leonid, and Frank Keil. 2002. "The Misunderstood Limits of Folk Science: An Illusion of Explanatory Depth." *Cognitive Science* 26: 521–562.

Rubin, Donald B. 1974. "Estimating Causal Effects of Treatments in Randomized and Nonrandomized Studies." *Journal of Educational Psychology* 66: 688–701.

Rubinow, I. M. 1913/1969. *Social Insurance, with Special Reference to American Conditions*. New York: Arno Press.

Rueschemeyer, Dietrich. 1986. *Power and the Division of Labour*. Stanford, CA: Stanford University Press.

———.2003. "Can One or a Few Cases Yield Theoretical Gains?" pp. 305–336 in Mahoney and Rueschemeyer, *Comparative Historical Analysis*.

———.2009. *Usable Theory: Analytic Tools for Social and Political Research.* Princeton, NJ: Princeton University Press.

Rueschemeyer, Dietrich, and Peter B. Evans. 1985. "The State and Economic Transformation: Toward an Analysis of the Conditions Underlying Effective Intervention." pp. 44–77 in *Bringing the State Back In*, edited by Peter B. Evans, Dietrich Rueschemeyer, and Theda Skocpol. Cambridge: Cambridge University Press.

Rueschemeyer, Dietrich, Evelyne Huber Stephens, and John D. Stephens. 1992. *Capitalist Development and Democracy*. Chicago: University of Chicago.

Rupert, Robert D. 2009. *Cognitive Systems and the Extended Mind.* Oxford: Oxford University Press.

Russell, Bertrand. 1913. "On the Notion of Cause." *Proceedings of the Aristotelian Society* 13: 1–26.

———.1948. *Human Knowledge*. New York: Simon and Schuster.

Said, Edward W. 1978. *Orientalism*. New York: Random House.

Salmon, Wesley. 1998. *Causality and Explanation*. New York: Oxford University Press.

Santibanez, Francisco. 2002. "The Object Image-Schema and Other Dependent Schemas." *Atlantis* 24: 183–201.

Sartori, Giovanni. 1970. "Concept Misformation in Comparative Politics." *American Political Science Review* 64: 1033–1053.

———.1975. "The Tower of Babel." pp. 7–38 in *Tower of Babel: On the Definition and Analysis of Concepts in the Social Sciences*, edited by Giovanni Sartori, Fred W. Riggs, and Henry Teune. International Studies Association, Occasional Paper no. 6, University of Pittsburgh.

———.1984. "Guidelines for Concept Analysis." pp. 15–85 in *Social Science Concepts: A Systematic Analysis*, edited by Giovanni Sartori. Beverly Hills, CA: Sage.

Saslaw, Janna. 1996. "Forces, Containers, and Paths: The Role of Body-Derived Image Schemas in the Conceptualization of Music." *Journal of Music Theory* 40: 217–43.

Sayer, Andrew. 1992. *Method in Social Science: A Realist Approach*. 2nd ed. London: Routledge.

———.1997. "Essentialism, Social Constructionism, and Beyond." *Sociological Review* 45: 453–487.

———.2000. *Realism and Social Science*. 2nd ed. London: Sage.

Schaffer, Jonathan. 2000. "Trumping Preemption." *Journal of Philosophy* 97: 165–81.

———.2003. "Overdetermining Causes."*Philosophical Studies* 114: 23–45.

Schank, Roger C., and Robert P. Abelson. 1977. *Scripts, Plans, Goals and Understanding: An Inquiry into Human Knowledge Structures*. Hillsdale, NJ: Lawrence Erlbaum.

Scheffer, Marten, Jordi Bascompte, William A. Brock, Victor Brovkin, Stephen R. Carpenter, Vasilis Dakos, Hermann Held, Egbert H. van Nes, Max Rietkerk, and George Sugihara. 2009."Early-Warning Signals for Critical Transitions." *Nature* 461: 53–59.

Schelling, Thomas. 1978. *Micromotives and Macrobehavior*. New York: Norton.

Scheper-Hughes, Nancy. 1995. "The Primacy of the Ethical: Propositions for a Militant Anthropology." *Current Anthropology* 36: 409–440.

Schmidt, Vivien A. 2008. "Discursive Intuitionalism: The Explanatory Power of Ideas and Discourse." *Annual Review of Political Science* 11: 303–326.

Schneider, Carsten Q. 2018. "Idealists and Realists in QCA." *Political Analysis* 26: 246–254.

Schneider, Carsten Q., and Ingo Rohlfing. 2013. "Combining QCA and Process Tracing in Set-Theoretic Multi-Method Research." *Sociological Methods and Research* 42: 559–597.

———.Forthcoming. "A Unifying Framework for Causal Research in Set-Theoretic Multi-Method Research." *Sociological Methods and Research*.

Schneider, Carsten Q., and Claudius Wagemann. 2012. *Set-Theoretic Methods for the Social Sciences: A Guide to Qualitative Comparative Analysis*. Cambridge: Cambridge University Press.

Schubert, Thomas W. 2005. "Your Highness: Vertical Position as Perceptual Symbols of Power." *Journal of Personality and Social Psychology* 89: 1–21.

Schutz, Alfred. 1970. *On Phenomenology and Social Relations*. Chicago: University of Chicago Press.

Scott, James C. 1998. *Seeing like a State: How Certain Schemas to Improve the Human Condition Have Failed*. New Haven, CT: Yale University Press.

Scott, Joan W. 1986. "Gender: A Useful Category of Historical Analysis."*American Historical Review* 91: 1053–1075.

———.1999. *Gender and the Politics of History*. New York: Columbia University Press.

Scott, W. Richard. 1991. "Unpacking Institutional Arguments." pp. 164–182 in Powell and DiMaggio, *New Institutionalism*.

Scriven, Michael. 1959. "Truisms as the Grounds for Historical Explanations." pp. 443–75 in *Theories of History*, edited by Patrick Gardiner. Glencoe, IL: Free Press.

Searle, John R. 1964. "How to Derive 'Ought' from 'Is.' " *Philosophical Review* 73: 43–58.

———.1995. *The Construction of Social Reality*. New York: Free Press.

———.2008. "Language and Social Ontology." *Theory and Society* 37: 443–459.

———.2015. *Making the Social World: The Structure of Human Civilization*. Oxford: Oxford University Press.

Seawright, Jason. 2010. "Regression-Based Inference: A Case Study in Failed Causal Assessment."pp. 247–271 in Brady and Collier, *Rethinking Social Inquiry*.

———.2015. *Multi-Method Social Science*. New York: Cambridge University Press.

Seawright, Jason, and David Collier. 2010. "Glossary." pp. 313–359 in Brady and Collier, *Rethinking Social Inquiry*.

Sen, Amartya. 1992. *Inequality Reexamined*. Cambridge, MA: Harvard University Press.

———.1999. *Development as Freedom*. New York: Knopf.

———.2002. *Rationality and Freedom*. Cambridge, MA: Harvard University Press.

———.2009. *The Idea of Justice*. Cambridge, MA: Harvard University Press.

Sen, Amartya, and Bernard Williams, eds. 1982. *Utilitarianism and Beyond*. Cambridge: Cambridge University Press.

Sewell, William H., Jr. 1992. "A Theory of Structure: Duality, Agency, and Transformation." *American Journal of Sociology* 98: 1–29.

———.1996. "Historical Events as Transformations of Structures: Inventing Revolution at the Bastille." *Theory and Society* 25: 841–881.

———.2005. *Logics of History: Social Theory and Social Transformation*. Chicago: University of Chicago Press.

Shadish, William R., Thomas D. Cook, and Donald T. Campbell. 2002. *Experimental and Quasi-Experimental Designs for General Causal Inference*. Boston: Houghton Mifflin.

Shapiro, Stewart. 1991. *Foundations without Foundationalism: A Case for Second-Order Logic*. Oxford: Clarendon Press.

Shapiro, Stewart. 1997. *Philosophy of Mathematics: Structure and Ontology*. New York: Oxford University Press.

———.2007. "Philosophy of Mathematics and Its Logic: Introduction." pp. 1–28 in *The Oxford Handbook of Philosophy of Mathematics and Logic*, edited by Stewart Shapiro. Oxford: Oxford University Press.

Sheehy, Paul. 2006. *The Reality of Social Groups*. Hampshire, UK: Ashgate.

Sher, Gila. 2013. "The Foundational Problem of Logic." *Bulletin of Symbolic Logic* 19: 145–198.

Shin, Sun-Joo, Oliver Lemon, and John Mumma. 2018. "Diagrams." *Stanford Encyclopedia of Philosophy*, Winter edition.

Shotter, John. 1993. *Conversational Realities*. London: Sage.

Shtulman, Andrew. 2006. "Qualitative Differences between Naive and Scientific Theories of Evolution." *Cognitive Psychology* 52: 170–194.

Silver, Nate. 2012. *The Signal and the Noise: Why So Many Predictions Fail—But Some Don't*. New York: Penguin Press.

———.2016. "Why Five Thirty Eight Gave Trump a Better Chance than Almost Anyone Else."https://fivethirtyeight.com, November 13.

Simmel, Georg. 1907/1978. *The Philosophy of Money*. Edited by Tom Bottomore and David Frisby. London: Routledge.

Singer, Peter. 1981. *The Expanding Circle: Ethics, Evolution, and Moral Progress*. Princeton, NJ: Princeton University Press.

Sinnott-Armstrong, Walter. 2015. "Consequentialism." *Stanford Encyclopedia of Philosophy*, Winter edition.

Skinner, B. F. 1953. *Science and Human Behavior*. New York: Free Press.

Skocpol, Theda. 1979. *States and Social Revolutions: A Comparative Analysis of France, Russia and China*. Cambridge: Cambridge University Press.

———.1992. *Protecting Soldiers and Mothers:The Political Origins of Social Policy in the United States*. Cambridge, MA: Belknap Press.

———.1994. "Cultural Idioms and Political Ideologies in the Revolutionary Reconstruction of State Power: A Rejoinder to Sewell." pp. 199–211 in *Social Revolutions in the Modern World*. Cambridge: Cambridge University Press.

Skyrms, Brian. 1984. "EPR: Lessons for Metaphysics." *Midwest Studies in Philosophy* 9: 245–255.

———.2014. *The Evolution of the Social Contract*. 2nd ed. Cambridge: Cambridge University Press.

Slater, Dan. 2010. *Ordering Power: Contentious Politics and Authoritarian Leviathans in Southeast Asia*. New York: Cambridge University Press.

Slater, Dan, and Erica Simmons. 2010. "Informative Regress: Critical Antecedents in Comparative Politics." *Comparative Political Studies* 43: 886–917.

Slater, Matthew H., and Andrea Borghini. 2011. "Introduction: Lessons from the Scientific Butchery." pp. 1–32 in *Carving Nature at Its Joints: Natural Kinds in Metaphysics and Science*, edited by Joseph Keim Campbell, Michael O'Rourke, and Matthew H. Slater. Cambridge, MA: MIT Press.

Sloman, Steven. 2005. *Causal Models: How People Think about the World and Its Alternatives*. Oxford: Oxford University Press.

Smith, Adam. 1759/2002. *The Theory of Moral Sentiments*. Edited by Knud Haakonssen. Cambridge: Cambridge University Press.

Smith, Christian. 2010. *What Is a Person? Rethinking Humanity, Social Life, and the Moral Good from the Person Up*. Chicago: University of Chicago Press.

Smith, Edward E., and Douglas L. Medin. 1981. *Categories and Concepts*. Cambridge, MA: Harvard University Press.

Smith, Edward E., and Daniel N. Osherson. 1984. "Conceptual Combination with Prototype Concepts." *Cognitive Science* 8: 337–361.

Smolensky, Paul. 1988. "On the Proper Treatment of Connectionism." *Behavioral and Brain Sciences* 11: 1–74.

Smolin, Lee. 2001. *Three Roads to Quantum Gravity*. New York: Basic Books.

———.2006. *The Trouble with Physics: The Rise of String Theory, the Fall of Science, and What Comes Next*. Boston: Houghton Mifflin Harcourt.

Soifer, Hillel David. 2012. "The Causal Logic of Critical Junctures." *Comparative Political Studies* 45: 1572–1597.

———.2015. *State Building in Latin America*. New York: Cambridge University Press.

———.2018. "Choosing Units of Analysis: The Modifiable Areal Unit Problem in Political Science." Manuscript, Temple University.

Somers, Margaret S. 1998. " 'We're No Angels': Realism, Rational Choice, and Rationality in

Social Science." *American Journal of Sociology* 104: 722–784.

Sperber, Dan. 1994. "The Modularity of Thought and the Epidemiology of Representations." pp. 39–67 in *Mapping the Mind: Domain Specificity in Cognition and Culture*, edited by Lawrence A. Hirschfeld and Susan A. Gelman. Cambridge: Cambridge University Press.

Sprites, Peter, Clark Glymour, and Richard Scheines. 1993. *Causation, Prediction, and Search*. New York: Springer.

Stalnaker, Robert C. 2003. *Ways a World Might Be: Metaphysical and Anti-Metaphysical Essays*. Oxford: Clarendon Press.

———.2012. *Mere Possibilities: Metaphysical Foundations of Modal Semantics*. Princeton, NJ: Princeton University Press.

Steinhardt, Paul J. 2019. *The Second Kind of Impossible: The Extraordinary Quest for a New Form of Matter*. New York: Simon and Schuster.

Steinmetz, George. 1998. "Critical Realism and Historical Sociology: A Review Article." *Comparative Studies in Society and History* 40: 170–86.

———.1999. *State/Culture: State Formation after the Cultural Turn*. Ithaca, NY: Cornell University Press.

———.2007. *The Devil's Handwriting: Precoloniality and the German Colonial State in Qingdao, Samoa, and Southwest Africa*. Chicago: University of Chicago Press.

Stevens, S. S. 1946. "On the Theory of Scales of Measurement." *Science* 103: 677–80.

Stich, Stephen P. 1983. *From Folk Psychology to Cognitive Science: The Case against Belief*. Cambridge, MA: MIT Press.

Stinchcombe, Arthur L. 1968. *Constructing Social Theories*. Chicago: University of Chicago Press.

Stoll, Robert S. 1961. *Set Theory and Logic*. New York: Dover.

Strawson, Galen. 1989. *The Secret Connexion: Causation, Realism, and David Hume*. Oxford: Clarendon Press.

Streeck, Wolfgang, and Kathleen Thelen. 2005. "Introduction: Institutional Change in Advanced Political Economies." pp. 1–39 in *Beyond Continuity: Institutional Change in Advanced Political Economies*, edited by Wolfgang Streeck and Kathleen Thelen. Oxford: Oxford University Press.

Strevens, Michael. 2000. "The Essentialist Aspect of Naive Theories." *Cognition* 74: 149–75.

Stryker, Robin. 1994. "Rules, Resources, and Legitimacy Processes: Some Implications for Social Conflict, Order, and Change." *American Journal of Sociology* 99: 847–910.

Sundholm, Goran. 2000. "Inference versus Consequence." pp. 26–35 in *The Logica Yearbook 1997*, edited by Timothy Childers. Prague: Filosofia.

Suppes, Patrick. 1970. *A Probabilistic Theory of Causality*. Amsterdam: North-Holland.

Swedberg, Richard. 2014. *The Art of Social Theory*. Princeton, NJ: Princeton University Press.

Swedberg, Richard. 2017. "Theorizing in Sociological Research: A New Perspective, a New Departure?"*Annual Review of Sociology* 43: 189–206.

Sweetser, Eve E. 1987. "The Definition of a Lie: An Examination of the Folk Models Underlying a Semantic Prototype." pp. 43–66 in *Cultural Models in Language and Thought*, edited by

Dorothy Holland and Naomi Quinn. Cambridge: Cambridge University Press.

Swidler, Ann. 1986. "Culture in Action: Symbols and Strategies."*American Sociological Review* 51: 273–286.

Szwedek, Aleksander. 2017. "The OBJECT Image Schema."Downloaded at researchgate .net, https://www.researchgate.net/publication/325793581 The OBJECT image schema, July 19, 2018.

Talmy, Leonard. 1988. "Force Dynamics in Language and Cognition." *Cognitive Science* 12: 49–100.

Tannenwald, Nina. 2007. *The Nuclear Taboo: The United States and the Non-Use of Nuclear Weapons since 1945*. Cambridge: Cambridge University Press.

Tansey, Oisin. 2007. "Process Tracing and Elite Interviewing: A Case for Non-Probability Sampling." *PS: Political Science and Politics* 40: 765–772.

Tarski, Alfred. 1944. "The Sematic Conception of Truth." *Philosophy and Phenomenological Research* 4: 341–376.

Tawney, R. H. 1912. *The Agrarian Problem in the Sixteenth Century*. New York: Sentry Press.

———.1941. "The Rise of the Gentry, 1558–1640." *Economic History Review* 11: 1–38.

Taylor, Charles. 1985. "Interpretation of the Sciences of Man." pp. 15–57 in *Philosophy and the Human Sciences*, vol. 2. Cambridge: Cambridge University Press.

Taylor, Marianne G. 1996. "The Development of Children's Beliefs about Social and Biological Aspects of Gender Differences." *Child Development* 67: 1555–1571.

Taylor, Marianne G., Marjorie Rhodes, and Susan A. Gelman. 2009. "Boys Will Be Boys; Cows Will Be Cows: Children's Essentialist Reasoning about Gender Categories and Animal Species." *Child Development* 80: 461–481.

Taylor, Michael, ed. 1988. *Rationality and Revolution*. Cambridge: Cambridge University Press.

Tegmark, Max. 2014. *Our Mathematical Universe: My Quest for the Ultimate Reality*. New York: Vintage.

Temin, Peter. 1991. "Free Land and Federalism: American Economic Exceptionalism." pp. 71–93 in *Is America Different? A New Look at American Exceptionalism*, edited by Byron E. Shafer. Oxford: Clarendon Press.

Tetlock, Philip E. 2005. *Expert Political Judgment: How Good Is It? How Can We Know?* Princeton, NJ: Princeton University Press.

Tetlock, Philip E., and Aaron Belkin. 1996a. "Counterfactual Thought Experiments in World Politics: Logical, Methodological, and Psychological Perspectives." pp. 3–38 in Tetlock and Belkin, *Counterfactual Thought Experiments in World Politics*.

———,eds. 1996b. *Counterfactual Thought Experiments in World Politics: Logical, Methodological, and Psychological Perspectives*. Princeton, NJ: Princeton University Press.

Tetlock, Philip E., Richard Ned Lebow, and Geoffrey Parker, eds. 2006. *Unmaking the West: "What If?" Scenarios That Rewrite World History*. Ann Arbor: University of Michigan Press.

Tetlock, Philip E., and Geoffrey Parker. 2006. "Counterfactual Thought Experiments: Why We Can't Live without Them and How We Must Learn to Live with Them." pp. 14–44 in Tetlock, Lebow, and Parker, *Unmaking the West*.

Thelen, Kathleen. 1999. "Historical Institutionalism in Comparative Politics." *Annual Review of Political Science* 2: 369–404.

———.2003. "How Institutions Evolve: Insights from Comparative Historical Analysis." pp. 305–36 in Mahoney and Rueschemeyer, *Comparative Historical Analysis*.

———.2004. *How Institutions Evolve: The Political Economy of Skills in Germany, Britain, the United States, and Japan*. Cambridge: Cambridge University Press.

Thelen, Kathleen, and Sven Steinmo. 1992. "Historical Institutionalism in Comparative Politics." pp. 1–32 in *Structuring Politics: Historical Institutionalism in Comparative Analysis*, edited by Sven Steinmo, Kathleen Thelen, and Frank Longstreth. New York: Cambridge University Press.

Thiem, Alrik. 2017. "Standards of Good Practice and the Methodology of Necessary Conditions in Qualitative Comparative Analysis." *Political Analysis* 24: 478–484.

Thiem, Alrik, Michael Baumgartner, and Damien Bol. 2016. "Still Lost in the Translation! Misunderstandings between Configurational Comparativists and Regressional Analysts." *Comparative Political Studies* 49: 742–774.

Thomann, Eva, and Martino Maggetti. 2020. "Designing Research with Qualitative Comparative Analysis (QCA): Approaches, Challenges, and Tools." *Sociological Methods and Research* 49: 356–86.

Thomasson, Amie L. 2003. "Realism and Human Kinds." *Philosophy and Phenomenological Research* 67: 580–609.

Tichy, Pavel. 1978. "Verisimilitude Revisited." *Synthese* 38: 175–196.

Tilly, Charles. 1984. *Big Structures, Large Processes, Huge Comparisons*. New York: Russell Sage Foundation.

———.1998. *Durable Inequality*. Berkeley: University of California Press.

Tomasello, Michael, Malinda Carpenter, Josep Call, Tanya Behne, and Henrike Moll. 2005."Understanding and Sharing Intentions: The Origins of Cultural Cognition." *Behavioral and Brain Sciences* 28: 721–727.

Tooley, Michael. 1987. *Causation: A Realist Approach*. Oxford: Oxford University Press.

———.2003. "Causation and Supervenience." pp. 386–434 in *Oxford Handbook of Metaphysics*, edited by Michael J. Loux and Dean W. Zimmerman. Oxford: Oxford University Press.

Toulmin, Stephen. 1972. *Human Understanding*. Princeton, NJ: Princeton University Press.

Tsukamoto, Saori, Yoshihisa Kashima, Nick Haslam, Elise Holland, and Minoru Karasawa. 2017. "Entitativity Assumptions of Individuals and Groups across Cultures." pp. 335–51 in *The Psychological and Cultural Foundations of East Asian Cognition: Contradiction, Change, and Holism*, edited by Julie Spencer-Rodgers and Kaiping Peng. Oxford: Oxford University Press.

Tudor, Maya. 2013. *The Promise of Power: The Origins of Democracy in India and Autocracy in Pakistan*. New York: Cambridge University Press.

Turner, Stephen P. 1994. *The Social Theory of Practices: Tradition, Tacit Knowledge and Presuppositions*. Chicago: University of Chicago Press.

———.2002. *Brains/Practices/Relativism*. Chicago: University of Chicago Press.

Tversky, Amos. 1977. "Features of Similarity." *Psychological Review* 84: 327–352.

Vance, Carole S. 1989. "Social Construction Theory: Problems in the History of Sexuality."pp. 13–34 in *Homosexuality: Which Homosexuality?* edited by A. van Kooten Nierkerk and T. Van Der Meer. Amsterdam: An Dekker.

Van Evera, Stephen. 1997. *Guide to Methods for Students of Political Science*. Ithaca, NY: Cornell University Press.

Van Horn, Kevin S. 2003. "Constructing a Logic of Plausible Inference: A Guide to Cox's Theorem."*International Journal of Approximate Reasoning* 34: 3–24.

Varela, Francisco J., Evan Thompson, and Eleanor Rosch. 2016. *The Embodied Mind: Cognitive Science and Human Experience*. Rev. ed. Cambridge, MA: MIT Press.

Varzi, Achille. 2016. "Mereology." *Stanford Encyclopedia of Philosophy*, Winter edition.

Vervaeke, John, and Christopher D. Green. 1997. "Women, Fire, and Dangerous Theories: A Critique of Lakoff 's Theory of Categorization." *Metaphor and Symbol* 12: 59–80.

von Neumann, John, and Oskar Morgenstern. 1944. *Theory of Games and Economic Behavior*. Princeton, NJ: Princeton University Press.

von Wright, Georg Henrik. 1971. *Explanation and Understanding*. Ithaca, NY: Cornell University Press.

Voss, Kim. 1993. *The Making of American Exceptionalism: The Knights of Labor and Class Formation in the Nineteenth Century*. Ithaca, NY: Cornell University Press.

Waldner, David. 1999. *State Building and Late Development*. Ithaca, NY: Cornell University Press.

———.2007. "Transforming Inferences into Explanations: Lessons from the Study of Mass Extinctions."pp. 145–76 in *Theory and Evidence in Comparative Politics and International Relations*, edited by Richard Ned Lebow and Mark Irving Lichbach. New York: Palgrave Macmillan.

———.2012. "Process Tracing and Causal Mechanisms." pp. 65–84 in *The Oxford Handbook of Philosophy of Social Science*, edited by Harold Kincaid. Oxford: Oxford University Press.

———.2017. "Schrodinger's Cat and the Dog That Didn't Bark: Why Quantum Mechanics Is (Probably) Irrelevant to the Social Sciences." *Critical Review* 29: 199–233.

Walker, Henry A., and Bernard P. Cohen. 1985. "Scope Statements: Imperatives for Evaluating Theories." *American Sociological Review* 50: 288–301.

Wallerstein, Immanuel. 1974. *The Modern World System*. Vol. 1, *Capitalist Agriculture and the Origins of the European World-Economy in the Sixteenth Century*. Berkeley: University of California Press.

Waltz, Kenneth. 1979. *Theory of International Politics*. Reading, MA: Addison-Wesley.

Walzer, Michael. 1983. *Spheres of Justice: A Degree of Pluralism and Equality*. New York: Basic Books.

Warglien, Massimo, and Peter Gardenfors. 2013. "Semantics, Conceptual Spaces, and the Meeting of Minds." *Synthese* 190: 2165–2193.

Warner, Richard. 1989. "Why Is Logic *A Priori*?" *Monist* 72: 40–51.

Wartenberg, Thomas E. 1990. *The Forms of Power: From Domination to Transformation*.

Philadelphia: Temple University Press.

Wax, Murray L. 1967. "On Misunderstanding Verstehen: A Reply to Abel." *Sociology and Social Research* 51: 323–333.

Waxman, Sandra R. 2010. "Names Will Never Hurt Me? Naming and the Development of Racial and Gender Categories in Preschool-Aged Children." *European Journal of Social Psychology* 40: 593–610.

———.2012. "Social Categories Are Shaped by Social Experience." *Trends in Cognitive Sciences* 16: 531–532.

Weber, Max. 1949. "Objective Possibility and Adequate Causation in Historical Explanation." pp. 164–88 in *The Methodology of the Social Sciences*. Glencoe, IL: Free Press.

———.1978. *Economy and Society*. Edited by Guenther Roth and Claus Wittich. 2 vols. Berkeley: University of California Press.

Wegner, Daniel M. 2018. *The Illusion of Conscious Will*. New ed. Cambridge, MA: MIT Press.

Wendt, Alexander. 1998. "On Constitution and Causation in International Relations." *Review of International Studies* 24: 101–117.

———.1999. *Social Theory of International Politics*. Cambridge: Cambridge University Press.

———.2004. "The State as a Person in International Theory." *Review of International Studies* 30: 289–316.

———.2015. *Quantum Mind and Social Science: Unifying Physical and Social Ontology*. Cambridge: Cambridge University Press.

Weston, Thomas. 1987. "Approximate Truth." *Journal of Philosophical Logic* 16: 203–27.

———.1992. "Approximate Truth and Scientific Realism." *Philosophy of Science* 59: 53–74.

Whitehead, Alfred North, and Bertrand Russell. 1910–13/1956. *Principia Mathematica*. 3 vols. Cambridge: Cambridge University Press.

Wiarda, Howard. 1973. "Toward a Framework for the Study of Political Change in the Iberic-Latin Tradition: The Corporative Model." *World Politics* 25: 206–35.

Wilkerson, T. E. 1988. "Natural Kinds." *Philosophy* 63 (243): 29–42.

Williamson, Timothy. 2000. *Knowledge and Its Limits*. Oxford: Oxford University Press.

Wilson, Robert A. 1999. "Realism, Essence, and Kind: Resuscitating Species Essentialism?" pp. 187–202 in *Species: New Interdisciplinary Essays*, edited by Robert A. Wilson. Cambridge, MA: MIT Press.

———.2004. *Boundariesof the Mind: The Individual in the Fragile Sciences*. Cambridge: Cambridge University Press.

Wilson, Robert A., Matthew J. Barker, and Ingo Brigandt. 2007. "When Traditional Essentialism Fails: Biological Natural Kinds." *Philosophical Topics* 35: 189–215.

Wittgenstein, Ludwig. 1922/1972. *Tractatus Logico-Philosophicus*. Translated by Paul Kegan. London: Routledge.

———.1953/2001. *Philosophical Investigations*. 3rd ed. Oxford: Blackwell.

———.1956/1978. *Remarks on the Foundations of Mathematics*. Rev. ed. Oxford: Blackwell.

Wolf, Eric R. 1982. *Europe and the People without History*. Berkeley: University of California Press.

Wolff, Phillip. 2007. "Representing Causation." *Journal of Experimental Psychology: General* 136: 82–111.

Wolff, Phillip, and Robert Thorstad. 2017. "Force Dynamics." pp. 147–168 in *Oxford Handbook of Causal Reasoning*, edited by Michael Waldmann. Oxford: Oxford University Press.

Wolff, Phillip, and Matthew Zettergren. 2002. "A Vector Model of Causal Meaning." *Proceedings of the Annual Meeting of the Cognitive Science Society* 24: 1–6.

Woodward, James. 2003. *Making Things Happen: A Theory of Causal Explanation*. Oxford: Oxford University Press.

Wright, Erik Olin. 1997. *Class Counts: Comparative Studies in Class Analysis*. Cambridge: Cambridge University Press.

Wright, Richard W. 1985. "Causation in Tort Law." *California Law Review* 73: 1735–1828.

———.2011. "The NESS Account of Natural Causation: A Response to Criticisms." Chap. 14 in *Perspectives on Causation*, edited by Richard Goldberg. Oxford: Hart Publishing.

Wright, Robert. 2000. *Nonzero: The Logic of Human Destiny*. New York: Random House.

———.2013. "Why Can't We All Just Get Along? The Uncertain Biological Basis of Morality." *The Atlantic,* November.

Xu, Fei, and Susan Carey. 1996. "Infants' Metaphysics: The Case of Numerical Identity." *Cognitive Psychology* 30: 111–53.

Yablo, Stephen. 2004. "Advertisement for a Sketch of an Outline of a Prototheory of Causation." pp. 119–137 in Collins, Hall, and Paul, *Causation and Counterfactuals*.

Yanow, Dvora, and Peregrine Schwartz-Shea, eds. 2015. *Interpretation and Method: Empirical Research Methods and the Interpretive Turn*. 2nd ed. London: Routledge.

Yashar, Deborah J. 1997. *Demanding Democracy: Reform and Reaction in Costa Rica and Guatemala, 1870s–1950s*. Stanford, CA: Stanford University Press

Zadeh, Lofti A. 1965. "Fuzzy Sets." *Information and Control* 12: 338–353.

———.1972. "A Fuzzy-Set-Theoretic Interpretation of Linguistic Hedges." *Journal of Cybernetics* 2 (3): 4–34.

Zaks, Sherry. 2017. "Relationships among Rivals (RAR): A Framework for Analyzing Contending Hypotheses in Process Tracing." *Political Analysis* 25: 344–362.

Zucker, Lynn G. 1983. "Organizations as Institutions." *Perspectives in Organizational Sociology* 2: 1–47.

Zuckerman, Alan S. 1997. "Reformulating Explanatory Standards and Advancing Theory in Comparative Politics." pp. 277–310 in Lichbach and Zuckerman, *Comparative Politics*.

译后记

集合是人类的一种理性思考形式，绝大多数社会科学家在分析问题时都会不自觉地调用集合思维，而将集合论明确应用于研究中的做法是杰拉德·德布鲁（Gérard Debreu）和肯尼斯·阿罗（Kenneth Arrow）两位经济学家在上世纪 50 年代开创的，德布鲁也因此获得了 1983 年的诺贝尔经济学奖。不过，由于德布鲁把集合论当成一种纯粹的数学工具来运用，这就使他的工作较难影响到经济学以外的其他社会科学。直到上世纪 80 年代末，查尔斯·拉金（Charles C. Ragin）将集合论作为一种概念工具引入社会学后，这一方法才逐渐进入社会科学研究的整体视域，并在之后的三十多年得到了社会学、政治学、管理学等学科的广泛关注与认可。

不同学科有着迥异的知识气质，这也影响了它们对集合论方法的接受方式。目前大多数门类的社会科学都将集合论视为一种新颖的经验研究工具，研究者们运用集合论方法开展了大量形式化水平很高的质性研究，这在一定程度上洗刷了质性研究“不够科学”的污名。不过，对于方法论包袱一直很重的社会学家来说，事情远非那么简单。在他们看来，集合论方法不仅挑战了主流社会科学的实践操作，更在源头上推翻了主流社会科学的许多前提假定。如何把这种道理讲清楚，就成为社会学家推广集合论方法时所需解决的深层问题。

詹姆斯·马奥尼的这本《社会科学的逻辑》就旨在为上述问题提供一种集大成的解答，读者很容易就能发现，这本书写得非常“硬核”，读起来非常“烧脑”，其讨论的广度和深度会让普通的社会科学研究者感到很难驾驭，大概率也难以激发出他们的浓厚兴趣。但这恰恰是厚重的理论性著作的共同特点，诚挚建议高等院校的社会科学院系将本书列入硕博研究生的方法教材，也衷心期待它能在中国社会科学界引起足够多的反馈与共鸣。

从接下翻译任务到现在已经 3 年多了，即便刨除审校用时，也用了两年时间才提交译稿。实际上这本书的中文版权在原书出版不久后就拿到了，作为译者，未能让它在尽可能短的时间进入国内读者的视野，内心颇感惭愧。在翻译过程中，我原来的学生及合作者，现南开大学社会学系的周凡博士参与了试译，书中第八章的译文就是我在他的试译基础上修改而来的。我太太李文也帮我处理了很多繁琐的录入、校对工作。在此向他们两人表示深深的感谢。我的邮箱是 wsrbooks@foxmail.com，若读者发现有任何翻译问题，还请您不吝赐教。

吴肃然
2025 年 5 月 8 日于哈尔滨

领学东方
ONEUNI

“进阶书系”—— 授人以渔

在这个信息爆炸的时代，大学生在学习知识的同时，更应了解并练习知识的生产方法，要从知识的消费者成长为知识的生产者，以及使用者。而成为知识的生产者和创造性使用者，至少需要掌握三个方面的能力。

思考的能力： 逻辑思考力，理解知识的内在机理；批判思考力，对已有的知识提出疑问。
研究的能力： 对已有的知识、信息进行整理、分析，进而发现新的知识。
写作的能力： 将发现的新知识清晰、准确地陈述出来，向社会传播。

但目前高等教育中较少涉及这三种能力的传授和训练。知识灌输乘着惯性从中学来到了大学。

有鉴于此，“进阶书系”围绕学习、思考、研究、写作等方面，不断推出解决大学生学习痛点、提高方法论水平的教育产品。读者可以通过图书、电子书、在线音视频课等方式，学习到更多的知识。

同时，我们还将持续与国外出版机构、大学、科研院所密切联系，将“进阶书系”中教材的后续版本、电子课件、复习资料、课堂答疑等及时与使用教材的大学教师同步，以供授课参考。通过添加我们的官方微信“大学怎么过 ing”（微信号：unione_study）或者电话 15313031008，留下您的联系方式和电子邮箱，便可以免费获得您使用的相关教材的国外最新资料。

我们将努力为以学术为志业者铺就一步一步登上塔顶的阶梯，帮助在学界之外努力向上的年轻人打牢解决实际问题的能力，成为行业翘楚。

品牌总监　刘　洋
特约编辑　何梦姣　刘晨智
营销编辑　王艺娜
封面设计　马　帅
内文制作　胡凤翼

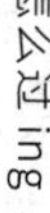